T0289462

HISTORIA DE LA
MÚSICA POP

El auge - De Bob Dylan y el Folk al Spotify

HISTORIA DE LA MÚSICA POP

El auge – De Bob Dylan y el Folk al Spotify

Peter Doggett
Traducción de Ismael Belda

MA NON TROPPO

Un sello de Redbook ediciones
información bibliográfica
Indústria 11 (Pol. Ind. Buvisa)
08329 - Teià (Barcelona)
info@redbookediciones.com
www.redbookediciones.com

© 2015, Peter Doggett
Primera edición bajo el título *Electric Shock* por Bodley Head, un sello de Vintage.
Vintage forma parte del grupo Penguin Random House.

© 2018, Redbook Ediciones, s. l., Barcelona

Diseño de cubierta: Daniel Domínguez
Diseño de interior: Cifra

ISBN: 978-84-947917-7-2
Depósito legal: B-6.054-2018

Impreso por Sagrafic, Pasaje Carsi, 6 08025 Barcelona

Impreso en España - *Printed in Spain*

Para Rachel

índice

CAPÍTULO 1

«Dylan reduce los estilos idiosincrásicos de ciertos cantantes de blues negros a un nivel de parodia grotesca (aunque no sea intencional), canta algunas canciones extraordinariamente buenas jadeando y escupiéndolas y no se entera nunca de nada».

Crítica de Bob Dylan en *Gramophone*, septiembre de 1962 [n1]

«O sea que a los Beatles les gusta Bob Dylan. Estupendo, porque demuestra que tienen buen gusto. Sin embargo, rezo para que no graben nada suyo. Me horroriza pensar en los comentarios de Dylan beat-ificados y embellecidos con voces en armonía».

Carta a *Melody Maker*, diciembre de 1964 [n2]

Cuando asesinaron a John F. Kennedy, el álbum más vendido en Estados Unidos era *In the Wind*, obra de un trío de folk llamado Peter, Paul & Mary. En la carátula llevaba un texto escrito por el hombre que compuso el éxito del trío que fue número dos en las listas, «Blowing in the Wind» (descrita como «el lamento de un marinero» en una crítica contemporánea[n3]). Bob Dylan, que por entonces tenía veintidós años, era, —observó la revista *Billboard*—, «la máxima influencia en el movimiento actual» por su «compromiso absoluto con lo que cree»; Dylan, decía el artículo, había traído «una intensidad al mundo del folk que rozaba la devoción»[n4]. También había escrito una canción lo suficientemente comercial como para encabezar las listas de singles de la categoría «Middle Road».

El folk era tan lucrativo en los meses previos a que Estados Unidos sucumbiera ante los Beatles que el *hootenanny* se convirtió en un formato de radio popular: mezclaba actuaciones en vivo con discos como «Walk Right In», de The Rooftop Singers, y el ya inevitable «Blowing in the Wind». La palabra *hootenanny* denotaba una reunión de músicos de folk unidos por el espíritu del colectivismo. Pero *hootenanny* era también un polémico programa de televisión de la ABC por el cual el cantante Pete Seeger se vio obligado a firmar una «declaración jurada de fidelidad» antes de poder actuar. (Él se negó y estuvo en la lista negra de la televisión estadounidense durante los dos años siguientes»).

Casi cualquier cosa podía clasificarse como folk mientras no contara con instrumentos eléctricos: orfeones, cantantes de clubes nocturnos, *barbershop quartets*, hasta un grupo llamado The Topsiders, que aporreaban éxitos de rock'n'roll como «Heartbreak Hotel» y «Ain't That a Shame». Pero el folk se estaba asociando cada vez más a la protesta[1], que solo en la obra de Dylan podía abarcar desde lo vago («Blowing in the Wind») hasta lo brutalmente afilado («Let Me Die in My Footsteps»). En un momento en el que a los Beatles eran acusados por un amigo (Brian Matthew, de la BBC) de rozar «la idiotez» con la simpleza de sus letras (de «She Loves You»), las canciones elementales y chispeantes de denuncia de Bob Dylan amenazaban con hacer zozobrar la banalidad romántica de la industria del pop. Como sijo su colega de Peter Paul and Mary, Peter Yarrow: «La gran mayoría de la población adolescente se ha hartado de los sucedáneos... el rock, el surf, todo. Nosotros les damos sustancia, un mensaje en cada canción, y vemos que la gente joven se entusiasma con las canciones inteligentes»[(n5)].

El juicio de Yarrow fue prematuro. El público del *boom* del folk de 1962 y 1963 se volvía insignificante al lado de otros públicos, que eran magistralmente explotados por la industria discográfica. La eterna luz solar del sur de California proveía el telón de fondo del *boom* del surf. Su catalizador fue *Gidget*, una novela para adolescentes que se tradujo a una película de Hollywood en 1959, en la que tenía el papel protagónico la futura mujer de Bobby Darin, Sandra Dee. Un deporte de culto anteriormente centrado en Hawái se proponía como una cultura adolescente universal. El guitarrista Dick Dale —él mismo un experto surfista— se convirtió en el artista residente del Rendezvous Ballroom, en Balboa, donde fijó el sonido de la música surf instrumental para la posteridad: *reverb* cavernoso, punteo en stacatto, un tono robusto e incisivo y una sección rítmica de rock'n'roll . «Let's Go Trinpin'» estableció su estilo, antes de que el single debut de los Beach Boys, «Surfin'», una vuelta al garage rock de 1959, reivindicara con sus letras coger olas, los coches llamados *woodies* y el *hang ten*.

Los Beach Boys no fue el primer grupo vocal estadounidense en explotar la moda: un conjunto llamado The Surfers había lanzado un álbum de canciones hawaianas armonizadas en 1959. Tampoco fueron los primeros en crear un LP con temática deportiva con *Surfin' Safari* en 1962, puesto que Bob Gibson ya había lanzado un conjunto de canciones curiosas tituladas *Ski Party*. Pero los Beach Boys parecían habitar la cultura del surf con un entusiasmo ingenuo que de inmediato armonizó con sus coetáneos. Eran tan ingenuo, de hecho, que su líder, Brian Wilson, pensó que podrían reescribir la letra de «Sweet Little Sixteen», de Chuck Berry, y titularla «Surfin' USA» sin que aquello

---

1. «Esta década en particular no ha progresado mucho por el momento», dijo un compositor, «y con la extendida 'mala voluntad contra todos', con la fisión nuclear y con la diligente acumulación de armas de aniquilación, es posible que no lleguemos ni a medio camino»[(n6)]. Este rebelde apesadumbrado era nada menos que Noël Coward, que por entonces tenía sesenta y cuatro años.

tuviera consecuencias legales. (De nuevo, alguien más lo había hecho antes: «Quarter to Four Stomp», el éxito de la primavera de 1962 grabado por The Stompers, era simplemente «Quarter to Three», de Gary Bond, con nueva letra sobre la cultura de la playa). En menos de un año, Wilson y los Beach Boys se encontraban en el corazón de la industria de la música surf, que incluso estaba seduciendo a Lawrence Welk («Breakwater») y a Bobby Darin (de incógnito, en The City Surfers).

Brian Wilson había lanzado sin darse cuenta en 1962 una tendencia paralela y rival con «409», inspirada por el coche deportivo Chevrolet «Big Block». Le llevó casi un año a la industria reconocer «lo que parece que será la próxima gran moda adolescente: la música hot rod»[n7], y Voyle Gilmore, de Capitol Records, afirmó que «hacer carreras por las calles es prácticamente un pasatiempo nacional de los adolescentes estadounidenses»[n8]. O quizás eran las motos (registradas por los Beach Boys en «Little Honda») o los monopatines (el tema de «Sidewalk Surfin'», de Jan & Dean, que a su vez era una nueva versión del himno del surf de los Beach Boys «Catch a Wave»).

Lo que distinguía al surf como forma de turismo cultural era su popularidad en lugares donde era improbable que la gente hiciera surf (Suecia) o donde era poco realista pensar que se practicara, como por ejemplo Chicago, donde se reportó que los adolescentes se ponían ropa de surf, llevaban tablas que no usaban nunca y bailaban «el surf». Y donde apareciera una nueva moda de baile, allí aparecía Chubby Checker, el cual lanzó a toda prisa su LP *Beach Party*, de 1963, cuyo clímax era, inevitablemente, «Let's Surf Again».

A principios de los sesenta no faltaban los fenómenos de baile para que Checker los explotara: el *slop*, el *turkey trot*, el *stomp*, el *method*, el *Popeye*, el *monkey* y muchos más. (El cómico Charlie Drake inventó el *tanglefoot* [la zancadilla], del que aseguró que dejaría herido a cualquiera que lo intentase). Gradualmente, todos estos bailes y obsesiones adolescentes, todas estas expresiones musicales que provenían de ser joven y estar vivo en los Estados Unidos de 1963, colisionaron y se unieron en un estilo que constituiría el equivalente estadounidense del Merseybeat: el frat rock [rock de fraternidad]. Su nombre insinuaba la implicación de estudiantes universitarios, pero cualquiera con un garaje y una guitarra eléctrica podía participar. A lo largo de Estados Unidos, los chicos locales hacían sus intentos de dos minutos por alcanzar la inmortalidad y, aunque rara vez llegaban a nadie aparte de sus compañeros de clase, a veces explotaban desde algún rincón remoto de la nación y aparecían en las listas de éxitos nacionales.

El más famoso de estos himnos del frat rock fue «Louie Louie», escrito y grabado a mediados de los años cincuenta por el cantante adolescente de R&B Richard Berry y después resucitado en un estilo más pesado por The

Kingsmen. Tras permanecer seis semanas en el puesto número dos de las listas estadounidenses tras el asesinato de JFK, la canción se convirtió en una fuente de indignación nacional cuando el gobernador de Indiana anunció que un estudiante de Secundaria traumatizado le había enviado el disco temiéndose que era obsceno. Una panda de chicos universitarios atentamente suministraron una transcripción, indecente y supuestamente literal, de las ininteligibles palabras de The Kingsmen. Letras incluso más pervertidas corrieron de mano en mano por todo el país, cada nueva versión asegurando revelar lo último sobre la capacidad de la canción para destrozar tabúes. Entretanto, el sello discográfico de «Louie Louie» ofreció 1.000 dólares a cualquiera que pudiese probar que la canción era obscena. El FBI hizo lo que pudo para descifrar el misterio y concluyó, después de más de un año, que era imposible determinar la naturaleza exacta de la letra de la canción.

El surf, el hot rod, el frat rock y los bailes de moda manufacturados continuaron salpicando las listas de éxitos de Estados Unidos siguiendo los pasos de los Beatles. De hecho, tres de esas tendencias coincidieron de manera maravillosa en «I Get Around», de los Beach Boys: su compleja mezcla de armonías apoyaba una letra de asombrosa banalidad, mientras que su cristalina «Dance Dance Dance», de finales de 1964, hizo que todos los otros discos de música de baile pasaran a ser irrelevantes. En el otro extremo, «Farmer John», de The Premiers, redujo el frat a rock a lo imprescindible, tras lo cual The Kingsmen sonaban barrocos en comparación. Sorprendentemente, pocas bandas estadounidenses en 1964 eran capaces de replicar el sonido de Liverpool, y los irónicamente bautizados The Chartbusters [Los Revientalistas] eran la que más se asemejaba con «She's the One» (que alcanzó el puesto número treinta y tres). Para encontrar una respuesta coherente en 1964 a lo que ya entonces se apodaba «la invasión británica», los adolescentes estadounidenses tuvieron que esperar hasta las últimas semanas del año. «Run Run Run», de The Gestures, y «Laugh, Laugh», de The Beau Brummels, tomaban lo esencial del Merseybeat y lo convertían en una mercancía sofisticada para la economía de consumo más importante del mundo.

Después, en marzo de 1965, el protagonista principal del movimiento de protesta folk lanzó un single de rock'n'roll que fusionaba poesía beat con filosofía nihilista. Incluso el título de «Subterranean Homesick Blues» [«El blues nostálgico del subterráneo»], de Bob Dylan, sonaba subversivo. Utilizaba un lenguaje que nunca antes había aparecido en una canción pop... palabras como *gobierno*, *medicamento* y *No-Doz* (tabletas de cafeína). Su moraleja era simple: no confíes en ninguna forma de autoridad que no sea la de Bob Dylan. «Se ha apoderado de las estaciones de radio», declaró Columbia Records. «Es un éxito de ventas en las tiendas de discos de costa a costa»[n9]. Como observó un psicólogo: «Dylan, como personalidad, ha creado un culto y, sin darse cuenta, se ha vuelto su líder. Miles de personas copian su ropa, envidian su estilo de vida errante. Pero, lo que es más importante, una generación que a menudo es acusada de indiferencia por sus padres ha tomado al pie de la letra el mensaje de sus canciones (contra la injusticia y en favor de la dignidad del hombre). Lo siento, padres, pero vuestra generación nunca produjo letras como estas»[n10]. En dos minutos, Dylan había derribado todas las convenciones de la música popular y estaba listo para volver a construir el edificio a su propia veleidosa imagen.

«Creo que los Beatles tienen una aceptación más amplia ahora. A la gente mayor le gustan. Nosotros nunca podríamos esperar tener esa aceptación».

Mick Jagger, febrero de 1964[n11]

«Los Stones probablemente son la panda más cool y más despreocupada que se ha juntado jamás. Y ni siquiera en broma se podría decir que van bien vestidos. Su ropa no es que sea informal, es que les da todo igual».

Revista *Records*, mayo de 1964[n12]

El éxito de los Beatles, dijo el sociólogo David Riesman en febrero de 1964, era «una forma de protesta contra el mundo adulto»[n13]. Ese mes, los adultos estaban disfrutando con la música de Andy Williams, The Singing Nun, Henry Mancini y el álbum del reparto original del musical *Hello, Dolly!*. Una semana después, London Records declaró que «marzo es el mes de Mantovani»[n14], mientras que Decca optaba por resucitar a las *dance bands* de los años treinta. Después llegó la locura.

Estados Unidos perdió la cabeza con los Beatles. Los políticos competían por fotografiarse con pelucas parecidas a fregonas y los famosos asediaban a los promotores en busca de invitaciones para su debut neoyorquino. Quizás simbólicamente, la semana en que los Beatles entraron en las listas estadounidenses, surgieron noticias por todas partes que decían que Elvis Presley había muerto en un accidente de coche. Unas semanas después, quienes otrora habían sido rivales de Presley, Bill Haley and His Comets, se pusieron pelucas de los Beatles y llenaron su repertorio escénico con canciones firmadas por Lennon y McCartney.

Se puede medir el impacto del grupo por la velocidad en la que músicos que previamente habían considerado una abominación el mercado adolescen-

te ahora declaraban reconocer la existencia de los Beatles. Mantovani logró
mantener a raya a la juventud hasta 1966, cuando finalmente sucumbió al encanto melódico de «Yesterday», de Paul McCartney, pero en junio de 1964,
la Boston Pops Orchestra, de Arthur Fiedler (con «I Want to Hold Your
Hand»), y The Hollyridge Strings, de Stu Phillips (con «All My Loving»),
estaban proporcionando canciones de los Beatles como *easy listening*. De hecho, Phillips preparó a toda prisa un álbum entero de tales delicias. «Para
muchos, las canciones nunca han sonado mejor», exclamó *Billboard*, «se las
oye en todo el esplendor de los magistrales instrumentos de cuerda y los metales con sordina»[n15]. *The Beatles Song Book* se vendió en tales cantidades que
Phillips preparó una segunda colección, junto con homenajes de la duración
de un LP a The Four Seasons, Beach Boys y Elvis Presley. Bob Leaper hizo
los arreglos para *Big Band Little Songs* aquel mismo año. The Golden Gate
Strings, por su parte, fueron muy rápidos en reconocer, en 1965, el potencial
de *The Bob Dylan Song Book*, que se lanzó mientras «Subterranean Homesick
Blues» aún estaba en las listas de éxitos. Joshua Rifkin y The New Renaissan-
ce Society, respectivamente, condujeron a los Beatles y a los Rolling Stones al
antiguo mundo del barroco; el guitarrista de jazz Joe Pass se tragó el orgullo
en un álbum titulado *The Stones Jazz*; y hacia 1967 había numerosos homenajes orquestales de larga duración a The Monkees y uno a John Sebastian, de
The Lovin' Spoonful.

Proyectos como estos señalaban un intento tardío de recrear el público uni-
ficado del pasado: padres e hijos unidos en territorio neutral. Los artistas de
easy listening extendían su vida comercial al ampliar su repertorio más allá del
predecible canon de *standards* de Broadway y, además, pensaban que así estaban preparando a los adolescentes de 1964 para los placeres más tranquilos
de la adultez. El impulso más urgente, sin embargo, era el patente comercialismo, un fenómeno social que nadie podía permitirse ignorar. Era una época
destacada en lo que se refiere a la explotación. Elvis Presley había sido la primera mercancía del pop, pero el ataque con *merchandising* efímero dirigido a
los fans de los Beatles entre 1963 y 1969 eclipsó todas las campañas anteriores.
Una vez el fan loco de amor había comprado el talco de los Beatles y las joyas
de los Beatles, las fundas de almohada de los Beatles y las sábanas de los Beatles, y las pegatinas y chapas de los Beatles, era incluso posible que derrochara
su dinero en un producto tan calculado como *The Chipmunks Sing the Beatles'
Hits* [*Las ardillas cantan los éxitos de los Beatles*] o el LP pre-karaoke *Sing a Song
with the Beatles* (con «recreaciones instrumentales de sus más grandes éxitos»).

Ahora había una cultura adolescente definida avivada por las revistas de música pop y las fotonovelas, así como por las estaciones de radio del Top 40 que
saturaban las emisiones y los programas de televisión a uno y otro lado del

Atlántico: *Top of the Pops*, *Shindig!*, *Ready, Steady, Go!* y *Hullabaloo*. Los adolescentes sentían que esos programas y publicaciones eran *suyos* y se olvidaban de que llegaban por intermediación de los adultos. El proceso, sin embargo, también funcionaba en sentido opuesto, pues los adolescentes también iban infiltrándose en los medios de comunicación adultos. El más poderoso de esos medios era, por supuesto, la televisión, que había extendido su alcance demográfico (especialmente en Reino Unido) desde la explosión del rock'n'roll blanco de mediados de los años cincuenta. El público americano había estado expuesto a Elvis Presley, a Jerry Lee Lewis e incluso a Bo Diddley (aunque no a Little Richard o Chuck Berry) mediante los programas de variedades de las horas de máxima audiencia. Los telespectadores británicos, por su parte, vieron a Buddy Holly, Eddie Cochran y Gene Vincent en sus pantallas. Pero ninguna de esas apariciones podía igualar el impacto de las actuaciones de los Beatles en *Sunday Night at the London Palladium*, en octubre de 1963, y en *The Ed Sullivan Show*, en febrero de 1964. El primero de esos dos programas dio lugar a que la prensa británica acuñara el término *Beatlemanía* («Aquello fue, todo en uno, la última noche de los Proms y la Nochevieja en Trafalgar Square a medianoche»[n16]); mientras que el segundo atrajo a lo que fue entonces la audiencia más grande de la historia de la televisión en Estados Unidos. Ambos estuvieron precedidos por una publicidad hiperbólica: los jóvenes insistían en que sus padres los sintonizaran, lo cual implicaba que los adultos estaban expuestos por primera vez a los hombres que habían secuestrado las mentes de sus hijos. El mero hecho de que los Beatles fueran invitados a estos programas tan exitosos allanó el camino para la aceptación casi universal.

Tales tácticas convencieron tanto a los padres estadounidenses como a sus hijos de que la única música que valía la pena escuchar en 1964 era la de los artistas británicos. Los primeros en beneficiarse de esto fueron The Dave Clark Five, cuyo estilo hecho de canciones para vitorear y bailar era una vuelta a la energía de mediados de los años cincuenta, pero cargada de finura contemporánea. Se cuestionaban las capacidades musicales de Dave Clark, batería y líder del grupo, pero su habilidad como hombre de negocios y publicista era incomparable. Ya en marzo de 1963, siete meses antes de su primera aparición en las listas de éxitos británicas, acapararon la atención de toda la nación cuando miles de fans firmaron una petición que exigía que la cadena de salas de conciertos Mecca devolviera al grupo a Tottenham, su ciudad de residencia, después de que se los hubiera transferido a Basildon. Era algo así como si a los Beatles los exiliaran de pronto de The Cavern, en Liverpool, y los enviaran a The Black Cat Club, en Sheffield... con la diferencia de que el quinteto de Clark estaba tocando regularmente para varios miles de personas, y no las quinientas que se podían meter apretujadas en el sótano de The Cavern. Cuando

DC5 empezó a tener éxitos, todos ellos provistos de la voz excitantemente cruda de Mike Smith y de un empuje percusivo del que Phil Spector habría estado orgulloso, la perspicacia de Clark pasó a primer plano. Dirigía a su grupo con eficacia, era dueño de la compañía que editaba las canciones, supervisaba la producción de sus discos, aparecía como compositor en casi todas las canciones de la banda y consiguió un acuerdo con EMI como productor independiente mediante el cual todos los derechos de sus grabaciones se le devolverían pasados tres años. Nadie en el rock de los años sesenta logró un control tan magistral de todos los mecanismos de la fama. Ese entendimiento se extendía a las chicas adolescentes: como una fan observó sobre Clark: «Es tan guapo y tiene ese aspecto de niño pequeño que hace que quiera cogerlo de la mano y acompañarlo a casa»[17]. Una vez que los Beatles y DC5 se convirtieron en puente, fue fácil para otros artistas británicos cruzar el Atlántico. Incluso grupos que no eran exitosos en casa, como The Hullaballoos, encontraron su público en Estados Unidos. (También se abrieron otras vías: The Scorpions, de Manchester, se convirtieron en grandes estrellas en Holanda). El frágil entendimiento de Estados Unidos sobre la geografía británica permitió a los publicistas hacer afirmaciones que distaban mucho de la realidad, como por ejemplo decir que los Beatles estaban extendiendo el «beat del Támesis»[18] y que DC5, originarios de Londres, ofrecían «el sonido de Mersey con el beat de Liverpool»[19]. En la época de James Bond y los Beatles, de repente ser inglés era sexy y el productor independiente Mickie Most sacó el máximo rendimiento a Herman's Hermits, cuyo cantante era un chico bromista de dieciséis años. «Me di cuenta de que Peter Noone se parecía mucho al presidente Kennedy y supe que por eso triunfarían en Estados Unidos»[20], recordó Most, y su instinto fue certero. La imagen de niño pequeño travieso de Noone pronto conquistó a los fans en Reino Unido («Es el tipo de chico del que una chica podía enamorarse perdidamente e imaginarse cuidando de él»[21]) y en Estados Unidos (donde era «el sueño de todos en el mundo entero»[22]). The Hermits dieron con un filón de oro de singles exitosos al revivir canciones *cockney* de music hall, que les permitían alardear de su inclinación por la comedia. Este mismo impulso hizo que Freddie and the Dreamers, aún más caricaturescos, pasaran de ser una banda británica de R&B de poco peso a ser héroes preadolescentes en Estados Unidos, con unos niveles de éxito mucho mayores de lo que podrían haber alcanzado en Reino Unido.

Mientras que Freddie Garrity era el Norman Wisdom del pop, Noone y Clark extendieron el síndrome del ídolo adolescente que existía desde los años cincuenta. Cuando The Monkees se formaron en 1966 para hacerse pasar por un grupo de pop de Estados Unidos para un programa de televisión, a Davy Jones —como Noone, un mancuniano con rostro de bebé y capacidades vocales limitadas— lo prepararon para cautivar los corazones de las chicas. Aquel era un mercado inagotable, que desataba un renovado ataque de histeria con cada nueva llegada. En 1970, por ejemplo, a Bobby Sherman —que llevaba sacando discos desde 1964— lo reinventaron transformándolo en el amor de cada niña de doce años de Estados Unidos gracias a una combinación de *look* juvenil y papel protagonista en una serie de televisión western cómico, *Here Come the Brides*. Mientras saboreaba su fama, Sherman manifestó estar confundido por el comportamiento histérico que inspiraba en chicas que apenas habían salido del jardín de infancia: «Cuando ves a una niña de seis años gritar y hacer el signo de la paz, como que te asusta»[n23]. Peor: Sherman sufrió sordera permanente por la exposición a sus chillonas fans.

De todos estos artistas, solo los Beatles fueron capaces de mantener e incluso expandir su público a medida que progresaban. Los otros gozaban de uno a tres años de fama intensa y después los echaron a un lado como a juguetes rotos. Esto les sucedió incluso a The Monkees, cuya inteligencia y proeza musical eran más sustanciales y subversivas que lo que se imaginaban sus representantes. Al surgir justo cuando los Beatles abandonaron su imagen como ídolos adolescentes en favor de unas preocupaciones más adultas, The Monkees hicieron que la beatlemanía pareciese formal durante un breve periodo de tiempo. La intensidad de su éxito inspiró a un cartel de empresarios estadounidenses a obtener los derechos para otorgar por toda la nación franquicias de discotecas adolescentes (o «clubes nocturnos de gaseosas»), conocidas como Monkees Clubs. Por 15.000 dólares, podías invertir en una máquina de dinero garantizado que te «proporcionaría la devoción del mercado adolescente en tu comunidad [...]. Las posibilidades de crecimiento como creador de estrellas y como exitoso dueño de un club nocturno son tremendas». Las fans, sin lugar a dudas, acudirían en manada a tu local para «una noche de espectáculo en vivo en una atmósfera *groovy*, en la que sentirse *in* y a la moda [...], un lugar en el que se los trata bien y donde se puede disfrutar de mejunjes raros de refrescos y helados»[n24]. Lamentablemente, este proyecto nunca se extendió más allá de un solo local en Nueva Jersey con una corta vida. Contra toda predicción, The Monkees duraron más que su racha de popularidad, aumentada por la televisión, e incluso sobrevivieron a su deleite autodestructivo en satirizar su propia fama a medida que esta se disipaba. Su película *Head*, de 1968, era una obra de arte de incoherencia psicodélica y despiadado autosabotaje. Junto con su interés por experimentar con el sintetizador Moog y el country rock, se granjearon retrospectivamente la aprobación del público, la cual nunca se les habría otorgado a Herman's Hermit o a Freddy and the Dreamers.

Otras películas adolescentes carecían del surrealismo y la iconoclastia de *Head*. Podían ser dolorosamente idiotas (como la aparición de The Dreamers en *Seaside Swingers*, o el filme publicitario de The Hermits, *Hold On!*) o, casi por accidente, podían capturar el espíritu de la época (como con el pastiche pop y pop art de las películas de los Beatles y de *Catch Us if You Can*, de The Dave Clark Five, con su sátira sobre la industria publicitaria). Los Rolling Stones también hubieran estado entre ellos de haber fructificado alguno de sus planes cinematográficos. El más sustancial consistía en protagonizar *Only Lovers Left Alive*, basada en una novela fantástica de 1964 en la que los adolescentes gobiernan el mundo. Variaciones posteriores de ese misma tema, que retrataban a la estrella pop como un mesías político, incluían *Privilege* (1966) y *Wild in the Streets* (1968): cápsulas de tiempo perfectas, pero desastres estéticos. Al escapar a ese destino, los Rolling Stones preservaron intacta su mística, lo cual permitió a Mick Jagger subvertir el papel mesiánico en *Performance* (filmada también en 1968).

Como observó Brian Jones a comienzos de 1964, los padres cambiarían de canal para dejar que sus hijos vieran a los Beatles, pero no a los Rolling Stones. «Cuando los adultos los acepten, los Rolling Stones deberían a empezar a preocuparse», previno Ray Coleman, de *Melody Maker*. «Los fans jóvenes, que constituyen la mayoría del mercado del pop para los grupos beat, podrían reaccionar contra ellos si sus mayores los aprueban»[25]. La compañía discográfica de los Stones en Estados Unidos reforzaba esa imagen: «¡Son geniales! ¡Son indignantes! ¡Son rebeldes!», y luego añadía una observación para las tiendas de discos: «¡Venden!»[26]. (Aunque no vendieron de inmediato en Estados Unidos, donde su primera gira fue casi un fracaso). Incluso en reino Unido, los expertos predijeron su eclipse inminente. Su aparición en el programa televisivo de la BBC *Juke Box Jury*, en el que los Beatles habían brillado varios meses antes, fue tachada de «inarticulada», «infantil» y «desagradable»[27]. «Elvis ha demostrado tener un poder real y duradero, pero ¿dónde estarán los Stones en cinco años?»[28], se preguntaba el periódico pop *Disc* en 1964. Un reportaje perspicaz de *Melody Maker* actuó como compensación al concluir que, aunque los Stones no podían igualar el atractivo de los Beatles entre los padres, «han cautivado la imaginación y las mentes de una sección importante de los fans británicos. Pues los Stones se han convertido en un estilo de vida, no solo en un grupo beat»[29].

¿Qué abarcaba ese estilo de vida? Las burlas de los adultos, la alienación de los adolescentes, una negativa a atenerse a las expectativas de la sociedad, una apariencia extravagante... todas las insignias que ostentaba con orgullo James Dean multiplicadas por cinco y luego dispersadas hacia otras dimensiones por el impulso visceral de su música. Si «Do You Love Me» y «Glad All Over», de The Dave Clark Five, obligaban los cuerpos adolescentes a moverse, entonces «Not Fade Away», de los Rolling Stones —en febrero de 1964, el éxito más agresivo en la historia de la música popular—, fomentaba deshacerse ritualmente de las inhibiciones. Su mensaje sexual era apenas velado y descaradamente rapaz. Ahora los deseos eróticos de los niños pubescentes se expresaban abiertamente, con el impulso de una guitarra eléctrica y el egoísmo fanfarrón de una voz, de forma frenética o controlada, con el ingenio del provocador experimentado, como en «Everything's Alright», de The Mojos; con espasmos de éxtasis sexual, como en la primitiva «You Really Got Me», de The Kinks; o, por último, al terminar el año, con la casi psicótica «Baby Please Don't Go», de Them, y «Don't Bring Me Down», de The Pretty Things. No hubo descanso en 1965, cuando la confusión adolescente de «I Can't Explain», de The Who, condujo inexorablemente a «Satisfaction», de los Rolling Stones, la cual destrozaba tabúes y miraba directamente a la cara a la moralidad, la decencia y las convenciones... y las apartaba de una patada. Cada uno de estos discos alcanzó el Top 10 británico, ayudados por la cobertura que les daban las llamadas estaciones de radio pirata, que se anclaban precariamente en fuera de las costas británicas y cuyas listas eran notablemente más juveniles y atrevidas que las de la BBC.

A medida que caían los muros, las armas sónicas que empleaban los músicos jóvenes se volvían más ingeniosas. El periodista Ed Ward reflexionó en 1968: «De repente, la música popular se enfrentaba a un número infinito de nuevas maneras de llegar a las emociones a través de los métodos de consonancia y disonancia del ruido y de la música»[n30]. The Kinks exploraron los límites de la potencia y la distorsión mientras su líder, Ray Davies, declaraba su amor por la música monótona que había oído en los restaurantes indios y competía con sus rivales para poner ese ruido en el vinilo. John Lennon produjo un inquietante quejido a partir del acople de la guitarra con su amplificador para abrir «I Feel Fine» (un efecto que en el momento se explicó estúpidamente como un error) y Pete Townshend, de The Who, canalizó el aullido del *feedback* para crear un arma emocional. The Yardbirds se acercaban lentamente a una dislocación de los sentidos en «For Your Love», tras lo cual el guitarrista Eric Clapton abandonó el grupo. «¿Por qué es un crimen tener éxito?»[n31], se preguntó retóricamente en noviembre de 1964, antes de decidir que prefería no tener éxito y tocar blues. Los Beatles juguetearon con las convenciones del pop al hacer que su single estadounidense «Eight Days a Week» empezara con un *fade in* en lugar de terminar con un *fade out*, como era la costumbre. Y un grupo llamado The Supremes imitó este experimento en los primeros segundos de «Stop! In the Name of Love», que sonaba como si un robot despertara y después estallase a la vida. Aún así, las propias Supremes se desviaban de la norma conformista: eran negras, estadounidenses y no tenían intención alguna de molestar a los padres de nadie.

DIANA ROSS
& THE
SUPREMES

CAPÍTULO 2

LA GRAN VIDA

«Son las reinas indiscutidas en el reino discográfico adolescente, están incluso más de moda que los Beatles».

Revista *Ebony* sobre The Supremes, junio de 1965[n32]

«Motown es música negra, pero no soul. Su atractivo está dirigido tanto al público blanco como al negro».

Revista *Rolling Stone*, diciembre de 1967[n33]

«Lo llamamos música suave [*sweet music*]»[n34], dijo Diana Ross en 1965 sobre el sonido de The Supremes —probablemente ignorando la rivalidad de antes de la guerra entre el jazz «sweet» y el «hot». Pero las definiciones eran flexibles... y confusas. Quien mandaba en The Supremes, Berry Gordy, el fundador de Motown Records, afirmaba que sus artistas entregaban «el sonido de una América joven», ya fuera negra, blanca, latina o asiática. Las estaciones de radio negras estaban programando la música de «[dos hermanos] que cantaban soul de ojos azules», The Righteous Brothers, cuyo épico tema «You›ve Lost That Lovin' Feelin'» encarna el género a la perfección. Una emisora de radio de R&B neoyorquina incluso agregó a su lista «Yesterday», interpretada por los Beatles, «porque Paul McCartney le pone mucha alma a la canción»[n35]. Los oyentes negros estaban comprando discos de Bob Dylan y los Rolling Stones, mientras que los blancos se mantenían al día de los discos de Wilson Pickett, Otis Redding y los artistas de Motown.

La asimilación parecía ser la meta de la sociedad estadounidense en 1965, el año en que la Ley de Derecho al Voto —que siguió de inmediato a la Ley de Derechos Civiles de 1964, la cual declaró ilegal la discriminación racial— finalmente hizo realidad uno de los objetivos del movimiento de protesta que se había extendido por la nación durante la década anterior: daba a todos los ciudadanos negros el derecho a votar (y el derecho a poder *registrarse* para votar, que todavía era un motivo de disputa en el Estados Unidos del siglo XX). La asimilación era una de las prioridades en la agenda de Berry Gordy, que había establecido sin ningún tipo de vergüenza su red de compañías discográficas (Motown, Tamla, Gordy y, pocos después, Soul) como una corporación de propietarios negros, pero no tenía miedo de contratar a personal blanco o incluso, de vez en cuando, a artistas blancos.

Al proponerse llegar a la sociedad estadounidense en su conjunto y después introducir esa estrategia al resto del mundo, Gordy esperaba llegar a un público que fuese incluso más allá del de los Beatles. De ahí su concentración en The Supremes, que lograron once números uno en las listas de pop en poco más de cuatro años. Es revelador que solo seis de aquellas once canciones alcanzaran el mismo éxito en las listas de R&B, pues rápidamente los afroamericanos habían empezado a desconfiar del impecable y dulcificado sonido de The Supremes. En las entrevistas, el grupo, cuidadosamente preparado y siempre con acompañantes de la discográfica, hacía hincapié en la importancia del «glamour». Motown insistía en que todos sus músicos estudiaran etiqueta para evitar así molestar a cualquier sector del mercado.

Mientras que los éxitos de mediados de los años sesenta de The Supremes y de otros artistas de Motown estaban cortados por la misma tijera para el Top 40, sus álbumes y la programación de sus conciertos revelaba el deseo de Gordy de captar a un público que fuera no solo blanco, sino también adulto. Casi todos los artistas importantes de la discográfica grabaron álbumes de *standards* (era lo único que quería hacer Marvin Gaye), tras lo cual los contrataban cabarets de lujo en Hollywood, Nueva York y Londres y, en sus frecuentes apariciones televisivas, aumentaban su relleno para adolescentes con alguna canción de *West Side Story*, *The Sound of Music* o *Mame*. Gordy quedó encantado cuando en 1965 The Supremes obtuvieron una crítica como la siguiente: «Mientras que The Supremes probablemente conservarán a sus fans adolescentes durante algún tiempo, parece indudable que el grupo permanecerá mucho más tiempo como parte de la dieta habitual de los adultos, sin depender demasiado de la posición que ocupó su último éxito en las listas»[n36].

Pero Motown tenía logros más sustanciales que anunciar. Gordy había creado una plantilla entera de estrellas proveniente de la comunidad negra de Detroit y animaba, convencía y amenazaba a su personal, de la primera a la última línea, para mantener más de una década de éxitos constantes y continua aunque sutil innovación. Llevó a la industria de la música el control de calidad de las florecientes fábricas de automóviles de Motor City y para ello sometía incluso a sus estrellas más prestigiosas, así como a productores y compositores, a los mismos rigurosos controles y restricciones. Nada escapaba a su atención, al menos hasta que dejó Detroit para fundar un nuevo imperio Motown en Hollywood. En última instancia, al usar el mismo grupo unido de músicos, compositores, arreglistas y productores para casi todos los discos y concentrar su atención en el complejo de edificios y estudios «Hitsville USA», en el West Grand Boulevard de Detroit, Gordy creó un sonido Motown inmediatamente reconocible: tan distintivo que ya a principios de 1965 su equipo creativo, Holland/Dozier/Holland, podía satirizarse a sí mismo en «It's the Same Old Song», de The Four Tops.

El trío creativo de Holland/Dozier/Holland era responsable de The Four Tops, The Supremes y de una docena de grupos más durante su pico comercial, entre 1964 y 1967. Su habilidad —o su maldición— era obligar a todos a que cupieran en el mismo molde: el jazzístico Marvin Gaye, los grupos de chicas adolescentes, las musculosas combinaciones masculinas de The Four Tops y The Temptations e incluso The Miracles, con sus raíces doo-wop. Cada una de las voces principales manifestaba una personalidad única y, cuando Smokey Robinson, líder de The Miracles y principal compinche de Gordy, estaba en el estudio, el artista del que se encargara ese día se encontraba de pronto dotado de melodías seductoras e intrincados juegos de palabras con una carga emocional digna de Cole Porter. Pero las sutilezas de Smokey suponían casi exceso de equipaje dentro de una fórmula tan racionalizada.

Había una deliciosa inocencia en el proceso de aprendizaje de Motown, además de una diversidad de ambientes, como «Every Little Bit Hurts», de Brenda Holloway, que combinaba la agonía del romance adolescente con la amarga experiencia de la adultez. Después, Holland/Dozier/Holland despojaron a la corporación hasta reducirla a sus básicos elementos comerciales con «Where Did Our Love Go», de The Supremes, percusiva y repetitiva como los primeros éxitos de The Dave Clark Five. La canción reiteraba el mismo patrón de ocho compases una y otra vez, pero cada compás tenía un gancho diferente —palmas, zapateos, dedos chasqueados— y a través de todo ello corría la voz aguda y suplicante de niña pequeña de Diana Ross, con sus acompañantes limitándose a gorjear «baby, baby» como autómatas. Y eso era todo: suficiente, con un continuo refinamiento que aún proporcionaría a The Supremes muchos años de éxitos y también a The Four Tops —con el rugido gutural de Levi Stubbs reemplazando a la voz de niña perdida de Ross. Stubbs tenía raíces de gospel y se le notaban. Además, The Four Tops eran hombres adultos y podían manejar algo más cansado y apasionado que The Supremes. Pero la lógica era la misma: un ritmo de baile, un estribillo; incesante, hipnótico, irresistible.

Más allá de Motown, la América negra estaba más abierta a la diversidad. Tomando prestadas las palabras del éxito de Wilson Pickett, todavía era la «tierra de los mil bailes» («Land of 1.000 Dances»). Había un lugar donde el rhythm and blues se encontraba con el garage rock y allí es donde Bob and Earl crearon su «Harlem Shuffle», donde The Vibrations cortejaron a «My Girl Sloopy», donde The 5 Du-Tones gritaban «Shake a Tail Feather»... todos ellos discos negros de 1963 en los que de inmediato se fijaron los chicos blancos del frat rock. Después de que The Animals y The Moody Blues tomaran prestados éxitos de soul contemporáneos, y después de que el grupo instrumental birracial Booker T & the MGs mezclaran guitarras distorsionadas con R&B en «Boot-Leg», la brecha entre el pop y el soul había virtualmente desaparecido. (Por ello la publicación especializada Billboard abandonó su lista de rhythm and blues durante dieciocho meses a partir de finales de 1963 creyéndola anacrónica). Mientras artistas blancos robaban lo mejor de del R&B contemporáneo, las estrellas del soul asaltaban el panteón del pop, retorciendo con facilidad «Satisfaction», de los Rolling Stones, y «Day Tripper», de los Beatles, para adaptarlas a su propia forma.

Pero había un afroamericano haciendo lo que los imitadores blanco no podían hacer (aunque algunos lo intentaron): James Brown. A mediados de los años cincuenta, tras gritar y suplicar cantando blues, montó la banda más dura, precisa y *funky* (usando la nueva terminología) de Estados Unidos e inventó una forma de actuar en directo tan apasionantemente viva como impecablemente coreografiado. Con «Out of Sight» (1964), «Papa's Got a Brand New Bag» (1965) y «I Got You (I Feel Good)» (1965), puso en marcha una revolución rítmica tan profunda como la invención de la síncopa. Su nuevo bagaje implicaba ritmos entrelazados y tan ajustados que era imposible respirar; una estructura rítmica con la resistencia de un chaleco de fuerza y la ligereza de una jaula de bambú; y espacio, desordenado y desconcertante, entre las frases y alrededor de las frases, a medida que el acento recaía justo antes y justo después de los parámetros exactos de una canción como «Harlem Shuffle» o «Satisfaction». Era como un truco de magia, provocaba un movimiento aparentemente imposible de dominar y después, al sacudir la cadera, parecía el único ritmo que un cuerpo sensible podía obedecer. Esto era la música funk: un futuro insistente llamando a la puerta.

Entre los primeros en responder al llamado, curiosamente, fue Della Reese, una cantante de jazz que actuaba en clubes pequeños y lujosos. Ella tomó prestada «It Was a Very Good Year» —una canción que primero cantó The Kingston Trio en 1961 y que después adoptó Frank Sinatra como envejecida biografía— y la llevó a Harlem, con una percusión temblorosa y una voz desafiante que sugería que los mejores años estaban por llegar. Como de hecho le sucedió a James Brown, con «Get it Together», en la que llevaba al límite el potencial polirrítmico de su banda en 1967. En los siguientes cuatro años, despojó a su música de cualquier decoración y sometió todo al ritmo.

Hubo otras maneras de aumentar el alcance de la música negra estadounidense a mediados de los años sesenta. Joe Tex (como más adelante Isaac Hayes y Bobby Womack) llevaron la cháchara del sacerdote —el sacerdote del amor— al corazón de la música con «Hold What You've Got», en un momento en que las únicas voces habladas en los discos de pop eran las de los ideólogos de derechas que protestaban contra los pecados de los jóvenes[2]. Shirley Ellis llevó el ritmo de los juegos infantiles a la pista de baile y asombró al público del programa de televisión *The Merv Griffin Show* improvisando sus versos tragalenguas. Sin embrago, como el dolor dura más que la alegría, lo que persistió a mediados de los años sesenta fue la música conocida retrospectivamente como «southern soul» o «deep soul». Su terreno era la pérdida y los corazones rotos, a menudo con una melodía que descendía tan deprisa como el ánimo del cantante. En otra época, el blues hubiera sido suficiente para contener aquella oscuridad; «How Blue Can You Get», de 1963, fue la última bocanada de esa tradición. Pero el blues se había estilizado tanto (como le ocurriría al deep soul) que era difícil que expresara nada excepto nostalgia. Con el desolado paisaje de «I've Been Lovin' You Too Long», de 1965, Otis Redding recuperó la esencia de la balada de blues de mediados de los años cincuenta y la llenó de tensa y frágil desesperanza. Su habilidad para la suspensión —para detener el tiempo y el destino— la reprodujo Percy Sledge en «When a Man Loves a Woman» y después Aretha Franklin le dio la vuelta en 1967 con «I Never Loved a Man (the Way I Loved You)», que proporcionó la voz femenina más fuerte que se había oído en un disco desde la época dorada del blues clásico.

Tres meses después, Aretha remodeló «Respect», de Otis Redding, a modo de orgulloso reclamo de sus derechos: como mujer, por supuesto, pero también como afroamericana. Todos los veranos de mediados de los años sesenta había disturbios urbanos en Estados Unidos, casi siempre avivados por el antagonismo entre la comunidad negra y la policía. Malcom X y Martin Luther King Jr. no coincidían en cuanto a la forma de asegurar el respeto para su gente, y poco después el Partido Pantera Negra de Autodefensa propuso su propia solución, más combativa. Los cantantes negros se negaron a que los silenciaran. «Now» (un grito pidiendo la libertad con la música de «Hava Negilah»), de Lena Horne, apareció en las listas de música negra semanas antes del asesinato de JFK y después fue ignorada. «La letra es ofensiva» fue una de las quejas; la canción era «demasiado agresiva», porque exigía derechos civiles *ahora* y no en una tierra fantástica del futuro; en cualquier caso, la canción estaba «fuera de los límites del entretenimiento»[(n37)]. Tampoco tenía pelos en la lengua Nina Simone —otra cantante inspirada en el jazz—, hasta el

---

2. Es posible que Tex se inspirase en el single de 1964 de Clarence Ashe «Trouble I've Had», una extensa narración en clave de blues sobre la mala suerte y los tiempos duros.

punto de que la revista *Negro Digest* se inquietó: «La introducción de lo que solo puede llamarse 'música militante' resulta sorprendente. [...] Es bueno para los derechos civiles —y estamos absolutamente a favor de los derechos civiles, ¡por supuesto!—, pero después de un día de ardua lucha queremos tener a Nina para que nos calme»[n38]. A medida que la tradición folk de la canción protesta entraba en tromba en la corriente de pop dominante durante el verano de 1965, aquel sentimiento se extendía: mantén la música y la política separadas.

Había himnos de soul a los derechos civiles que despertaban menos inquietud porque eran más sutiles, hasta el punto de estar camuflados. Las canciones de Curtis Mayfield para The Impressions como «Keep on Pushing» y «People Get Ready» no mencionaban ninguna campaña por su nombre. Igualmente, el testamento final de Sam Cooke antes de su muerte en 1964, «A Change is Gonna Come», podía interpretarse como el grito del corazón de un hombre, más que de una raza entera. Stevie Wonder, con solo dieciséis años, se acercó más que cualquier otro artista de Motown a la primera línea al grabar «Blowin' in the Wind», de Bob Dylan, en 1966, un momento en que tanto Joe Tex como Mike Williams estaban cantando sobre la situación desafortunada de los soldados negros que enviaban a luchar a Vietnam. Cada nota que cantaba o tocaba James Brown gritaba en favor de los derechos civiles de los negros, pero su declaración más política aquel año fue una amable advertencia a los estudiantes: «Don›t Be a Drop-Out» («no dejes el colegio»). Aquel era un tema popular entre los cantantes negros, que querían hacer ver su valía a la sociedad blanca y demostrarles que podían tener principios sin ser militantes. En 1968, tras el asesinato del doctor King, en medio de tiroteos de activistas y de Panteras Negras, tras hacerse evidente que a los afroamericanos se los seleccionaba para Vietnam antes que a los blancos, James Brown finalmente se sinceró: «Say It Loud (I'm Black and I'm Proud)» [«Dilo bien alto (soy negro y estoy orgulloso)] era un hito sonoro y político. «No dejaremos de movernos hasta conseguir lo que nos merecemos», promettía Brown e, independientemente de cómo se interprete esa frase, mantuvo su palabra.

«Hemos notado que el africano es patéticamente incapaz de defender su propia cultura y, de hecho, es en gran medida indiferente a su propio destino».

Folclorista inglés Hugh Tracey, 1954[n39]

«Me dije a mí mismo: 'Tengo que ser muy original y dejarme de mierdas. [...]
Tengo que identificarme con África. Entonces tendré una identidad'».

Fela Anikulapo Kuti, 1966[n40]

A principios de los años cincuenta, etnomusicólogos de Reino Unido y
Europa se aventuraron al corazón de África para recuperar su música na-
tiva. Al igual que sus predecesores en América del Norte y en la Inglaterra rural, descubrieron que se habían infiltrado influencias externas en las
culturas tradicionales, modificándolas. Hugh Tracey creía que la música de
las tribus que hablaban bantú estaba «en decadencia»[n41], mientras que Ulli
Beier lamentaba que entre los yoruba, en Nigeria, «en enero de 1955 todos
los niños de seis años serían enviados a la escuela de forma obligatoria, y el
tambor parlante *no* está en el nuevo currículum»[n42].

En su lugar, gran parte de África era esclava de la guitarra eléctrica y los
ritmos de América Latina y el Caribe. Una de las consecuencias inesperadas
del colonialismo fue la migración de influencias culturales, que llevaron la
rumba cubana a África al mismo tiempo que trajeron el sonido del highlife
de África occidental a los clubes londinenses de R&B. El propio término
«highlife» tenía connotaciones satíricas y políticas: era una forma de reivindicar un sentimiento de clase entre la gente normal, la cual solo podía mirar
desde fuera cuando los funcionarios del estado se relacionaban con los visitantes europeos en los banquetes gubernamentales y en fiestas de jardín. Los
ritmos de África y del Caribe se mezclaron para producir una música que se
movía con un suave lirismo que no concordaba con el ritmo del continente
americano. Había variaciones regionales y nacionales y cada país engendra-
ba su propia especie de música popular y sus héroes locales. Pero los patro-
nes hipnóticos y repetitivos de la guitarra eléctrica, cambiando de acorde
con una precisión siempre sorprendente para el oído del primer mundo,
eran algo distintivamente africano, ya provinieran de Nigeria, el Congo (el
centro neurálgico del pop porque contaba con la concentración más importante de estudios de grabación) o Sudáfrica.

El propio highlife cruzaba muchas fronteras como música de fiestas y salas de baile. Además de las importaciones latinas, reflejaba la cadencia del
calipso. Incluso en ocasiones había un dejo de jazz en su uso constante de
las trompetas. Las canciones podían cantarse en francés, en inglés o, más a
menudo, en las lenguas de las tribus africanas. Nigeria también engendró un
estilo híbrido llamado jùjú, mientras que Sudáfrica produjo el kwela, que tenía similitudes rítmicas con el twist estadounidense. Desde el Congo llegó el
soukous, que introdujo el comentario social y político en el baile. A medida

que cada nación obtenía la independencia durante los años cincuenta y sesenta, surgió una chispa de entusiasmo por las tradiciones musicales más profundamente arraigadas y surgió el deseo de librar a su música de toda influencia occidental. Aparte de alguna exitosa rareza ocasional, como «Tom Hark», de 1958, nada de esta reinvención constante de la música popular africana era visible en Reino Unido o en Estados Unidos. Estrellas regionales como Jean Bosco Mwenda, Tabu Ley Rochereau, E. T. Mensah, I. K. Dairo y Edouard Masengo eran desconocidas fuera de África. En las raras ocasiones en que los africanos viajaban a Occidente, su público se limitaba a otros emigrantes del continente o, como cuando el joven Fela Kuti formó una banda en Londres llamada The Koola Lobitos con recién llegados del Caribe, estaba compuesto por la comunidad de las Indias Occidentales. Solo un africano negro tuvo éxito al infiltrarse en la escena beat británica: el percusionista Speedy Acquaye, que pasó cuatro años con Georgie Fame and the Blue Flames tocando para públicos tanto negros como blancos en clubes como The Flamingo.

The Flamingo era también un semillero del ska jamaicano —otra música que exhibía con orgullo su origen de clase trabajadora. «La élite de las clases altas y medias no aprobaba el ska», escribió David Katz, «debido a sus poco refinadas referencias al gueto»[n43]. Como recordó el líder de banda y empresario Byron Lee, «no lo ponían en las estaciones de radio porque no aceptaban su mala calidad calidad: las guitarras estaban desafinadas, las canciones solo trataban de brincar, botar y saltar»[n44]. En 1962, Lee montó un espectáculo llamado *Ska Goes Uptown* en The Glass Bucket Club, en Kingston, la capital de Jamaica. Ese mismo año, Lee and his Dragonaires participaron en la filmación de la primera película de James Bond, *Dr No*. Hacia 1964, después de que «My Boy Lollipop», de Millie Small, se convirtiera en un éxito global, Small se reunió con Lee y otros pioneros del ska en la Exposición Universal de Nueva York. Las agencias de publicidad de Madison Avenue creyeron que habían descubierto una segunda bossa nova: una moda musical étnica que podía traducirse en un estilo de vida para los estadounidenses ricos. Pero malinterpretaron el significado de un género que se enraizaba en la independencia de Jamaica, el orgullo negro y cierta conexión espiritual con África.

El estatus de Jamaica como destino vacacional de los estadounidenses ricos y el legado colonial británico aseguraron que la isla caribeña mantuviera una red de hoteles de lujo y clubes nocturnos de moda. Como los habitantes negros de Jamaica (de los cuales, además, pocos poseían radios en los años cincuenta) tenían prohibido participar de este hedonismo, dependían de los equipos de sonido o *sound systems* para su entretenimiento. Estos monumentos a la amplificación eléctrica se podían encontrar en la ciudad o en el campo, en lugares fijos o de forma itinerante en un camión: en cualquier lugar donde una muchedumbre se pudiese reunir para escuchar música y bailar. Sus dueños y quienes los operaban eran empresarios que podían ser hombres del espectáculo, mafiosos o ambas cosas.

A finales de los años cuarenta y principios de los cincuenta, su combustible era el R&B estadounidense. Los operadores competían para descubrir los sonidos más calientes de Louisiana o Texas y después trataban de esconder la procedencia de sus hallazgos a los ojos de sus competidores. Las sesiones podían incluir concursos de talento para adolescentes locales o la voz de los operadores estampando su autoridad hablando por encima de los discos, interactuando con los sonidos grabados como un músico de jazz improvisando con una banda.

Para asegurarse la exclusividad, muchos operadores empezaron a experimentar con estudios de grabación primitivos en los que podían grabar canciones que sus rivales no podrían hacer sonar en sus equipos. Originariamente, estos singles de R&B —pertenecientes a un género bautizado como boogie jamaicano— se conservaban solo en discos de acetato para su único uso en un *sound system*. Pero a partir de 1956, cuando Laurel Aitken grabó el primero de una larga serie de éxitos de boogie, «Roll Jordan Roll», se empezaron a producir para su explotación comercial. Los éxitos del boogie jamaicano, estridentes y con frecuencia caóticos, como si se hubieran grabado en una sola toma estando borrachos y a punta de pistola, añadían solo un ligero toque de ritmo caribeño a la fórmula del R&B de Nueva Orleans. Gradualmente, a medida que la isla se preparaba para la independencia en 1962, se libraron de su sujeción a los ritmos de Estados Unidos y determinaron el pulso de su propio destino.

En términos musicales, el cambio fue sutil... y revolucionario. Los músicos optaron por acentuar la segunda parte y la cuarta parte de cada compás o, más bien, un lugar justo después, añadiendo así una ligera sugerencia de demora a la síncopa estadounidense. Lo que surgió fue un sentido del tiempo entrecortado y convulsivo, con pasos de baile acordes. Como lo describió de manera evocadora el músico de ska Ezz Reco, recordaban a la explicación que dio Chubby Checker del twist: «Parece como si alguien estuviera sufriendo, tío. Imagínate a un hombre que tiene un dolor de estómago terrible y al mismo tiempo espasmos, y tiene que moverse por todas partes para aliviar el dolor, y entenderás de lo que se trata». Al tratar de explicar este ritmo al público británico, una compañía discográfica dijo que el ska tenía «el traqueteo insistente de una locomotora subiendo una cuesta»[(n45)].

El ska pronto se convirtió en la música común de los inmigrantes antillanos en Reino Unido, pero tras librarse de sus dominadores británicos Jamaica ya no necesitaba su aprobación. En su lugar, muchos de los habitantes más pobres eligieron identificarse con África. El foco de su adoración fue Ras Tafari, también llamado Haile Selassie, el emperador de Etiopía, identificado con la divinidad, según creían, en las enseñanzas de Marcus Garvey, orador y activista panafricano nacido en Jamaica. La influencia rastafari en el ska se vio por primera vez en el éxito de 1960 de The Folkes Brothers «Oh Carolina», a través de la desvergonzada percusión africana de origen burru de Count Ossie, un estilo africano recuperado de la tradición de los esclavos como emblema de la solidaridad negra. Pero el estilo folclórico jamaicano mento (llamado localmente «música country») ya había producido sus himnos sobre la vuelta a África, en particular «Ethiopia», de Lord Lebby, de 1955.

A partir de entonces, la política, la religión y la tradición del ska casi nunca se separaron, aunque los discos de ska no trataban abiertamente tales asuntos, sino que más bien surgían del propio clima social. A principios de los años sesenta, «Forward March», de Derrick Morgan, «Six or Seven Books», de The Maytals, y «Judge Not», del adolescente Bob Marley, evocaban el anhelo espiritual y la agitación social, ya fuera violenta o pacífica. Esta era una época en la que el descontento en los guetos se mezclaba con la violencia entre bandas callejeras en los suburbios de Kingston, de resultas de los chicos campesinos que llegaban a la capital atraídos por el optimismo de la lucha por la independencia y se daban cuenta de que allí solo los esperaba la pobreza. «Por consiguiente», como ha relatado Don Letts, estos lamados *rude boys* [chicos groseros] «se convirtieron en forajidos y comenzaron a recurrir al crimen para sobrevivir, ya fuera por su cuenta o con bandas callejeras»[(n46)]. El grupo de Marley, The Wailers, fue el primero en exponer esta tendencia en un éxito de 1964, «Simmer Down», que pedía a los *rudies* que se tranquilizaran. Durante el resto de la década, la música popular jamaicana estuvo al mismo tiempo cautivada por los gángsters y ansiosa por encontrar la salvación sin una pistola.

Quizás hubdidos por el peso de estos problemas, o tan solo respondiendo al calor asfixiante de un verano anómalo, los músicos y los bailarines ralentizaron y refinaron el ritmo del ska a mediados de los años sesenta y lo convirtieron en un estilo llamado rocksteady. Este hacía recaer el acento en la tercera parte de cada compás con el ritmo *one drop* del bombo, lo cual creaba un sonido que permitía a los artistas tener más sentimiento al tocar y ser más reflexivos. También ser más sensuales en comparación con la espasmódica sexualidad del ska. Era una música que pedía armonías vocales, y los grupos de sweet soul de Estados Unidos (en particular The Impressions) eran imitados por The Maytals, The Wailers, The Paragons, The Melodians y sus coetáneos. Sin embargo, al mismo tiempo, iba adquiriendo cada vez más un mensaje a favor de los derechos civiles que tomaba prestado de Estados Unidos a medida que se preparaba para la transformación de los años sesenta en el ritmo más rápido y a menudo más militante del reggae.

Mientras que Jamaica estableció su identidad musical con el ska, el rocksteady y el reggae, muchos músicos negros africanos optaron por mantener su lealtad al R&B estadounidense. Afrobeat fue el nombre que se dio a la mezcla de highlife, soul y funk que comenzó a dominar los clubes nocturnos de África occidental en la segunda mitad de los años sesenta, gracias a pioneros como Geraldo Pino, de Sierra Leona. Fela Kuti, de Nigeria, imitó el ejemplo de Pino hasta que tuvo una revelación musical durante un viaje a Ghana: los músicos africanos necesitaban hacer música africana. Aun así, solo cuando visitó Nueva York en 1969 y leyó los escritos de Malcolm X, se sintió capaz de apartarse de la tradición estadounidense. «Me dije a mí mismo: '¿Cómo cantan canciones los africanos?'», recordó. «Cantan con coros»[n47]. Canalizó esta intuición en la creación de «My Lady Frustration», cuya estructura al estilo de James Brown estaba empapada de un sentimiento desafiantemente africano: «El club entero dio un salto y todo el mundo empezó a bailar. En ese momento supe que lo había encontrado»[n48]. Al igual que Jimmy Cliff y Bob Marley en Jamaica, había dado con algo que mezclaba música de baile, orgullo cultural y protesta política: una música que operaba en todos los niveles y llegaba a la cabeza, al espíritu y al cuerpo con diferentes mensajes sin perder nunca de vista el eterno ritmo.

«Podemos convertir cualquier lugar en una discoteca en tan solo tres horas».

Anuncio de Seeburg, febrero de 1965[n49]

«[El LSD] está convirtiendo las discotecas en lugares de entretenimiento extraños y a menudo pesadillescos. […] La música es un compuesto de sonidos, magnificados cien veces, que aumentan hasta alcanzar un clímax que algunas personas encuentran destructivo para el cerebro».

Revista *Rave* sobre las discotecas de Hollywood, junio de 1966[n50]

Cuando Smokey Robinson and the Miracles cantaban sobre «un nuevo lugar que he encontrado» que era el local de baile más en boga de la ciudad, no era accidental que su himno se llamara «Going to a Go-Go». Ese calificativo —a Go-Go— se había asociado por primera vez a un club de baile en 1947, cuando Paul Pacine abrió en París el Whisky à Gogo (que significa «whisky a montones», tomado prestado de la novela de Compton Mackenzie *Whisky Galore*). Fue un intento de exprimir el éxito de otro local abierto en el año 1941, bajo la ocupación nazi, con el profético nombre de La Discothèque (es decir, «la colección de discos»). Fue la sede de los *zazús*, que, en un sótano apartado, disfrutaban de los prohibidos tesoros del swing estadounidense.

Hubo clubes similares en Francia después de la guerra, muchos de ellos con «a Gogo» en su nombre, sobre todo en la ciudad costera de Juan-les-Pins, en la Costa Azul. A medida que otros empresarios imitaban la fórmula de Pacine, este persuadió a una promotora y *chanteuse* para que dirigiera un club llamado Chez Régine, que frecuentaban actrices con aspecto de muchacho y existencialistas envejecidos[3] y que se convirtió en el hogar parisino del twist. Hacia 1960, ya había, en las ciudades más importantes del mundo, lo que hoy entendemos por discotecas. De hecho, ese mismo año, un emigrante francés abrió un local nocturno de élite en Nueva York llamado simplemente Le Club, que tenía una política de entrada restrictiva y unos precios diseñados para atraer a la gente más elegante de Manhattan. La alusión a la sofisticación francesa parecía obligatoria: el primer local de este tipo en Londres, en Wardour Street, se llamó La Discotheque. Pero era la marca «à Gogo» (o, fuera de Francia, «a-Go-Go») la que más rápido se extendió: a Chicago, con sus Bistro-a-Go-Go y Buccaneer-a-Go-Go; a Sunset Strip, en Hollywood, y de ahí alrededor del mundo.

La conexión francesa añadió cierta mística a la fórmula de poner discos mientras la gente consumía alcohol y bailaba. En 1965, el fabricante de gramolas Seeburg se dispuso a abrir franquicias de la discoteca francesa por Estados Unidos, ofreciendo un paquete de «Club de baile instantáneo», con paneles decorativos para las paredes incluidos. La música la suministraban los «nuevos Rec-O-Dance Albums», que contenían «las canciones más bailables que jamás han existido […] para así crear la ilusión de que hay una banda de renombre tocando en directo en la pista de baile»[n51]. Algunos de estos discos incorporaban versiones anónimas de éxitos recientes —de los Beatles, por ejemplo—, junto con material de baile escrito según una

---

3. Hubo contactos inesperados entre estas dos categorías. Por ejemplo, el escritor Jean-Paul Sartre escribió canciones para la actriz y *chanteuse* Juliette Gréco.

fórmula. Otros, según la edad de la clientela, se concentraban en canciones familiares de swing, como «Moonlight Serenade» y «Little Brown Jug».
Cada disco contenía siete u ocho minutos de música continua por cada cara.
Los líderes de banda profesionales pronto copiaron este enfoque, como en
el caso del LP de enero de 1965 *The Peter Duchin Discotheque Dance Party*,
que convirtió éxitos para adultos como «Hello, Dolly» en «bailes populares
modernos».

Uno de los principales competidores de Seeburg, Roure, respondió al Instant Dance Club contratando a Killer Joe Piro —artista discográfico y profesor de baile de una de las hijas del presidente Johnson— como gurú de su
discoteca. «Bailar el *frug*, el *watusi*, el *mule* ahora es fácil», prometían sus
anuncios. «Concédele una tarde a Killer Joe Piro, ¡y te convertirá en una
sensación del baile en la discoteca!»[n52]. Al igual que los discos de antes de la
guerra se clasificaban según el paso de baile correspondiente, ahora a los que
bailaban se les informaba de que «Going to a Go-Go», de The Miracles»,
requería el *jerk* y que «We Can Work it Out», de los Beatles, el *slop*. La
industria discográfica continuaba sacando nuevos bailes de moda cada semana. Chubby Checker imitaba los movimientos disparatados que hacía Freddie Garrity sobre el escenario en «Do the Freddie», lo cual dio lugar a que
Freddie and the Dreamers respondieran con una canción del mismo nombre
que fue número uno en las listas de Estados Unidos: era la era de «Freddie
Beat», se aseguraba a los estadounidenses. Brasil estaba deseoso de exportar
su última invención, el *jequibau*. En Europa, el baile que causaba sensación
era el *letkiss*, también conocido como la yenka, que reclamaron como propia media docena de países. Stig Anderson, de Polar
Music, en Suecia (más conocido en los años setenta
por ser el mánager de Abba), dijo que solo los discos
de sus artistas podían proveer el sonido genuino de
la *yenka-letkis* —que, por cierto, era sorprendentemente similar a la polka. Francia, siempre dispuesta
a defender su individualidad, respondió con su propia derivación, el *monkiss*. En Alemania Occidental, el baile reinante en 1964 todavía era el *twist*. El
gobierno estaba tan preocupado por el vandalismo
en el servicio ferroviario que inauguró unos «trenes del twist» para la gente joven, en los que, en
cada vagón, había una pista de baile donde sonaba
música de twist. México inventó un baile llamado
go-go y se persuadió a los roqueros visitantes Bill
Haley and His Comets de que grabaran un álbum

que archivar junto a sus anteriores discos de twist mexicano. Una banda estadounidense llamada The Warlocks intentó sin éxito promover la pataleta: «Da patadas y manotea: en todas partes, pataleta», decían las instrucciones, como dirigiéndose a quienes se sentían abrumados por la rápida procesión de pasos de baile.

En Sunset Strip, el hogar espiritual de los adolescentes de Los Ángeles, las bandas nuevas más en boga de California animaban a sus fans a bailar el *frug* o el *slop*. El garito más *hip* era el Ciro's, donde (como declaró Derek Taylor, el agente de prensa de The Byrds) «había, hacia arriba y hacia abajo de Sunset Strip colas de adolescentes desesperados por entrar. La pista de baile era un manicomio. Un núcleo de fans leales de The Byrds —pintores rebeldes, hijos y herederos desheredados, escultores barbudos, ninfas melancólicas e inadaptados de diversa índole— de repente enseñaron a Hollywood a bailar de nuevo»[n53]. La revista *Billboard* observó con aprobación que «el sonido de The Byrds combina falsetes con atronadores acordes de guitarra y un ritmo de batería atronador: todo ello apto para bailar»[n54]. Por su parte, «Like a Rolling Stone», de Bob Dylan, estaba dirigida también, según aseguraba el artículo, «al mercado adolescente y, además, tenía un ritmo perfecto para bailar»[n55]. The Lovin' Spoonful, una banda de Nueva York, pronto rivalizaba con The Byrds en Sunset Strip, lo cual hizo que gente de la industria como Phil Spector bailara el bugalú y el *jerk*. MGM Records, preocupada de que estar dejando pasar una bonanza comercial, ordenó a su banda de rock Sam the Sham and the Pharaohs a tomar clases de baile y, con ello, advertía a los ingleses The Animals y Herman Hermit's de que después les tocaría a ellos.

Ahora había salas de baile en ambas costas estadounidenses que ofrecían una dieta continua de rock: The Happiness, The Cheetah, Ondine's y The Place, el local de Murray the K en Nueva York; The Avalon y The Fillmore, en San Francisco. Enseguida surgieron más en todas las ciudades importantes del país. Algunos artistas eran tan famosos que podían llenar teatros, estadios e, incluso, después de que los Beatles aparecieran en el Shea Stadium de Nueva York, campos deportivos gigantes. El resto actuaba solo para quienes bailaban.

Las drogas estaban en el aire, literalmente en el caso de la marihuana, y en pequeños trozos de papel secante, que contenían una dosis del potente alucinógeno conocido como LSD. A medida que el naciente movimiento hippie despegaba, beatnicks veteranos y bandas de rock se reunían en los clubes nocturnos y salas de baile de la Costa Oeste mientras la música reflejaba el estado psicológico alterado del público. Las bandas de San Francisco, que antes tocaban versiones de R&B de dos minutos, de pronto estaban alargando «Turn on Your Love Light» o «Dancin' in the Street» hasta los diez o doce minutos, si no más. Esto era un acontecimiento —de hecho, era el nacimiento de una cultura alternativa— que fue llamado con una palabra que vino a encapsular el ambiente ácido, liberador y caótico de finales de los años sesenta: *psicodelia*.

CAPÍTULO 3

FREAK OUT PEOPLE

«Honestidad, candor, franqueza. Di lo que quieres decir sin segundas intenciones. Estos son los estilos de vida que nacieron con la revolución del pop. El final de las evasivas, de las actitudes falsas y de la hipocresía».

Revista *Rave*, junio de 1965[n56]

«Yo era una estudiante de primer año de la universidad. Era tan increíble que nadie fuera a clase... Simplemente vagábamos por ahí, hablando de esa canción. Yo no sabía de qué hablaba Dylan en la canción. Pero no importaba. Te hacía sentir que no estabas solo... que alguien hablaba en tu idioma».

Patti Smith sobre la primera vez que escuchó «Like a Rolling Stone», de Bob Dylan[n57]

Pese a que la música de los Beatles se volvió más sofisticada durante el año 1964, sus letras apenas cambiaron. Como se quejó un crítico que comentó su álbum *A Hard Day's Night*, ofrecían «una completa banalidad de sentimiento. En sus letras, una palabra de dos sílabas es una rareza y cualquier referencia a la vida real queda completamente excluida»[n58]. Otro crítico decretó, hablando del conjunto de sus canciones de 1964: «Todas empiezan con rasgueos de guitarra y todas terminan con un *fade-out*. Entre medias, alguien canta sobre el amor»[n59].

La música popular no tenía por qué ser así. Al mismo tiempo que *A Hard Day's Night*, había aparecido un álbum de Bob Dylan, cuyo título, *The Times They Are A-Changin'*, señalaba su voluntad de ahondar en lo que había detrás de las vicisitudes del romance adolescente. El disco se enfrentaba al racismo, a la injusticia, a la pobreza, al patriotismo y a la hipocresía, empleando tanto retórica política como lirismo extravagante para ampliar el vocabulario de la canción popular. La revista pop *Disc* estaba embelesada: «Puede que Dylan», proclamaba en julio de 1964, «sea lo más grande hasta el momento en el mundo del espectáculo»[n60].

Los Beatles eran admiradores de Dylan y de su música. «Me gusta toda su actitud», declaró George Harrison en enero de 1965, «su manera de vestir, que no le importe nada. La manera en que canta disonancias y toca disonancias»[n61]. John Lennon admitió que, originalmente, la canción principal de su película iba a sonar como Dylan (con lo cual quería decir que tenía guitarras acústicas y armónica), «pero la beatleficamos»[n62].

Un fan declaraba que «el adolescente medio con mentalidad pop no tiene la paciencia para escuchar o entender a Dylan. Dylan no tiene ritmo ni pega en las fiestas y se oye mejor en soledad»[n63]. Aun así, en marzo, cuando se lanzó como single en Reino Unido la canción principal de *The Times They Are A-Changin'*, las entradas para su concierto británico se agotaron enseguida. En mayo, a ese single se le habían unido en las listas de éxitos la rompedora «Subterranean Homesick Blues» y cuatro de sus LPs: el bardo del solipsismo folk y del activismo radical se había convertido en una genuina estrella del pop. Sus composiciones eran tan populares entre otros artistas que su sello discográfico en Estados Unidos lanzó una campaña publicitaria que aseguraba que «Nadie canta a Dylan como Dylan». Todos aquellos padres que comparaban la voz de Dylan con (por ejemplo) «una oveja moribunda» habrían estado de acuerdo.

Como compositor, Dylan avanzaba tan deprisa que su compañía discográfica no podía seguirle el ritmo. En cuanto lanzaron su LP *Bringing It All Back Home*, con sus baladas imagistas y su instrumentación roquera, él ya estaba preparado para superar «Subterranean Homesick Blues» con el que es, probablemente, el single más influyente en la historia del rock: «Like a Rolling Stone». «¿Un single de seis minutos? ¿Por qué no», se pavoneaba Columbia, «si son seis minutos de Bob Dylan?»[n64]. Sin embargo, la duración de la canción —era el single más largo desde las *suites* del «jazz sinfónico» de los años veinte— era la menor de sus innovaciones. Estaba el sonido, un engranaje de instrumentos ligeramente discordantes entre sí que poseía la consistencia de la melaza. La interpretación empezaba con el latigazo de una caja, que de inmediato atraía la atención del oyente. Después estaba la voz: intolerablemente cansada pero a su vez empujada por una extraña (y química) vida; simultáneamente bravucona y exuberante, vencida y urgente. Y la letra: bueno, era enigmática y surrealista y estaba diseñada para levantar una nube de confusión, pero había ganchos a los que agarrarse: alusiones al colegio y un estribillo que era una llamada a todos los adolescentes alienados, a cualquiera que entendera más que sus padres, a cualquiera que solo quisiera imaginarse a sí mismo como un bala perdida [*rolling stone*]. ¿Seis minutos? ¿Por qué no, si era el bautismo de un nuevo mundo?

En una reseña notable por destacar la reacción de cualquier adulto ante aquella cacofonía que dividía generaciones, Bob Dawburn, de *Melody Maker*, logró hacer una declaración (casi) precisa: «'Like a Rolling Stone' ofenderá a los puristas del folk con sus cuerdas y sus guitarras eléctricas»[n65]. Las *cuerdas* eran un producto de su imaginación, lo cual atestiguaba el sentimiento de dislocación que inspiraba la canción. Pero con este single (si no ya con «Subterranean Homesick Blues», influida por Chuck Berry), Dylan había elegido conmocionar a todo aquel que creyera que la virtud y la honestidad solo podían expresarse con el traqueteo de una guitarra acústica. Como resultado, aquel verano lo abuchearon en el Newport Folk Festival, en varios conciertos de su gira por Estados Unidos y después, de manera sistemática, en una visita al Reino Unido en 1966 que una guerra civil entre fans del rock y fans del folk.

Pocos en la música popular estaban preparados a acompañarlo en este viaje. Si sus letras debían más a Allen Ginsberg y a los poetas franceses decadentes del siglo XIX que a cualquier precursor dentro del pop, su sonido estaba inspirado en la espontaneidad de sus contemporáneos. Dylan había disfrutado con las armonías cristalinas y el impulso melódico de los Beatles; con la actualización descuidada del blues de Chicago por parte de los Rolling Stones; y, especialmente, con el logro de The Animals cuando tomaron prestada «House of the Rising Sun» del primer disco de Dylan y la tradujeron a un rock'n'roll liberador. Todo lo que tenía que ver con Dylan gritaba libertad, desde los caóticos aullidos y ronroneos de su forma de cantar hasta el ilimitado vocabulario que manejaba, el cual, con el tiempo, persuadiría a sus coetáneos menos inspirados de que ellos también podían mezclar imágenes aleatorias y llamarlo arte.

En The Troubadour, en Hollywood, Dylan había tocado «música twist folk»[n66] con una banda de trece componentes llamada The Men. Después conoció a cinco jóvenes músicos llamados The Byrds y escuchó su reinvención de «Mr Tambourine Man», que él mismo había compuesto... despojada de tres de sus cuatro versos, con un ritmo sacado de los Beatles y coronada por elevadas armonías vocales y por una guitarra de doce cuerdas que poseía el seductor encanto de la flauta del flautista de Hamelin. Retrataba el espíritu de una época que apenas estaba surgiendo pero que The Byrds ayudarían a perfeccionar. Su música fue calificada de «folk rock» y, para encajar en la definición, apareció todo un género cuando grupos de jóvenes guitarristas saquearon el catálogo de Dylan en busca de otras joyas ocultas del pop.

Junto a «Like a Rolling Stone», en las listas de éxitos de agosto de 1965, estaba «Do You Believe in Magic», de The Lovin' Spoonful: una canción espiritual de gozo para una generación que había crecido con el rock'n'roll , «la magia que puede liberarte». Aquel era un paso más allá de «Those Oldies But Goodies» y otras alabanzas al pasado reciente: dejando atrás la nostalgia y entrando en el terreno de la trascendencia, se llevaba perfectamente con la incipiente búsqueda de la libertad que compartía el público al que se dirigía el autor de las canciones, John Sebastian. Uno de los miembros de aquel público era Paul Williams, un estudiante universitario de diecisiete años de Pennsylvania, cuya pasión por lo que él todavía llamaba «rock'n'roll » era tan intensa —y, pensaba él, estaba tan maltratada por los medios dedicados al pop— que fundó *Crawdaddy!*, «una revista de crítica de rock'n'roll ». Su deseo era abrir la comunicación en el interior de una comunidad de oyentes, una comunidad que hasta entonces no tenía nombre ni foco. En uno de los primeros ejemplares, Williams describió a su público ideal: «Cualquiera que esté interesado en hablar sobre la música más excitante y viva del mundo de hoy, una música que está viva no por su ritmo agresivo, sino por su fantástica inventiva, su habilidad para asimilar estilos de música muy diferentes, su frescura y su consciencia de un mundo que otras formas de música parecen querer abandonar»[n67]. Williams no creó ese público, pero lo proveyó de su primer punto de contacto en una época en la que Bob Dylan, los Beatles, los Rolling Stones y The Byrds, entre muchos otros, empezaban a explorar temas que escapaban al control de la industria musical. En ese instante nació la cultura del rock, confirmando lo que una generación ya sabía instintivamente pero nunca había puesto en palabras: escuchar esta música los distinguía de quienes no lo hacían y los unía a todos aquellos que compartían los mismos valores inconformistas.

«Hay que dejar que Sudáfrica tenga sus propias normas, esa es mi opinión».

Cliff Richard, 1965[n68]

«Las estrellas y los famosos no deberían intentar imponer un nivel moral. ¿Quiénes somos nosotros para decir qué es lo que está bien y lo que está mal?».

Mick Jagger, 1965[n69]

En los meses siguientes al ingreso de Nelson Mandela en la prisión de Robben Island, en 1964, el políticamente ingenuo mundo del pop británico trató de establecer sus principios morales. Sudáfrica había sido hasta hacía poco miembro de la Commonwealth y era un lugar familiar para las estrellas del entretenimiento de Reino Unido. Cliff Richard and the Shadows habían hecho una visita triunfante allí en 1961, un año después de la masacre de Sharpeville. Tocaron para un público blanco en las ciudades y añadieron dos fechas más en las *townships* habitadas por gente negra. «He de decir que a los sirvientes nativos se los trataba muy bien en los hogares que visité»[n70], dijo Cliff a su regreso.

Dos años después, la pianista trinitense Winifred Atwell fue contratada para actuar en Sudáfrica, pero el Gremio de Músicos la persuadió de que abandonara el viaje. En 1964, el trompetista Eddie Calvert anunció que no estaba dispuesto a tocar en ese país mientras durara el *apartheid*. Los Beatles cancelaron sus planes de actuar tanto en Sudáfrica como en Israel sin dar explicaciones[4].

4. A John Lennon lo criticaron los comentaristas culturales negros en 1965 cuando dijo a la revista *Time*: «Podemos cantar de manera más negra que los africanos»[n75].

Entonces el gobierno sudafricano se valió de un subterfugio: ofreció contratos a Adam Faith y Dusty Springfield en los que prometía que tocarían ante públicos multirraciales. Cuando llegaron, descubrieron que en las salas de conciertos solo se permitía entrar a los blancos. Faith regresó a casa de inmediato y fue censurado por montar una treta publicitaria. Springfield, que una vez había dicho: «Ojalá hubiera nacido de color»[n71], organizó su propio evento no segregado y fue expulsada de Sudáfrica. De vuelta al Reino Unido, Peter Asher, la estrella de Peter and Gordon, acusó a Springfield de hacerles la vida más difícil a los sudafricanos negros. «No veo por qué tocar ante públicos segregados significa que apoyas la segregación»[n72] [5], añadió.

Dejando de lado los gestos individuales, dentro del entretenimiento británico no existía una plataforma para una adoptar postura política. En feberero de 1965, la BBC se negó a transmitir la versión de Manfred Mann de «With God on Our Side», de Bob Dylan, porque «la canción podía resultar ofensiva»[n73]. (También prohibió la canción cómica «Landing of the Daleks», porque incluía un mensaje al Doctor Who en código morse: «SOS, SOS. LOS *DALEKS* HAN ATERRIZADO». Esto, según se temía la BBC, podía alarmar a oyentes nerviosos). Pero la fusión del folk y el rock'n'roll en 1965 permitió que el pop se convirtiera en un espacio de debate de cuestiones sociales y políticas que iban de lo banal a lo apocalíptico. Todas las naciones parecían tener a su Bob Dylan: Antoine en Francia; Nacho Méndez en México; Raimon en España; Claude Dubois en Canadá... Todos eran jóvenes, estaban enfadados y comprometidos políticamente y eran polémicos.

El cabello —su longitud y su limpieza, o la ausencia de esta— era un tema polémico para las jóvenes estrellas del pop de los años sesenta. A los Beatles se los satirizó y después se los amó por sus cortes de pelo en plan fregona. Con frecuencia, la prensa describía las melenas impecablemente brillantes de los Rolling Stones como «sucias». Una revista para adolescentes de Estados Unidos quedó obnubilada por «peinado de bosquimano africano»[n74] de Jimi Hendrix. Todo esto ayudó a romper barreras para niños y adolescentes, para padres que tardaban en aclimatarse, para maestros y a jefes, todos los cuales tuvieron que aceptar que el pelo largo no implicaba automáticamente suciedad, desobediencia o delincuencia. Una pareja llamada Sonny and Cher —en realidad, las primeras estrellas hippies del pop, aunque nadie los reconocía como tales— acaparó el mercado de la osadía melenuda en1965, cuando reivindicaron su derecho a llevar el pelo largo en su dueto «I Got You Babe»,

5. En 1970, el cantante de soul Percy Sledge hizo una gira por Sudáfrica. Su actuación en Ciudad del Cabo fue declarada un evento solo para no blancos, por lo que sus fans blancos tuvieron que pintarse el rostro de negro o hacerse pasar por musulmanes para lograr entrar.

que alcanzó el puesto número uno en las listas de éxitos de todo el mundo, y en el autocompasivo single de Sonny en solitario «Laugh at Me». Su mezcla de beat adolescente y folk rock capturaba el momento de manera tan perfecta que tuvieron seis éxitos simultáneos en las listas estadounidense. La alienación adolescente de Sonny era tan convincente que resulta aleccionador recordar que tenía treinta años.

«El contenido de la letra de una canción puede ser tan respetable como su ritmo»[n76], observó un periodista con un aire de confusión en junio de 1965, a lo que Paul McCartney respondió: «Las canciones protesta hacen que me concentre demasiado en la letra, y eso no me gusta»[n77]. Pero la ecuación del verano de 1965, como aseguró la revista *Billboard*, era «rock + folk + protesta = un sonido nuevo en erupción», el cual se estaba «vendiendo a lo grande»[n78]. La primera aventura de un grupo beat en la protesta fue tan sutil que pasó casi desapercibida: en 1964, The Searchers añadieron cuerdas y acompañamiento eléctrico a «What Have They Done to the Rain?», la visión de Malvina Reynolds de un mundo posterior al apocalipsis nuclear (los otros discos de The Searchers de ese período, especialmente «Needles and Pins» y «When You Walk in the Room», pavimentaron el camino musical para la explosión del folk rock de The Byrds). A partir de entonces, el pop jugó sus cartas de protesta con más extravagancia.

Para una industria poco habituada a que los jóvenes dijeran lo que pensaban, no había diferencia entre los himnos pacifistas de Joan Baez, las ambigüedades morales planteadas por Bob Dylan y el nihilismo multiuso de «Eve of Destruction», de Barry McGuire, un éxito de 1965 tan poético como un diccionario y que la BBC, por supuesto, prohibió por considerarlo «no apto para el entretenimiento ligero». McGuire fue el blanco de una veda, por parte de los militares estadounidenses, de los discos que pudieran resultar ser «adversos a la moral militar» y que, por tanto, se suprimieron de las listas de las fuerzas armadas y su venta se prohibió en las tiendas del ejército. «Es absurdo esperar que fomentemos que los soldados estadounidenses manejen bombas nucleares como parte de sus deberes militares», dijo un portavoz del ejército, «y que después pasen su tiempo libre oyendo música que les dice que las armas nucleares son malvadas»[n79].

«Eve of Destruction» no mencionaba específicamente el conflicto de Vietnam, pero en la segunda mitad de los años sesenta se hizo patente la aparición en el mundo occidental de un movimiento en contra de la intervención de Estados Unidos en el sudeste asiático. Aquello fue la fisura cultural de la década, y no solo en naciones involucradas en el conflicto. Hacia 1970, el rock estaba inundado de himnos que condenaban la guerra, la única causa que podía contar con el apoyo de todos los elementos de la contracultura. Aun así, en 1965, a medida que el despliegue de las tropas se aceleraba, los que salieron ganando fueron quienes apoyaban las políticas del gobierno. La música country, la voz del sur blanco y, tradicionalmente, un bastión conservador, proveyó un mercado receptivo para las canciones que apoyaban a las tropas. «Vietnam Blues» describía la incredulidad de un veterano a su regreso de la primera línea al encontrar a sus compatriotas manifestándose a favor del Viet Cong, que había tratado de quitarle la vida. Estaba escrita por un ex soldado, Kris Kristofferson, que más adelante sería un partidario incondicional de causas radicales. Hacia 1966, había casi cien discos similares en el mercado.

El más exitoso fue una canción country del sargento Barry Sadler que alababa las fuerzas especiales del ejército estadounidense. Sadler ya era conocido por ser el soldado que aparecía en la portada del *best-seller* de Robin Moore *The Green Berets*. «The Ballad of the Green Berets» [«La balada de los Boinas Verdes»] añadió tambores militares al orgullo de un veterano y se convirtió en el mayor éxito de 1966, ayudado por la campaña publicitaria más generosa de RCA desde el lanzamiento de *South Pacific*. Al cabo de un mes, el single y el álbum de Sadler (este último incluía canciones como «Saigon», «Trooper's Lament» [«Lamento del soldado raso»] y «Salute to the Nurses» [«Saludo a las enfermeras»]) encabezaban las listas de pop, country y *easy listening*. Una traducción alemana cantada por el trovador austríaco Freddy Quinn fue un éxito enorme en Alemania Occidental, pero la prohibieron en el Este, aunque eso no impidió que se extendiese de forma subrepticia tras la Cortina de Hierro.

La cultura del rock se consolidaba en torno a asuntos más locales. Un toque de queda en Sunset Strip inspiró enfrentamientos entre manifestantes y policías y también la protesta extrañamente ambigua de «For What It's Worth», de Buffalo Springfield. Janis Ian, de quince años, escribió «Society's Child», sobre una relación que cruzaba las fronteras de los tabúes raciales. A menos de un año de haber comenzado su carrera, The Monkees fijaron su objetivo en los padres de sus fans en «Pleasant Valley Sunday», una caricatura de la complacencia burguesa. Estados Unidos se estaba acercando a la sátira social que había aparecido en Reino Unido en 1965, cuando Ray Davies se posicionó entre Bob Dylan y Noël Coward con sus sátiras «A Well Respected Man» y «Dedicated Follower of Fashion». Davies mantuvo una postura irónica frente a la aceptación del pop y de las estrellas del pop por parte de la aristocracia y las celebridades de lo que se conocía en 1966 como el *Swinging London*. Esta caricatura de las florecientes escenas del pop y la moda, infladas por los medios, sugería que la nación entera, y no solo un kilómetro cuadrado de su capital, rebosaba con el equivalente de los *Bright Young Things* de los años veinte («el ejército de Carnaby», como los llamaba

Davies en honor de la calle de Londres atiborrada de boutiques). Durante el resto de la década, el líder de The Kinks continuó explorando las tensiones en el sistema de clases inglés mediante canciones de un lirismo casi insoportablemente conmovedor que se encontraba desafiantemente fuera de sintonía con sus contemporáneos.

El furor más intenso del pop de mediados de los años sesenta se levantó cuando John Lennon hizo un comentario sobre el declive del cristianismo entre los jóvenes. Sus palabras salieron impresas en la revista estadounidense para adolescentes *Datebook*, que resaltó la frase: «Ahora somos más populares que Jesús»[n80]. El editor de *Datebook*, Art Unger, intentó apaciguar la polémica al sugerir: «Creo que es bueno que los adolescentes de Estados Unidos lean un punto de vista con el cual tienen muy poco contacto»[n81]. Pero un boicot organizado entre conservadores religiosos condujo a manifestaciones anti-Beatles, hogueras muy bien publicitadas (pero sin importancia) con los discos y las revistas para los fans del grupo y boicots esporádicos de su música en la radio. Fue un momento inquietante para Lennon, que por primera vez desde alcanzar la fama se vio forzado a enfrentarse a las consecuencias de sus actos. Pero la exclusión de las canciones de los Beatles de los espacios radiofónicos, que empezó en Alabama, no tuvo demasiado efecto sobre las ventas de su último single, lo cual sugería que el grupo y el público habían cambiado. En lo que casi parecía un intento calculado de ampliar su atractivo, el disco combinaba «Yellow Submarine», una canción para niños con un estribillo que podía reescribirse con facilidad para que encajara con cualquier causa, y «Eleanor Rigby», una balada barroca instrumentada para un cuarteto de cuerdas. Infantiles y rigurosamente adultos al mismo tiempo, los nuevos Beatles no parecían tener nada que decir a los adolescentes, a quienes se les podía perdonar su desconcierto por que sus ídolos estuvieran (deliberadamente) perdiendo el juicio.

«Todo el mundo necesita pasárselo bien. [...] Las drogas no te hacen daño. Yo lo *sé*. Yo las tomo».

Pete Townshend, 1966[n82]

«La mayoría de los chicos que conozco que cantan hard rock están enganchados a las drogas y eso es un precio muy alto por sonar como una persona de color».

Nina Simone, 1969[n83]

Al igual que el resto de la prensa del pop, la revista de chicas *Honey* se esfor-
zaba por traducir el rostro cambiante de la cultura pop a un lenguaje apropiado para sus vulnerables lectores en edad escolar. «¡Psicodelia! ¿Qué es eso? Es
el nuevo tipo de música», anunciaba en febrero de 1967. «Cuando la escuchas,
se supone que tienes que 'alucinar' y eso significa tener una reacción espontánea, aunque no estamos muy seguros de cuál. Aun así, se hacen fiestas para
'alucinar', pero no podemos decir exactamente qué pasa en ellas, porque todo
depende de cómo reaccione la 'gente que alucina' a la música psicodélica»[n84].
Otra publicación, *Record Mail*, de EMI, se acercó con cautela a la verdad: «Supone una alteración producida en el público por una música psicótica y por
efectos de luz poco habituales que intentan reproducir las alucinaciones expe-
rimentadas por los científicos bajo los efectos de ciertas drogas»[n85].

Aquello era todavía deliberadamente engañoso. No eran solo los científicos quienes experimentaban con «ciertas drogas», sino la gente que grababa
y compraba discos de éxito; quizás incluso los hermanos mayores de los lectores de *Honey*. Hacía décadas que el cannabis y la marihuana estaban disponibles en el Reino Unido y en Estados Unidos (en forma del famoso «cigarrillo
del jazz») y músicos negros y blancos los habían usado desde los años veinte.
Pero ahora la dulzura casi fétida del humo del cannabis estaba en todas partes, mientras que —de manera más alarmante— la música «psicótica», como
la llamaba EMI, recibía la influencia de un alucinógeno llamado LSD. Este
se extendió desde la Costa Oeste a Europa en 1965 y muchas de las figuras
más creativas de la música empezaron a consumirlo. (La mayoría creía que
los artistas de jazz preferían la heroína, mientras que la cocaína no entró en la
conciencia del público hasta los años setenta). Pocas semanas después del artículo de *Honey*, el adjetivo *psicodélico* había sido adoptado como una descripción
general para cualquier tipo de música popular que se situase fuera de los parámetros de 1964 y 1965. Hacia 1967, eso abarcaba una multitud de artistas que
iban desde locos perdidos del LSD a orquestas serias de *easy listening* en busca
de un vestigio de atractivo contemporáneo.

Había, según se le dijo al público, otro aspecto de este misterio psicodélico:
la influencia de Oriente. La música monótona que tanto había atraído a Ray
Davies entró en Reino Unido en 1965 a través de «See My Friends», de The
Kinks. Por otra parte, el sitar apareció en una serie de canciones de The Yardbirds, los Beatles y los Rolling Stones. «Pronto habrá sonidos que la gente
nunca ha imaginado», predijo Barry McGuire en 1965, «la integración de la
música oriental y la occidental. Las escalas y las semicorcheas orientales se
integrarán bien con el rock'n'roll . Los Byrds, los Beatles y otros ya lo están
haciendo»[n86]. George Harrison adoptó a Ravi Shankar como su gurú, con el
resultado de que el horrorizado maestro del sitar se encontró actuando en fes-

tivales para multitudes de hippies drogados que no eran capaces de distinguir cuando afinaba de cuando tocaba sus complejas composiciones.

El reflejo más sorprendente de la música de Shankar en el pop occidental fue asimismo el paso más profundo hacia el mundo psicodélico. «Eight Miles High», de The Byrds, grabada por primera vez a finales de 1965, supuso un inesperado avance desde el suave folk rock de sus discos del principio. Aparte de la palabra clave *high* (alto/drogado) (que Bob Dylan creía haber escuchado, por equivocación, en «I Want to Hold Your Hand», de los Beatles), la letra contenía instantáneas metafóricas del viaje reciente de la banda a Reino Unido. Pero la instrumentación era tan fascinante —la guitarra solista de Jim McGuinn canalizaba a propósito el espíritu de Shankar y del saxofonista de jazz John Coltrane y los acordes *staccato* cortaban el ritmo como un informativo urgente proveniente del futuro— que era posible intuir los significados más narcóticos. (McGuinn todavía afirma que el título era simplemente una alusión a viajar en avión, sin ninguna referencia a las drogas). Sin embargo, la invitación de The Byrds al jolgorio en el nuevo mundo fue superada en el mercado por «Kicks», la advertencia de Paul Revere and the Raiders sobre los peligros de montar en una «alfombra mágica» química. A partir de entonces, hubo drogas por todos lados: implícitas de una manera juguetona en «Rainy Day Women #12 & 35», de Bob Dylan, en la multidimensional «5D», de The Byrds, y aludidas abiertamente en «Mother's Little Helper», de los Rolling Stones —aunque los narcóticos de esa canción, retratados de forma negativa, en lugar de ser alucinógenos o hipnóticos, eran sedantes diseñados para facilitar el paso de los adultos por un mundo aquejado de problemas. Con el tiempo, el LSD hizo que Eric Burdon, de The Animals, renunciara a «todos los buenos momentos que perdí teniendo buenos momentos» (en «Good Times»): «Cuando estaba bebiendo», se lamentó, «podría haber estado pensando». La marihuana y el cannabis se volvieron tan comunes entre los jóvenes como el alcohol entre sus padres, especialmente en Estados Unidos. Solo una supuesta élite probó inicialmente el LSD y cuando Paul McCartney admitió haber hecho sus propios experimentos, levantó una ráfaga de criticismo (menos virulento, no obstante, que cuando John Lennon comparó a los Beatles con Jesús). El alcance del uso de la heroína en el rock solo se hizo evidente al final de la década, cuando se cobró las vidas de figuras como Jimi Hendrix, Janis Joplin y Jim Morrison (aunque el papel exacto que cumplió en estas tres muertes permanece sujeto a interrogantes). La publicidad asociada a todas estas drogas (y otras) llamaría la atención de la policía y a partir de mediados de los años sesenta llevaría al arresto —y en ocasiones al encarcelamiento— de muchos músicos.

Sin embargo, equiparar las drogas con la psicodelia era simplista y restrictivo. Lo que permitía la psicodelia —lo cual, para alguna gente, podía acelerarse con las drogas— era un estado de percepción más profunda y verdadera, una apertura a las posibilidades, un rechazo al miedo y a la autoridad, una rendición a la libertad, al placer, al entendimiento, al amor. Todos estos elementos eran cruciales para el estado mental conocido (en resumen) como «los sesenta»: la ideología de los hippies, visible en las calles de San Francisco, en reuniones en el Golden Gate Park o en los primeros festivales de rock y en tantas ciudades y comunas del mundo. Noticieros de la época sugieren que existió un estado de unidad universal entre la gente joven durante esta época feliz, aunque solo una pequeñísima minoría de adolescentes y postadolescentes participaron de forma activa en la experiencia hippie, que era surrealista y viajera y estaba llena de collares y adornada de flores. Aun así, la banda sonora de ese estilo de vida estaba disponible para todo el mundo.

No era que estuviese más unificada que su público. Había ciertos artistas, como los Beatles y The Doors, cuya música, a finales de los sesenta, alcanzó el espectro juvenil completo. Pero ellos eran la excepción. Algunos tipos de música evocaban la institución «hippie», con su rechazo a la adultez y al estilo de vida burgués (aunque la mayoría de sus miembros en realidad provenían de ambientes burgueses). Había música que favorecía la ornamentación, la cata de culturas diversas o cierta inclinación hacia el arte, ya fuera el arte pop, el *collage* o un regreso al barroco. Otra rama priorizaba la ansiedad y la represión de la adolescencia: turbulenta, enfadada, inconformista. Y otra situaba la política por encima de la experiencia psicodélica, creyendo que no podía haber libertad para el individuo sin la liberación de los oprimidos: los vietnamitas, los estadounidenses negros, con el tiempo incluso las mujeres y los homosexuales, aunque ninguna de esas categorías era una preocupación importante para las estrellas de rock de los años sesenta.

Pocos artistas dignos de mención se limitaban a uno de esos géneros imaginarios, especialmente cuando estaban explorando el paisaje épico del disco de larga duración, que finalmente empezó a venderse más que el single de 45 rpm a medida que los sesenta se acercaban a su fin. Cada vez más artistas se centraban en hacer álbumes empezaron a despreciar el single, aunque algunos de los que dominaban la forma extendida continuaron dirigiéndose al público adepto a la miniatura (los Beatles, The Who y Jimi Hendrix, por nombrar solo tres). Hacia 1969, sin embargo, casi todos los artistas del pop podían categorizarse bien como músicos de álbumes o bien de singles y el público se estaba dividiendo también según esa tendencia. Los singles estaban pensados para aquellos que no podían permitirse comprar álbumes o buscaban un chute rápido de exuberancia pop en lugar de educación cultural. Los álbumes, por su parte, o estaban dirigidos a los adultos de la época anterior al rock y, por tanto, eran irrelevantes para la cultura del rock, o estaban dirigidos a los expertos, la élite, los informados, los vitalistas y los que estaban al tanto. Su influencia cultural dependía tanto de su envoltorio como de música, en particular porque un arte distintivo permitía a sus progresistas poseedores llevar copias de *Blonde on Blonde*, *The Doors*, *Cheap Thrills* o *Let it Bleed* como prueba de su estar al día y su inteligencia y reivindicar el glamour rebelde de sus ídolos como propio.

«No está pasando nada [en la escena del pop].
Seguirá siendo lo mismo durante años».

John Lennon, octubre de 1965[(n87)]

«En lo que concierne a los Beatles, no podemos parar donde estamos, porque entonces no habría nada más que hacer. Podemos seguir tratando de hacer discos populares y se puede volver todo muy aburrido si no intentamos expandirnos y continuar con otras cosas».

Paul McCartney, abril de 1966[(n88)]

Dos filosofías colisionaron dentro de los Beatles a mediados de los años sesenta casi sin que sus protagonistas se dieran cuenta de lo que estaba pasando. Para John Lennon, el rock'n'roll había alcanzado el colmo de la perfección en su arranque inicial de simplicidad. Como dijo en 1970, «me gusta el rock'n'roll, tío... No nada que me guste más. Esa es la música que me inspiró a tocar música. No hay nada conceptualmente mejor que el rock'n'roll. En mi opinión, ningún grupo, ya sean los Beatles, Dylan o los Stones, ha hecho nada mejor que 'Whole Lotta Shakin' [de Jerry Lee Lewis]». Y añadió elocuentemente: «Quizás soy como nuestros padres. Esa es mi época. Me gusta y nunca la voy a dejar»[(n89)].

Paul McCartney, por su parte, nunca negó la importancia del rock'n'roll en su vida: al igual que los otros Beatles, encontraba consuelo en las canciones de Little Richard y de Elvis Presley que amaban cuando tenían dieciséis años. Pero, a diferencia de Lennon, reconocía que había algo más y que músicas que aún no conocía podían liberar impulsos creativos a los que nunca habría podido acceder solo. Y entonces, mientras John Lennon estaba en su mansión suburbana jugueteando con aparatos electrónicos inservibles, McCartney se embarcó en un viaje de autoeducación y se sumergió en formas musicales que los Beatles siempre habían ignorado: la gama entera de la música clásica, desde el canto llano hasta la vanguardia; los sonidos electrónicos; el jazz;

los *standards* que amaba su padre. Lennon representaba la pureza del rock; McCartney, su incesante expansión. En última instancia, triunfaría el impulso de Lennon, lo que le aseguró que muchos lo consideraran la estrella de rock arquetípica. Pero fue la ideología de McCartney lo que dominó la segunda mitad de los años sesenta y originó gran parte de la música —de los Beatles y de muchos otros— que hoy se recuerda con tanto afecto.

La misma dicotomía se expresó en términos emocionales. John Lenon, en particular después de conocer a Yoko Ono, dio prioridad (en sus canciones, aunque no en su vida personal) a la austeridad, la honestidad y el dolor. El propósito de la música era aumentar la intensidad del mensaje, no oscurecerlo. Para McCartney, la propia música era el conducto emocional y las palabras estaban allí como decoración o elaboración. Además, veía el proceso de hacer música como algo esencialmente feliz, de modo que las emociones dominantes provocadas por su música eran positivas. En esto, también John Lennon ganó la batalla a largo plazo: los temas predominantes del rock después de principios de los setenta han sido a menudo el enfado, el dolor y la autocompasión: hay mucho lugar para la depresión y el pesimismo en los cánones del metal, el punk, el rock gótico y el grunge. Pero siempre habría demanda del optimismo al estilo de McCartney por parte de aquellos que no habitaban la cultura del rock. Y, durante la mayor parte de los años sesenta, la ideología de McCartney pareció inexpugnable, hasta que se estableció la oscuridad entre el descontento político, la desesperación espiritual y la sobrecarga de narcóticos posterior a 1969.

Así, el período entre 1965 y 1968 fue un momento extraño —de hecho, quizás único— en la historia de la música popular estadounidense y británica. Fue un tiempo en el que la exploración y el descubrimiento lo fueron todo, en el que se abrieron todas las fronteras, en el que las drogas blandas, la tecnología moderna y la retórica hippie se combinaron para hacer que los músicos pop de veinte años sintieran que podían crear la música de las esferas... o, como lo expresó Phil Spector, «pequeñas sinfonías para los chavales»[6].

Irónicamente, Phil Spector fue una de las primeras víctimas de la época de los sueños interminables: demasiado controlador, demasiado casado con el sonido gargantuesco que llevaba su sello. Además, estaba atado al single más que al álbum, una forma que nunca entendió. El verdadero genio del pop de mediados de los años sesenta debía ser experto en los dos formatos pese a que sus imperativos comerciales estuvieran en completo desacuerdo. Algunas de

6. Como ejemplo de lo amplia que podía ser la variedad de la música de 1966 y 1967 sin dejar de ser «pop», compárese «East-West», de Herman's Hermits, con la interpretación de la misma canción de la Paul Butterfield Blues Band.

las batallas del pop más famosas de los años sesenta tuvieron lugar entre músicos idealistas y los empresarios que debían financiar sus cada vez más alocadas ideas. Esa era una de las razones por las que el artista más emblemático de esta época fue el cantante, compositor, arreglista y productor de los Beach Boys, Brian Wilson. A él lo acosaba la negatividad de su padre, de su primo y de su compañía discográfica, ya que todos ellos le decían que se olvidara de la experimentación musical y que mantuviera la fórmula del beat adolescente que lo había hecho rico. Además, estaba sometiendo a su frágil psique a un régimen alarmante de drogas alucinógenas sin ninguna supervisión, al tiempo que soportaba una carga creativa que, dentro de los Beatles, por ejemplo, compartían Lennon, McCartney y el productor discográfico George Martin. Con *Pet Sounds*, el disco de 1966 de los Beach Boys —el primer rival real por parte del pop adolescente frente a los discos temáticos de Jean Shepard y Frank Sinatra—, Wilson retuvo solo la suficiente efervescencia natural del grupo como para mantener su atractivo comercial a pesar de sus increíblemente complejos y barrocos arreglos instrumentales[7]. El single «Good Vibrations», construido a lo largo de seis meses de sesiones en varios estudios de California, conseguía audazmente unificar una docena de fragmentos melódicos diferentes. Pero —al igual que el single de 1944 de Stan Kenton «Artistry in Rhythm»— «Heroes and Villains», de 1967, era un collar de joyas demasiado diferentes: cada piedra era deslumbrante, pero su propósito colectivo no estaba claro. El álbum inacabado *Smile*, en el cual ambos singles habrían jugado un papel crucial, suponía al mismo tiempo una búsqueda artística épica y un alejamiento deliberado de la responsabilidad comercial. De haberse terminado en 1967, en lugar de haber gozado de una surrealista vida fantasma como mito, su destino habría sido un reflejo del álbum que obtuvo las críticas más efusivas y las ventas más insignificantes de todos los productos de primera línea de la época: *Song Cycle*, el amanerado álbum, diamantino y nada comercial, de Van Dyke Parks.

Los primeros de entre los artistas que, en 1967, podían mantener éxito comercial, legitimidad pop y credibilidad rock eran los Beatles. Su primer single del año demostró el alcance de su progreso musical así como la división en su sociedad creativa. En una cara, «Penny Lane», de Paul McCartney, convertía su herencia compartida de Liverpool en leyenda hippie; en la otra cara, «Strawberry Fields Forever» expresaba los complejos enigmas psicológicos de John Lennon. Si la primera era arte pop, creando una sustancia multifacética a partir del día a día, la segunda era pop artístico, ya que excluía consciente-

---

7. Otro mito del pop para poner en duda: Capitol Records no saboteó el lanzamiento de *Pet Sounds*, como creyó el grupo. Se publicitó tanto como cualquiera de sus lanzamientos previos.

mente al público de masas. «Strawberry Fields Forever» era una increíble exhibición de la temeridad del pop y de su proeza tecnológica, un hito en la vida de compulsiva autoexpresión de John Lennon y una canción asombrosa. Pero no estaba diseñada para capturar a sus oyentes —a diferencia de, por ejemplo, el álbum *Sgt. Pepper*, que empezaba con un mensaje directo a los fans de los Beatles: «Queremos llevaros a casa con nosotros».

Sgt. Pepper fue el suceso pop más importante que tuvo lugar entre la primera aparición de los Beatles en el programa de Ed Sullivan y el asesinato de John Lennon. Hay historias de gente caminando por San Francisco, Nueva York o Londres y escuchando solo ese álbum sonando a todo volumen desde todas las ventanas abiertas. Si son exageradas, apenas importa. Al examinar el álbum con frialdad a día de hoy, gran parte de él parece apolillado y espiritualmente vacío: un triunfo del vestuario frente al contenido. En la época, su lustre multicolor, su diversidad estilística, su vigor melódico y su encarnación del espíritu del *Swinging London* lo convirtieron en un acontecimiento.

Simbolizó una época —uno o dos años— en la que todo era épico (todo, claro, excepto el álbum de Bob Dylan *John Wesley Harding*: Dylan odiaba las pretensiones de *Sgt. Pepper*). No había nada que no pudiera mejorarse mediante una orquesta, efectos de sonido, cintas al revés, instrumentos indios, cambios abruptos de tonalidad y compás, distorsión, ruido, conversaciones aleatorias, vueltas al pasado y vislumbres del futuro. El pop no solo abrazaba el posmodernismo casi por completo, masticando su propia historia y escupiéndola inspirado por el LSD, sino que además se llevaba consigo al público. Ahora la psicodelia (o una impresión pop de ella, escasa en drogas pero abundante en presupuestos orquestales) era la corriente dominante. Por mencionar discos casi al azar: en los últimos meses de 1967, «I Can See For Miles», de The Who, «My World Fell Down», de Sagittarius, «Susan», de The Buckinghams, «Carpet Man», de The 5ᵗʰ Dimension, «It's Wonderful», de The Rascals, «Kites», de Simon Dupree, «World», de The Bee Gees, «King Midas in Reverse», de The Hollies, y «Sam», de Keith West... todos intentaban meter toda una vida de ideas, invenciones y locura en un single de cuatro minutos y todos lograron al menos cierto grado de reconocimiento comercial por ello. De todos ellos, «Sam» era el más revelador: era el segundo extracto de *Teenage Opera*, de Mark Wirtz, un intento de ser más *Sgt. Pepper* que *Sgt. Pepper* que, como *Smile*, de los Beach Boys, era el equivalente musical de una de las grandes ideas de Orson Welles para una película que jamás podría terminarse.

Muchos de estos discos, que contenían ricos y gloriosos cardúmenes de voces, personificaban los límites extremos de un estilo que solo fue bautizado de forma retrospectiva: sunshine pop (o summer pop). Eran canciones que captaron todo el optimismo delicioso y bobalicón de la época y lo expresaron a través del don divino de las armonías vocales combinado con melodías de celebración. Las raíces de este espasmo tecnicolor de refulgencia pop —retransmitido en Reino Unido a través de la recién abierta cadena nacional pop: BBC Radio 1— se encuentran en los Beach Boys, los Beatles, el resurgimiento comercial del folk e incluso en los sonidos de *easy listening* de Ray Conniff y el octeto francés The Swingle Singers. Pero sus principales exponentes, The Mamas an the Papas (antiguos miembros de la escena folk), eran hippies de corazón y su éxito «California Dreamin'» indicó el primer paso vacilante de la contracultura de la Costa Oeste hacia la cultura dominante.

«Grandes áreas de las grandes ciudades de Estados Unidos […] han sido ocupadas literalmente por una nueva especie de humanidad caracterizada por chicos que se visten como chicas y chicas que se visten como chicos […] y que escuchan un complicado *staccato* de sonidos amplificados tocado por torpes adolescentes que se hacen llamar de formas que casi nunca contradicen su apariencia».

Ronald R. Hopkins, decano adjunto
de la Universidad de California, 1967[n90]

«Puede que estemos siendo testigos de la creación de una nueva forma de música hasta la fecha no etiquetada, al igual que Estados Unidos vio el desarrollo del jazz con el cambio de siglo».

Harvey Pekar, *Down Beat*, 1968[n91]

La apoteosis de lo hippie fue The Human Be-In, celebrado en enero de 1967 en el Golden Gate Park de San Francisco. Fue una «reunión de las tribus»: quizás la única ocasión en que todas las pasiones rivales de la contracultura se permitieron unas a otras y se aceptaron en la misma congregación sin enfrentamientos y sin disensión entre las diferentes facciones. Aquella también fue también una despedida al estilo de vida hippie fuera del comercialismo. En el verano de 1967, cuando la canción «San Francisco», de Scott McKenzie, encabezaba las listas de ventas de todo el mundo, el distrito de Haight-Ashbury de esa ciudad se había convertido en un zoológico para turistas y víctimas de las drogas.

En términos musicales, el espíritu Be-In sobrevivió hasta el Monterey Pop Festival, en junio de 1967. «No fueron las actuaciones sobre el escenario lo que más impresionó a la mayoría de los observadores veteranos», observó un escritor. «Fue el concepto mismo del festival y el retrato global de lo mejor de la generación más joven y de aquellos que están dispuestos a aceptar sus filosofías como una alternativa a la extinción»[n92]. Los músicos que tocaron en Monterrey iban desde Ravi Shankar a The Mamas and the Papas; desde The Byrds hasta el virtualmente desconocido (en Estados Unidos) Jimi Hendrix[8]. Las bandas de rock mezclaban elementos de folk, soul, jazz y sonidos latinos e indios, relataban viajes de drogas y expansiones de la consciencia y ofrecían arengas políticas. Jimi Hendrix prendió fuego a su instrumento («su manejo modal de la guitarra, a la que parece estar estrangulando como a un pollo, no parece indicar un gran talento», escribió un reseñista[n93]). Varias bandas de San Francisco, desde lo extrañamente comercial (Jefferson Airplane) hasta lo resueltamente experimental (Grateful Dead) demostraron por qué —en palabras de Jim Morrison, de The Doors— «[la costa] oeste es lo mejor».

Si el pop barroco proveniente de Los Ángeles, Nueva York y Londres expandía las ideas convencionales sobre cómo arreglar una canción popular, el rock psicodélico de San Francisco —que pronto tuvo su eco por todo el mundo— echó por tierra la propia naturaleza del concepto de canción. Las bandas de la Costa Oeste conservaban la herencia del salón de baile a pesar de que hacían prolongadas excursiones dentro de la espontaneidad. Su música imitaba, intencionalmente o no, el sentimiento de que el tiempo desaparece durante un viaje de LSD, lo cual explica que un crítico de la actuación de The Grateful Dead en Monterrey que no estaba bajo los efectos del ácido censurase su «manera descuidada y perezosa de tocar música»[n94]. En sus momentos más osados o/y autoindulgentes, las bandas se embarcaban hacia lo desconocido sin saber muy bien a dónde iban[9], estimulados por el mismo ambiente libre de metas que había entre su público. Como recuerda Eric Clapton en su autobiografía (su banda de mediados de los sesenta, Cream, pronto se graduó del blues a excursiones igualmente largas al vacío): «[El público] estaba escuchando y eso nos animaba a ir a sitios adonde

8. El cartel incluyó también al genio (no uso la palabra a la ligera) de diecinueve años con influencias de latin soul Laura Nyro. Su actuación pasó a la historia del rock como un imprudente desastre. Las fascinantes imágenes de su «Poverty Train», sin embargo, sugieren lo contrario.
9. Una vez le pregunté al teclista Bruce Hornsby —que tocó como músico invitado con una encarnación posterior de The Grateful Dead— cómo se comunicaba la banda en el escenario. ¿Había señales convenidas para anunciar la transición de una canción a otra? Hornsby sonrió y dijo: «Si *había* alguna señal, a mí nunca me la dijeron».

nunca habíamos estado. Empezamos a hacer solos largos y tocábamos cada vez menos canciones pero durante más tiempo. Nos íbamos cada uno en su dirección, pero a veces dábamos con estos momentos fortuitos en la música en los que todos llegábamos a la misma conclusión, ya fuera un *riff*, un acorde o solo una idea, e improvisábamos a partir de eso durante un rato y después volvíamos a nuestra propia historia. Yo nunca había experimentado nada igual»[n95].

Clapton creía que eran los excitantes espectáculos de luces de la época lo que llevaba al público a un estado de unidad con los músicos. Para Jim Morrison, de The Doors —una banda constituida por estudiantes de cine y de teatro—, la música, las luces, el teatro, las drogas y un sentimiento de comunidad podían transformar a los mesías del rock en chamanes... o en actores trascendentales del antiguo teatro griego, que hacían de puente entre la humanidad y los dioses. Morrison introdujo la sexualidad adolescente en su extraño brebaje y finalmente se excitó tanto con el poder que tenía sobre el público que ya solo le quedó expresarlo mostrando su pene en el escenario.

Pero la figura más apasionante, peligrosa y, en última instancia, trágica de esta época fue Jimi Hendrix. Él se libró del trabajo soporífero de jugar un papel secundario para estrellas de R&B de gira y se mudó a Londres, donde lo recibieron como el «Bob Dylan negro». Como era afroamericano, en un principio dijeron de él que estaba «destinado a convertirse en el exponente del soul más importante del 67»[n96]. A su sello estadounidense le costó varios meses entender que un afroamericano podía atraer al público blanco del rock. Las extravagancias escénicas que había aprendido saliendo de gira entusiasmaban a su público pero devaluaban su música, y él fue el primero en darse cuenta de ello. Los fans se sentían defraudados si Hendrix no revisitaba sus singles de éxito o si no tocaba la guitarra por detrás de su cabeza y si después no la destruía de forma ritual.

Durante 1967 y 1968, Hendrix se enfrentó a todos los prejuicios sobre los límites sonoros de la guitarra y los destrozó al crear una forma de arte precisa a partir del caos de los acoples de los amplificadores. Su manera de tocar desafiaba las fronteras de los géneros: tocaba simultáneamente guitarra rítmica y solista, rock, R&B, jazz... un muro de ruido con el cual creaba momentos de belleza o de terror. Sus tres álbumes, *Are You Experienced*, *Axis: Bold As Love* y *Electric Ladyland*, representan una casi inimaginablemente suntuosa fusión del pop comercial con el rock experimental... pero después su magia se disolvió en una mezcla de falta de confianza en sí mismo, traicioneras maniobras financieras y un angustioso declive.

Hendrix representaba la hipérbole para uno de los primeros historiadores del rock, Arnold Shaw, que escribió con gran euforia: «Estamos en mitad de una explosión eléctrica de sonido. La cinta magnética y la electrónica han hecho de los años sesenta una década de cámaras de eco, velocidades variables y composición aleatoria y programada (por ordenador). Los nuevos procedimientos incluyen la manipulación de la textura como una técnica del desarrollo, la densidad del 'muro de sonido' y el sonido por completo envolvente. Conceptos filosóficos, así como estéticos, subyacen tras estos desarrollos: una preocupación por la sobrecarga sensorial como medio para la liberación del yo, la expansión de la consciencia y el redescubrimiento del mundo». Y añadía: «Nos encontramos en una época de letras significativas, de protesta, agudas, poéticas. Pero también estamos en un período en el que el propio sonido, como sucede con el jazz pero de una manera más compleja, con frecuencia es el tema y el contenido. Si la orientación folk del rock resalta el *significado*, la psicodelia subraya el color del tono, la textura, la densidad y el volumen»[n97].

La búsqueda de la percepción y la autoexpresión corrían en paralelo a la exploración del sonido y de las formas musicales; de hecho, ambas cosas eran una sola en la música más ambiciosa de la época psicodélica, como si los músicos de repente hubieran descubierto la quinta dimensión de la que hablaban The Byrds. No es de extrañar que el fundador de Apple Computer, Steve Jobs, dijera que «era como vivir en un tiempo en el que Beethoven y Mozart estaban vivos»[n98]. Sin embargo, en retrospectiva, la conclusión de Arnold Shaw —publicada en 1969, justo cuando su visión idealista empezaba a disiparse— es tan triste como el recuerdo de un sueño extático que se desvanece velozmente. «En este momento», escribió, «parece que estamos al borde de una síntesis en la que los compositores ya no crearán pop, ni rock, ni folk, ni música culta, sino una música que encarne las mejores cualidades de cada uno: la implicación del folk, la exuberancia de la música de baile y las dimensiones de la música culta»[n99]. En su lugar: cenizas y polvo.

Solo una nación en solitario cumplió el sueño de Shaw. En Brasil, la secuencia de golpes de estado de mediados de los sesenta que robaron a la bossa nova su base cultural provocó confusión entre los músicos jóvenes en un momento en que el pop estaba pasando por su período más rápido de metamorfosis en Reino Unido y Estados Unidos. La Jovem Guarda (o Joven Guardia), un movimiento liderado por Roberto Carlos, eligió situar a Brasil en aquel eje angloamericano, como si se hubiera trasplantado el estudio de

Shindig!, de ABC-TV, a Río de Janeiro. El movimiento recibió los veranos de ácido y de manifestaciones estudiantiles con el teen beat que había sido el sonido de Estados Unidos entre 1963 y 1964. Sus rivales musicales eran por una parte conservadores (los cuales lamentaban el uso de instrumentos eléctricos en la música brasileña) y por otra progresistas (los cuales buscaban un regreso a la democracia y exponer las atrocidades militares). Se agrupaban bajo el nombre de MPB (Musica Popula Brasiliera) y tocaban música acústica engañosamente suave y con un dejo político, que resumen a la perfección «Boranda», de Edu Lobo, con sus armonías vocales jazzísticas, y «Caminhando», la etérea canción protesta de Geraldo Vandré.

Para la generación de jóvenes músicos que se reunieron en São Paulo después de 1965, ni la MPB ni la Jovem Guarda hacían justicia a la época. Gilberto Gil y Caetano Veloso, ambos en la veintena, imaginaronn una música que no solo combinaba ambos enfoques, sino que además estaba abierta a influencias artísticas de cualquier tipo: desde el cine francés de la Nouvelle Vague hasta el arte experimental o la poesía de vanguardia. Ellos inauguraron un movimiento artístico de amplio alcance llamado Tropicália, o Tropicalismo, que tomó su nombre de una instalación artística de Hélio Oiticica. Gil y Veloso ya habían desafiado al *establishment* que representaba la MBP cuando reflejaron la inspiración del rock contemporáneo. Ahora planearon un álbum titulado *Tropicália* y con él izaron la bandera del inconformismo junto a la banda de rock psicodélico Os Mutantes, Tom Zé y Gal Costa. Tocar este material en público era un acto de confrontación, como explicaba un reportaje: «La multitud mira con suspicacia a Os Mutantes, melenudos, vestidos de manera extraña, con pinta de extranjeros. Para acompañar a Caetano Veloso en 'E proibido proibir' ('Prohibido prohibir'), la banda se lanza de lleno a un aluvión amplificado de ruido distorsionado que de inmediato suscita una reacción hostil por parte del público, que abuchea y tira tomates, uvas y fajos de papeles a los músicos. Os Mutantes incrementan el ataque de guitarras distorsionadas en desafiante burla de los espectadores»[n100].

Mientras que Os Mutantes se concentraron en un replanteamiento indirecto del acid rock de finales de los años sesenta, Veloso y Gil —a quienes la dictadura encarceló y después forzó a exiliarse— se negaron a quedar confinados ni siquiera por los símbolos de la libertad. En los últimos cuarenta y cinco años, los dos han pasado por casi todas las formas imaginables de la canción, la danza y la poesía. Tanto Gil —el más físico en su acercamiento a la música— como Veloso —el más cerebral—exploraron simultáneamente lo popular y lo experimental en su país, lo cual tuvo como consecuencia que a Gil lo nombraran ministro de Cultura de 2003 a 2008. Al igual que sus contemporáneos —Zé, Costa, Jorge Ben, Milton Nascimento, Maria Bethânia—, los dos han mantenido viva una concepción de la música que puede ser al mismo tiempo populista y estar impulsada por una visión estética firme. Una música tanto tradicional —en sus referencias a la samba y la bossa nova— como radical; intransigente y, no obstante, sutil. Solo el limitado conocimiento del idioma portugués fuera de su país ha impedido que se los reconozca como los verdaderos herederos de la revolución de los años sesenta en la forma de hacer canciones y discos populares, como los guardianes de la síntesis mágica que Arnold Shaw había previsto en 1969.

«Si el rock'n'roll , con sus ritmos pesados, sus tañidos enloquecedores y sus gruñidos rítmicos, alguna vez invade el cerebro, el futuro ciertamente parece peligroso».

Revista *Ebony*, noviembre de 1965[n101]

«Aparentemente, los comunistas temen que la música beat pueda usarse como camuflaje para las manifestaciones anticomunistas y la resistencia. La prensa de la Alemania del Este ha montado una campaña en la que afirma que los jóvenes alemanes del Este han pasado de escuchar de grupos beat a formar bandas que atacan a la gente por la calle. [...] *Neues Deutschland*, el periódico del Partido Comunista, sostiene que Ringo, John, Paul y George son, de hecho, agentes del 'servicio secreto imperialista británico'».

Revista *Billboard*, diciembre de 1965[n102]

Quizá Mick Jagger, al contrario de lo que dice la leyenda, no marchase por el escenario haciendo el saludo nazi. Pero Brian Jones, guitarrista de los Rolling Stones, rindió homenaje a Hitler cuando el grupo caminaba hacia el escenario del Waldbühne, un teatro al aire libre construido por el dictador para las Olimpiadas de 1936[10]. Incluso sin que hubiera un gesto público de desprecio, su aparición de septiembre de 1965 en Berlín Occidental fue un asunto desenfrenado. Cientos de fans se enfrentaron violentamente con la policía, volcaron coches y vandalizaron trenes. Del otro lado del Muro, la influencia de los Stones se comparó con el de «un nuevo Führer», el insulto más malicioso en el arsenal del estado. La administración de Alemania del Este empleó estos disturbios para

---

10. Posteriormente, Jones posó para una fotografía publicitaria con un uniforme nazi y aplastando una muñeca bajo una de sus botas. «El sentido de esto es que no tiene ningún sentido en absoluto», explicó alegremente[n105].

adoptar fuertes medidas de seguridad contra una banda convulsiva de R&B llamada The Butlers, que había logrado un buen número de seguidores durante
un breve período de liberalismo artístico en el país. Las autoridades de la ciudad
de Leipzig obligaron al grupo a disolverse y después apuntaron con cañones de
agua a los fans que se reunieron para protestar contra la decisión. La compañía
discográfica oficial de la Alemania del Este cesó por completo la distribución de
grabaciones pop provenientes del oeste y se observaron de cerca las actuaciones
de los músicos locales para impedir la delincuencia.

Si los Stones hubieran seguido las consecuencias de su actuación en Berlín, probablemente les hubiera encantado descubrir que oficiales tanto capitalistas como comunistas estaban preocupados por el poder cultural de la
banda. El volumen ensordecedor de las bandas de rock de mediados de los
años sesenta y sus incontroladas excentricidades sobre el escenario parecían
dar a entender que la violencia constituía una parte natural de sus actuaciones[11]. Como reveló Pete Townshend, de The Who, «cuando rompo mi
guitarra a pedazos, siento como si fuera ligero, como si flotase»[n103]. Esta
trascendencia amenazaba el *statu quo* de igual manera que la expansión mental de las drogas.

Hacia 1967, los Rolling Stones suscitaban más quejas por
sus conexiones con las drogas y su moralidad sexual que
por cualquier propensión a la violencia. En su lugar,
un grupo joven llamado The Move sacaba al escenario
desde hachas de bombero hasta títeres y escenogra-
fía teatral. Se les denegó el permiso para desmembrar
una efigie del demonio durante una misa en la catedral
de Birmingham que sería televisada por la BBC. Otras
bandas británicas exploraron ese año el potencial del ruido
como medio de control social o de liberación. Las primeras actuaciones de
Pink Floyd en el club UFO de Londres combinaban «vibraciones que tala-
dran los oídos» y «luz líquida que deja sin habla»[n104], incluso antes de que
empezaran a reunir un repertorio de canciones que trataban de ambigüedad
sexual y locura. (Una *stripper* londinense, además, hacía un número de temática «LSD» acompañándose de «Arnold Layne», de Pink Floyd al tiempo
que la bombardeaban con luces estroboscópicas).

---

11. The Who fue el primer grupo de rock que admitió el peligro que acarreaba la música a
gran volumen en espacios confinados. «Está empezando a afectarnos los tímpanos», dijo Pete
Townshend a principios de 1966 y Roger Daltrey añadió: «Te sorprendería cuánta gente en los
grupos tienen problemas de oído»[n106]. Hacia 1967, doctores en Estados Unidos advertían de
que la música en los clubes nocturnos «muy probablemente causaba pérdidas de la audición
temporales e incluso permanentes».

Los locales para conciertos de Estados Unidos estaban igualmente carga-
dos de sonido, luces y confusión. Phil Spector —acostumbrado a la sobrecarga sonora— describió el asalto sensorial en el Winterland Ballroom, en
San Francisco, como «increíble» y sugirió que se debía «conducir a todos
los visitantes de Estados Unidos directamente desde el aeropuerto al local
de rock psicodélico más cercano»[n107]. Como respuesta, las cadenas de radio estadounidenses lanzaron una campaña conjunta para prohibir cualquier
disco que reflejara la ambigüedad moral, la violencia latente y la subversión política que, según ellos, componía la ideología del pop moderno. No
pondrían ningún disco, insistieron, que no estuviera acompañado de «una
hoja con las letras que sea VÁLIDA y REAL». Concluyeron: «Las letras, los
nombres de las canciones, los sonidos vocales ofensivos e incluso los nombres de los grupos han pasado de ser ingeniosos y creativos a ser groseros e
insinuantes[12]»[n108].

Pero la grosería y las insinuaciones podían adoptar muchas formas. «Dirty
Water», de The Standells, un conjunto de música de baile que en la primavera
de 1966 se transformó en una rugiente banda garage rock, celebraba en forma
de himno a los «atracadores y los ladrones» y a las «mujeres frustradas» que
se encontraban junto al río Charles, en Boston. «¿Has oído hablar del Estran-
gulador?», gritaba provocadoramente, por encima del *fade-out*, su vocalista
principal, Dick Dodd (que había sido un mosquetero del programa de televisión *The Mickey Mouse Club*), «pues ese hombre soy yo, ese hombre soy yo».
Aquí estaba la banda de rock como herramienta del machismo incoherente,
arrogante, enfadado, convencida y esencialmente confundida... adolescente,
en otras palabras, pero cien por cien masculina. Lo mismo, por cierto, que
todas las otras bandas que retrospectivamente, a comienzos de los setenta, se
clasificarían bajo el mismo género que The Standells: garage punk o, simplemente, punk rock.

Ese era el espíritu del tartamudo narrador de «My Generation», de The
Who; de la incendiaria guitarra de Jeff Beck en los discos de The Yardbirds
de mediados de los años sesenta; de la banda al completo, explosiva y psicodélica, en «Mystic Eyes», de Them, dos minutos de pasajera intensidad en-
tresacados de una épica improvisación de estudio. Mientras que los grupos

---

12. Estos guardianas morales se volvieron tan presas del pánico que los rumores pronto se
inflaban y se convertían en hechos. Hubo pavor cuando, a principios de 1967, corrió el rumor
de que algunas emisoras poseían una nueva canción impactante de los Beatles llamada «Suicide»
(suicidio). Uno de los cabecillas de la campaña antiobscenidad aseveró haber visto la letra de la
canción de los Beatles «A Day in the Life», a punto de salir, y que incluía una alusión a «40.000
corazones púrpura en un brazo»[n109]. Ni la cita ni el conocimiento del procedimiento de las
drogas eran exactos.

de garage punk británicos eran hijos del miedo y la austeridad de la guerra que luchaban por escapar del conformismo gris que había heredado su generación, sus equivalentes estadounidenses eran refugiados de otra clase de vacío: el aislamiento geográfico, el consumismo sin sentido, la amenaza inminente del servicio militar en Vietnam, la ambición frustrada en interés de la mediocridad.

Por ello, no es de extrañar que falsos Standells o mini-Stones, intoxicados por lo que creían que estaba pasando en Inglaterra, saliesen de cada pueblo de Estados Unidos. A veces encontraban un estudio de grabación lo suficientemente barato y un empresario local que soñaba con ser un nuevo Brian Epstein de Idaho o de Maine. Fue de nuevo una época, como mediados de los años cincuenta, en la que los aficionados tomaron el control y en la que nadie vestido con traje entendía lo que querían los jóvenes ni por qué lo querían. El garage punk, en su apogeo comercial, llenaba las listas de éxitos estadounidenses con propuestas tan extrañas como «Talk Talk» («mi vida social es una BASURA»), de The Music Machine; «I Had Too Much to Dream Last Night» [«Anoche me pasé soñando»] (una confusión de efectos de sonido estremecedores y surreales que quería expresar el dolor

del romance adolescente), de The Electric Prunes; y «It's A-Happening» (el apocalipsis nuclear como un viaje de ácido, o viceversa), de The Magic Mushrooms. Tras esto, ineludiblemente, el camino conducía una vez más a Jimi Hendrix.

Fue un momento en el que las ansias opuestas —la confusión de la adolescencia, la maravilla del descubrimiento psicodélico y la consciencia del poder ilimitado de la música— colisionaban y crearon lo que Donovan llamó (en «Epistle to Dippy») un «ascensor en el hotel del cerebro». Jefferson Airplane emitió la orden del momento en «White Rabbit»: «Alimenta a tu cabeza»[13].

Incluso bandas tan convencionales como The 5th Dimension —con sus ropas hippies hechas a medida—, autores de «Up, Up and Away», y The Supremes, con «The Happening», entendieron la onda. The Association, cuyo fuerte eran las armonías educadas y las instantáneas de amor, grabaron «Pandora's Golden Heebie Jeebies», una celebración de panteísmo trascendente y experimentación sonora. Los

---

13. La comida para el cerebro que recomendaba The Airplane incluía el que probablemente fuera el disco de éxito menos comercial de 1967: «Ballad of You and Me and Pooneil», en el cual A. A. Milne se encontraba junto a Timothy Leary mientras rugía el *feedback*.

Beatles mandaron un mensaje simplista al mundo, «All You Need is Love», en la que John Lennon entregaba panaceas idealistas a su público con una voz que rebosaba de intensidad ácida. Pero para la gente de 1967, la gente que estaba viviendo en este mundo, un disco detuvo el tiempo: «A Whiter Shade of Pale», de Procol Harum, con su mezcla de Bach y de «poesía» introvertida. «Heaven and Hell», de The Easybeats, se anunciaba como «la experiencia discográfica, sísmica, subterránea y discodélica del año», pero los Beatles pensaban que el single de Procol Harum era más importante que *Sgt. Pepper*: un destello del nirvana destinado a no repetirse.

CAPÍTULO 4

VOLANDO POR LOS AIRES.

«Nos pedían que no excitáramos al público en los conciertos. En una actuación, anuncié una canción de los Beatles y los chavales corrieron hacia el escenario. Me dijeron que desde luego podía cantarla, pero que por favor no la anunciara».

El cantante británico Bobby Shafto sobre su gira por Rumanía, 1966[n110]

Era el éxito europeo perfecto: cantado en italiano por un hablante nativo que había vivido en Bélgica desde la niñez, con un ritmo español de baile y con un millón de discos vendidos en Alemania. El éxito en toda Europa de «Marina», de Rocco Granata, en 1959 y 1960, dejaba bien claro que el continente compartía una cultura internacional, lo cual hacía posible que tanto la cantante griega Nana Mouskouri y la joven estrella italiana Mina, como Siw Malmkvist («la chica de Suecia») y la ídolo adolescente danesa Gitte, todas cantaran en alemán o, de hecho, en francés, italiano y español. Cualquiera que fuese su nacionalidad o el idioma que eligieran, su música resultaba universalmente atrayente a lo largo de Europa, aunque solo raras veces se traducía a territorios donde el inglés era el idioma dominante.

A cambio, las estrellas angloamericanas aceptaban que debían abandonar el inglés si querían conquistar los corazones europeos. Con la excepción del rock'n'roll , cuyas letras se asumía que eran tan absurdas que no necesitaban traducción, la mayoría de los éxitos importantes de Estados Unidos y Reino Unido de los años cincuenta y sesenta se doblaban a al menos un idioma europeo. Pocos artistas gozaban de las ventajas de Petula Clark, que vivía en Francia y estaba casada con un francés y que, por tanto, dominaba el *français*. El resto tenía que pelearse con las transcripciones fonéticas de sus éxitos sin entender lo que cantaban. (A través de este proceso, «Space Oddity», un inquietante examen de la alienación obra de David Bowie, surgió en Italia como una historia convencional de amor adolescente truncado). Pocos discos en inglés, o ninguno, se aceptaban en su idioma original.

Sin embargo, de forma gradual, incluso Francia —la más independiente de las culturas europeas— sucumbió al carisma de Ray Charles, Elvis Presley y Cliff Richard. Su aceptación de los Beatles fue incluso más rápida: apenas un mes después de que Lucky Blondo («J'ai un secret à te dire») y Claude François («Des bises de moi pour toi») se apuntaran éxitos con «Do You Want to Know a Secret» y «From Me to You», de Lennon/McCartney, la propia «She Loves You», grabada por los Beatles, entró en las listas francesas. Su éxito se vio ayudado por el hecho de que su famoso estribillo parecía rendir homenaje al sonido dominante de la época: *yé-yé*.

Los ingredientes de este estilo eran chicas con apenas edad suficiente para entender el sexo, gorjeantes coristas y un material que botaba con animado entusiasmo pero que nunca latía con pasión. El efecto a menudo era banal, pero a los adolescentes les gustaba y también (por razones menos saludables) a hombres algo más mayores. La princesa del yé-yé era Sylvie Vartan, que contaba diecisiete años cuando (haciendo de Wendy Richard) cantó junto a Frankie Jordan (que imitaba a Mike Sarne) en el éxito de 1961 «Panne d'essence». Su debut en solitario, «Quand le film est triste», era un asunto con más clase, aunque todavía tenía el mismo aroma a inocencia e inconsciente sexualidad que convertiría en una estrella a la británica Sandie Shaw. Un hombre que entendió perfectamente por qué vendía el yé-yé era Serge Gainsbourg, el cual puso bajo su protección paternal a la aún más joven France Gall y le regaló un éxito titulado «Les sucettes». Gall se imaginaba que estaba cantando sobre piruletas, pero las transparentes insinuaciones de la canción de Gainsbourg sugerían otra cosa. A medida que avanzaba la década, el material que componía para artistas femeninas como Brigitte Bardot se volvió cada vez más subido de tono y más simbólico, hasta que se convirtió en el equivalente del pop más cercano a Andy Warhol, un espejo de las obsesiones ambiguas de una sociedad decadente.

Mientras que el yé-yé y el pícaro erotismo de Gainsbourg (ejemplificado por «Je t'aime... moi non plus») han quedado como las imágenes dominantes del pop francés de los años sesenta en el mundo angloparlante, muchos de los talentos de Francia de esa década —figuras como Michel Polnaroff y Jacques Dutronc— pasaron desapercibidos fuera de su país natal. Aunque estaban creando un modelo de cultura pop distintivamente nacionalista, el resto de Europa solo quería imitar los tonos de Liverpool y Londres. La moda de las bandas que sonaban como los Beatles se extendió más allá de la Cortina de Hierro, donde los búlgaros Bundaratsite, los checoslovacos Olympic (conocidos localmente como los Beatles de Praga), los húngaros Illes y los polacos Czerwone Gitary (las guitarras rojas) sacaron provecho de la ausencia por aquellas tierras del artículo genuino. Otro cantante de rock polaco, Czesław Niemen, satirizó las reacciones de los adultos ante los *bitelsi* (fans de los Beatles) con «Nie b d taki bitels» (no seas tan Beatle), que emulaba muchos de las formas musicales características de la primera época de los Beatles.

Entretanto, Europa occidental estaba infestada de bandas que se dedicaban a proveer traducciones locales de éxitos contemporáneos angloamericanos, sin importar el género. Los Mustangs, de España, se introdujeron en el mercado como la versión barcelonesa de The Shadows y pasaron sin vacilar del catálogo primerizo de los Beatles a canciones de The Kinks, Simon and Garfunkel y The Bee Gees. De entre sus contemporáneos, Los Estudiantes se rindieron tras dominar el primer sonido de los Beatles, Los Shakers se dedicaron a tocar todo el catálogo de los Beatles hasta 1966, Los Brincos explotaron el filón del summer pop con tal entusiasmo que los invitaron a grabar en Inglaterra y Los Salvajes continuaron la lucha desde donde la habían abandonado Los Estudiantes, proporcionando valientes traducciones al español de «Satisfaction» y «19th Nervous Breakdown» (también conocida como «La neurastenia»). La misma historia se puede contar en italiano, alemán y media docena de idiomas.

Sin embargo, la narrativa cambió en 1965 cuando nuevas bandas —estimuladas por los Rolling Stones, The Yardbirds, The Kinks y The Who, más que por los Beatles del comienzo— tomaron prestadas las técnicas del R&B británico y del pop psicodélico. El territorio más aventurero fue Holanda, hogar del Nederbeat, donde The Jay Jays, The Golden Earrings, The Outsiders, Cuby and the Bilzzards y Q65 fabricaron su propia marca poderosamente cruda de garage rock. Mientras que las bandas holandesas, suecas y alemanas se mantenían al día respecto de los cambios en Londres, sus equivalentes en Europa del Este dependían de singles pasados de contrabando a través de las fronteras... con el resultado de que podían tardar dos o incluso tres años en reaccionar a cada deslumbrante metamorfosis del rock inglés. En Praga, Olympic imitaron en 1967 el look del *Sgt. Pepper* de los Beatles, pero no respondieron a su influencia sonora hasta el final de la década. Independientemente de que los jóvenes músicos se encontraran en Madrid o Moscú, sin embargo, su cultura giraba ahora alrededor de Reino Unido y Estados Unidos y pisoteaban sus propias tradiciones se veían pisoteadas en las prisas por imitar a los Beatles o a Bob Dylan.

Al igual que Estados Unidos había colocado banderas culturales en Reino Unido y Europa con el ragtime, el jazz y las películas de Hollywood, ahora el bloque angloamericano invadió el continente sin encontrar la mínima resistencia. Las escuelas y universidades a lo largo de Europa reportaron un aumento dramático en el número de estudiantes desesperados por aprender inglés para así entender a sus nuevos ídolos. (Ayudaba que las primeras canciones de los Beatles emplearan un vocabulario muy básico). El continente nunca cesaría su búsqueda de talento local, pero a partir de entonces, Reino Unido y Estados Unidos trazaron el mapa del paisaje cultural, del que solo los artistas más valientes se evadían.

«Escucharlo es como volar por los aires».

Crítica de *American Record Guide* de un LP
de Herb Alpert and the Tijuana Brass, junio de 1966[n111]

«Cuando casi había logrado que mi madre y mi padre
pensaran que los músicos de rock no eran tan malos, apareció
Cilla Black en el programa de Johnny Carson. He de decir
que hasta a mí me impactó su apariencia. ¡Su falda era tan
corta que en realidad no necesitaba llevarla!».

Carta de un lector adolescente a *Tiger Beat*, agosto de 1966[n112]

Aparte de los Beatles, la artista más popular entre 1964 y 1966 fue Julie
Andrews, protagonista de *Mary Poppins* y *Sonrisas y lágrimas*. Se vendieron millones de copias de sus bandas sonoras y, de hecho, *Sonrisas y lágrimas*, que fue
anunciada como «el sonido más feliz del mundo entero»[n113], fue el LP más
vendido de Reino Unido tanto de 1965 como de 1966. Estos discos, atractivos
para gente de todas las edades, estaban llenos de canciones que cualquiera que
estuviera vivo en aquella época (y la mayoría de quienes nacieron a partir de
entonces) puede recordar sin problemas. No trataban de cambiar la cultura o
de educar al oyente; su único propósito era el entretenimiento. Por ello, han
sido relegados al papel de una nota a pie de página en la historia de la música
popular.

En febrero de 1967, el single de dos caras A que combinaba «Penny Lane»
y «Strawberry Fields Forever», de los Beatles, fue el primero en cuatro años
que no encabezó las listas británicas. Lo mantuvo al margen —lo cual fue un
acontecimiento histórico en nuestro conocimiento recibido de los años sesenta— la versión de «Release Me», un *standard* de la música country, por parte
de Engelbert Humperdinck. Engelbert se llamaba en realidad Gerry Dorsey
y era un cantante de pop fracasado de la época anterior a los Beatles, que se
reinventó como icono romántico para los oyentes de cierta edad.

«Release Me» encarnaba el llamado «sonido de Nashville», que dominó
la música country en aquella década, cuando las exuberantes cuerdas y coros
reemplazaron el tañido rural del violín y la guitarra eléctrica. El inicio del
rock'n'roll en los años cincuenta había devastado el country. El guitarrista y
productor Chet Atkins diseñó el sonido de Nashville como un antídoto y un
modo de lograr que artistas como Jim Reeves, Patsy Cline y Brenda Lee enca-
jaran bien tanto en las radios de pop como las de country. Reeves, que murió
en un accidente de avión en 1964, fue quizás el equivalente más cercano de la

época al joven Bing Crosby. Su forma susurrante y meliflua de enfocar las canciones le aseguró una gran cantidad de seguidores póstumos. Engelbert Humperdinck no intentaba imitar el acento sureño, pero su público lo consideraba un espíritu afín a Reeves, romántico y fiable.

Puede que el triunfo de «Release Me» frente a «Strawberry Fields Forever» fuera significativo, en un sentido negativo, para cualquiera que se identificara con la contracultura. Pero simplemente demostró que, hasta finales de los años sesenta, el mercado de los singles no era una prerrogativa los jóvenes o la gente moderna. Durante el *boom* de la música beat, el cómico y *crooner* Ken Dodd vendió enormes cantidades de singles cuyos títulos se explicaban por si solos: «Happiness» [«Felicidad»] y «Tears» [«Lágrimas»]. «Satisfaction», de los Rolling Stones, y «Like a Rolling Stone», de Bob Dylan, competían contra un trío de temas instrumentales procedentes de Europa: «Zorba's Dance», «A Walk in the Black Forest» y «Il silenzio». En 1966, cuando el experimentalismo del pop adolescente comenzaba a alarmar a los incautos, las listas de éxitos británicas estaban inundadas de baladas de Kenneth McKellar, Ken Dodd, Vince Hill y Val Doonican. El resurgir de los falsos años veinte con «Winchester Cathedral», de The New Vaudeville Band, superó a la saga de travestismo y trastornos emocionales de The Who «I'm a Boy». Durante 1967, el llamado «verano del amor», las odas a los químicos alucinógenos y a los estilos de vida alternativos aparecían junto a canciones como «This is My Song», de Petula Clark y Harry Secombe, «Edelweiss», de Vince Hill, baladas country de Tom Jones, un dúo de Frank Sinatra y su hija y tema cómico silbado titulado «'I Was Kaiser Bill's Batman» [«Yo fui un ordenanza del káiser Guillermo»]. También estaba el pop pangeneracional, *easy listening* prematuro para la generación moderna: «Georgy Girl», de The Seekers, «Puppet on a String», de Sandie Shaw, e incluso «San Francisco», de Scott McKenzie.

Muchas de estas canciones se convirtieron en instantáneos *standards* de «música buena»: el disco *The Mantovani Touch* (1968) incluía tanto «Edelweiss» como «Release Me», por ejemplo. Pero la banda que más contribuyó a ese repertorio durante mediados de los años sesenta fueron los Beatles... o, más bien, Paul McCartney, cuyo talento casi preternatural para la melodía produjo un buen número de las canciones más versionadas de esta época o de cualquier otra: «Yesterday», «Michelle», «And I Love Her», «Here, There and Everywhere», «Eleanor Rigby», «Fool on the Hill», «Hey Jude», «Let It Be» y «The Long and Winding Road». Esas canciones permitían que las orquestas ligeras y los *crooners* se sintieran al corriente de los tiempos, persuadieron a los adultos maduros de que la generación más joven no era del todo estéril e hicieron que Lennon y McCartney se convirtieran en los compositores mejor pagados de la historia.

El arreglo para cuarteto de cuerdas de los Beatles para «Yesterday» no tenía permitido el acceso en la lista de éxitos de *easy listening* de Estados Unidos, pero sí se colaron versiones, junto con el asalto de los Rolling Stones al mismo mercado con «As Tears Go By». Lo mejor del catálogo de los Beatles y éxitos recientes del *easy listening* también entraron en el repertorio del jazz. Ya en abril de 1965, un experto declaró que «el jazz hoy en día es Cannonball Adderley tocando temas de *El violinista en el tejado*, Duke Ellington interpretando temas de *Mary Poppins*. [...] También es *Dizzy Goes Hollywood*, Stan Kenton tocando Richard Wagner y bossa nova [...]. Los músicos han ampliado sus horizontes hasta lo más comercial para mantenerse activos[14]»[n114]. Aquel estirarse de los límites apenas había comenzado. A medida que progresaba la década, los artistas de jazz añadían con frecuencia material del rock a su repertorio, mientras que los departamentos de marketing de las compañías discográficas exigían que cada álbum incluyese un tema corto que pudiera extraerse para emitirlo en las radios de pop. Era mucho más fácil para ellos promocionar *Michelle*, un álbum de versiones de canciones pop del saxofonista Bud Shank, que *E. S. P.*, el disco de Miles Davis de la misma época —nadie se imaginaba ni por un instante que el catálogo de Miles Davis aún se vendería cincuenta años más tarde.

Incluso en el auge de la fama de los Beatles, a mediados de los años sesenta, pocos hubieran predicho que gozarían de una vida de ultratumba comparable. El destino de los ídolos adolescentes era arder por un instante y después disiparse en un resplandor distante. Sinatra había sido la excepción y a su lado todos los pretendientes eran insignificantes. La popularidad de Presley duró casi una década y después las ventas de sus discos se desmoronaron bruscamente. Pero había una banda enormemente popular de la época cuyo atractivo parecía atemporal e irreversible: Herb Alpert and the Tijuana Brass. Fueron los artistas con más discos vendidos en Estados Unidos de 1965 a 1968, superando las hazañas de los Beatles casi semanalmente: cinco LPs simultáneos en las listas del Top 20, seis en el Top 40, ocho en el Top 100. Los elogiaron en el Senado de California por haber «contribuido inmensamente al entendimiento universal y por fomentar las relaciones cordiales con la gente alrededor del mundo. [...] En una época en la que los sonidos disonantes y los ritmos irregulares atraen la provocación, es gratificante que una organización musical se especialice en lo que podría llamarse música alegre»[n115].

La banda de Alpert no era de Tijuana, ni siquiera de México, y a lo sumo tocaba un pastiche de música mariachi. Su éxito de 1962 «The Lonely Bull»

---

14. La milagrosa improvisación de John Coltrane a partir de la melodía de «My Favorite Things», de *Sonrisas y lágrimas*, probablemente sea la cumbre de esta tendencia.

estaba dentro de la categoría de la exótica, era tan auténtico como Frank Sinatra cantando sobre el café de Brasil y tenía ruido de muchedumbre superpuesto en un intento de transmitir la ferviente excitación del coso. A medida que los Beatles conquistaban Estados Unidos, Alpert (compositor y jefe de una discográfica cuando no tocaba la trompeta) perdió el rumbo temporalmente tratando de ganarse al público adolescente. Regresó en septiembre de 1965 con un sonido moderno y simplificado y con la siguiente propuesta: sacarles a los adultos las preocupaciones del día a día haciéndolos sentir como si estuvieran de vacaciones, al mismo tiempo que afianzaban su conocimiento de los *standards* y los éxitos recientes. Tomó prestadas canciones del jazz latino («Work Song»), de Broadway («A Taste of Honey» y «Mama») y de Hollywood («Zorba the Greek» y «Third Man Theme») y perfeccionó un sonido que hacía que cada canción sonara sutilmente diferente y, sin embargo, exactamente igual. Irónicamente, la excepción —una sensual ejecución vocal de «This Guy's in Love With You», de Bacharach y David— les dio su mayor éxito, además de romper el hechizo.

En las décadas siguientes, la música de Alpert gozaría de un atractivo puramente nostálgico, mientras que Bacharach y David representaban el equivalente de un Porter o de unos Roger y Hart, pues conferían un toque de clase a cualquiera que se acercara a su música. Al escuchar sus complicadas líneas melódicas y las hábiles letras de David, uno se sentía más sofisticado. Por esta razón, los aficionados a la «autenticidad» del rock de mediados de los años sesenta mostraban gran desconfianza por su catálogo: tenía muy poca emoción y demasiado cálculo. Peor aún —porque parecía haber traicionado a su generación desde dentro— era el éxito que había logrado en Broadway, en el cabaret y en el cine Barbra Streisand: un año más joven que Dylan, dos meses mayor que McCartney, y para nada interesada en una carrera como la de ellos. Se la comparó con Gertrude Lawrence y Edith Piaf, las reinas del vodevil, las grandes damas del teatro de variedades. «Dentro de cincuenta años, ella aún seguirá estando vigente si todavía se escriben buenas canciones para que canten los buenos cantantes»[n116], predijo un columnista en 1963, cuando Streisand tenía veintiún años. Su entrada fue asombrosa: irrumpió con el primer tema de su álbum debut, «Cry Me a River», como un payaso atravesando una pared de papel maché, comenzando a cantar, según parecía, en mitad de un compás en pleno movimiento. Ya en aquel tema, demostró su control del micrófono y su conocimiento de cómo interpretar una canción, cómo flirtear con ella y encarnar sus implicaciones... un conocimiento al que ninguno de sus contemporáneos podía siquiera acercarse. La veneraron por representar un regreso a una época perdida, la prueba de que no todos los postadolescentes eran unos imbéciles narcotizados con guitarras y una señal de que la «buena música» podría sobrevivir al bombardeo de los adolescentes y de sus melancólicos héroes.

«¿Por qué poner la música en un pedazo de plástico que se jode y se raya y se llena de polvo cuando puedes tener pequeños cartuchos de cinta que están siempre libres de polvo, que nunca se rayan, que son de menor tamaño, más compactos, más fáciles de guardar... y con los que, cuando los conectas a un equipo estereofónico, consigues una reproducción mucho mejor?».

Graham Nash, 1967[n117]

«Hay una infinidad de individuos del tipo Madison Avenue que salen a comprar a la hora de la comida. Llevan camisas de cuello abotonado y les gustan los discos de rock, ya no compran discos de Andy Williams, ni de Percy Faith o de Frank Sinatra, sino que compran discos de rock».

Joe Smith, gerente general de Warner Brothers Records, 1971[n118]

Pinturas, gráficos, fotografías: con la aparición del álbum de rock como artefacto de la contracultura, la funda de cartón se convirtió en algo más que un simple recurso de marketing. Hacía tiempo que había un arte y una ciencia del diseño de portadas, un choque de publicidad y autoexpresión. Incluso se podía manipular una sencilla fotografía para reforzar una imagen: como en el caso de los artísticos rostros en penumbra de la solapa de *With the Beatles*, de las figuras modernamente lúgubres del primer LP de los Rolling Stones[15] y las facciones cansadas del Medio Oeste de Bob Dylan en *The Times They Are A-Changin'*. Mujeres jóvenes escasas de ropa en los álbumes de música de ambiente comunicaban el tipo de compañía que sin duda atraería el comprador masculino. La muchacha blanca anónima que posaba sensualmente en el LP *Otis Blue*, de Otis Redding, jugaba un papel doble: simbolizaba el poder trascendental de la música y ocultaba la raza de su creador. Mientras los Beatles y los Rolling Stones continuaban probando los límites del retrato —con los rostros distorsionados de *Rubber Soul* y los colores saturados de *Aftermath*, respectivamente—, Bob Dylan fue un paso más allá al acumular objetos simbólicos en el interior de una lente/ojo en *Bringing It All Back Home*. La por-

---

15. No había palabras en la portada del disco de los Stones, excepto el logo de Decca, lo cual constituía un acto descarado de confianza en ellos mismos.

tada de este era un autorretrato por extensión, un estilo que la solapa del *Sgt. Pepper* —repleta de iconos (e inmediatamente parodiada por The Mothers of Invention)— llevó hasta las últimas consecuencias. En cambio, *Pet Sounds*, de los Beach Boys, era una advertencia de lo que podía ocurrir cuando música e imagen se separaban: canciones de gran romanticismo y una portada de pura banalidad.

Dylan fue el pionero de otra innovación: el uso de poemas en prosa en el texto de la carátula del disco. Antes, algún publicista o periodista anodino proporcionaba material de relleno para la mayoría de los álbumes. A mediados de los años sesenta, gradualmente se reemplazó esa prosa congratulatoria por letras de canciones (el álbum como poesía) o por fotografías adicionales (el álbum como galería de moda). Las portadas desplegables expandieron el horizonte y muchos artistas pop utilizaron estos nuevos paisajes para crear *collages* y montajes, siguiendo los pasos del revolucionario diseño de Peter Blake y Jann Haworth para *Sgt. Pepper*. Este material gráfico podía examinarse (al igual que las letras) mientras sonaba la música, lo que proveía una experiencia multimedia únicamente superada por la invención del vídeo musical. Quizás también de forma inevitable, también fueron los Beatles quienes perfeccionaron el corto promocional, lo cual no solo los liberó de tener que visitar los estudios de televisión mundiales para fines publicitarios, sino que añadió otra faceta al deleite audiovisual que conformaba el disco de pop moderno.

Con doce por doce pulgadas para rellenar (o más en el caso de una portada desplegable), el potencial para la expresión artística era inmenso. El material gráfico de los discos de los años sesenta ofrece una visión general de los movimientos artísticos de la década más representativa que una retrospectiva de cuadros o de esculturas. Sin embargo, el impacto visual y la importancia cultural de estos ejercicios de *branding* creativo se perdían cuando la música se transfería del vinilo a otro medio. Desde mediados de los años cincuenta, los LPs más vendidos se lanzaban también como cintas magnéticas, lo cual fue al principio el único modo de obtener sonido estéreo en el hogar. «La cinta tiene ventajas inmejorables respecto al disco», declaró la revista *Time*; «puede grabar el sonido de manera más fiel, no se gasta, no tiene sonido de la aguja»[n119]. Las ventas de la cinta magnética cayeron bruscamente cuando empezaron a producirse LPs en estéreo y la industria tuvo problemas para encontrar un formato que no obligase al oyente a rebobinar manualmente el carrete antes de cada escucha.

A finales de los años cincuenta, tanto RCA como 3M creyeron haber inventado un sistema de cinta que se revertía de forma automática de un carrete a otro. Los cartuchos de RCA proporcionaban un sonido aceptable, pero tendían a atascarse; los de 3M no se atascaban, pero no podían oírse. Más tarde, se introdujeron dos innovaciones casi mano a mano. La primera consistía de una cinta en bucle continuo en el interior de un cartucho cerrado: se comercializó para su uso en automóviles, primero como cuatro pistas en estéreo (treinta minutos de música) y, después, como ocho pistas (una hora). A partir de 1966, se ofrecían reproductores de ocho pistas como artículos de lujo para los turismos estadounidenses y seguida se convirtieron en una prestación estándar en los vehículos familiares y comerciales. (Hacia los años noventa, las gasolineras para camioneros en Estados Unidos eran casi el único lugar donde todavía podían comprarse reproductores de ocho pistas). Entretanto, los consumidores podían invertir en una invención del fabricante holandés Philips: el *minicassette* (o casete compacto). Lanzado en Europa alrededor de 1964, llegó a Reino Unido en 1966, donde, según los anuncios, era «tan simple que cualquiera puede usarlo […] en la playa o en el coche, o en estéreo en el hogar»[n120].

La introducción de la radio a transistores en la década anterior había permitido que la gente se llevara la música al parque o al colegio. Ahora, el reproductor de casetes portátil refinaba el proceso, de modo que uno podía elegir la banda sonora de su viaje —aunque aún tendrían que pasar muchos años para que se lanzaran álbumes nuevos en casete al mismo tiempo que en vinilo, por lo que al principio eran obligatorio hacer grabaciones caseras. Uno ya no tenía que llevar la portada de un disco emblemático bajo el brazo para alardear de sofisticación: ahora solo había que dejar que la música hablase por uno en la calle. Ni la radio a transistores ni el reproductor de casetes portátiles discriminaban en cuanto a sus oyentes, y la emisión pública de música no deseada podía constituir contaminación auditiva o un acto de agresión, dependiendo de la opinión de uno y de la proximidad al equipo.

«Espeluznante», fue el veredicto del *crooner*, compositor e ídolo adolescente Scott Walker sobre el estilo de vida del hombre adulto estadounidense medio hacia 1967: «Llega a casa, se sienta y pone 'música ambiental'. […] Quiere escuchar algo que lo relaje completamente y con lo que no tenga que involucrarse», dijo[n121]. A Walker también le inquietaba otro desfase entre la música y las emociones humanas: el deseo de evocar la experiencia psicodélica a través de efectos de sonido, de la distorsión y del aullido de la electrónica. «Un día de estos, uno entrará a un teatro», predijo, «y solo habrá una máquina en el escenario y te olvidarás de que una vez hubo cosas como músicos o la voz humana por si sola. […] Esto va a tener una influencia mortífera en la nueva generación, quizás incluso cuando tengan veintisiete o treinta años. Está eliminando toda la cualidad poética del ser humano»[n122].

Scott Walker estaba reiterando los escrúpulos del periodista de *Melody Maker* Chris Roberts, que en 1964 había conjeturado: «Tengo la sensación de que cualquier día de estos me veré entrevistando a una hermosa mesa de grabación»[n123]. La tecnología había prmitido a Elvis Presley poseer un Cadillac que contenía «un televisor, un equipo de alta fidelidad, un limpiador eléctrico de calzado, una nevera, una extensión telefónica y un especial asiento circular para dos personas en la parte trasera, en el que Elvis recibía a sus chicas»[n124]. Pero, al mismo tiempo, la tecnología también parecía imponer una distancia emocional alienante entre la humanidad y su música. «¡Aquí está finalmente... la 'música' electrónica!»[n125], clamaba la publicidad de «Time Beat», el single de 1962 del futuro productor de los Beatles George Martin, firmado con el pseudónimo Ray Cathode. «Nos queda un largo camino por recorrer para que un ordenador reemplace a una orquesta sinfónica»[n126], prometió Martin entonces, pero al año siguiente salió a la venta el primer modelo de Mellotron. Este órgano utilizaba una serie de cabezales que contenían sonidos pregrabados de cada instrumento y que podían evocar una multitud de sonidos: algunos de ellos reconocibles, como una flauta o una trompeta, y otros menos reales. Para cuando el Mellotron se pudo oír en los discos de los Beatles y de The Moody Blues, ya lo había desbancado un sintetizador inventado por Robert Moog. Este era un «instrumento» puramente electrónico que permitía al usuario manipular el timbre, la velocidad, el volumen y el tono de un sonido. Tras una demostración en el Festival de Monterry, en 1967, muchos destacados músicos pop se los llevaron como pan caliente. A finales de aquel año, Micky Dolenz empleó uno para crear un acompañamiento cacofónico e inquietante en «Daily Nightly», de The Monkees», y pronto apareció en grabaciones de Simon and Garfunkel, The Byrds y los Beatles. A partir de entonces, se le dio un uso más convencional (y surrealista): como sustituto de una orquesta en *Switched-On Bach*, de Walter Carlos, y en la banda sonora de este para *La naranja mecánica*. ¿Era música popular? ¿Clásica? Nadie lo tenía muy claro. Y, en el fondo, ¿era música? Hacía tiempo que los pensadores conservadores clamaban contra la falsedad de los instrumentos amplificados eléctricamente. Ahora quienes tocaban música electrónica tenían miedo de la música no humana que hacían las máquinas... Los revolucionarios de antes se estaban convirtiendo en los actuales guardianes de la llama.

«No subestiméis el poder que la música pop tiene sobre los jóvenes. En los próximos quince años va a cambiar la humanidad. Todos los que están en el poder ahora tienen cincuenta o sesenta años y se están muriendo y van a ser reemplazados por gente que sabe. Lo más bonito es que todo va en una dirección muy positiva. Los jóvenes están viendo la verdad en el pop y en ningún otro sitio».

Graham Nash, enero de 1968[n127]

CAPÍTULO 5

LOS NUEVOS PROFETAS

«La mayoría de los músicos de rock and roll son banales, chapuceros, insípidos y estúpidos cuando tratan de explicar su filosofía de vida en el contexto de la música popular [...]. El rock and roll podrá ser la nueva música, pero los músicos de rock no son los nuevos profetas».

Jon Landau, revista *Rolling Stone*, julio de 1968[n128]

Van Morrison, según un anuncio de 1967 de Bang Records, era «tan condenadamente real que tiembla en tu garganta como una cápsula de tiempo infinitamente pequeña que te hace trascender y te sumerge en un remolino»[n129]. En la revista estadounidense de pop *Hit Parader*, mientras tanto, Juan Rodriguez comparaba la relación entre las estrellas de rock y sus fans con «reacciones en masa [...]. Los músicos ofrecen la basura más pretenciosa y el público la recibe como si fuera 'genial'». Rodriguez concluía: «La pretenciosidad es el flagelo de la música pop actual»[n130].

Como queda ilustrado con el comentario promocional de Morrison, la pretenciosidad —la ambición artística, el alcance cultural, la significación social— era algo inherente a la atracción del rock a finales de los años sesenta. Una vez que un artista (nótese el sustantivo) había trascendido los oropeles de la fama y los deseos de las adolescentes, entonces —como insistía Graham Nash— el rock podía desafiar a la autoridad, cambiar las convenciones sociales, quizá incluso transformar vidas. Las declaraciones de los músicos sobre Vietnam, sobre la bomba atómica y sobre la ética de la cultura capitalista se escuchaban con más atención que las declaraciones de los líderes electos de la sociedad. Las estrellas de rock, adoradas como dioses, se movían en un hermético paisaje de fantasía donde podían elegir quiénes querían que fuesen sus iguales: aristócratas, quizás, o poetas, artistas, arribistas, modelos, fotógrafos, intelectuales, idiotas, a menudo todos disfrazados con la misma piel.

El egotismo era un ingrediente necesario del estrellato: con la fama venía un nivel de atención tan gratificante que era posible para una estrella creer que era «tan condenadamente real» que podía hacer que el público «trascendiera», es decir, que podía llevar el peso de quienes, al escuchar su música, sentían que ese artista había tomado la responsabilidad de sus almas y sus vidas. Esa creencia en la propia divinidad de los músicos de rock podía estar sutilmente equilibrada por la insistente sensación de que no eran nada en absoluto. Louis Armstrong nunca tuvo que vivir con ese peso, ni Bing Crosby o George Formby: ellos sabían quiénes eran y qué se suponía que debían hacer y lo hacían.

Pero a partir de mediados de los años sesenta, el sentido de la propia importancia se convirtió en un obstáculo para cualquiera que lograse la fama en el ámbito hinchador de egos del rock.

Las estrellas de rock creían poseer el poder de efectuar un cambio político y cultural: bastaría una canción significativa para que las paredes de la ciudadela se resquebrajasen, como Jericó bajo las trompetas de Josué. En 1968 y 1969, las estrellas de rock se hacían pasar por activistas políticos (y viceversa), tragándose y regurgitando entera la retórica de la revolución global que proponía la breve unión de hippies, yippies, activistas antibelicistas, Panteras Negras y el resto de compañeros de viaje. Esta era la época en que el grupo de radicales conocido como Partido de las Panteras Blancas podía tener su propia banda de rock, The MC5, que contaba con un himno («Kick Out the Jams») y un manifiesto («El asalto total a la cultura por todos los medios necesarios, incluido el rock and roll, la marihuana y follar en las calles»). Los Rolling Stones adoptaron una postura tímida y ambigua sobre la acción política («Street Figting Man»), los Beatles podían discutir tácticas trotskistas («Revolution»), Jefferson Airplane pedía «Volunteers» [«Voluntarios»] para manejar las barricadas y David Crosby imaginaba unos «Wooden Ships» [«Barcos de madera»] en los que la élite del rock y sus «damas» podrían escapar del apocalipsis si sus conciertos benéficos para los yippies y los Panteras Negras no conseguían derrocar el orden establecido.

La música resultante era tumultuosa y exultante, ingenua y exagerada. Sus creadores, especialmente en Estados Unidos, donde la crisis (bajo la amenaza de ser reclutado para la guerra de Vietnam) era más intensa que en el Reino Unido, continuaron creyendo que la música podía hablar más alto que las armas o el dinero. A causa de ese error, David Crosby estaba sorprendido en 1970 de que «*Sgt. Pepper* no haya detenido la guerra de Vietnam. De alguna forma no funcionó. Hay alguien que no está escuchando»[n131]. Y sin embargo, el flexible cuarteto que formó con otros egotistas, inconformistas, librepensadores e idealistas políticos, Crosby, Stills, Nash and Young, estuvo más cerca que ninguna otra banda, si no de cambiar, sí al menos de encarnar las fantasías de su vasta masa de fans.

Casi únicos entre los demás políticos del rock, los miembros del cuarteto siguieron creyendo en el recto poder de la música y en sus propios papeles como portavoces de una generación[16]. El fervor revolucionario del rock murió con la fragmentación de la gran coalición contra la guerra de Vietnam en 1970, a medida que las prioridades de cada organización (la liberación de la mujer, el poder negro, la anarquía global) tomaron precedencia por encima de su objetivo colectivo. Los grandes festivales de rock de la época, en particular Woodstock, en agosto de 1969, parecían prometer masas suficientemente grandes para cualquier saludable rebelión marxista. El hecho de que un público tan numeroso (más de 400.000 personas) se reuniera en un solo lugar, con escasez de comida y agua, expuesto al calor y a la lluvia y alimentándose de narcóticos de dudosa calidad, y descubriera que no se linchaban unos a otros sino que colaboraban en solidaridad hippie... aquello daba la sensación de ser un triunfo político. (La subsiguiente película documental sobre el festival convirtió ese triunfo en mitología para el resto del mundo). Resultó ser imposible repetir el truco en un solo día, y en circunstancias más tristes, en la autopista de Altamont. Un asesinato tuvo lugar delante del escenario y fue grabado por un equipo de grabación que trabajaba para los Rolling Stones. Los fans que se había preparado para un nirvana hippie se encontraron atrapados en un violenta película de moteros. Cuando se supo que, en Hollywood, una banda de hippies putativos —obsesionados con el álbum doble de los Beatles de 1968— había a su vez cometido una serie de asesinatos, se agotó otra veta de idealismo.

La sombra de estos acontecimientos empapó la década de forma retrospectiva, distorsionando el optimismo que había provocado *Sgt. Pepper*, la reunión de las tribus hippies, el sunshine pop y la creencia de que bastaba con ser joven y estar despierto para rehacer el mundo. Una era en la que se creía que todo era posible quedó ahogada en una oscuridad, que, en distintos grados —depresión introspectiva, abatimiento político, profunda desesperación—, daría forma a la década siguiente. Los Rolling Stones resultaron ser los profetas más lúcidos de la época, como demostraron con una sucesión de singles llenos de malos presagios y de violencia, desde «Paint It Black», pasando por «Sympathy for the Devil», hasta el terror escatológico de «Gimme Shelter». Esas canciones señalarían el camino hacia el terreno baldío que les esperaba, en el cual —como Jesús en el desierto— podrían explorar las profundidades de sus creencias y sus dudas sobre sí mismos.

16. Hace falta cierta ciega certeza para tocar en el siglo XXI canciones protesta tan ligadas a un momento particular como «For What It's Worth» y «Chicago» con el mismo fervor que en 1970. Y también ingenuidad, se podría decir, si no fuera por el hecho de que estos himnos aparentemente agotados son capaces de unificar a un público envejecido y recordarles aquel entusiasmo —propio de una cruzada— que compartieron hace tiempo, para bien y para mal.

«Es muy extraño ganarse la vida siendo uno mismo».

James Taylor, 1971[n132]

«En el fondo, de lo que se trata es de que todos somos
potenciales dioses emprionarios, todos estamos evolucionando
hacia ser dioses».

Alan Osmond sobre el LP de 1973 de The Osmonds *The Plan*[n133]

«¿Por que no vuelves tu mirada hacia mí, Jesús?», clamaba James Taylor
en «Fire and Rain», la canción que quizá mejor que ninguna otra encarna la
nueva austeridad del rock de los años setenta. Sus tres estrofas, cantadas con
la voz del agotamiento espiritual por un ex paciente psiquiátrico de veintiún
años, describían el suicidio de una amiga, la adicción a la heroína de Taylor
y su admisión en el hospital. Aquí no había ni trascendencia ni euforia. Taylor cantaba con el ritmo de Sam Cooke y con la intimidad de Bing Crosby
(en caso de que Crosby, conocido como «el Viejo Gruñidor», hubiera sido
un adicto a la heroína). Tenía sus raíces en el folk y el rock'n'roll y poseía
suficiente acento sureño como para sugerir que era un hombre del campo,
aunque en realidad era hijo de un profesor de medicina y de una cantante de
ópera. Su vida había sido tan problemática y errante como la de cualquiera de
los depresivos del rock posteriores. Y sin embargo se ganó unos seguidores
enormemente leales, especialmente entre las mujeres jóvenes, para quienes
su melancólico personaje —postura encorvada y el pelo cayéndole sobre la
cara— lo convertía en un sufriente mesías.

Taylor poseía un humor seco que redimía su tristeza, aunque este era aparente solo de forma retrospectiva. Pero su aire confesional y el ánimo dominante de autocompasión (ambas cosas encapsuladas en «Hey Mister That's
Me on the Jukebox» [«Oiga, señor, ese soy yo en la gramola»]) ponían el énfasis en un tema del pop que se remontaba a la era del rock'n'roll y que daría
forma a las décadas siguientes: la melancolía. A finales de los años cincuenta,
la melancolía del pop era por completo romántica e inmadura: ella no me
quiere, oh, pobre de mí. Después, los universitarios se convirtieron en estrellas del pop y trajeron los oropeles de la poesía romántica al patio de juegos
adolescente.

Malinterpretando la sensibilidad lírica de Bob Dylan, John Lennon creía
que estaba imitando al bardo cuando escribió «You've Got to Hide Your Love
Away» («Aquí estoy, con la mano en la cabeza» debe de ser uno de los temas
menos prometedores para una canción). Paul Simon —más tarde un letrista

tan flexible y dotado como cualquiera de los maestros de Broadway— llamaba
a la oscuridad «mi vieja amiga» en «The Sound of Silence» y se escondía detrás de sus libros de poesía en «I Am a Rock», una abyecta lección sobre como
pervertir lo aprendido en un curso de literatura. Había otros artistas volcados
en la autocompasión y en el odio a sí mismos en el pop de mediados de los sesenta: el *girl group* The Shangri-Las se fabricó toda una carrera en base a ello,
relatando desgracias, batallas entre padres e hijos, disfunciones sexuales y crisis emocionales catatónicas a lo largo de una serie de singles, pero en realidad
estaban haciendo un papel: eran chicas de Queens dando vida a las fantasías de
su productor, Shadow Morton. La veta de la autocompasión, la duda de uno
mismo y el suicidio solo comenzó a desbordarse una vez que el espíritu contracultural del rock quedó drenado por la desilusión y la desesperación.

Aquel fue el momento en el que la tradición folk del trovador sensible cho-
có con una cultura súbitamente despojada de optimismo. A medida que se
disipaba la confianza en el poder de la acción colectiva y la generación de
1967 se daba cuenta de que no iba a reconstruir la sociedad a su imagen y semejanza, la confusión interna reemplazó el colectivismo hímnico. Uno de los
últimos eslóganes efectivos de los sesenta fue «Give Peace a Chance» [«Dale
una oportunidad a la paz»], de John Lennon, cuyo mensaje era tan vago y (en
retrospectiva) tan empapado de inminente derrota que apenas amenazaba al
statu quo[17]. Después —al menos hasta que comenzó a frecuentar compañías
radical en Nueva York en 1971—, Lennon se volvió bruscamente hacia dentro: comparándose nuevamente con Cristo («Me van a crucificar») y, hacia el
final de la década, relatando su agónico abandono de la adicción a la heroína
en un single de éxito. Al año siguiente, dedicó un álbum entero, *John Lennon/
Plastic Ono Band*, a la terapia primal, que había soportado aquel verano. Dicha
terapia animaba a los pacientes a enfrentarse a sus más profundos miedos y
sufrimientos, dejando caer sus defensas, capa por capa, hasta que todo lo que
quedaba era el grito final del bebé herido, arrastrado a este mundo para sufrir
y descomponerse.

En la canción clave del disco, «God», Lennon negaba una serie de panaceas
y de muletas, desde Buda a Bob Dylan, Jesús o Elvis, y terminaba con lo que
(en 1970) era el pronunciamiento más blasfemo de todos: «No creo en los
Beatles». Lennon era adicto a un ciclo de creencia y de traición que la terapia
primal le había permitido ver pero que no podía curar. Su sala de iconos incluía a sus padres (perdidos), a Brian Epstein (muerto) y a Maharishi Mahesh

---

17. La canción, sin embargo, perduró: mientras escribo esto, los padres nigerianos marchan
por las calles pidiendo la devolución de sus hijos secuestrados y usando la melodía de Lennon
a modo de voz.

Yogi, cuyas enseñanzas de meditación transcendental hechizaron a los Beatles en 1967 hasta que los defectos demasiado humanos del gurú socavaron la confianza de los cuatro. Lennon había sido el más entusiasta apóstol del Maharishi y después fue su más violento detractor (y, por cierto, el único Beatle que abandonó por completo sus prácticas de meditación). La inmersión de los Beatles en la meditación atrajo hacia esta una atención global, y el rechazo del Maharishi por parte de Lennon no frenó en lo más mínimo la difusión de su métodos por el mundo. Según parecía, las estrellas de rock eran más influyentes como evangelistas que como profetas del Antiguo Testamento.

Junto a la euforia tribal de la contracultura, el enamoramiento de la época con las drogas desencadenó una aguda conciencia de los reinos que se hallaban fuera de lo cotidiano, de dimensiones en las que incluso la revolución política era irrelevante. He aquí otra faceta de la autoexploración futura: la búsqueda de lo inmortal, de lo trascendente, de los secretos del cosmos. Inevitablemente, muchos dentro de la contracultura terminaron en las formas establecidas de la religión, aunque muchos prefirieron explorar solos lo desconocido. Las religiones orientales prometían una liberación de la mezquina moralidad del cristianismo organizado: el budismo con su aceptación panteísta de lo que es; el hinduismo con su pietismo y su revelación de lo divino. Algunos incluso se sintieron atraídos por el espíritu de los primeros cristianos y se convirtieron en fanáticos de Jesús, reinterpretando al Cristo de los evangelios como hippie prototípico. Todos los caminos eran posibles; lo que importaba era el viaje.

Y sin embargo ese viaje podía adoptar muchas formas. En 1964, cuando los Beatles reemplazaron a Cliff Richard como el principal artista pop de Reino Unido, Richard hizo una declaración pública de compromiso con Cristo. Tres años más tarde, respondió al Verano del Amor con un álbum de gospel, *Good News*, y con un papel protagonista en una película financiada por el pastor Billy Graham. Simultáneamente, Elvis Presley —al que antes los cristianos temían como a un instrumento de Satán— lanzó su propio disco espiritual, *How Great Thou Art* [*Qué grande eres Tú*], como respuesta (o eso afirmaba su discográfica) a las peticiones de sus fans. Aquella Semana Santa, las emisoras de radio estadounidenses se combinaron para promocionar el disco de Presley. Proclamaciones de fe como estas eran comunes entre artistas que querían apelar a los conservadores del sur o a la comunidad afroamericana (los únicos espacios donde siempre ha sido aceptable para los críticos que la gente proclame sus creencias cristianas). Uno de los singles de mayor éxito de 1969 fue «Oh Happy Day», del coro de gospel de Edwin Hawkins. Este emocionante coro espiritual inspiró a George Harrison para grabar su propio himno no cristiano, «My Sweet Lord», que fue número uno en todo el mundo entre 1970 y 1971.

Como ya había proclamado la compañía discográfica World Records: «El mercado de lo sagrado y lo edificante es un GRAN mercado». Con codicia capitalista envuelta en una capa de santidad, World proclamaba el potencial económico de su rico catálogo de sermones, cuartetos de gospel, coros e himnos patrióticos. «¡Esta es vuestra oportunidad de obtener mejores ventas en otoño y navidad!», anunciaban a los comerciantes al por menor. «¡A setenta millones de personas les gusta esta música! ¿Por qué no sacar provecho de sus deseos con el catálogo religioso más grande, amplio y completo del mundo? [...] Hay estupendos beneficios en las ventas de música sagrada y edificante. ¡Pruébalo SIN RIESGO! ¡Rellena la proposición de más abajo! Contiene todos los elementos necesarios para posicionarte en el mercado religioso sin dolor y de forma beneficiosa»[n134]. Uno casi podía oír las puertas del Reino de los Cielos cerrándose.

Seguramente consciente de que aquel enfoque no iba a inspirar a los adolescentes impresionables, el Departamento de Medios de Comunicación de la Iglesia Presbiteriana Unida (las asociaciones religiosas de Estados Unidos estaban desde luego muy bien preparadas) decidió en 1967 crear un camino más sutil hacia los evangelios. Entregaron un tratado teológico a dos compositores y les pidieron que lo convirtieran en pop. Uno de ellos era Dickie Goodman, quien, junto a su amigo Bill Buchanan, había inventado en 1950 un formato surrealista, el *cut-in*, que usaba pequeños cortes de singles modernos de éxito para contar una historia humorística[18]. Goodman entregó dos canciones de pop apropiadamente espirituales pero doctrinalmente vagas que en seguida fueron grabadas por un grupo llamado The Astrakan Sleeve, pero esto no causó que los adolescentes acudieran en masa a las iglesias presbiterianas.

Poco a poco, la influencia de la música pop moderna comenzó a infiltrarse en las iglesias cristianas. Los grupos evangélicos eran los más dispuestos a permitir guitarras y tambores en sus comuniones, pero finalmente todas excepto las congregaciones más elitistas se acostumbraron a ver a una banda de rock encabezando el servicio, poniéndoles a los Evangelios un suave ritmo de los Beatles. Otros compositores más ambiciosos eligieron atreverse con la misa cristiana, una forma tradicional de adoración que inspiró a algunos de los más grandes compositores del milenio. Duke Ellington y Vince Guaraldi escribieron *suites* de gospel para ser interpretadas en la recién abierta Grace Cathedral, en San Francisco. Lalo Schifrin compuso *Jazz Suite on the Mass Text* [*Suite de jazz sobre el texto de la misa*] en 1967. La más sorprendente de

---

18. El ejemplo más desvergonzado fue «The Return of Jerry Lee», preparada por la discográfica de Jerry Lee Lewis para superar el escándalo de su matrimonio bígamo con su prima menor de edad.

estas incursiones fue *Mass in F Minor*, de The Electric Prunes, en la que el compositor y arreglista David Axelrod tomó prestado el nombre de la exitosa banda de garage rock y creó un marco rock para la liturgia. «Les he puesto el disco a jóvenes que me han dicho que si la misa sonara así, irían a la iglesia todos los domingos»[(n135)], declaró Axelrod.

Y sin embargo, los jóvenes más fervientes en su amor por el Señor en la segunda mitad de los años sesenta no asistían a la iglesia convencional. El Movimiento de Jesús (o Movimiento Popular de Jesús) era un vástago de la contracultura hippie que surgió, cómo no, en California y se expandió rápidamente por el mundo occidental. Ponía el énfasis en el Cristo rebelde y en el Cristo que trae amor, sin un solo indicio de la ira y la venganza del Antiguo Testamento. Algo del espíritu del movimiento fue capturado, irónicamente, en el musical de Broadway *Hair*, a pesar de que este trataba el cristianismo como un objeto de sátira.

El floreciente Movimiento Popular de Jesús aparecía en cafeterías y conciertos y, finalmente —durante la Expo'72 de Detroit— en un festival parecido a las grandes concentraciones de rock hippie. Unos 200.000 fans se congregaron para asistir al poder de un género conocido como Jesus rock, Jesus music o rock cristiano. Su creación se remontaba a un locutor de Nueva York llamado Scott Ross, que, en torno a 1967, se atrevió a añadir sabores rock y pop al Christian Broadcasting Network. Hubo recelos por parte de los de mayor edad sobre las posibles repercusiones de introducir aquellos ritmos demoníacos a la inocente juventud. Como ha observado el historiador del rock cristiano John J. Thompson, evangelistas como Bill Gothard «realmente predicaban que el sincopado 4/4 del rock and roll chocaba con el ritmo natural del corazón humano y, por tanto, haría que los oyentes enfermaran [...]. Las tonalidades menores, los tambores fuertes y las letras ambiguas eran estrictamente el ámbito del maligno»[(n136)].

Aquellos roqueros de los años cincuenta, que había recibido una educación baptista y sureña, ya habían demostrado que era posible para cristianos confesos ser aclamados como estrellas de rock (aunque ayudaba si eran reincidentes tan flagrantes como Jerry Lee Lewis). Sin embargo, para evitar el pecado de la santurronería que había afligido a artistas como Pat Boone y Cliff Richard en los sesenta, el Movimiento Popular de Jesús creó una cultura rock alternativa: una red de sellos independientes y un circuito de locales de conciertos que existían solo fuera de la corriente principal del rock y que pasaron desapercibidos para los medios de comunicación de masas.

En el centro de este movimiento, como músico, compositor y director de discográfica, estaba la figura mesiánica de Larry Norman, que, a mediados de los sesenta, había sido brevemente una estrella del pop en Estados Unidos con su banda People (cuyo nombre era una recuperación de la humanidad respecto a The Animals, The Byrds y The Turtles). Norman lanzó su carrera en solitario en 1969 con un disco descaradamente religioso, *Upon This Rock*, en el que demostraba un talento comparable al de Leon Russell, aunque con una vena inconformista que recordaba más a David Ackles en su faceta más ecléctica (como en «The Last Supper»). A comienzos de los setenta, Norman grabó álbumes tan coherentes y contemporáneos como *I Wish We'd All Been Ready* y *So Long Ago the Garden*, que habrían encajado en la radio FM junto a Carole King y Neil Young. Ambos álbumes subrayaban la forma de componer ocasionalmente dylanesca de Norman, de forma especialmente dramática en «Nightmare #71».

Norman reclutó para su discográfica Solid Rock a la mayoría de los artistas de rock cristiano con talento de Estados Unidos, como Randy Stonehill y la banda Daniel Amos, pero finalmente casi todos se volvieron contra él a causa de prácticas de negocio que veían como deshonestas. Su propia carrera fue destruida por la enfermedad (afirmaba haber sufrido daños cerebrales en un accidente de avión) y la controversia, aunque no antes de haber editado docenas de álbumes y actuado por todo el mundo tanto en estadios como en pequeñas iglesias. En realidad, era una superestrella en un ámbito que había sobrevivido a la disipación del Movimiento Popular de Jesús y que existía en una invisible dimensión paralela al rock comercial. Artistas como Love Song y Randy Matthews conseguían un gran número de seguidores sin haber llamado la atención de las listas de *Billboard* o de la revista *Rolling Stone*.

El lugar que les habría pertenecido en el rock convencional estaba ocupado por proyectos como el duramente moralista (aunque estimulantemente melódico) disco de George Harrison *Living in the Material World* y por un álbum conceptual grabado por una banda de ídolos adolescentes del pop. Se trataba de *The Plan*, inspirado por la fe mormona de una banda de adolescentes y veinteañeros, The Osmonds. Su designio claramente religioso —y la ambigua relación entre la cristiandad ortodoxa y la Iglesia de Jesucristo de los Santos de los Últimos Días— espantó a muchos de sus fans, sobre todo en Estados Unidos. Pero en Reino Unido, donde su fama estaba en su punto álgido, se convirtió en su disco más vendido, asegurando que en miles de hogares sonaban canciones sobre el deseo de The Osmonds de seguir el camino a la exaltación. En comparación, los álbumes de Larry Norman que exploraban las dificultades de la cristiandad evangélica sonaban totalmente convencionales.

«Un mensaje atrevido, juguetón y afro-hippie al *establishment*».

Revista *Ebony* sobre *Hair*, 1970[n137]

«No tiene nada que ver con las personas de raza negra».

El activista afroamericano y escritor Amiri Baraka sobre *Hair*, 1970[n138]

El rock buscaba marcos aún más grandiosos para sus creaciones y Broadway necesitaba desesperadamente una conexión con el mundo moderno: el inevitable resultado fue *Hair*, «un musical rock tribal» que se estrenó en el circuito off-Broadway en 1967 como una pieza de folk rock y que después se graduó en la Gran Vía Blanca como un artefacto hippie-rock-soul-gospel. Con sus referencias a las drogas, su extravagante vestuario y su culminante escena de desnudos, *Hair* atrajo a una enorme audiencia, aunque esta no porvenía de las comunidades que pretendía retratar.

Mientras que el plan de los Beatles de crear el primer musical Merseybeat había quedado frustrado por Lionel Bart, otros grupos soñaban con un ciclo de canciones multisegmentado, coherente y de largo aliento: la elusiva «ópera rock».

Pete Townshend, de The Who, eterno autodidacta, logró el avistamiento más convincente con «A Quick One While He's Away», un relato de nueve minutos sobre adulterio y arrepentimiento que tomaba prestado el modelo wagneriano de los *leitmotivs* repetidos y satirizaba las convenciones operáticas. No satisfecho con una miniatura perfecta, se propuso una epopeya más expansiva y menos cohesiva: *Tommy*[19]. Con el tiempo, esta idea se transformó en un álbum doble, un espectáculo teatral, una película deliciosamente grotesca de Ken Russell (quizás la película sobre rock más perfecta de todos los tiempos, que a la vez celebraba y ridiculizaba el mito mesiánico del género) y después un musical de Broadway. En el momento de su encarnación final, *Tommy* había quedado castrada, el final cambiado y cualquier relevancia cultural borrada. Después de *Tommy* hubo musicales rock a montones y una banda salvajemente exitosa (Queen) que usaba profusamente las tradiciones conceptuales y estéticas de la ópera. Pero para escuchar un ópera en toda regla escrita por una figura importante procedente del mundo del rock, el mundo tendría que esperar a *Prima Donna*, la ópera de Rufus Wainwright inspirada por Verdi, estrenada en 2009.

Incluso a pesar de que el género operístico demostró ser demasiado complejo y ajeno para ser traducido al rock, el final de los años sesenta fue escenario de una generación de músicos con formación clásica que se propusieron convertir el rock en música «seria». Había habido *suites* de jazz desde los años

19. Los historiadores del rock siguen discutiendo sobre si *Tommy* era un álbum conceptual o una ópera, y, en cualquier caso, si la odisea psicodélica de The Pretty Things *S. F. Sorrow* la había arrebatado el honor de ser el primer ejemplo de ambas cosas.

veinte y Duke Ellington, por ejemplo, compuso piezas de escala épica durante toda su larga carrera. Pero en 1968, el rock se embarcó en un camino de composición monumental que (dependiendo del punto de vista de cada uno) enriquecería o difamaría su catálogo durante la década siguiente. Stan Kenton había usado el término «jazz progresivo» para referirse a sus propios viajes musicales a lo desconocido. Hacia el final de la década, la industria discográfica ya usaba el término «rock progresivo». Al principio, se refería solo a un nuevo formato radiofónico que se concentraba en material que quedaba fuera del Top 40, especialmente temas de álbumes en lugar de singles. Este nuevo formato había surgido no por demanda comercial sino debido a una resolución de la Comisión Federal de Comunicaciones (FCC). Con la intención de ofrecer una escucha más diversificada al público, el FCC insistió en que, para enero de 1967, cualquier emisora con más de 100.000 oyentes potenciales tenía que ofrecer una programación «dividida»: dicho de otro modo, programas diferentes en las frecuencias de FM y AM. La mayoría de los aparatos de radio solo podían captar emisoras de AM, de modo que estas siguieron ofreciendo su programación más comercial (principalmente el formato del Top 40). Pero en emisoras de FM como WOR, en Nueva York, y KMPX, en San Francisco, directores de programación con visión de futuro permitían a sus locutores que emitieran música que jamás habría entrado en el Top 40.

Entre los primeros beneficiados de la radio del «rock progresivo» estaban Big Brother and the Holding Company, Vanilla Fudge, Iron Butterfly y Ten Years After, grupos que, según observó un sorprendido analista, se estaban «convirtiendo en superestrellas sin la ayuda de las emisoras del Top 40»[n139]. Los directores de programación se dieron cuenta de que los oyentes no esperaban, y ni siquiera deseaban, una continua rotación de los éxitos semanales. Una vez que empezaban a escuchar una emisora «progresiva», ya no cambiaban de emisora, con la condición de que la música estuviera hecha a medida para la audiencia: de diecisiete a veintitantos años, predominantemente blancos, con una alta proporción de universitarios. Por primera vez, la radio de rock tenía espacio para programar música que se salía de los límites de tres minutos del Top 40.

Las emisoras «progresivas» podían ahora poner álbumes enteros o composiciones tan épicas como «In-A-Gadda-Da-Vida», de Iron Butterfly, o «In Held Twas In I», de Procol Harum (de diecisiete minutos cada una). El arquetipo del género era *Days of Future Passed*, el álbum de 1967 de The Moody Blues, un ciclo de canciones dedicado a lo que los Beatles llamaban «A Day in the Life» [«Un día en la vida»], que iba desde «The Day Begins» [«El día comienza»] hasta «Night» [«Noche»] (esta última parte contenía el éxito mundial «Nights in White Satin»). Además de un profuso uso del Mellotron, el disco incorporaba el rango tonal de la London Festival Orchestra.

Allí estaban ya todos los ingredientes necesarios para formar el rock progresivo: composición a gran escala, material lírico pomposo, instrumentación orquestal y la pretensión de ser música «seria» (todavía se debate si The Moody Blues recibieron el encargo de crear un equivalente rock de la *Sinfonía del Nuevo Mundo* de Dvoˇák). Aunque el disco era más sinfónico que operático, sus influencias clásicas despertaron algo entre la audiencia joven y culta que, una década antes, había rechazado el rock'n'roll en favor del jazz o el folk. Pronto llegaron grupos como Pink Floyd (*A Saucerful of Secrets*) y The Nice (*Ars longa vita brevis*), dedicados a sus diferentes modos de extender lo que podía lograr el rock en un disco. En Estados Unidos, Frank Zappa and the Mothers of Invention mezclaban sátira al estilo de Lenny Bruce, rock de los cincuenta y música clásica experimental en una inimitable serie de *collages* de pop art (eran *hooligans* comparados con los chicos del coro de The Moody Blues).

El músico que encarnaba la filosofía del nuevo género era el teclista de The Nice, Keith Emerson. Fue él quien unió melodías de Dave Burbeck y Bach en «Rondo», de 1967, y quien supervisó el tema de una cara de duración de *Ars longa vita brevis*, de nuevo sobre un motivo de Bach. La formación clásica de Emerson, combinada con su aprendizaje en la banda de R&B de los sesenta The VIPs, le convirtió en la persona ideal para explotar los elementos más teatrales de ambas tradiciones. Cuando, en 1970, formó el trío Emerson, Lake and Palmer, lo que tenía en mente era crear verdaderas composiciones clásicas: tras arreglar para banda de rock la *suite* de Mussorgsky *Pinturas para una exposición*, se sintió preparado para atreverse con su propio concierto para piano.

En virtud de su alcance y ambición, el rock progresivo daba la sensación de ser una marca de élite. Ofrecía a sus fans la oportunidad de sentirse superiores a aquellos que seguían confiando en canciones de rock convencionales o (peor aún) en las listas de pop del Top 40. Por tanto, comenzó a ser objeto de críticas por parte de quienes sentían que su seriedad estaba despojando al rock de su identidad. De la misma forma que la división entre FM y AM representaba la división entre el mercado del pop y del rock, ahora el rock estaba fragmentándose en subgéneros. En 1967, era perfectamente posible para un fan del rock disfrutar de todo lo que se vendía bajo esa etiqueta. En 1970, había poca comunicación entre quienes escuchaban a Emerson, Lake and Palmer y a Crosby, Stills, Nash and Young. Esos dos grupos representaban dos estéticas diferentes, dos métodos de emocionar y energizar al público, cada uno de ellos convencido de que su propia solución volvía las demás irrelevantes.

Tampoco eran esos dos los únicos temas que se ofrecían. El final de los sesenta también marcó un renacimiento de las bandas de blues británicas, influidas por la libre improvisación de Cream y The Jimi Hendrix Experience. Ambas bandas usaban sobre el escenario la instrumentación más sencilla —el *power trio* de guitarra, bajo, batería— pero conjuraban un volumen capaz de doblar las paredes. Las técnicas de amplificación habían evolucionado hasta el punto de que una banda común y corriente que tocase en una iglesia usaba equipo más potente de lo que los Beatles habían usado en grandes estadios. El volumen era ahora un instrumento extra: una herramienta de entusiasmo y de manipulación social, ensordeciendo y excitando al público en igual medida.

Durante un año, o quizás un poco más, todos estos elementos podían condensarse y comprimirse en música que encajaba en singles tanto como en álbumes. Dos epopeyas de 1968 representaban los límites extremos de los experimentos del pop con el tiempo. El arreglista y compositor de veintiún años Jimmy Webb esbozó una cantata rock de veinte minutos y después comprimió sus elementos en casi ocho minutos de pirotecnia orquestal, durante los cuales el actor (y nulo cantante) Richard Harris leía un relato burlonamente poético de desilusión romántica. «MacArthur Park» ascendió a nuevas cotas de grandiosidad pop: al mismo tiempo magnífica y ridícula, inspiró a los Beatles a crear algo igualmente épico. «Hey Jude» constituyó el lanzamiento del brazo discográfico del gargantuesco imperio financiero del grupo, Apple Corps, un intento condenado al fracaso de mezclar los valores de la contracultura con los motivos interesados del capitalismo. Pero si había un disco que hubiera podido hacerlo funcionar, era este, apoyado, en la cara B, por la políticamente cínica y sónicamente abrasiva «Revolution», de John Lennon. Fue Paul McCartney quien escribió «Hey Jude», una canción de amor reflexiva que terminaba con el coro más populista posible, repitiendo un solo estribillo con tal entusiasmo que su contenido sin palabras llegaba a parecer profundo, como un canto de júbilo para toda una generación. La influencia de estas dos fiestas de la producción fue tan poderosa que incluso estrellas de la música anterior a los Beatles como Roy Orbison (con «Southbound Jericho Parkway») se vieron tentadas a intentar lograr algo igualmente grandioso. Sin embargo, la paciencia con productos como estos se agotaba a medida que la cultura del rock cambiaba de dirección de forma decisiva hacia estímulos más directamente emocionales.

«Si Presley cogiese el próximo avión para venir aquí, y en el siguiente vinieran Jerry Lee Lewis, Little Richard y Fats Domino, podríamos bombardear Inglaterra con rock al viejo estilo. Podríamos hacer que esto durara cinco años más».

Bill Haley en Londres, 1968[n140]

«¡No os sorprendáis si en 1978 vuestros hijos llevan pequeñas chaquetas de cuero,
os saquean la colección de discos del ático y se vuelven locos con Elvis!».

Revista *Rave*, 1968[n141]

Primavera de 1968: el optimismo psicodélico estaba dejando paso a la inquietud estudiantil y a las manifestaciones callejeras, y el Reino Unido decidió permitirse volver al rock'n'roll de los años cincuenta. Una vez más, había *Teddy boys* empujándose a la entrada de los teatros; el Top 40 incluía a Bill Haley, Buddy Holly y Eddie Cochran, y las tiendas estaban inundadas de reediciones y de versiones de los viejos temas de 1958. «Si eres un roquero y lo único que oyes en las listas es todas esas baladas», dijo Mick Jagger, «puedo entender que quieras volver al rock'n'roll , pero esto es vivir en el pasado»[n142]. Tan pronto como la promoción de 1963 había purgado su repertorio en directo del R&B y de los himnos del rock con los que se habían criado, estos ya estaban de vuelta, con su swing añejo desechado en favor de acordes de potencia y distorsión («Summertime Blues», de The Who, «All Shook Up» y «Jailhouse Rock», de Jeff Beck). Los Beatles («Lady Madonna») y The Move («Fire Brigade») encontraron la forma de reconocer el pasado sin revivirlo. Poco después, Elvis grabó su primer especial televisivo en ocho años, delgado y con patillas, vestido de cuero negro como Marlon Brando en *The Wild One*. Sha Na Na, unos jóvenes que parecían engominados delincuentes juveniles de una película de rock'n'roll perdida de 1958, revivieron el doo woop como *performance act* y fueron recibidos tan bien en los locales de rock *underground* que terminaron figurando bien alto en el cartel del festival de Woodstock.

Pocos fans del rock de 1968 deseaban un regreso de la era de Eisenhower y Macmillan, de James Dean y Marilyn Monroe, pero había en los años cincuenta una simpleza aparente que resultaba extrañamente atrayente en los tiempos de las marchas contra la Guerra de Vietnam, las largas *suites* de inspiración clásica y la sombra de la decadencia económica. Al reanimar el espíritu de 1958, parecía posible reescribir la década anterior, omitiendo todas las distracciones y los pasos en falso que habían hecho que la música se extraviara.

Era como si el mundo contemporáneo se encontrara ante un acertijo para el que solo el pasado poseía la llave, especialmente si revelaba raíces que las extravagantes floraciones de la época del *flower power* habían ocultado. En los años cincuenta, las tradiciones folk de Inglaterra y de Irlanda habían sido reverenciadas como una piedra de toque de la autenticidad de la clase trabajadora y después habían sido absorbidas en el amorfo cuerpo de las canciones de blues, folk y country con las que arrampló el *boom* del skiffle. Durante la década siguiente, se abrieron varios centenares de clubes de folk por todo Reino

Unido, algunos de espíritu rigorosamente tradicional y otros preparados para aceptar a los cantautores contemporáneos (siempre que no usasen instrumentos eléctricos). De esta escena surgieron algunos de los talentos más diversos de los sesenta y los setenta: Donovan, Bert Jansch, Martin Carthy y muchos más. Inevitablemente, algunos de ellos se sintieron atraídos por el rock y el pop. Donovan inventó una peculiar forma británica de extravagancia psicodélica, mientras que Jansch siguió una trayectoria única entre el blues, el folk, el jazz y el rock, tanto como solista como en el supergrupo de folk Pentangle. Este era quizás un acercamiento más «auténtico» que el adoptado por los cantantes tradicionales, que heredaban la «pura» herencia folk de discos, partituras y programas de la BBC, de canciones preservadas artificialmente que, de otra forma, habrían encontrado una muerte natural. Finalmente, todos estos diferentes acercamientos se cohesionaron en un breve pero gozoso estallido de folk rock británico, en el que Fairport Convention, Steeleye Span, Shirley and Dolly Collins y otros mezclaban de todo, desde canto llano medieval a baladas modernas de Estados Unidos, en su intento de mantener con vida las tradiciones de las Islas Británicas.

La misma lógica confusa y virtuoso entusiasmo animó a muchas bandas norteamericanas de rock de finales de los sesenta a explorar una vena vital pero a menudo ignorada de la red musical de la nación: el country and western. Había razones políticas por las que este género había sido ignorado. El country estaba ligado para muchos al sur y al racismo[20], la vergüenza de la esclavitud, el conservadurismo artístico y moral, el Ku Klux Klan, los *rednecks*, los predicadores baptistas y los políticos demagogos. Y sin embargo había otra visión del country, más atractiva, que lo consideraba el blues del hombre blanco, de clase trabajadora y orgulloso, que se aferraba a sus tradiciones y a sus héroes. Era una música de bares y campos, de alcoholismo y de años de sufrimiento, música adulta, en fin, para la que no se necesitaba una orquesta sinfónica o un estudio lleno de efectos sintetizados. Era el hogar de Merle Haggard, los héroes de cuyas canciones luchaban con la pobreza y con un incansable deseo de escapar de los confines de la vida del trabajador; de George Jones, a la deriva en su lucha permanente con la botella; y de Tammy Wynette, la voz de todas aquellas mujeres silenciosas, desesperadas por salvar sus matrimonios sin tener que sacrificar sus almas.

Después de cuatro años durante los cuales el pop se había expandido de forma exponencial y había alcanzado formas que ni siquiera sus creadores com-

---

20. Había una tradición de discos country *underground* de artistas como Johnny Rebel y The Son of Mississippi que expresaban puntos de vista violentamente racistas. «Nigger Hatin' Me» [«El negrata me odia»], de Rebel, demostraba que un single de country podía ser éticamente despreciable y musicalmente atractivo, al mismo horrible tiempo.

prendían del todo, había cierto alivio al encontrar que un género y un cultura no se habían movido ni una pulgada. Las viejas virtudes eran aún las auténticas virtudes en el country: había bocas que alimentar, niños que educar y relaciones que preservar. Puede que el paisaje se hubiera ensanchado, pero tanto si los héroes de las canciones de country estaban empujando un arado, conduciendo un camión o escribiendo al dictado en una gran oficina de Nueva York, sus preocupaciones y placeres eran tan fiables como el gangueo de una voz *hillbilly*.

Para aquellos artistas de rock que había crecido con la música country, como Michael Nesmith, de The Monkees, y Chris Hillman, de The Byrds, reclamar su herencia fue como visitar de nuevo el hogar de la infancia. Mientras tanto, Bob Dylan, un fan del country de toda la vida, grabó *Blonde on Blonde* — un disco espeso con el humo de los narcóticos— acompañado de los mejores músicos de sesión de Nashville, a los que costó trabajo aclimatarse al paisaje metafórico de «Sad-Eyed Lady of the Lowlands» y «Visions of Johanna». La jerarquía del country se había reído de la llegada de los grupos beat británicos en 1964. Roy Acuff reconoció que «los Beatles [...] and The Animals, los osos y los bichos [...] deben de ser buenos, ya que millones piensan que sí. Cantan música country, ¿sabes?, pero con un estilo diferente [...]. Creo que sus peinados los delatan, pero les doy crédito por ser listos»[n143]. Al año siguiente, Ringo Starr, otro fan del country, convenció a los demás Beatles para grabar «Act Naturally», de Buck Owens, canción que sus fans aceptaron como una broma. Para devolverles el cumplido, una banda de bluegrass llamada The Charles River Boys grabó un álbum entero titulado *Beatles Country*.

Por detrás de las extravagantes distracciones de 1967, un creciente número de músicos había empezado a jugar con la idea de mezclar instrumentos de country con la ideología del rock. Después de que Bob Dylan lanzase aquel diciembre *John Wesley Harding*, con sus ásperas parábolas bíblicas acompañadas de los más austeros arreglos de Nashville, la afluencia de turistas del rock a la autoproclamada Music City se convirtió en estampida. The Byrds y The Beau Brummels abrieron el camino, mientras que varios ex miembros de The Byrds formaron en 1969 The Flying Burrito Brothers y grabaron *The Gilded Palce of Sin*, el que fue seguramente el disco de country rock más significativo de todos, un conjunto de canciones que describían la decadencia de Hollywood con mirada veraz. De la misma forma que ninguna banda de garage que se respetase a sí misma había sido capaz de dar conciertos sin un puñado de versiones de R&B, ahora los *country boys* más atípicos —The Grateful Dead, Jefferson Airplane, The Kinks, The Rolling Stones, incluso Frank Zappa— tocaban con las herramientas del hombre blanco del sur, a pesar de que (como en el caso de Zappa) las retorcieron con propósitos satíricos.

Esto era terreno ambiguo: ¿estaban los músicos de rock revisitando sus raíces o robando los símbolos de una cultura que no entendían? Si el rock significaba progreso y modernismo, ¿cómo encajaba esto con un estilo que encarnaba el conservadurismo? La mayoría de los grupos no se molestaron en enfrentarse a estas cuestiones y se limitaron a tomar prestada una *steel guitar* y un acento sureño y a abandonar rápidamente la ciudad. Otros se sumergieron en el guiso de la historia —Elton John y el letrista Bernie Taupin, dos inglesitos, se reinventaron a sí mismos como veteranos del viejo sur en *Tumbleweed Connection*, por ejemplo. Bob Dylan no intentó nada tan drástico; sencillamente, grababa discos que sonaban como si hubiera encontrado la paz en Nashville y dejaba que sus relecturas de canciones folk tradicionales y *standards* de country fueran tejidas, en el irónicamente titulado *Self Portrait*, de 1970, por las profundas cuerdas y corales *countrypolitanas* que Chet Atkins había inventado a principios de la década.

Pero fue la que había sido la banda de acompañamiento de Dylan, que adoptó el sencillo nombre de The Band, el grupo que extrajo las texturas más ricas de la tierra sureña. En *Music from Big Pink* (1968) y en el por completo irrefutable *The Band* (1969), sacaban influencias del crisol del genero conocido como *americana*[21] (no hay otra palabra para llamarlo, pues comienza justo aquí). Aunque cuatro de los miembros del quinteto eran canadienses, incluyendo el principal autor de las canciones, Robbie Robertson, eran capaces de usar todas las herramientas a su disposición —country, soul, blues, jazz y rock'n'roll , mitos y leyendas de la Guerra Civil y del Oeste, así como una comprensión única del proceso creativo de Dylan— para refinar el suelo sureño y crear con él joyas de misterioso valor. Artistas como Eric Clapton y George Harrison reconocieron de inmediato que la música de The Band ofrecía una puerta de escape única al agotador exceso del rock psicodélico y les permitía, de hecho, soñar con una banda de rock que fuera una unión de almas en lugar de un campo de batalla de egos. Y sin embargo, ni siquiera The Band pudo sostener esa fantasía más allá de su segundo álbum. Y además había un problemático tema por resolver. ¿Significaba aquel préstamo desesperado de los valores y las verdades de otro género que el rock, como un ejército que ha avanzado demasiado deprisa, había perdido todo contacto con su línea de suministro? ¿Estaba retrocediendo para reponer sus provisiones? ¿O simplemente había reconocido que la idealizada marcha hacia el futuro había terminado?

---

21. Si me dieran tijera y pegamento y el poder de un dictador, yo haría alteraciones en casi todos mis discos favoritos, recortando una canción aquí, metiendo una *out-take* en la mezcla por allá. Pero haría una excepción con *The Band*, el único disco que he oído sin desear alterar ni una sola nota.

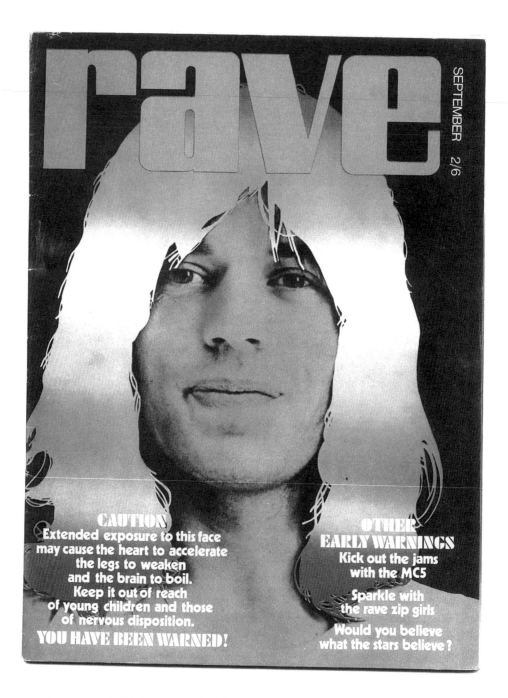

CAUTION
Extended exposure to this face
may cause the heart to accelerate
the legs to weaken
and the brain to boil.
Keep it out of reach
of young children and those
of nervous disposition.
YOU HAVE BEEN WARNED!

OTHER
EARLY WARNINGS
Kick out the jams
with the MC5

Sparkle with
the rave zip girls

Would you believe
what the stars believe?

«La escena británica nunca había estado tan muerta y tan aburrida como ahora».

Carta de un lector a la revista *Rave*, julio de 1969[n144]

CAPÍTULO 6

EL INTERVALO DEL DIABLO

«Hay una falta de excitación en el aire, es como los tiempos anteriores a los Beatles».

«El rock and roll es la locura y, sin embargo, el método que le han impuesto es demasiado racional, demasiado empresarial y demasiado ordenado. Si algo no se libera pronto, la poca energía que le queda morirá. [...] Hay un público nuevo que ha crecido con la música de los sesenta y que necesitará y demandará una música para los setenta».

Jon Landau, revista *Rolling Stone*, diciembre de 1970[n145]

John Lennon y Yoko Ono anunciaron que el año aceptado comúnmente como 1970 d. C. era en realidad el Año Uno d. P. (después de la Paz). Pero ni las «encamadas por la paz» que realizó la pareja, ni sus eventos con pósters ni su concierto Live Peace en Toronto habían puesto fin a la Guerra de Vietnam, como tampoco lo había conseguido *Sgt. Pepper*. Atrapado entre la adicción a las drogas y la psicoterapia violenta, Lennon empezó a cuestionarse sus propósitos, así como los de los Beatles. El otoño anterior, sin que lo supiera el público, había abandonado oficialmente la banda. «Hay que abandonar el funcionamiento de los Beatles», dijo poco después, «porque si permanece igual se convierte en un monumento o en un museo, pero esta época no va de museos. Y los Beatles se han vuelto un museo, por lo que tienen que desaparecer, deformarse o cambiar»[(n146)].

Para evitar ser una pieza de museo, Lennon se rehízo a sí mismo y se convirtió en un noticiero radical, haciendo de cronista de los disturbios de la época. El 27 de enero de 1970, escribió y grabó «Instant Karma! (We All Shine On)», donde cuestionaba el valor del estrellato y la relación entre el músico y el público y concluía que eran la misma cosa. Conforme a su nueva estética, lanzó a toda prisa «Instant Karma!» en formato single y, diez días después, ya estaba en las tiendas.

El 4 de mayo de aquel año, la Guardia Nacional de Ohio mató a cuatro jóvenes en el campus de la Universidad Estatal de Kent durante una manifestación en contra de la acción militar estadounidense en Camboya. Neil Young, hijo de un periodista, escribió una angustiosa canción de protesta después de que su compañero de banda David Crosby le mostrara el reportaje de la revista *Life* sobre la tragedia. Dos semanas más tarde, un mes después del día de los asesinatos, Crosby, Stills, Nash and Young lanzó «Ohio».

Ambos singles se convirtieron en éxitos: «Ohio» centró la atención del mundo en un suceso que de otra manera habría sido olvidado; «Instant Karma!» continúa siendo una de las canciones de rock más emocionantes de todos los tiempos. Urgentes y francos, representaban la cultura del rock en su momento más espontáneo. El rock, según parecía, no solo proveería la banda sonora de una revolución cultural, sino que también soportaría el peso del liderazgo. Sin embargo, estos sueños pronto se desvanecieron, ya que hacia 1970, después (o a pesar) de lo ocurrido en la Universidad de Kent, la contracultura que se centraba en oponerse a la guerra de Vietnam, en las drogas psicodélicas y en la ideología hippie estaba en ruinas. El deterioro se podía medir en términos personales. Pocas semanas después del lanzamiento de «Ohio», Crosby, Stills, Nash and Young destruyeron su colaboración debido a la indulgencia de sus egos, y mientras John Lennon gritaba el nombre de su madre en el suelo de la oficina de un terapeuta de Los Ángeles. Finalmente, ni John Lennon ni CSNY pudieron mantener el sueño hippie o erigir una alternativa viable; su fracaso era una prueba tanto del tamaño de su ambición como de su fragilidad humana. (Es emblemático que Lennon, el autor de «The Ballad of John and Yoko», tuviera que luchar el resto de su vida por mantener intacto su matrimonio, mientras que dos miembros de CSNY dejaron de estar en armonía debido al deseo que compartían por Rita Coolidge).

Pero no hubo una declaración oficial de derrota y, para muchos, aquella fantasía continuó. De hecho, la retórica de la rebelión se volvió más acalorada a medida que las brasas se enfriaban, gracias a figuras como Paul Kantner y Grace Slick, de Jefferson Airplane, que dedicaron varios excitantes álbumes a una revolución social y política que, para entonces, no era más que un producto de su imaginación. En 1972, John Lennon era capaz de construir un álbum entero, *Some Time in New York City*, a partir de la retórica radical, en gran parte ya anacrónica: era menos un noticiario que un periódico del día anterior.

¿Qué quedaba tras la muerte de la contracultura? Sin duda, una cultura, un mundo en el que el rock era una parte central en la vida de la gente e, inevitablemente, una industria corporativa global que aseguraba su supervivencia. Tan pronto como lo hippie se convirtió en una etiqueta con valor comercial, estas corporaciones —y, de manera bastante desvergonzada, sus artistas/clientes— empezaron a comercializarlo. El ejemplo más citado, por ser el más descarado, fue una campaña de Columbia Records de finales de los años sesenta que tuvo como resultado un texto publicitario tan inmortal como este: «La Máquina del Rock nunca duerme. La puedes escuchar día y noche. Con sus sonidos de moda. De hoy… de mañana… La máquina del rock. Su ritmo es incansable. Porque quienes trabajan dentro de ella son incansables… La máquina del rock es inquieta. Entra. Dentro todo es una locura»[n147]. Estaban diciendo la verdad: la máquina del rock era inquieta y necesitaba un suministro rápido de sangre fresca para renovar su grotesca alma.

El comienzo de los años setenta fue una época en que las estrellas de rock se beneficiaron de la máquina del rock y lucharon con sus consciencias al mismo tiempo que cobraban sus cheques. Algunos se tranquilizaban mismos haciendo campañas políticas o caritativas, como Joan Baez y Country Joe McDonald. George Harrison montó dos conciertos benéficos en 1971 para recaudar fondos para los famélicos refugiados de Bangladesh y el gobierno británico estropeó sus desinteresados esfuerzos con su insistencia por cobrar impuestos al single, el álbum y la película resultantes. De un modo más introspectivo, las estrellas canalizaban sus dilemas morales en canciones que cuestionaban la propia naturaleza del sistema que los había hecho ricos. Pete Townshend luchó contra esta disyuntiva hasta tal punto que, con el tiempo, le inspiró dos álbumes que fueron éxitos de ventas, *Who's Next* y *Quadrophenia*. Joni Mitchell se volvió cínica sobre «la máquina de hacer estrellas que está detrás de cada canción popular». Ray Davies, de The Kinks, extrajo más de un álbum y un drama televisivo de sus dudas sobre sí mismo. David Bowie, aún casi desconocido, desafió la iconografía de la fama con su álbum *Hunky Dory* y después inventó su propia superestrella, Ziggy Stardust, para demostrar lo vacía y, al mismo tiempo, lo adictiva que podía ser la idea de la fama en el rock.

Estas dudas sobre el significado de la fama provenían de las propias estrellas y no del público... al menos hasta que la década estuvo más avanzada. La gente quería creer en la grandeza y en el poder trascendente del rock'n'roll , porque todavía la elevaba, la sacaba del tedio del día a día, daba un ritmo a su vida diaria y llenaba su mente de fantasías de rebelión y estrellato. Como todo el mundo se beneficiaba de mantener vivo el sueño de la contracultura, este siguió vivo. Los festivales de rock se convirtieron en un elemento fijo en el calendario y la potencia del mito colectivo camuflaba sus penosas condiciones (no había techos, ni agua, ni baños, ni comida). Bandas que antes actuaban en cines, en teatros o en asociaciones estudiantiles llenaban ahora estadios o, tras el «Doom Tour» de CSNY de 1974, incluso superestadios en Estados Unidos. Las ventas de los discos se incrementaron exponencialmente durante los primeros años de la década, al igual que las ganancias del *merchandising* de rock. Ningún dormitorio de adolescente estaba completo sin pósters en las paredes de sus iconos preocupados por su estrellato.

Había cierta ironía en esta celebración masiva de la importancia cultural del rock. Antes era posible organizar un Gathering of the Tribes en el Golden Gate Park, pero ahora quedaban pocas tribus que pudieran soportarse mutuamente. A uno no le gustaba el rock a secas, le gustaba el rock progresivo, o el rock hippie, o el glam rock, o el hard rock, o el country rock, o el folk rock...

solo las estrellas supervivientes de los años sesenta superaban esas divisiones. Llevar bajo el brazo una icónica portada ya no te distinguía como miembro de una secta secreta, sino como un adepto a una subcultura. Los estudiantes decoraban sus mochilas con los nombres de sus bandas favoritas: tras escribir en ellas a boli «SABBATH», «ELP» o «HEEP», las llevaban como medallas de honor.

No obstante, las preocupaciones de la aristocracia del rock —los hombres (más alguna mujer ocasional) que crecieron escuchando a Elvis y empezaron sus carreras en la primera mitad de los años sesenta— estaban cada vez más lejos del público tradicional del rock'n'roll : los adolescentes. El comienzo de los setenta vio cómo las estrellas que se acercaban o superaban la treintena usaban el rock para explorar las crisis de una edad adulta privilegiada. Si era difícil que los chicos de los barrios bajos o de los suburbios empatizaran con unos millonarios que se quejaban de sus vidas en Chelsea o en Laurel Canyon, era igualmente alienante que estos vendieran himnos de desilusión política, de falta de confianza artística en uno mismo, de conflictos maritales y de preocupación existencial sobre el estado de la cultura. Esos no eran los temas que harían que miles de bolígrafos escribieran en mochilas y libros de texto. Los adolescentes querían héroes rebeldes y despreocupados; solo los adultos podían simpatizar con los decadentes y los hastiados.

Entre 1970 y 1976, los parámetros de las letras de rock comenzaron a ocuparse de esas cuestiones comparativamente más complejas de la vida adulta. Se volvió aún más obvio que algo estaba muy torcido en la cultura que representaban esas estrellas. Pero individualmente, incluso en sus períodos de mayor inactividad, los miembros del panteón del rock aún podía crear una sensación de honestidad y autenticidad, por muy alejado que estuviera su estilo de vida del de sus fans. La tradición del cantautor personificada por James Taylor, Carole King, CSNY y Joni Mitchell admitía extremos de autocomplacencia (hermosa autocomplacencia, en algunos casos, como la exhibición terapéutica de armonías vocales en *If I Could Only Remember My Name*, de David Crosby). Esa autoindulgencia favorecía un estilo del que podía abusarse fácilmente pero que también proporcionaba un grado de humanidad y de perspicacia que antes solo era accesible para la literatura. Joni Mitchell trascendió su fama gracias a la agudeza con la que examinó su ambiente y su psique, desnudó sus propias inseguridades en *Blue* y después amplió su horizonte para analizar su entorno social. Aun así, todo ello estaba inevitablemente alejado de la experiencia de su público, el cual no acompañaba a Warren Beatty a fiestas de Hollywood de primera categoría ni esnifaba rayas de cocaína sobre mesas antiguas bajo ventanas de cristal de colores. Los fans tenían que elegir el mejor de los dos males: los compositores que vivían en mansiones pero escribían sobre la vida en la calle, o los que admitían la distancia que había entre su vida privilegiada y la existencia ordinaria de sus oyentes.

Ellos eran los ambiguos parangones las letras confesionales, que se desnudaban ante un público que conocía —o creía conocer— la exacta crisis personal que había provocado cada una. Otra característica de principios de los setenta: uno no solo compraba su música, sino también el acceso a sus vidas. Durante un breve período, un puñado de discos proveyeron la banda sonora emocional de una generación: *Tapestry*, de Carole King; *Sweet Baby James* y *Mud Slide Slim*, de James Taylor; *Crosby, Stills & Nash*; *Ladies of the Canyon* y *Blue*, de Joni Mitchell; *After the Goldrush* y *Harvest*, de Neil Young, y, desde Reino Unido, los discos de Cat Stevens y Elton John. De todos ellos, Taylor era el más ambiguo, con su atmósfera casi soporífera que ocultaba sueños inquietantes a medida que luchaba contra su incómoda fama. Posteriormente, admitió que *One Man Dog*, su disco fragmentario de 1972, era un intento deliberado de socavar su estrellato. Neil Young abrió un camino más valiente hacia el mismo destino, superando incluso a Joni Mitchell en el entusiasmo con el que exponía su destrucción física y psicológica en *Tonight's the Night* y en su rompedor *On the Beach*. Estos discos coincidieron con el resurgimiento de Bob Dylan, que había estado ausente como fuerza creativa entre 1968 y 1974. Salió de gira por Estados Unidos durante varias semanas con The Band, lo que disparó la demanda de billetes más frenética de la historia del rock, y después procedió a remodelar la canción narrativa con *Blood on the Tracks* y *Desire*.

Dylan mantuvo esa intensidad creativa durante finales de 1975 y la primavera de 1976 y entró de nuevo en la bohemia del Greenwich Village que había dominado hacía más de una década. Montó una banda que era una mezcla banda de gitanos, veteranos del folk, roqueros cínicos y esposas y amantes (pasadas y presentes) e realizó dos giras que bautizó como Rolling Thunder. Cada noche, revitalizaba su catálogo anterior y dotaba de fuego creativo su material nuevo, saqueando algunos de los himnos del rock más preciados con la ferocidad de un león hambriento. Antes de comenzar gira, había oído a Patti Smith cantar las canciones de *Horses*, un inspirado vómito de imaginería beat y locura simbolista, alimentado por el espíritu del garage rock de mediados de los sesenta y por la poesía. También se encontró con el último artista bautizado con la funesta etiqueta publicitaria de «el nuevo Bob Dylan»: Bruce Springsteen, que estaba estaba promocionando *Born to Run*, una expresión épica (aunque ultrarromántica) del evangelio del rock'n'roll . Joni Mitchell, arrastrada a bordo del autobús de la gira, acababa de grabar *The Hissing of Summer Lawns*, un forense análisis de la cultura, y reunía material para un estudio igualmente despiadado de sus propias fallas y flaquezas, *Hejira*. Mientras tanto, la estrella del reggae Bob Marley estaba guiando a The Wailers a través de extáticas celebraciones de Ras Tafari y marihuana con una intensidad y una rectitud que provocaba comparaciones con el sagrado Dylan.

Aquellos meses, el espíritu del rock de los años sesenta —las mejores intenciones de la contracultura, la magia liberadora— parecía estar vivo y ardiendo con un fuego radical. Quizás, en definitiva, la música no solo te podía llenar el alma, sino que además proporcionaba un manual espiritual para enfrentarse a la edad y la experiencia. Y después, casi de la noche a la mañana, ese breve espasmo de urgencia y relevancia desapareció y sus protagonistas se perdieron en rupturas maritales, enredos legales y mera autoindulgencia. A partir de entonces, la única ruta fiable hacia el idealismo fue la nostalgia. Y con cada año de desilusión y cinismo que pasaba, la mitología de los años sesenta —la década que abarcaba desde los Beatles hasta la gira de Rolling Thunder— se volvía más embriagadora y envolvente. Como el pasado se reciclaba y se volvía a contar una y otra vez, adquirió el estatus de una época dorada que se dominaría sobre las generaciones siguientes como la estructura de un rascacielos abandonado: imponente y, sin embargo, vacía.

«Es evidente que el rock ha reducido dramáticamente la edad a la que los consumidores entran en el mercado de los discos y también que ese mercado, por su parte, continúa reflejando el gusto de segmentos de edad más jóvenes. El primer rock'n'roll se identificaba como un producto adolescente. El público de los discos de The Monkees era subadolescente. Y ahora, con estos grupos nuevos, es posible que estemos descendiendo al nivel de la guardería».

El historiador del rock Arnold Shaw sobre el bubblegum pop, 1969[n148]

«Mi cumpleaños es el 3 de marzo y cumpliré once. Espero no ser demasiado mayor para ti».

Carta de una fan a Michael Jackson (de doce años), 1971[n149]

The Jackson 5 no fueron la primera familia afroamericana de Gary, Indiana, en meterse en el negocio de la música. En 1952, Frank «Al» Jenkins había formado The Jenkins Family con seis de sus ocho hijos, de edades entre los cinco y los dieciséis, y un repertorio que iba «desde el bebop hasta el swing sofisticado»[n150]. Lo que llevó a los Jackson más allá de otros grupos de hermanos era el talento descaradamente precoz de su (por entonces) hermano menor. Hasta que alcanzó la pubertad, Michael Jackson fue el cantante de soul más instintivo de Estados Unidos, tras lo cual aprendió a replicar lo que antes hacía de forma inconsciente. También era un símbolo sexual que mantenía una relación ambigua con su propio cuerpo: siendo adulto, prometía a sus fans no usar nunca imaginería sexual, pero en el escenario se agarraba la entrepierna cada pocos segundos. El Michael preadolescente ya había exhibido un repertorio de bailes sugerentes para un público cuya edad media no superaba los diez años. Quizás entendiendo aquello mejor que él, respondían gritando de forma descontrolada.

The Jackson 5 fueron moldeados por el jefe de Motown, Berry Gordy, y por su equipo creativo —al que este llamaba de forma reveladora «la Corporación»— hasta convertirlos en una inigualable atracción del mundo del espectáculo. A Michael lo comparaban con James Brown, con Sammy Davis Jr, con Mick Jagger y con Tina Turner, a veces en la misma frase. Los hermanos lanzaron una serie de éxitos casi incomparables que cumplían todos los requisitos del pop: excitación explosiva, espontaneidad, entendimiento instantáneo entre el público y el artista, *crescendi* y clímax repletos de ganchos melódicos y coronados con los gritos sugerentes de Michael.

Sus competidores más cercanos, The Osmonds, eran blancos y muy limpios. El texto de la carátula de su primer álbum de pop adolescente (tras los discos de *barbershop quartet* que habían grabado en los sesenta) prometía que «Donny [que tenía la misma edad que Michael Jackson] nunca ha tenido un mal pensamiento sobre nadie. [...] Tras conocer a Adam, te lo pensarás dos veces antes de hacer algo malo. [...] The Osmonds no necesitaban trucos ni estimulantes para llegar a lo más alto»[n151]. Por su parte, David Cassidy era un cantante que se hizo actor para luego hacerse de nuevo cantante, cuyas aspiraciones eran comparables a las de los Beatles o los Beach Boys, pero que se vio atrapado en el programa de televisión *The Partridge Family*. Con menos problemas que Michael Jackson y más humano que Donny Osmond (incluso admitió tener relaciones sexuales y tomar drogas de manera moderada), completó un trío de ídolos estadounidenses que dominaron los corazones de las jóvenes y los deseos pubescentes durante la primera mitad de los años setenta.

Había muchos más en la misma vena, la mayoría blancos (a los Jackson probablemente no los habría aceptado otro sello aparte de Motown, que ya había demostrado su atractivo transracial con The Supremes), la mayoría solistas y apenas mayores que sus supuestos fans. Ellos llenaban la hueco que habían dejado The Monkeys y antes los Beatles, aunque la nueva raza estaba modelada según aquellos jóvenes encantadores y pulcros de los años cincuenta que constituyeron una alternativa más segura a Elvis Presley, es decir, Rick Nelson, Frankie Avalon y Paul Anka. Sin embargo, entre el apogeo de The Monkees y el rápido lanzamiento de The Jackson 5 hubo un interregno que la industria llenó con un nuevo género: el bubblegum pop. Como su nombre

indica, este tipo de música era dulce, revelaba todos sus secretos en una explosión instantánea de las papilas gustativas y, acto seguido, se podía desechar.
Los cerebros del género —muchos de los cuales habían fabricado éxitos del
pop durante una década— preferían usar a artistas anónimos como «estrellas»
de sus discos. El equipo más potente lo dirigía la productora Kasenetz-Katz e
incluía a grupos tan imaginarios como The 1910 Fruitgum Company y The
Ohio Express. En 1968, ocho de estos conjuntos (de músicos de estudio que
se escondían tras los nombres de los grupos) llenaron el Carnegie Hall en un
gran concierto de tarde a manos de The Kasenetz-Katz Singing Orchestral
Circus. Pero el equipo de K-K pronto fue adelantado por The Archies, estrellas ficticias de una serie de dibujos animados y creadores del número uno
«Sugar Sugar», disco bubblegum perfecto y adictivo.

Se trataba de un intento descarado de llegar a un público que todo el mundo
sabía que existía —niños apenas lo suficientemente mayores para ir al colegio—
pero cuyo poder adquisitivo era mínimo. Los niños muy pequeños reducían la
música popular a sus elementos esenciales: un ritmo y un estribillo, sin reparar
en sus implicaciones[22]. Se estaba abriendo un mercado para las rimas del pop de
guardería, con canciones dirigidas a los niños pequeños y programas de televisión en los que el pop se usaba para educar y para divertir. Pero el público del
bubblegum no terminaba allí. Si no había barreras entre el oído y el atractivo
comercial de la canción —es decir, si carecían de motivaciones políticas y de
bagaje cultural—, estos discos cumplían una función social para los adolescentes
en las discotecas, y al mismo tiempo cautivaban al público preadolescente en los
programas de dibujos animados de la hora de la merienda.

El bubblegum británico no estaba tan calculado como el estadounidense,
y tampoco fue tan simplista al comienzo. En las manos de The Foundations,
The Amen Corner, Love Affair y The Equals, todos creadores de éxitos en
1968, mezclaba la esencia de Motown con el espíritu de los Beatles, eliminaba
el deseo de progresar y experimentar y lo apostaba todo a un estribillo insistente que entraba en el oído de cualquiera que lo escuchaba y nunca salía del
todo. (Quien inventó el adjetivo «pegadizo» para referirse a un motivo musical imposible de sacar de la cabeza sabía lo que decía). Los resultados eran
obvios y directos de una manera casi refrescante: «Baby Come Back», «Bend
Me Shape Me», «Build Me Up Buttercup», «Everlasting Love». Era el pop
más inocente y, sin embargo, estaba construido con la finura suficiente para
evitar avergonzar al compositor y al comprador.

22. En algún lugar hay un vertedero que contiene grabaciones de este autor, a los seis años,
cantando equivocadas versiones de «Hippy Hippy Shake» y «Bits and Pieces», dos éxitos de
principios de 1964 que atraparon mi fantasía con extraordinaria precisión. probablemente los
creadores de aquellas canciones habían imaginado a un público diez años mayor y femenino.

No se podía decir lo mismo de las invenciones que llenaban el concurso anual de Eurovisión. El final de los años sesenta marcó la madurez del europop, que combinaba lo directo del bubblegum con el ritmo binario de la polka y la desvergonzada banalidad del *Schlager* alemán. Para superar las barreras del lenguaje, las palabras se reducían a sílabas sin sentido, lo más parecido posibles a onomatopeyas. «La, la, la», de Massiel, ganó el concurso en 1968; «Boom Bang-A-Bang», de Lulu, fue una de las canciones ganadoras de 1969; y competiciones posteriores presentaron variantes del mismo tema inagotable.

Hacia 1971, el pop británico había preparado su propio guiso a partir de todos estos elementos, y un público que se sentía alienado por las preocupaciones cada vez más adultas del rock podía disfrutar de la alegre simplicidad (o estupidez) de «Chirpy Chirpy Cheep Cheep», «The Pushbike Song» y «Funny Funny». El último de estos singles lo grabó Sweet y lo escribieron y produjeron Mike Chapman y Nicky Chinn, que realizaron una serie completa de creaciones igualmente inmediatas: «Co-Co», «Alexander Graham Bell» y (la más divertida para los niños británicos) «Little Willy». Pero estaba sucediendo algo extraño: «Little Willy», de Sweet, tenía un *riff* de guitarra de una ostentosa sexualidad, en lugar de ser una inocente diversión infantil. «Wig-Wam Bam» completó el traspaso del poder: el grupo salió en el programa de televisión *Top of the Pops* con disfraces de indios norteamericanos y purpurina distribuida habilidosamente en las mejillas, mientras hacía playback con una fusión de guitarras metálicas y redobles tribales. Esto era caricaturesco, pero no a la manera de The Archies: lo que aquí se parodiaba era el sexo, el machismo, las pretensiones del rock y, en última instancia, la adultez... todo dentro del espíritu del pop. Aquí había ironía, carácter comercial, artificio, comprimidos en un paquete irresistible que no debía nada a la tradición del rock que había guiado a una generación anterior desde Elvis hasta Dylan, Altamont y la desilusión.

«Lo que he intentado hacer es recuperar el sentimiento y la energía que había tras la vieja música de rock sin hacer exactamente lo mismo técnicamente».

Marc Bolan, T. Rex, 1971[n152]

«Tan molesto como ver a un narcisista pavoneándose sin parar ante el espejo [...] falso [...] un vulgar paquete de rock and roll sintético».

Nick Kent, revista *Cream*, sobre *The Slider*, de T. Rex, 1972[n153]

«Parecen albañiles con maquillaje»[n154], se quejaba Ozzy Osbourne, hablando de Sweet, en 1973, cuando la antigua banda de bubblegum tenía una imagen tan afeminada que habría avergonzado a una actriz de pantomimas. Y no eran los únicos. El amaneramiento era la sexualidad de la época, completando una secuencia que había comenzado con las melenas «femeninas» a la altura de los hombros de los Beatles y había seguido con las payasadas de fingida homosexualidad que realizaban The Kinks en el escenario, con las fotografías publicitarias de los Rolling Stones con ropa de señora mayor y con la «falda de hombre» que adornaba el cuerpo de David Bowie en la portada de *The Man Who Sold the World*. «¿Eres un chico o una chica?», se preguntaba en 1965 la banda estadounidense de garage rock The Barbarians en su single «Are You a Boy or Are You a Girl», que trataba sobre la habitual reacción adulta ante los hombres con pelo largo. Ahora la pregunta se había vuelto irrelevante y la única respuesta posible era: «¿Acaso importa?».

Alice Cooper era una banda de hard rock de Phoenix. Alice Cooper era, además, el seudónimo de su cantante, Vincent Furnier, que llevaba un *catsuit* explícitamente ajustado y maquillaje de película de terror, gruñía como un bulldog burlón y, aun así, logró convencer al 25% del público (según una encuesta realizada en Estados Unidos) de que en realidad era una mujer. David Bowie era un hombre casado que declaraba ser gay, simulaba hacerle una felación al instrumento de su guitarrista y se interesaba por una imaginería que no era ambigua, sino más bien polimorfa.

El líder de la manada, por ser el primero de su generación que usó purpurina en televisión en horario de máxima audiencia, era Marc Bolan, eterno pavo real y aventurero musical (como Bowie, había cogido todas las olas, desde el beat al R&B, pasando por la psicodelia y el folk), con predilección por las letras pseudomísticas y una voz parecida a un balido muy característica... Bolan era un oportunista, pero también una estrella nata. Se ganó a la escena *underground* británica con su mitificación hippie como parte de un dúo acústico llamado Tyrannosaurus Rex. Para la nueva década, redujo el nombre a T. Rex y se reinventó a sí mismo como un roquero: mitad Sun Studios hacia 1957, mitad bubblegum hacia 1969. Era un maestro de la manipulación de los medios y un habilidoso publicista. Sus letras no transmitían la percepción cósmica que se atribuía, pero sabía cómo confeccionar un éxito, tanto si era una canción hipnótica como «Ride a White Swan» o un himno como «Hot Love». Se le acabarían los trucos hacia 1974, pero para entonces ya había conquistado a toda una generación, para la cual representaba un primer encuentro entre el arte de la magia y la magia del artificio.

Lamentablemente, carecía de la innata sensibilidad a los tiempos cambiantes de Bowie, que permitía a este moverse sin esfuerzo por los años setenta, remodelándose a sí mismo y su trabajo con una eficiencia y una imaginación asombrosas.

Si Bowie y Bolan eran, respectivamente, el filósofo y el animador de lo que pronto se conocería como glam rock, había seguidores en abundancia, desde la artesanía inspirada en los Beatles de Slade hasta la cacofonía neandertal de Gary Glitter. Como recordó Julian Cope, el glam «en última instancia era un refugio para todos los restos y desechos del mundo de la música», que «se apresuraron a ponerse el maquillaje para así resucitar sus durmientes, o más bien muertas, carreras»[n155]. Glitter se llamaba Paul Raven, de treinta y dos años, cuando logró su primer éxito; Alvin Stardust había sido Shane Fenton (y, antes, Bernard Jewry) y tenía treinta y un años; Ian Hunter, de Mott the Hoople, previamente Ian Patterson, tenía treinta y tres cuando grabó «All the Young Dudes». Muchos de los iconos del glam eran tan viejos como la generación a la que reemplazaban y, como reflexionó Cope, «es posible que el glam rock no tuviera otro mensaje que el de '¡despierta!', pero intentaban descaradamente convertirse en un entretenimiento de primera en una época en la que el rock supuestamente serio estaba tan absorbido por su propio ombligo que las delicadas flores del *boom* de los cantautores consideraban embarazoso hasta ponerse ropa especial para los conciertos»[n156].

Con el tiempo, todos los que aún creían en el poder del pop se subieron al tren del glam, desde la delicada flor Elton John (cantante de R&B que se convirtió en compositor confesional y después en constreñida víctima de la moda) hasta incondicionales como Paul McCartney y Mick Jagger. David Bowie incluso convenció a Lou Reed, veterano de la banda de art rock The Velvet Underground, de que se pusiera maquillaje de oso panda y actuara de forma amanerada en lugar de comportarse de forma grosera como solía. Bowie y Reed abandonaron rápidamente el glam una vez se erosionó su capacidad de escandalizar. A otros menos inteligentes y menos seguros de sí mismos les resultó más difícil hacer la transición de la teatralidad afeminada a la autenticidad del rock: tanto Slade como Sweet lucharon durante años por establecerse como bandas de rock ultramasculinas, pero los videoclips de su apogeo de purpurina estaban muy frescos en la memoria. Bolan fue el caso más triste de todos: vivió entre el boato de su disipado estrellato el tiempo suficiente como para proclamarse el padrino del punk, y después murió en un accidente de coche. Su alarde parecía descabellado en 1977, pero los jóvenes pioneros del punk londinense eran los hijos del glam y entre ambos géneros solo había un corto trecho musical. Mientras tanto, el sentido de la moda a lo payaso del glam fue adoptado por bandas que se tomaban su música mucho más en serio y que convertían las caricaturas de principios de los años setenta en un telón de fondo para películas de terror dignas de los estudios Hammer.

«Hay un deseo increíble por parte del público de formas de música pesadas y muy poco sutiles. […] Black Sabbath yo diría que es poco sutil. No lo digo de manera derogatoria, pero cuando tocan se valen de un instrumento de muerte y tortura muy directo y personal, y eso es atractivo para mucha gente».

Ian Anderson, Jethro Tull, 1971[n157]

«El heavy metal es tremendamente popular. Si todos nosotros, los críticos sabelotodo del rock, lo rebajamos tanto, ¿quién está loco? O el público ha perdido la cabeza o la hemos perdido nosotros».

Charles Shaar Murray, *NME*, 1973[n158]

Fue la más cínica de las estratagemas de marketing: usar el nombre de un grupo de rock desaparecido para vender billetes para una banda de la que nadie había oído hablar nunca. Los manipuladores fueron el guitarrista Jimmy Page, superviviente de la banda de blues psicodélico The Yardbirds, y su mánager, Peter Grant. ¿La solución? The New Yardbirds, con Page, un bajista de sesión, y un cantante y un batería desconocidos que cumplían los compromisos de una banda cuyos activos más famosos, Eric Clapton y Jeff Beck, se habían marchado hacía tiempo. Solo cuando llegaron a Estados Unidos en diciembre de 1968, The New Yardbirds se atrevieron a asumir una nueva identidad: Led Zeppelin. Su bajista, John Paul Jones, recuerda que su impacto fue inmediato: «Había chicos realmente golpeándose la cabeza contra el escenario»[n159], pero no por enfado o por sentirse traicionados, sino por el puro gozo de experimentar una música incesante a un volumen tan alto que se volvía transcendente.

«Son una especie de válvula de escape de nuestra frustración y nuestra energía», dijo un fan de otra banda británica de hard rock, Black Sabbath. «Creo que el volumen al que tocan tiene mucho que ver con lo que me gusta de ellos: te ponen en un estado de frenesí que es casi histeria. Me decepcionaría salir de uno de sus conciertos sin sentirme agotado física y mentalmente»[n160]. El volumen emitido por Deep Purple —orgullosos de su reputación como la banda que tocaba a mayor volumen del mundo— era tan extremo que un excitado fan adolescente no fue capaz de oír nada durante dos semanas tras una actuación de 1971 en un ayuntamiento británico. «Mereció la pena», dijo después.

El ruido era solo uno de los atractivos del hard rock. Otro era su actitud: sin pretensiones, implacable y poderosa. Esta era la fantasía adolescente de la masculinidad adulta: un roquero vestido con vaqueros o cuero, la estrella de rock como verdadero representante de la gente. El tercer atractivo era el sentimiento de comunidad: quizás más que cualquier otro género en la historia de la música popular, el hard rock alentaba a su público a crear lazos. Eran los auténticos creyentes en medio de un mundo que les negaba su derecho al placer y que denigraba aquello que amaban. Eran las provincias frente a Londres; el Medioeste frente a Manhattan; la clase trabajadora frente a la clase media privilegiada; la crudeza frente a la sofisticación; la realidad frente a las ilusiones de la política o del arte. Ninguna de aquellas líneas divisorias era indiscutible. Una de las grandes alegrías del sentimiento de pertenencia era que nadie estaba excluido. Incluso las mujeres eran bienvenidas si se vestían con vaqueros y anunciaban su lealtad mediante camisetas o tatuajes a bolígrafo.

Ningún tipo de música ha sido tan duramente ridiculizada por los medios, que se suponía que debían servir a su público. Led Zeppelin, por ejemplo, era «basura con ritmo de rock»[n161]; mostraban una «grosería muy insensible»[n162] (no solo una grosería insensible, sino peor); eran, según Pete Townshend, «un objeto grosero y asqueroso»[n163]. Y Led Zeppelin eran uno de los componentes del género más aceptados por la crítica, que aplaudía al menos su control de las dinámicas y su rompedora sexualidad. Entre las otras bandas británicas que dominaban la pasión adolescente masculina a principios de los años setenta, a Deep Purple les criticaban sus pretensiones (se atrevían a tocar con una orquesta sinfónica) y su dependencia excesiva de la técnica; a Black Sabbath, su simplicidad y falta de técnica; a Uriah Heep, su mera existencia. El hard rock, a menos que fuera obra de los Rolling Stones o The Who, en cuyo caso se asumía que había cierta inteligencia en juego, no era más que una música estúpida tocada por músicos estúpidos (o explotadores) para el beneficio de gente muy estúpida. No era de extrañar que sus fans fueran tan fieles: estaban junto a sus héroes en el camino de un huracán verbal.

Desde el principio, a Black Sabbath (y sus casi tocayos Black Widow) se los atacaba desde otro frente: el de quienes se tomaban en serio sus referencias satánicas. Black Widow explotó su imagen diabólica con «Come to the Sabbat» («Satán está allí», seguía el estribillo). No eran más peligrosos que The Crazy World of Arthur Brown, cuyo líder llevaba un casco en llamas y gritaba: «Soy el dios del fuego del infierno». Mick Jagger podía flirtear con Belcebú a finales de los años sesenta porque era un maestro de la pose: los Rolling Stones eran un emblema tan poderoso de la rebelión adolescente que los fans casi querían que demostrara ser el Señor de la Oscuridad solo para ver la reacción de sus padres. Black Sabbath, sin embargo, con el desesperante aullido de Ozzy Osbourne y la incisiva guitarra de Tony Iommi, sonaban como si de verdad estuvieran en contacto con Satán. «A Tony se le ocurrió este *riff*», explicó Osbourne sobre la canción que dio nombre a la banda. «Yo gemí una melodía por encima de él y el resultado final fue la puta hostia: lo mejor que habíamos hecho de lejos. Me han dicho después que el *riff* de Toni se basa en lo que se conoce como 'el intervalo del diablo' o 'tritono'. Al parecer, las iglesias prohibieron su uso en la música religiosa durante la Edad media porque acojonaba a la gente. El organista se ponía a tocarlo y todo el mundo salía corriendo porque pensaban que el diablo iba aparecer tras el altar»[n164]. A pesar de aquello, Osbourne insistió: «Puedo decir con toda honestidad que nunca nos tomamos en serio el asunto de la magia negra ni por un segundo. Solo nos gustaba la teatralidad»[n165]. Pero, como reveló su compañero de banda Bill Ward: «Incluso nos han llamado por teléfono unas cuantas brujas para pedirnos que tocáramos en sus misas negras»[n166], lo cual atestiguaba el poder de su imagen. «Me dan miedo», admitió un fan estadounidense de catorce años. «Son malvados y extraños. Espero que sacrifiquen algo esta noche. Un sacrificio humano estaría bien»[n167]. No es de extrañar que a la banda se le prohibiera tocar en el Royal Albert Hall en 1971: «Es nuestra política evitar las situaciones inflamatorias», explicó la dirección[n168].

A mediados de los años sesenta, cuando el gremio de la música estadounidense definía el rock'n'roll como cualquier cosa que les gustara a los adolescentes (lo cual explica por qué se eligió «Downtown», de Petula Clark, como el mejor disco de rock'n'roll en los premios Grammy de 1965), el término *hard rock* se refería específicamente a la música de finales de los años cincuenta. De los Beach Boys se dijo en 1967 que «han pasado de componer hard rock a escribir canciones que suenan como salmos»[n169]. Pero el controlado uso del ruido de gente como Pete Townshend y Jimi Hendrix, así como la introducción de los pedales de efectos y de la amplificación sobrealimentada, que cuadruplicó instantáneamente tanto el volumen como el rango sonoro disponibles para una banda de rock, obligaron a una redefinición. En el centro de este tipo de hard rock (y su primo cercano, el heavy metal), estaba el *riff*. Beethoven conocía su poder: ¿por qué si no empezaría su quinta sinfonía con un *riff* incluso más famoso que el esqueleto de «Whole Lotta Love», de Led Zeppelin, o de «Smoke on the Water», de Deep Purple? También lo conocían los maestros de las bandas de swing, con «In the Mood», de Glenn Miller, como el ejemplo más obvio. Lo mismo que el estribillo de una canción pop, el *riff* comprimía la experiencia musical entera en unos pocos segundos: era una señal tan identificable como la cortina musical de un programa de televisión o el grito de un ave de presa. Concentraba y magnificaba el poder de una banda, se apoderaba del cuerpo, proporcionaba alborozo, catarsis, un *crescendo* de alegría, a medida que la cabeza se mecía instintivamente hacia adelante con el ritmo —el legendario cabeceo del metal.

Claro que el *riff* no era propiedad exclusiva del hard rock, puesto que había ejemplos memorables en miles de discos, desde el emocionante descenso al comienzo de «Please Please Me», de los Beatles, hasta su eco en «Band of Gold», de Freda Payne. Los Rolling Stones eran los maestros del *riff* como grito de guerra: casi todos sus grandes singles se jactaban de uno, desde el prototipo de dos acordes de «Not Fade Away» hasta la fanfarria totémica de «Brown Sugar». Pero estos eran meros conductos hacia la canción, una distracción auditiva para anunciar su llegada. En el hard rock, el *riff* podía *ser* la canción.

La combinación de *riff*, volumen, distorsión y dinámica —los elementos esenciales del hard rock— estaba virtualmente al completo en «Wild Thing», el éxito de 1966 de The Troggs y sucesor de «Louie Louie», de The Kingsmen, como canción que era casi imposible tocar mal. La recuperación por parte de Blue Cheer, en 1968, de «Summertime Blues», la declaración de ansia adolescente de Eddie Cochran, cumplía todos los requisitos. No tenía *swing*, estaba empapada de distorsión *fuzz* y, con su errático sentido del ritmo, sonaba como si hubieran soltado en un estudio de grabación profesional a una banda de garage de colegio. «Nosotros contribuimos a formar el sonido del heavy metal», dijo modestamente el guitarrista de Blue Cheer, Dick Peterson. «No digo que supiéramos lo que estábamos haciendo, porque no es cierto. Todo lo que sabíamos era que queríamos más poder. Y si esa no es una actitud heavy metal, que me lo expliquen[23]»[(n170)]. Pronto llegó la culminación de la danza con la muerte del rock estadounidense, la canción de Steppenwolf que definió el género: «Born to Be Wild». Por primera vez en una canción, había una frase acuñada para describir la potencia de fuego del armamento militar pero aplicada al feroz gruñido de las motocicletas: «El trueno del heavy metal».

Un aluvión de éxitos anunció un cambio estético: el pomposo destrozo de «You Keep Me Hangin' On», de The Supremes, por parte de Vanilla Fudge; «Hush», de Deep Purple; «Suzie-Q», un torpe intento de Creedence Clearwater Revival de imitar las improvisaciones libres de las bandas de acid rock; la casi operística «In-A-Gadda-Da-Vida», de Iron Butterfly; y, quizá solo por su pegada sonora y su desenfrenada distorsión, «Revolution», de los Beatles.

Aquel era un título profético, incluso si se tratara de una revolución que los Beatles no hubieran podido reconocer (aunque la anticiparon, solo por diversión, en «Helter Skelter»). A finales de 1969, Led Zeppelin estaba poniendo en duda la supremacía comercial de los Beatles con una versión reducida de «Whole Lotta Love», que alcanzó el Top 10 estadounidense y demostraba su

---

23. Una pausa para recordar uno de los sucesos más inusuales en el rock underground: en el club psicodélico londinense Middle Earth, en octubre de 1968, Blue Cheer llevaba como telonera una orquesta sinfónica que tocaba piezas de Bach, Mozart y Stravinski.

épica colección de trucos de hard rock: guitarras como aviones a reactor que se desplazaban de un altavoz a otro, cambios abruptos de tono y de volumen, una voz que gemía, provocaba, suplicaba satisfacción sexual, un solo de batería y, después, un solo de guitarra con la intensidad rompemandíbulas de un torno de dentista. Y justo detrás de ellos, escondiéndose a la vista de todos, un *power trio* que estaba a punto de convertirse en la banda de rock americana más grande hasta entonces, ridiculizada por la crítica y osadamente convencional: Grand Funk Railroad.

El crítico estadounidense Richard Robinson olió el cambio profundo en el aire. «Todos nos hemos acostumbrado a una música nueva que envejece minuto a minuto», escribió en 1971. «Todos hemos decidido que el rock and roll ha atravesado suficientes cambios y que debemos ponernos cómodos y relajarnos. Digo que 'todos' hemos decidido esto. Lo que quiero decir es todos menos excepto la gente joven a la que le gustan bandas nuevas como Grand Funk y Black Sabbath. Y me gustaría sugerir que, a menos que queramos terminar hablando de los buenos tiempos [...], deberíamos abrir nuestras mentes y darnos cuenta de que otra vez hay una nueva música en el país. Una nueva música que tiene poco que ver con *Sgt. Pepper*, Simon y Garfunkel o CSNY»[n171].

El público de esta nueva música no solo era más joven, sino que además se sentía atraído por los barbitúricos y el vino barato, para adormecer su cerebro en lugar de impulsarlo a nuevas dimensiones. «Ahora la música progresiva ha fabricado a sus propios quinceañeros a medida», sostenía Charles Shaar Murray. Y añadía que «las raíces musicales de Grand Funk no parecen extenderse más allá de 1967»[n172], lo cual los convertía en las primeras estrellas de rock sin una conexión directa con la música de mediados de los años cincuenta. «El mínimo común denominador» era la expresión más amable para calificar a Grand Funk que encontró la revista *Rolling Stone*, que describía a su público como «joven y no especialmente sofisticado», aunque concedía gentilmente que «deberíamos dejar que se lo pasen bien sin pegarles un montón de etiquetas inmerecidas»[n173]. Sin embargo, una etiqueta se habían ganado: GFR creó el primer himno de un movimiento rock estadounidense que fue el más poderoso de los años setenta y ochenta, el formato radiofónico conocido como AOR (o *album-oriented rock* [rock centrado en álbumes]). Con «Closer to Home», de 1970, Grand Funk creó una canción que era simultáneamente rock y balada. Adornada con armonías vocales que recordaban vagamente los ajustadísimos arreglos de CSNY, endulzada con cuerdas y con un mensaje tan ambiguo que los oyentes podían hacer sus propias interpretaciones, «Closer to Home» tenía una cualidad épica que era al tiempo excitante y extrañamente emocionante. Insinuaba un sentimiento de pérdida y, al mismo tiempo, proporcionaba a los fans un lugar de pertenencia en el que no serían ridiculizados por sus elecciones musicales. Y además funcionaba en una escala que quizás solo se podía apreciar en un estadio —el Shea Stadium, por ejemplo, donde GFR agotó las entradas más rápidamente que los Beatles. «El espíritu del punk rock sin duda pervive en Grand Funk Railroad»[n174], escribió un crítico, en cuyo caso su triunfo representaba el triunfo máximo del aficionado: victoriosos incluso frente a la cultura que les dio la vida. Como concluyó Charles Shaar Murray, admitiendo, a los veinte años de edad, que era hora de pasar la antorcha: «Quizás cualquiera que piense que Grand Funk no mola es demasiado viejo para el rock and roll»[n175].

La baja apreciación de GRF entre los críticos solo era igualada por Chicago, que dedicó uno de sus primeros álbumes a «la revolución» pero en seguida prescindió de sus adornos radicales. Para cuando lanzaron un álbum cuádruple en vivo en 1971, su nombre era sinónimo de exceso sin alma. Fue descrita a menudo como una banda de jazz rock por su impactante sección de metales, y el escritor Bob Palmer los acusó de ser una banda de jazz que no podía tocar jazz y una banda de con sección de vientos que no podía tocar R&B. «Sus raíces parecen estar plantadas firmemente en la radio AM»[n176], concluyó: otra banda condenada por su falta de conexión con los elementos apropiados del pasado. Pero, al condenar a GFR y a Chicago por su ausencia de raíces, los críticos en realidad se negaban a reconocer a ningún héroe que no fuera el suyo. Las bandas de rock de la nueva década crearían una nueva tradición que ya no dependería de las asunciones compartidas de sus predecesores.

CAPÍTULO 7

APRETAR EL BOTÓN DEL ROCK

«No creo que vayamos a ver a otro Frank Sinatra. No volveremos a ver a Tonny Bennet, que tuvo una racha desde 1950 hasta 1966, como artista popular».

Joe Smith, gerente general de Warner Brothers Records, 1971[n177]

Era un hecho, dijo el pastor baptista de Aromas, California, que «el 95% de los niños ilegítimos de hoy en día se conciben después de un concierto de rock». El rock «causaba crimen, promiscuidad sexual y destrucción del sistema nervioso central»[n178]. Coincidía con él el terapeuta de musicoterapia Adam Kuests, también de California. El rock, afirmó, era «más mortífero que la heroína. [...] El rock no es un pasatiempo inofensivo, sino una peligrosa droga a la que nuestros hijos están enganchados»[n179]. Sus efectos secundarios incluían hostilidad, fatiga, narcisismo, pánico, indigestión e hipertensión. Los baptistas de Aromas empezaron a experimentar algunos de estos síntomas cuando se enteraron del mal inherente de la música. «Pensar que puede hacer que tu hijo se comporte como un pagano, que se quite la ropa y practique el acto sexual con un extraño...», exclamó una madre angustiada. Otra dijo: «Mis hijos tienen estos discos y yo no lo *sabía*»[n180].

A estas advertencias podríamos sumar las palabras de Spiro Agnew, vicepresidente de Estados Unidos —el cual pronto caería en desgracia. A los niños se les estaba «lavando el cerebro» para que consumieran drogas, afirmó, con canciones tan perniciosas como «White Rabbit» (Jefferson Airplane), «With a Little Help from My Friends» (Beatles), «Acid Queen» (The Who), «Eight Miles High» (The Byrds) y «Don't Step on the Grass, Sam» (Steppenwolf). Agnew llamó a la acción a las emisoras de radio estadounidenses y poco después los directores de programación se pusieron a hacer sus propias listas de canciones sospechosas: «Yellow Submarine», «Puff the Magic Dragon» [«Bocanada, el dragón mágico»], «A Whiter Shade of Pale» e, inevitablemente, el himno hippie ligeramente satírico de Brewer and Shipley «One Toke Over the Line» [«Una caladita de más»]. En Reino Unido, la BBC no fue mucho más racional. Decidió prohibir el inofensivo single «Lady Rose», de Mungo

Jerry, hasta que la compañía discográfica del grupo aceptó quitar uno de sus temas adicionales , una juguetona versión de la canción folk de Lead Belly «Take a Whiff on Me» [«Dale una calada por mí»]. Mientras tanto, la BBC emitía felizmente la balada de Tony Christie «I Did What I Did for Maria» [«Hice lo que hice por María»]. Al parecer, la violencia era entretenimiento, pero las drogas eran una amenaza nacional. ¿Cuánto tiempo pasará, se preguntaba la gente, antes de que la radio se niegue a reproducir una canción de un álbum en el que se mencionen las drogas?

Todos estos actos impulsivos de censura señalaban el aislamiento que sentían muchos adultos respecto a una cultura del rock que había traspasado el entretenimiento y se había introducido en el terreno del comentario político y de la mala conducta social. Los padres de los adolescentes de 1971 habían nacido en los años veinte o treinta, se habían criado en medio de la guerra y de la austeridad económica y solían considerar el hedonismo y el inconformismo como signos de delincuencia desenfrenada. Sin embargo, no podían quejarse de que la industria discográfica pasara por alto sus gustos más sosegados. En aquel momento estaba disponible para la venta música, pasada y presente, más variada que en cualquier otro momento de la historia.

Quienes se habían criado con las *big bands* podían ver a figuras como Benny Goodman (que por entonces tenía más de sesenta) tocar con sus orquestas su antiguo repertorio. La orquesta de Glenn Miller sobrevivió durante más de treinta años tras la desaparición de su fundador. Aunque Paul Whiteman había muerto en 1967, The New Paul Whiteman Orchestra seguía manteniendo con vida sus arreglos. The Pasadena Roof Orchestra (formada en 1969) abarcaba toda la era de las *big bands* y era el equivalente jazzístico de la moda de tocar música clásica de antes del 1800 con instrumentos de época. Se podía ver todavía a muchas de las estrellas del antiguo music hall británico en el programa de la BBC *The Good Old Days*, mientras que sus equivalentes estadounidenses eran los pilares fundamentales del circuito de programas de entrevistas.

Bing Crosby todavía grababa y finalmente se puso a explorar el territorio de los Beatles y de Jimmy Webb. Frank Sinatra, que ya había inspeccionado ese terreno, se retiró al darse cuenta de que su tiempo había pasado y después regresó al descubrir que su público se aferraba a las viejas canciones. Basie, Ella y Ellington aún salían de gira y Ellington, por su parte, siguió componiendo en una escala épica hasta su muerte, en 1974. El jazz ya no era oficialmente una fuerza comercial, a no ser que se combinara con instrumentos del rock, pero cada período de su pasado estaba listo para una recuperación. Entretanto, el mercado de la *easy listening* se expandía con cada mejora en la reproducción en alta fidelidad. La demorada aceptación del sonido estereofónico por parte de Reino Unido entre 1969 y 1970 desenca-

denó una campaña de marketing que giraba en torno
a la asunción de que el público principal de los LPs
en estéreo era adulto y que para escucharlos no se
requería mayor esfuerzo que relajarse.

La industria de la música tenía problemas para
comprender que los diferentes sectores de su clientela necesitaban atención individualizada. Por su parte,
mientras la cultura del rock era alimentada por una varie-
dad de revistas especializadas, desde *Rolling Stone* y *Creem* hasta *Melody Maker*
y *Sounds*, y de periódicos *underground*, había publicaciones más tradicionales
que intentaban en vano satisfacer a todo el mundo, desde preadolescentes hasta pensionistas. Por ejemplo, un solo ejemplar de *New Musical Express* de diciembre de 1970 contenía, unas después de otras, críticas de álbumes de Frank
Sinatra con Count Basie; de la fusión de rock, jazz y vanguardia de Yoko Ono;
del actor Clive Dunn, de cuarenta y ocho años, haciéndose pasar por un abuelo de edad avanzada; del artista de variedades y transformista Danny La Rue;
a The Temptations; de The Temptations, los reyes del soul psicodélico de
Motown; del titiritero Basil Brush; de la estrella del country Waylon Jennings;
de la pianista de pub Mrs Mills; del cómico Kenneth Williams; y del genio de
la guitarra folk Davy Graham. Todos ellos eran pop: todos tenían el mismo
derecho, en el universo del pop, a recibir la atención de unos periodistas que
hubieran preferido entrevistar a Led Zeppelin[24].

Un sector demográfico igualmente diverso estaba presente en los conciertos de The Carpenters, un dúo compuesto por dos hermanos cuyos discos
combinaban la asexualidad del pop adolescente de finales de los cincuenta con
armonías tomadas prestadas de la época anterior a Elvis. El periodista de rock
Lester Bangs especuló con que «debe de ser una especie de proyecto diplo-
mático en muchos hogares: mamá y papá aprenden a disfrutar de la música de
los hijos»[(n181)]. Como observó el teclista Richard Carpenter: «No ha habido
ningún grupo de hermano y hermana desde Fred y Adele Astaire»[(n182)]. Carpenter se alarmó al ver que los fotógrafos le pedían siempre que abrazara a su
hermana, al tiempo que los periodistas se bromeaban sobre su relación (y, en
una famosa ocasión, lo acusaron de incesto en una entrevista en directo en la
radio). La voz de su hermana Karen era un enigma: tenía un tono perfecto
y era un lienzo emocional en blanco, tan inquebrantable en su melifluidad
que su frialdad daba casi miedo... o quizás era su calidez, difícil decir qué era.

---

24. Dos años después, *NME* se reinventó y se convirtió en la más *hip* de las publicaciones de
rock, con páginas llenas de refugiados de la debilitada prensa underground y de clichés robados
de sus equivalentes estadounidenses.

A medida que avanzaba la década, Karen estaba cada vez más delgada y más llena de problemas, aunque mantenía una impecable imagen en el mundo del espectáculo. Sus actuaciones en directo eran un extraño *collage* de impulsos: Karen ataviada con un par de senos postizos para una coreografía de *Grease*, antes de que su hermano interrumpiera su racha de éxitos con el *Warsaw Concerto*, la pieza de falsa música clásica de Richard Addinsell, intentando complacer a todo el mundo excepto a ellos mismos, hasta el final.

Si en última instancia The Carpenters estaban representando una tragedia, The James Last Orchestra, que alcanzó su apogeo comercial durante esta década, ofrecía a un público similar una garantía infalible de placer y seguridad. Last (apodado «Hansi» por sus fans) era un bajista de jazz que había dado con el concepto de «Non-Stop Dancing» (bailar sin parar) como un modo de aplicar la filosofía de las *big bands* anteriores al rock. «Todas las bandas tocaban solamente música de los años treinta y cuarenta», explicó Last. «Entonces empezamos a tocar canciones de los Beatles y los Rolling Stones»[n183]. Solo sobrevivieron las canciones, ya que todos los símbolos del rock'n'roll fueron relegados en favor de ricas orquestaciones y alegres ritmos de dance, acompañados de corales sin letra en los que podían participar incluso los aficionados más desentonados. Su enfoque era tan uniforme y tan flexible, que podía abarcar casi cualquier tipo de música, desde Jimi Hendrix hasta Bing Crosby —y todo era combustible para la fiesta incesante de Last, la cual obligaba a todo el mundo a salir a la pista de baile, desde niños pequeños hasta bisabuelos. Posiblemente el artista más popular y menos célebre del mundo, Last pudo llenar enormes auditorios por todo el mundo durante décadas y provocar en los públicos más conservadores frenesíes emocionales que no obtenían en otros ámbitos de sus vidas.

Los años setenta estaban llenos de artistas ambiguos como Last, situados en algún lugar entre los extremos de la *easy listening* («Se podría decir que soy el Ray Conniff del mundo del pop»[n184], dijo Elton John) y el hard rock. Neil Diamond llevaba los arreos de la estrella de rock y del sensible trovador, pero sobreactuaba cada verso, como si estuviera desesperado por llegar hasta la última fila de un teatro de Broadway, que era su entorno natural. En otra época anteriores, el escenario del musical habría sido también el destino final para Billy Joel, que se debatía entre su formación clásica, su pasión por la inmediatez del rock'n'roll y su manera desvergonzada y sentimental de contar una historia —una combinación más enriquecedora que los ingredientes que formaban la música de Bruce Springsteen, pero que carecía del dominio de este de la mitología del rock. Elton John era el más misterioso de todos y estaba igual de cómodo e inquieto como pianista de pub y como foco de atención del público de un estadio. Había debutado como cantante confesional con las letras de otros; después adoptó un timbre sureño para esconder sus raíces de los suburbios de Londres; y más tarde abandonó la reticencia y se convirtió en el artista pop más extravagante de la década y se permitió brillantes pastiches de tantos estilos que ya no tenía uno que considerara propio. «Me gustaría tener nueve pianos sobre el escenario, una cascada de pianos, y salir así al escenario»[n185], confesó en 1973, como si fuera Liberace. Siete álbumes en el puesto número uno en Estados Unidos demostraban su poder como artista, hasta que la revelación en 1976 de su bisexualidad (así como su ruptura con el letrista Bernie Taupin) saboteó su carrera cuando estaba en su apogeo. Un fan de Utah recibió su honestidad con un profundo sentimiento de traición: «Lamento reconocer que es un repugnante corruptor de lo sagrado. […] Me compadezco por él por sus ilusiones sexuales y sus perversiones»[n186].

Si Elton John, en última instancia, era demasiado impredecible para dominar un público de todas las edades, figuras como Andy Williams eran demasiado seguras. A pesar de dejarse el pelo unos centímetros por debajo del cuello de la camisa a principios de los años setenta, de trabajar con productores de rock y de utilizar material de Paul McCartney y George Harrison, Williams tendría que esperar otras dos décadas o más para ser adoptado como icono *kitsch* del *easy listening* por quienes lo habían despreciado cuando se encontraba en su apogeo comercial. (Entretanto, Linda Ronstadt ocupó el papel que Andy Williams había jugado en la cultura musical, modificando éxitos pop familiares en versiones que agotaban su espontaneidad original). Abba experimentaría un reverso aún más extremo respecto a los críticos. La victoria de la banda sueca en el Festival de la Canción de Eurovisión de 1974 fue la primera vez en la que un disco remotamente moderno triunfaba en ese ámbito idiotizado, pero, por extensión, los condenó entre quienes disfrutaban, por ejemplo, con Wings, ELO o Blondie —puesto que Abba eran demasiado superficiales, demasiado comerciales, demasiado suecos (de lo que se deducía que sus letras en inglés debían estar vacías emocionalmente). Su redención tendría que esperar hasta que su público adolescente original creciera y heredara el control de los medios de entretenimiento: para entonces, Abba habían sido rehabilitados —como en una purga estalinista al inverso— y convertidos en una versión imaginaria de la cultura de los años setenta, en la que la banalidad y la frivolidad reemplazaban las sombras del terrorismo y el declive económico que recordaban los veteranos de aquella década.

Quienes habían sido adolescentes en los sesenta se enfrentaban ahora con cierta resistencia a la madurez: eran demasiado mayores para que los convencieran Grand Funk o Bolan; demasiado jóvenes para conformarse con Andy Williams o Johnny Mathis. Para satisfacer sus necesidades y explotar su creciente poder adquisitivo, el rock desarrolló su propia versión de lo que la radio llamaba antes «buena música». Los nombres podían haber cambiado —no estaban Sinatra ni Tony Bennett—, pero el principio era el mismo: extraer la filosofía de una revolución musical (antes fue el swing y ahora la contracultura) y ofrecerla con una delicadeza que en otros tiempos habría parecido escandalosamente poco *hip*.

Era el rock para adultos, o para aquellos que se preparaban para alcanzar ese estatus: a menudo idealistas en sus preocupaciones sociales (ahora se trataba de salvar a las ballenas y el planeta, en lugar de derrocar el orden capitalista) y conscientes de que los deseos simplistas de la juventud —de realización sexual o de poder personal— arrastraban un lastre que podía quitar más libertad de la que garantizaban. La superficie musical del rock para adultos era impecable y estaba producido con suma habilidad técnica por figuras como Richard Perry, Lenny Waronker y Gary Katz o, incluso, por los propios artistas, en caso de que tuvieran el oído de Stevie Wonder o de Joni Mitchell. El jazz, la música de los adultos cultos desde el nacimiento de lo *cool* a finales de los años cuarenta, rara vez se hallaba lejos del corazón de estos discos, que también recordaban una serie de gestos prestados del soul y el blues. Como muchos de estos sibaritas urbanos habían florecido en los años sesenta, sabían muy bien cómo crear un single de éxito, y por eso discos de temáticas tan adultas como «You're So Vain», de Carly Simon, y «Kodachrome», de Paul Simon, acabaron en el Top 40. Los decanos de este enfoque —que no era un estilo, ya que era demasiado polifacético, ni tampoco un movimiento, pues cada artista tenía sus propias motivaciones— eran Stevie Wonder, un veterano ya ligeramente hastiado a los veintitantos años (a pesar de que dominaba cada instrumento a su alcance y podía pasar sin esfuerzo de la balada al funk politizado), y Steely Dan, cuyo cinismo y perfeccionismo fueron creciendo al dejar la carretera y dedicar sesiones, durante meses, a que los talentos musicales más hábiles de su generación tocaran una y otra vez las canciones hasta que alcanzaban la expresión definitiva de su amargada y glacial belleza.

Lo que separaba a estos músicos de aquellos que sin saberlo estaban liderando el camino hacia el formato de radio conocido como *Adult Contemporary* (música contemporánea para adultos) —The Carpenters, Barbra Streisand, Captain and Tennille, por nombrar solo algunos— era que llevaban consigo el peso muerto de la contracultura: o bien continuaban, como David Crosby y Graham Nash, librando las mismas batallas de una década atrás, fieles a sus descoloridas banderas; o bien, como Mitchell, Carly y Paul Simon, escribían sobre la muerte de ese idealismo y sobre sus insidiosos efectos en sus vidas personales. Su energía era intensa, pero por lo general estaba puesta en el interior: cada niño de la generación del «nosotros» luchaba por asumir las consecuencias de ser «yo». Stephen Stills —mientras su ocasional socio musical Neil Young contemplaba cómo el tiempo inevitablemente (en sus palabras) se desvanece— dedicó notoriamente una serie de composiciones al estudio de sus «cambios», ese concepto tan de la «generación yo». Pero al menos reconocían la inevitabilidad del cambio. Otros prefirieron mantener el pasado perpetuamente, evitando la adultez para sostener un pasado dorado (o imaginario).

«Me doy cuenta de que los Beatles llenaron un espacio en los años sesenta y que toda la gente para la que los Beatles significaron algo ha crecido. Es como todo. Creces con algo y te aferras a eso. Ese es uno de los problemas en nuestras vidas, que nos aferramos demasiado a las cosas».

George Harrison, 1974[n187]

«No me gustan los *oldies* ni la nostalgia. De todas maneras, no me gusta el rock'n'roll , el rock'n'roll original. No lo soporto. Nunca escucho a Elvis Presley, a Jerry Lee Lewis o a Carl Perkins. No aguanto a toda aquella gente. Los escuché hace quince años, muchas gracias, y ya quiero escucharlos más».

Mick Jagger, 1974[n188]

Tan intensamente se cernieron los Beatles sobre los años sesenta que su existencia —incluso como una sombra— era una vergüenza para la cultura de principios de los años setenta. Uno no lograba prestigio exhibiendo influencias de su música: artistas como Badfinger y The Electric Light Orchestra generaban desconfianza por su afecto excesivo por el pasado reciente. (Otras influencias de los años sesenta, como The Velvet Underground y The MC5, estaban más aceptadas por la crítica). A los antiguos miembros de los Beatles se los satirizaba por preocuparse demasiado de la política (Lennon), de la religión (Harrison) y de la vida familiar (McCartney), o, en el caso de Ringo Starr, por su excesiva dependencia de sus amigos más talentosos (especialmente los otros Beatles).

No obstante, la sombra de los Beatles era ineludible y asumió extraños matices. En 1973, y de nuevo en 1976, unos empresarios intentaron lanzar sendas bandas jóvenes llamadas The New Beatles. La primera de ellas llegó a sacar un single, «Push Button Rock». «Desde el punto de vista legal, hemos registrado el nombre», dijo su mánager, «supongo que eso ha sido posible porque los Beatles se han disuelto oficialmente»[n189]. Aquello, por supuesto, no disminuía el valor comercial del material de los propios Beatles, al que sacaron partido dos álbumes dobles recopilatorios en 1973 y el relanzamiento simultáneo de todos sus singles originales en 1976, con el resultado de que llenaron veinte puestos en las listas británicas, hambrientas de novedades. Las convenciones Beatlefest proporcionaban un vislumbre distante de la Beatlemanía en beneficio de quienes eran demasiado jóvenes para haberla experimentado en persona. Del mismo modo, muchos espectáculos teatrales se basaron en sus canciones, una tendencia que culminó con una desastrosa adaptación cinematográfica de *Sgt. Pepper* protagonizada por Peter Frampton y The Bee Gees. Incluso hubo una novela pornográfica, publicada en Copenhague y titulada *Insex Mania*, que alcanzaba su clímax (literalmente) con los Beatles participando en una orgía desenfrenada sobre el escenario del Roundhouse Theater, en Londres.

Tras una serie radiofónica de la BBC que detallaba la historia de los Beatles en 1972, vinieron un gran espectáculo de trece partes dedicado a Bing Crosby y otro sobre la historia completa de la música popular. En Navidad, la recopilación *20 All-Time Greats of the 50s*, en la que el rock'n'roll estaba ausente, fue el LP más vendido en Reino Unido y atrajo al «desatendido mercado»[n190] de compradores con edades de entre veinticinco y treinta y cinco años. A continuación se lanzaron colecciones similares de éxitos del rock'n'roll que se vendieron igual de bien. Mientras tanto, la lista de singles de Reino Unido en diciembre de 1972 estaba llena de reediciones de Carole King, The Animals, The Drifters, The Shangri-La's, Little Eva y varios artistas de Motown, lo cual era una clara señal de que el incipiente glam rock solo llegaba a una minoría de compradores potenciales.

El deseo de regresar a los placeres más simples de los años cincuenta daba empleo a los roqueros supervivientes de la época. Elvis Presley estaba en Las Vegas tocando sus primeros éxitos a casi el doble del tempo original, en un intento desesperado de recrear la salvaje excitación que despertaron una vez. Jerry Lee Lewis exasperaba deliberadamente a sus seguidores *Teddy boys* tocando *standards* de country en lugar de «Breathless» y «Lewis Boogie». A Chuck Berry logró las mayores ventas de su carrera con un pueril single cómico, «My Ding-a-Ling» (la moralista profesional Mary Whitehouse afirmó que la canción podía animar a los niños pequeños a que se desabrochasen los pantalones cortos y jugasen con sus penes en público). El también veterano Rick Nelson regresó con «Garden Party», un lamento por su inhabilidad para escapar del pasado. En octubre de 1972, esos dos discos estaban entre los diez primeros de las listas americanas, junto con una de las últimas canciones convincentes de rock de Elvis Presley, «Burning Love». Pocos meses después, su frágil salud física y mental lo había consumido tanto que empezó a abordar sus canciones con la lentitud de maniobra de un gigantesco petrolero. Entretanto, Berry había agotado su creatividad como compositor y se estaba convirtiendo en un artista cada vez más cínico, mientras que su antiguo colega, Little Richard, se vio reducido a desnudarse en el escenario para rescatar aunque fuera un vestigio de su extravagancia de los años cincuenta.

Aun así, la nostalgia era incontenible. El promotor Richard Nader reunió a una selección de grupos de doo wop de los cincuenta y descubrió una fórmula para llenar los 20.000 asientos del Madison Square Garden de Nueva York. La BBC inauguró varios programas semanales dedicados a «singles recuperados» y las emisoras estadounidenses, que tenían más tiempo en antena que llenar, inventaron el formato radiofónico de *oldies*. Los sellos discográficos establecieron secciones para reeditar el pasado reciente y RCA se llevó los laureles por su exceso con las dos cajas recopilatorias de Elvis de cuatro LPs cada una, la segunda de las cuales —con una edición limitada de 15.000 copias— acompañada de un trozo de tela supuestamente cortado de uno de los trajes que Presley usaba en sus conciertos. Además, el rock'n'roll prestaba su fulgor nostálgico a las bandas sonoras.

El largometraje de debut de Martin Scorsese en 1967, *Who's That Knocking at My Door*, estaba lleno de clásicos del frat rock y el doo wop (una técnica perfeccionada en *Mean Streets*, del mismo director). Esta última apareció en 1973, a la vez que *American Graffiti*, una recreación perfecta de la vida de los adolescente a finales de los cincuenta: como su equivalente británica, *That'll Be the Day*, trazaba las vidas de sus personajes rodajas de dos minutos de rock'n'roll —antes efímeras y ahora clásicas.

Manadas de envejecidos *Teddy boys* recorrían las calles de las ciudades británicas, sin despertar miedo, sino risas perplejas. Sus tropas londinenses acudían en masa a Let It Rock, una *boutique* de King's Road propiedad de Malcolm McLaren y Vivienne Westwood que se dedicaba a la moda *Ted* original y de imitación. «Era muy hostil», dijo McLaren, orgulloso, hablando del ambiente de la tienda. «Nadie se hubiera atrevido a entrar a menos que fuese un *Ted*. Una vez, Mick Jagger se quedó de pie fuera de la tienda durante media hora y no llegó a entrar. Ringo Starr fue el único que se animó a entrar realmente, un sábado»(n191). Cuando Let It Rock cambió su imagen y cambió su nombre por el de Sex, los *Teds* se fueron a otra parte y experimentaron una recuperación *underground* hacia 1976 que generó un circuito de conciertos y bandas como Shakin' Stevens and the Sunsets, Crazy Cavan y Matchbox. Los *Teds* originales se burlaban de los Teds de plástico que intentaban imitarlos, aunque ambas generaciones unieron fuerzas en una marcha contra la BBC exigiendo que dedicase tiempo en antena a su música.

Las listas de éxitos de los años setenta estaban repletas de canciones que usaban la expresión «rock'n'roll » como expresión abreviada para indicar «juventud perdida» («Rock'n'roll , I Gave You the Best Years of My Life» [«Rock'n'roll , te di los mejores años de mi vida»], por ejemplo). También hubo una avalancha de estrellas de rock que recuperaron las canciones que habían alimentado su propia adolescencia. The Band (*Moondog Matinee*) y John Lennon (*Rock'n'roll*) tendían hacia los años cincuenta; el algo más joven David Bowie revivió la escena de R&B londinense de mediados de los sesenta con *Pin Ups*. Bryan Ferry, de Roxy Music, una banda arraigada profundamente en el mundo del arte, retrocedió a los años treinta a través de Bob Dylan (*These Foolish Things* y *Another Time, Another Place*). Otros veteranos del auge del beat británico fueron tentados para revivir sus días de gloria en una gira por Estados Unidos de recuperación de los años sesenta, aunque Peter Noone insistió en que «no era una reunión nostálgica»[n192]. The Searchers, veteranos del Merseybeat, dedicaban con audacia gran parte de cada concierto a una larga versión de «Southern Man», de Neil Young, pero pronto descubrieron que nadie quería verlos crecer: lo único que quería su público era cerrar los ojos e imaginar que era de nuevo el año 1964.

Lograba un efecto similar el movimiento llamado power pop, unas cuantas bandas estadounidenses dispersas que creían poder borrar la pretenciosidad y la política que habían estropeado el rock y pretender que era... no 1964, quizás, pero desde luego no más tarde de 1967. El modelo de esta moda eran The Raspberries, que preparaban brillantes pastiches de Beach Boys, The Who y Beatles y metieron toda su ferviente pasión por el pasado (y la cúspide de la tecnología de estudio de mediados de los años setenta) en una gloriosa expresión de conciencia pop: «Overnight Sensation». Todd Rundgren empezó la década como la personificación de los melodiosos sesenta y, después, decidió que escribir canciones pop perfectas era demasiado fácil para que fuera interesante. Como despedida a ese arte, dedicó la mitad de su LP *Faithful*, de 1976, a réplicas exactas de clásicos de 1966 —un ejercicio que era al tiempo impresionante y por completo carente sin sentido. Sin embargo, no era tan fácil deshacerse del pasado: a principios de los años ochenta, Rundgren grabó un álbum entero de pastiches de los Beatles, *Deface the Music*, y muchos años después podía encontrárselo de gira con la banda de Ringo Starr. Sus Fab Four de imitación se volvían insignificante en comparación con la sátira de Eric Idle (guion) y Neil Innes (canciones) de *The Rutles*: un falso documental en el que George Harrison participó para demoler su propia historia. Inevitablemente, la continua necesidad de nostalgia por parte del público arrastraría a Innes de nuevo a The Rutles en su madurez: su sátira llegó a inspirar el mismo deseo de revivir el pasado que los propios Beatles.

A medida que avanzaban los años setenta, el pasado reaparecía de forma cada vez más surrealista. Hubo una moda pasajera en las discotecas británicas de recuperar los éxitos de la época del swing que duró lo bastante como para llevar «In the Mood» y «Moonlight Serenade», de Glenn Miller, al Top 20. Una ráfaga de bandas jóvenes se hacían pasar por viejos roqueros o cantantes de doo woop mientras ofrecían pastiches que palidecían en comparación con los feroces artículos originales. En particular, Mud (que pronto se instalarían entre los espectáculos de variedades de las ciudades vacacionales de la costa y que mezclaban popurrís de rock con números cómicos), The Rubettes («Nos han llovido las cartas diciendo lo refrescante que fue ver a un puñado de chavales inteligentes en la tele»[n193]) y Showaddywaddy («Intentamos crear una imagen del rock and roll de 1974 [...], que no es tan crudo como el rock de los años cincuenta»[n194]). Las niñas que se habían perdido la infancia de Michael Jackson, Donny Osmond y David Cassidy centraron su amor en grupos británicos que se vestían como si fueran miembros de un equipo de bolos de Filadelfia hacia 1961: The Bay City Rollers, con Kenny y Slik entre ellos.

Los críticos preferían la nostalgia con convicción: de ahí el entusiasmo por la escena del pub rock que surgió en Londres a principios de los setenta y que supuso un aprendizaje para muchos de los futuros pioneros del punk. Los más agasajados fueron sin duda Dr Feelgood, una banda de R&B de Essex a la que la crítica recibió con extático alivio, como en este texto de Tony Tyler, de *NME*: «No tienen contrato discográfico. No los conoce prácticamente nadie fuera de Londres. Se encargan ellos mismos de transportar y montar sus equipos. Mezclan ellos mismos el sonido. Es tan jodidamente fantástico verlos y oírlos que yo —como muchos otros— preferiría pasar diez minutos en la compañía de su aplastante rock'n'roll tradicional que retorcerme mientras actúa otra prima donna electrónica, emperifollada con lentejuelas y vapor de hielo seco»[n195]. Como explicó el guitarrista Wilko Johnson, en el estudio «tocamos la música en vivo: montamos el equipo, ponemos los micrófonos ¡y lo HACEMOS!»[n196]. Pero lo que hacían era deliberadamente retrospectivo. De hecho, era casi una *performance* de pop art en la que se convertía al pasado en un fetiche para enfatizar la distancia entre antes y ahora.

«Lo que está pasando realmente es una aceleración fantástica, casi histérica, de la creación de estrellas. Para satisfacer los crecientes anhelos apocalípticos y anfetamínicos del nuevo público del rock hacia sus héroes, que aparecen en forma de una sensación nueva cada minuto, la industria tuvo que refinar hasta el extremo la manipulación de los medios [...] y el talento tiene cada vez menos que ver con todo esto».

Andrew Weiner, revista I*nk*, 1971[n197]

Como habían demostrado los Beatles de forma morbosa, los grupos de rock de los años sesenta eran un ideal colectivo que la severa aplicación de egos y dinero terminaba por volver inestable. Como la mayoría de sus contemporáneos, los Beatles habían evolucionado a partir de una serie de encuentros al azar entre individuos con ideas afines que compartían el amor por la música.

Bajo la intensa presión de la fama —y de la desigual distribución de las ganancias, con los compositores ganando sustancialmente más que sus colegas—, su unión se sometió a una prueba de resistencia. Pocas bandas podían sobrevivir intactas a este proceso; la mayoría se despojaba de sus miembros más débiles o más francos, o simplemente se desintegraban.

La transformación del rock de una pasión adolescente en una carrera viable hizo que todos los miembros —con excepción de los menos ambiciosos— de los grupos más importantes a imaginaran que sus compañeros de banda estaban impidiendo su avance, creativo o monetario. Cuando Crosby, Stills and Nash —todos ellos refugiados de grupos exitosos— se formaron a finales de 1968, eligieron cuidadosamente un nombre que hiciese hincapié en su independencia individual. Desde el comienzo, creyeron (con el espíritu californiano de la época) que se acercarían o se alejarían unos de otros a voluntad, como un colectivo artístico en lugar de como una pandilla de patio de prisión. Muchas décadas después, el trío aún se reagrupaba anualmente, cuando la lógica cruel del saldo bancario había reemplazado el celo hippie de antaño. «Todavía me pregunto por qué alguien querría estar en una banda con [Stephen] Stills si no se viera obligado a hacerlo»[n198], comentó David Crosby en 2006 con una ausencia de armonía contracultural.

El fenomenal éxito del trío (con y sin Neil Young) animó a músicos y empresarios a creer que habían encontrado una manera infalible de estimular la creatividad y de hacer dinero. En vez de encomendarse al modelo tradicional de banda de rock, seguirían el ejemplo de CSN(Y): combinar individuos exitosos de conjuntos ya existentes. El más prominente de los llamados supergrupos se llamó, irónicamente, Blind Faith [Fe Ciega] —irónicamente, porque solo la fe ciega habría podido persuadir a sus participantes de que la estrategia funcionaría. El choque entre miembros de Cream, Traffic y Family sobrevivió menos de seis meses y se rompió debido a las expectativas poco realistas del público y a diferencias personales. No obstante, esto no impidió que se repitiera el experimento. Por cada Emerson, Lake and Palmer y Bad Company, cuya unión tuvo un impacto global, había una docena de conjuntos, como Souther Hillman Furay Band, KGB y Widowmaker, para los cuales el todo era menos impresionante que cualquiera de sus partes por separado.

Si el concepto de supergrupo era escurridizo y a menudo ilusorio, también lo era su opuesto: la carrera como solista. Los miembros de los Beatles por separado eran lo suficientemente populares y carismáticos como para sustentarse fuera de la pandilla, y CSN(Y) había abrazado la libertad en su fórmula desde el inicio, pero el atractivo de ver el nombre de uno en carteles luminosos demostró ser fatalmente tentador  en los años setenta. En su forma más excesiva, la tendencia hizo que los cuatro miembros de Kiss lanzaran álbumes en solitario el mismo día. El cuarteto entero alcanzó el Top 50 estadounidense, lo cual es testimonio de su poder como marca. La mayoría de las iniciativas de este tipo eran menos gratificantes, tanto artística como comercialmente.

Este crecimiento vertiginoso del producto comercial recordaba a la escena del jazz de los años cincuenta, cuando las improvisaciones de grupos de músicos (especialmente en California) se distribuían en forma de discos bajo el nombre de cualquiera de los participantes. Muchos fans del rock, como sus equivalentes del jazz, inspeccionaban la letra pequeña de las portadas de sus álbumes con el celo de un anticuario, ya que el elenco secundario, antes anónimo, ahora se anotaba con exhaustivo detalle. Era tan desesperada la búsqueda de un producto vendible en el floreciente mercado de principios de los años setenta que a los músicos de sesión, renombrados por sus toques sutiles y discretos en los discos de coetáneos más famosos, eran rescatados del anonimato y empujados a que hicieran su propia música. El llamativo éxito de Leon Russell —un pianista desconocido de los estudios de Hollywood— dio lugar a que se ofrecieran contratos discográficos a músicos acompañantes natos como Nicky Hopkins o Jesse Ed Davis. Entretanto, otros músicos de sesión del rock y del R&B formaron sus propias bandas, como The Section y LA Express, que giraban hacia el jazz al apartarse de sus lucrativos jefes. Era la máxima expresión de la «generación yo»: todo el mundo se creía con derecho a convertirse en una estrella. Las desastrosas ventas de casi todos estos proyectos hicieron que tal exceso no se repitiera en las décadas siguientes. Pero era una época en la que incluso las estrellas reconocidas podían resultar decepcionantemente

anónimas sobre el escenario y el público empezaba a exigir algo más de los
conciertos de rock que simplemente la oportunidad de estar en el mismo estadio que sus ídolos. Surgieron dos soluciones a este dilema: la creación de estrellas más visuales y la transformación del rock en una forma de teatro, en un
esfuerzo por avivar la excitación del asunto a menudo vulgar de tocar música
en público.

«Jagger dice que lo último que quiere es ver a los Stones
degenerar en algo tan insignificante como conciertos de
recuperación de sus clásicos dorados. No es para él esa parodia
de tocar de forma mecánica para coger el dinero y salir
corriendo».

Roy Carr, NME, 1973[n199]

«La música rock se ha convertido en el nuevo vodevil. Por consiguiente, la propia
música es solo una parte del paquete. El impacto visual es igualmente importante».

El periodista musical Jim Smith, 1974[n200]

Tan pronto como el sonido estéreo hubo desalojado del mercado a su an-
cestro monoaural, las industrias de la alta fidelidad y de los discos tramaron
otro golpe. Las campañas de marketing advertían a los consumidores de que
pronto serían motivo de burla entre sus amigos si no reemplazaban su equipo estereofónico por su ultramoderno sucesor: el equipo cuadrafónico. Si el
estéreo se vendía como el formato lógico para los oyentes con dos oídos, el
cuadrafónico empleaba otra dimensión, con cuatro altavoces colocados en
las esquinas de una habitación. El oyente ahora debía situarse en el centro
de la música y enfrentarse a las impresiones sensoriales que le llegaban desde
todas partes, como en la vida real. El público se mostró reticente a deshacerse de la costosa tecnología estéreo que había comprado hacía poco y también muchos artistas se resistieron al cambio. Se quejaban de los problemas
que conllevaba mezclar sus grabaciones para lanzarlas en sonido cuadrafónico, con todos los músicos y los ingenieros de sonido apiñados en el centro
exacto del estudio intentando juzgar si las cuatro fuentes de sonido estaban
perfectamente equilibradas. Como demostró el posterior éxito del sonido
surround en el cine y en los sistemas de home cinema, el sonido cuadrafónico
era simplemente demasiado moderno para su época. No obstante, alcanzó
una primera apoteosis, no en disco, sino en la sala de conciertos, cuando
Pink Floyd tocó su álbum *The Dark Side of the Moon*, de 1973. Una colección

de canciones que exploraban la inmovilidad cultural, la traición colectiva y la falta de confianza en uno mismo fue transformada, por medio de un acertado uso de los efectos de sonido —y, en escena, de un asombroso uso de la iluminación para hipnotizar y sorprender al público—, en la banda sonora de una generación. Su impacto fue más duradero que el de cualquiera de sus contemporáneos y el álbum siguió vendiéndose en la época del punk y también después, hasta convertirse en el segundo LP más vendido de todos los tiempos. Era un triunfo de lo impersonal por parte de una banda a cuyos miembros pocos compradores de discos habrían reconocido por la calle: los inolvidables elementos visuales del álbum compensaban la falta de carisma individual de sus creadores. *Dark Side* transportaba a los oyentes en un viaje que los dejaba afectados, reconfortados y estimulados auditivamente. Era un álbum que rezumaba inteligencia e importancia: era serio y al mismo tiempo embriagador.

Con cada álbum posterior de la década, Pink Floyd se fue acercando cada vez más al rock como forma de espectáculo audiovisual, ocultando con ello unas letras cada vez más oscuras y cínicas. Fueron los músicos menos extravagantes y los artistas conceptuales más grandiosos del rock de los años setenta: alcanzaron el clímax de su vida como megaestrellas aisladas con la construcción de un muro entre ellos y el público que después destruyeron en un gesto que no significaba la liberación, sino una renovación del ciclo y que conduciría inevitablemente a la desesperación. *The Wall*, tal si quisiera reforzar la función surreal del rock nihilista como entretenimiento de masas, demostró ser un proyecto incluso más lucrativo que *The Dark Side of the Moon*.

Otros artistas imaginaron conceptos igualmente extravagantes, pero eligieron presentarlos en términos teatrales más ortodoxos: Yes tocaba la *suite* gargantuesca de *Tales From Topographic Oceans* en un escenario que imitaba el suelo del océano; el cantante de Genesis, Peter Gabriel, representaba sus álbumes conceptuales como un mimo que hubiera tomado LSD; Rick Wakeman elaboraba sus falsas *suites* clásicas falsas en torno a temas históricos y después las tocaba como si fuera gran ópera, e incluso montó un álbum en el Empire Pool, en Wembley, como una gala sobre hielo.

Al igual que el propio género del rock progresivo que daba vida a estas extrañas bestias, estos espectáculos (y los álbumes que los acompañaban) estaban diseñados no solo para entretener al público, sino también para felicitarlo por su inteligencia. Parcos en cuanto a excitación visceral, se enfocaban en el cerebro, en lugar de las caderas o la ingle. El crítico de *NME* Nick Kent se mostraba escéptico con la falta de espontaneidad de Pink Floyd: «Es fácil imaginar un concierto de Floyd en el futuro que consista en la banda simplemente deambulando por el escenario, poniendo todas sus cintas en marcha, activando sus instrumentos por control remoto y después yéndose atrás de los amplificadores para hablar de fútbol o jugar al billar», escribió. «Casi preferiría verlos hacer eso. Al menos sería más honesto»[n201].

Pero ¿cuáles eran las alternativas? Quienes habían quedado hechizados por la teatralidad glam rock de David Bowie observaban con perplejidad cómo este se reinventaba en forma de artista del soul y se iba de gira por Estados Unidos acompañado de un decorado inspirado en el cine expresionista alemán de antes de la guerra. Pocos artistas de la época empleaban métodos tan sutiles. Entre 1969 y 1972, bastaba con que los Rolling Stones aparecieran en público: su imagen como los máximos malhechores del rock hacía el resto. Hacia 1975, tras haberse delatado con un éxito titulado «It's Only Rock'n'roll» [«Es sólo rock'n'roll»], se vieron obligados a representar el ambiente cada vez más saturado de sus canciones con banales artículos de atrezo, como penes inflables gigantes, y su aura de misterio fue disminuyendo con cada nuevo artilugio. Ahora, con treinta y pocos años, los Stones habían perdido su influencia sobre los adolescentes de los años setenta, que en Estados Unidos preferían las payasadas de dibujo animado y el maquillaje de cómic de Kiss, una banda de pop melódico que se hacían pasar por unos temerarios del hard rock. Su cantante principal, Gene Simmons, escupía fuego en el escenario y, en las gradas, niños de doce años intentaban prender fuego sus asientos, desesperados por participar en aquel ritual iconoclasta. Ahora el rock tenía su propio lenguaje de símbolos y clichés que cualquier público podía entender al instante. La simple expresión «rock'n'roll », pronunciada en el escenario («We're gonna rock'n'roll all night!» [«Vamos a rocanrolear toda la noche»]) o berreada desde el patio de butacas, era como una llamada de apareamiento entre la estrella y el público —las actuaciones estadounidenses ofrecían una variación con el grito *«Boogie!»*. En su nivel más básico, una banda como Status Quo podía ser indistinguible de su público: sus pantalones vaqueros indicaban que podrían fácilmente intercambiar lugares con cualquier asistente al concierto. Si el grito de batalla y el código de vestimenta eran correctos, la música casi no importaba: la mera promesa de «rock'n'roll » era suficiente. Era tan hipnótica la atracción de la imagen del rock que una banda como Queen podía alcanzar el estatus de «hombres del pueblo» tocando canciones de estructura casi operística y grabadas con una producción más lujosa que cualquier banda británica desde los Beatles. Entretanto, su abiertamente afeminado cantante principal, Freddie Mercury, consiguió ocultar su homosexualidad a su vasto público heterosexual durante más de una década pese a ponérselo en la cara a sus fans con loco deleite.

«Bohemian Rhapsody», el éxito de Queen de 1975, es un *collage* de cuatro minutos de duración confeccionado a base de distintos estilos, viejos y nuevos —desde los Beach Boys hasta la opereta, pasando por Paul McCartney y The Who. Aquella canción completaba el florecimiento tardío de la extravagancia pop de 1967, y la fantasía psicodélica cedía el paso a un sentimiento de alegría que era totalmente autogenerado: era música que no trataba sobre nada más que sobre el placer de su propia existencia. Probablemente, el ciclo había empezado con «Killer Queen», de los propios Queen, y abarcaba (dependiendo del gusto de uno) «Philadelphia Freedom» (Elton John), «Love Will Keep Us Together» (Captain and Tennille), «Listen to What the Man Said» (Wings), «Miracles» (Jefferson Starship) y dos propuestas sorprendentemente contemporáneas de los creadores de éxitos de mediados de sesenta The Four Seasons: «Who Loves You» y «December '63». Aquí se encontraban todos los ingredientes que antiguamente habían sido esenciales para el pop: melodías, contrapuntos, armonías y ganchos (montones de ellos en cada canción); un deleite auditivo sencillo con raíces en la inocencia del pop de una década atrás y cubierto de una brillantez que habría envidiado Paul Whiteman.

Los artistas más vendidos del mundo en los dos años siguientes parecieron surgir orgánicamente de aquel mismo lujoso tapiz. Tanto Peter Frampton como Fleetwood Mac lanzaron sus carreras británicas en 1967, como estrella del pop adolescente y como banda de blues, respectivamente. Diez años después, eran compañeros en un impresionante golpe comercial, mediante el cual el pop melódica fácil y sencillo colonizó el mercado del rock estadounidense. Ambos artistas tenían sus trucos, si se quiere: Frampton tenía sus rizos y el tubo que hacía «hablar» a su guitarra; Fleetwood Mac, la fijación de los medios por la desintegración de sus relaciones personales. Pero el núcleo de su éxito eran la simpleza de sus canciones y su sinceridad emocional. No requerían traducción ni adoctrinamiento: sencillamente, salían a todo volumen de la radio y se quedaban en la memoria de la gente, como el pop había querido siempre que ocurriera. Su atractivo carecía de clase, abarcaba todas las edades y no pertenecía a ninguna región: como los Beatles, pero para un mundo que los propios Beatles habían transformado. El destacado crítico estadounidense Dave Marsh estaba desconcertado por la popularidad de Frampton, de la cual decía que «frustraba su capacidad de análisis», pues el tipo «no es bueno ni como compositor ni como letrista, su forma de cantar apenas está por encima de la media, como guitarrista es competente y poco más y su presencia en el escenario no tiene nada de excepcional»[n202]. Y sin embargo, Frampton ofrecía una garantía: un entretenimiento que conseguía que un público enorme se sintiera como una unidad.

Cuando el rock se graduó de las salas de conciertos a los estadios, las relaciones entre los artistas, el público, la música y la cultura en general empezaron a cambiar. Los espacios más amplios requerían gestos más grandiosos para llenarlos, más volumen, más espectáculo. Se sacrificó el sentimiento de comunión y de comunicación a través del hueco entre el escenario y las butacas: la sutileza y la ambigüedad se perdían en el aire antes de llegar a la primera fila de asientos. Con la rara excepción de una banda como The Grateful Dead, que logró mantener tanto a su comunidad como sus estructuras musicales de estilo libre durante su viaje de treinta años, los artistas de rock tenían que elegir entre dos modelos de carrera: intimidad, espontaneidad y escasas recompensas económicas; o exceso, previsibilidad y riquezas jamás imaginadas por sus predecesores. Al fundirse las compañías discográficas para formar grandes corporaciones y al desaparecer la ilusión del rock como herramienta de la contracultura, este se reinventó como el fenómeno del entretenimiento más poderoso de la época.

«Los grupos han probado ese viaje experimental relajado durante demasiado tiempo. No vamos a usar al público para volvernos pesados; nuestra música se volverá más simple. Queremos que nos vean como una banda para bailar cuyos discos suenen en las fiestas».

Paul Stanley, Kiss, 1975[n203]

«Hay doscientos millones de estadounidenses que no aprecian las sutilezas. Quieren que les den con un martillo en la cabeza a base de ideas claras. [...] Recordad que fue la cultura de masas la que creó el rock'n'roll . [...] ¡Creo que Shakespeare es una mierda! ¡Mierda absoluta! 'Vuesa merced' y 'vos'... el tipo suena como un maricón».

Gene Simmons, Kiss, 1977[n204]

En 1970, la obsesión monotemática y la destreza multiinstrumental se combinaron con la innovación tecnológica para crear una nueva fórmula: el grupo de rock de una sola persona. De manera emblemática, Paul McCartney, con el LP en el que debutó como solista, fue uno de los primeros en tocar y cantar un álbum entero él solo (aunque con apoyo moral y alguno que otro coro proporcionados por su mujer). Emitt Rhodes reprodujo el viejo sonido de los

Beatles en su garaje; Todd Rundgren, en sus primeras aventuras autoproducidas, oscilaba entre las melodías de McCartney y la excentricidad de Zappa, pero luego creció vertiginosamente hasta llegar a la locura atestada de sintetizadores de *A Wizard A True Star*; mientras que Stevie Wonder declaró su independencia efectiva de la fábrica de éxitos de Motown sumergiéndose en un estudio de grabación para elaborar creaciones aún más deslumbrantes de funk, soul y pop.

Mientras que aquellos artistas obtuvieron prestigio por su ambición (junto con la crítica de que ningún hombre podía reproducir en solitario la espontaneidad colectiva de una banda), había un músico que seguía el mismo rumbo en la banda Boston. Tom Scholz era un licenciado en ingeniería mecánica del MIT cuyo trabajo diurno consistía en diseñar productos para Polaroid. Por la noche, se retiraba a un estudio de grabación casero construido por él mismo, donde pasó años grabando y regrabando la misma tanda de canciones, superponiendo las partes de guitarra y teclado como si fueran muestras en un almacén de alfombras, refinando incesantemente el tono de cada instrumento e inventando aparatos sónicos para que las canciones se aproximaran al sonido que escuchaba en su cabeza. Como hizo notar el crítico Lester Bangs, era «una parodia del doctor loco aislado en su laboratorio»[n205]. Pero a partir de las tareas casi compulsivas de Scholz surgió Boston, que era tanto una banda (porque ni siquiera Scholz podía dominar las máquinas suficientes para producir solo aquel sonido en el escenario) como un disco homónimo que, con el tiempo, vendió más de diecisiete millones de copias.

Encabezado por el single «More Than a Feeling», casi un himno, *Boston* sonaba como un triunfo de la investigación de mercado. Era como si a un ordenador le hubiesen suministrado una generación de canciones de rock exitosas y después lo hubiesen programado para que combinara los elementos quintaesenciales en paquetes coherentes. Scholz había conseguido ese efecto a base de accidentes e invención al añadir el golpe visceral de los *riffs* de guitarra del heavy a unos irresistibles estribillos y unas estructuras de canciones que sonaban al mismo tiempo «clásicas» y completamente nuevas. Era hard rock y power pop, rock progresivo y metal, todas las fórmulas estadounidenses de los años setenta reestructuradas en un único paquete. Solo quienes estaban decididos a ignorar la corriente dominante pudieron resistirse.

Fruto de incesante trabajo e imaginación individual, Boston llegó a personificar un estilo de hacer música estadounidense tan básico como lo eran sus inconfundibles marcas: Kansas, Journey, Styx, Foreigner, Starz, Heart. Estos eran los albores del rock de estadios, del AOR, aunque el género era más específico que lo que sugerían sus siglas. Denotaba una música fuerte pero elegante, construida en torno a *riffs* de hard rock y melodías pop y estampada con estribillos emocionantes que desafiaban al público a no levantar los puños con placer. Las bandas de AOR no exigían más compromiso por parte de sus fans que el gozo: carecía de intereses políticos y de títulos en teoría musical o en estructura poética. Si la generación anterior de músicos de rock había intentado representar o incluso liderar la (contra)cultura, el AOR se ofrecía a sí mismo en lugar de la cultura y su público ideal era una generación unida por sus respuestas instintivas y fulminantes ante obvios estímulos emocionales. A la larga, el AOR amplió su paleta de sentimientos para incorporar la *power ballad*, una forma de musculoso sentimentalismo lleno de gargantuesca angustia teatral.

En retrospectiva, se pueden encontrar indicios de esta nueva corriente dominante a comienzos de los años setenta en Estados Unidos: desde «Witchy Woman», de The Eagles (swamp rock de las playas californianas), y «Long Train Running», de The Doobie Brothers (rock más funk en una sedante nube de humo), hasta «We're an American Band», de Grand Funk Railroad, de Grand Funk Railroad (frat rock de los sesenta para chicos demasiado jóvenes para haber vivido los sesenta). Kiss ocultaba su gusto por la melodía

tras su maquillaje hortera y su pose temeraria, pero una banda cuyo éxito más memorable era una balada tan grandiosa como «Beth» no podía ser una amenaza creíble para la sociedad. Incluso «Free Bird», el himno del southern rock de Lynyrd Skynyrd, se podía atribuir a la nueva tradición por a su capacidad para unir a una multitud en la respuesta pavloviana de encender mecheros y mecer los brazos en el aire. Pero la banda que más hizo por establecer los límites del AOR fue Styx: sus estribillos masivos y sus *riffs* hechos para levantar los puños estaban diseñados para la extensión de un estadio deportivo.

Esos puños en alto estuvieron permanentemente apretados durante la década siguiente, a medida que la corriente de rock dominante de Estados Unidos reciclaba el mismo repertorio de actitudes: desafío, triunfo, resolución, compromiso, pasión. La música disco disco llegó y se fue; nació el hip hop; el punk explotó y se convirtió en un cliché; pero, en el corazón de Estados Unidos, el AOR y su primo, el hard rock, continuaron haciendo lo mismo, acumulando influencias externas tan lentamente que su público apenas notó el cambio entre «Cherry Baby», el éxito de Starz de 1977, que tenía raíces en el beat británico de los años sesenta, y «Jump», la incursión de Van Halen en 1984 en el disco-rock con sintetizadores. Para entonces, el AOR se había convertido en una institución tan permanente que podía prescindir virtualmente de todos sus rasgos característicos y, aun así, poner en movimiento a sus multitudes de estadio con una música que antes hubieran despreciado. En su extremo más predecible, esto producía anonimato —nombres como Balance, Point Blank, Silver Condor, Spider and the Dillman Band—, o reducía a leyendas del rock, como Jefferson Starship, al mismo estado. Sin embargo, mientras el género pudiera crear un himno tan sencillo y primario como «Don't Stop Believin'», el single de Journey de 1981, en tanto hubiera personas que necesitaran oír que podían superar la tormenta, mantener la fe y otros cientos de clichés —que pronto crearían un *boom* de los libros de autoayuda—, el AOR nunca moriría. Consiguió vender a su público la más seductora dieta emocional: sentido de pertenencia y un entusiasmo continuo.

unión de los cuerpos

«Cada uno baila solo, o sola [...], el volumen [está] lo suficientemente alto como para hacer que te sangre la nariz [...], el ritmo, siempre EL RITMO, entra en tu conciencia y la aplasta. Los chavales son de distinta extracción. Algunos van con un chaleco y pantalones tipo *Oxford bags*, otros llevan su mejor traje. Todos, sin embargo, están llenos de vibraciones positivas».

Tony Cummings, *Black Music*, at Tiffany's, Newcastle-under-Lyme, 1974[n206]

«La música negra es básicamente ritmo, todo viene de África y del baile. Yo creo que la música está volviendo otra vez a lo que yo hago, la gente quiere salir a la pista, olvidarse de sus problemas y soltarse el pelo».

James Brown, 1976[n207]

Entusiasmo: hacer girar el cuerpo, caer hacia atrás al suelo, saltar como en un trampolín, darse la vuelta, hacerse un ovillo, estirarse, todo en perfecta sincronización con el metrónomo *vintage* de 4/4 creado por músicos a 4.000 millas de distancia. El local era el Twisted Wheel o el Tiffany, el Golden Torch o el Night Owl, el Burlesque o el Dungeon, el Casino o el Highland Room, sótano o sala de baile, bodega o club. Todo en aras del placer, la liberación, el poder del volumen y el ritmo perfecto, la unión de los cuerpos esculpiendo el aire en un placer simultáneo y solitario.

El estímulo para este éxtasis era el soul, el Northern soul, así llamado no por sus orígenes en Norteamérica (su hogar espiritual era Detroit), sino por la localización de sus discípulos: en Manchester, Wigan, Blackpool o el área del norte de Inglaterra conocida como The Stafford Potteries. Cada fin de semana acudían todos en tren o en autobús para hacer un peregrinaje al fiable territorio de una música que te sumergía en su energía trascendente (con ayuda de algunas pastillas, quizás, para mantener los pies en movimiento hasta la aurora).

Todo empezó en el Twisted Wheel, de Manchester: trasladado en 1965 a una cafetería en un viejo almacén, encima de un complejo de sótanos que, en los siguientes seis años, serviría de escenario para conciertos de las estrellas estadounidenses del soul que visitaban Inglaterra y para la crema del R&B británico, tanto blanco como negro. Al principio era un refugio de mods, hasta que el evangelio de la música soul se extendió y se formó una nueva élite sin prejuicios de género o de raza, unida solo por la obsesión de los ritmos de la América negra. El Northern soul disfrutó de una existencia oculta hasta que los expertos empezaron a preguntarse por qué las listas de éxitos entre los años 1969 y 1972 estaban llenas de recuperaciones de sonidos soul del pasado. Algunas de esas canciones eran de las grandes estrellas de Motown, otras eran de artistas que no habían sido distribuidos en Reino Unido antes. Y es que esta era una escena que giraba en torno a discos que no eran populares y que, en algunos casos extremos, como el de «Do I Love You?», de Frank Wilson, ni siquiera habían sido lanzados comercialmente. Los DJs y los clubes competían por descubrir las mejores rarezas de la escena soul de los sesenta en Estados Unidos y después los ocultaban a la vista de todos: hacían sonar sus dos minutos y medio de éxtasis rítmico en una sala llena de bailarines palpitantes mientras mantenían la identidad del single oculta para sus rivales. Su meta era encontrar singles tan emocionantes como los mejores éxitos de Motown pero que fueran desconocidos para las masas.

Cada local en particular tenía su propia filosofía. Algunos no se aventuraban con nada posterior a los años sesenta, mientras que otros se mantenían al día con los cambiantes ritmos que provenían de Estados Unidos. El local más famoso de todos era el Wigan Casino, que estuvo abierto desde 1973 a 1981. Atraía tahúres de todo Reino Unido, fundó su propio sello discográfico (Casino Classics), convirtió a sus DJs en estrellas y fue finalmente explotado por éxitos como «Footsie», de Wigan's Chosen Few, y «Skiing in the Snow», de Wigan's Ovation. Sus listas de canciones iban desde añejas pistas instrumentales de Detroit («Double Cookin'», «I Have Faith in You») hasta el soul de ojos azules de The Four Seasons y Paul Anka, pasando por las perennes Tres Antes de las Ocho (en punto): «Long After Tonight Is Over», de Jimmy Radcliffe, «Time Will Pass You By», de Tobi Lengend, y «I'm on My Way», de Dean Parrish, las tres canciones que solían cerrar cada *all-nighter*.

Fuera de Wigan, había *all-dayers* y *all-nighters* por todo el norte y las Midlands, e incluso en Londres, aunque la capital prefería seguir el ritmo contemporáneo de Estados Unidos. La escena provocó varias redadas antidroga entre 1969 y 1970, aunque el ambiente era muy poco violento y perjudicial. El estigma era tan penetrante que cinco años después, todavía había locales con un cartel que decía «no ponemos música soul».

Sin embargo, la música soul no era fácil de comprimir en un solo estilo o sonido. Aparte del soul urbano favorecido por los leales del Northern soul y del R&B musculoso del sur de Estados Unidos, la música afroamericana había estado cambiando de forma tan dramática como la sociedad de la que surgía. Incluso Motown estaba experimentando con el «soul psicodélico», y grupos como The Temptations reflejaban la turbulencia de la pobreza urbana y la violencia: «Cloud Nine» y «Ball of Confusion» evocaban guetos atrapados entre la militancia política de los Panteras Negras y la atracción de la heroína. Sly and the Family Stone, multirraciales y polígamos, se convirtieron en una de las bandas más importantes de Estados Unidos ofreciendo delirantes himnos de baile junto a informativos que informaban sobre una generación aplastada por la desilusión y la desesperanza.

La música comercial explotó en varias extrañas formas: los largos monólogos de seductor de «By the Time I Get to Phoenix» y «Walk On By», de Isaac Hayes; la seductora sensualidad de «Tired of Being Alone», de Al green; el erotismo combustible de James Brown en «Sex Machine»; el perturbador contraste entre «Hell Below» y «Move On Up», de Curtis Mayfield; y toda una gama de notables discos que apestaban a paranoia, desde «Slippng Into Darkness», de War, y «Back Stabbers», de The O'Jays, hasta «Smiling Faces Sometimes», de The Undisputed Truth, en la que un apretón de manos escondía una serpiente y tu hermano podía ser tu peor enemigo. Era la primera vez que los artistas negros se sentían lo suficientemente libres como para grabar discos tan experimentales como los de sus coetáneos blancos, una liberación que canalizaron en obras tan idealistas como *What's Going On*, de Marvin Gaye, y tan desoladores como *Superfly*, de Curtis Mayfield.

Esto era territorio desafiantemente negro, tal como insistía el presentador del programa televisivo *Soul!*: «La música R&B, especialmente en cuanto a muchas letras nuevas, constituye la nueva oleada de orgullo negro. Es totalmente nuestra y nadie puede imitarla ni comprarla»(n207). Pero los ritmos de la música negra estaban cambiando constantemente. No había nada, apartc de la actitud, que conectase los paisajes lánguidos y expansivos de Isaac Hayes con el funk desnudo y tenso de los Isley Brothers o con el ritmo de latin-soul de The Dramatics en «Watcha See Is Watcha Get». Los sonidos dominantes eran tan duros como la vida en el gueto y tan sedosos como la vida burguesa en los suburbios: ambos eran afroamericanos, pero reflejaban experiencias tan diferentes como las de Bing Crosby y Elvis Presley en los años cincuenta. El soul podía ser una incitación musical a la revuelta o bien (como afirmaba Ronnie White, de The Miracles) música para mujeres, una invitación a enamorarse con la dulce voz de tenor de Smokey Robinson.

Había otra dicotomía más: el funk como vehículo para la tensión cinemática, como ejemplificaba el tema principal de Isaac Hayes para *Shaft*, la película de *blaxploitation*, o «Papa Was a Rolling Stone», de The Temptations, y el funk como invitación a salir de fiesta. A menudo era difícil decir cuál de los dos era cuando la guitarra *wah-wah* crepitaba como fuego sobre arreglos minimalistas.

El funk podía indicar miedo o entusiasmo, pero a mediados de los setenta, a medida que el movimiento negro de liberación se derrumbaba debido a las luchas internas y a medida que las drogas duras inundaban los guetos de Estados Unidos, no quedaba apetito por una música que cartografiara la desolación de la vida diaria. La música de Curtis Mayfield iluminaba el tenebroso camino: en un espacio de seis años, pasó de un santurrón optimismo sobre el destino de la América negra, a un oscuro realismo y, finalmente, al deprimente paisaje sin vistas de su disco de 1975 *There's No Place Like America Today*. Era una música brutalmente honesta, casi insoportablemente despojada de esperanza: demasiado vacía ya para contener ira. Pero, en la encrucijada entre la desesperación y el escapismo, los afroamericanos eligieron irse de fiesta, como si solo vivieran para bailar.

«Moverse al ritmo de la música y la sensación de necesitar bailar son cosas vitales para comprender mínimamente la música negra [...]. Gran parte del contenido musical afroamericano ha de entenderse en relación al cuerpo en lugar de a la mente. También está muy claro el vínculo entre baile y sexo. Básicamente, bailar es transmitir mensajes sexuales, es simular el tempo del coito [...], sigue siendo una actividad del animal más que del hombre pensante».

Robert Gallagher, *Black Music*, enero de 1976[n208]

«Me parece increíble. Como factor, contribuye a la epilepsia. Es la mayor destructora de la educación. Es un culto de la selva. Es lo que los watusis hacen para instigar una guerra. Lo que hemos visto en las discotecas, con toda esa gente sacudiéndose, es lo que hace la gente en la selva».

Director de la Rhodesian Broadcasting Company, explicando su prohibición de la música disco, 1979[n209]

En su eterna búsqueda de una cabeza de turco para culpar de los problemas económicos y sociales del Reino Unido, el fascista National Front se centró en la comunidad no blanca del país. En su manifiesto ante las elecciones generales de octubre de 1974, repetía su acostumbrada llamada «a una completa repatriación de todos los inmigrantes de color y de todos sus descendientes que permanezcan aquí»[n210]. Limpiar a la población británica no era suficiente, sin embargo. El NF también demandaba que la BBC dejase de programar «ritmos negros importados». A medida que avanzaba la década, los miembros del partido se embarcaron en una sistemática campaña de intimidación enfocada en las emisoras de radio. Los teléfonos de estas es-

taban inundados de llamadas airadas: «Basta de poner esa música de negratas». El líder del NF, Martin Webster, declaró que el reggae era una música
apropiada solo «para monos y degenerados».

Pero hasta el fascista más inteligente (oxímoron) habría tenido que esfor-
zarse para definir en qué consistía exactamente la música con «ritmos negros
importados». ¿Era la música soul que tocaban la Average White Band o David Bowie, o los Rolling Stones, que expresaban su pasión por el R&B y por
el reggae, o Paul McCartney, que grababa con el productor de R&B Allen
Toussaint en Nueva Orleans, o Acker Bilk y Kenny Ball, que revivían el jazz
de la Crescent City de hacía cincuenta años? El desafío más bien habría sido
encontrar una música popular británica (por no hablar de la estadounidense
y la jamaicana) que *no* se basase en un ritmo «negro», importado o no.

Esos ritmos infecciosos habían inspirado cada nueva danza desde el nacimiento del ragtime, y sin embargo la negritud no era siempre el origen
del baile. «Jungle Fever» (1972), de The Chachakas, añadía unas especias
hispanas a las gruesas pistas instrumentales de la banda de James Brown y las
cubría de exclamaciones orgásmicas: sexo y raza, un trapo rojo para el toro
de las camisas negras. Excepto que The Chachakas no provenían de Harlem
o de Watts, sino de Bélgica.

De forma aún más desconcertante, ahora había ritmos de baile que no surgían de los resbaladizos dedos y de las almas sincopadas de los músicos de
soul, negros o blancos, sino de máquinas. Prueba número uno: «Son of My
Father», un éxito de Giorgio Moroder en Estados Unidos (Chicory Tip en
Reino Unido): una cancioncilla pegadiza impulsada por palmadas sintéticas
y percusión y las líneas en espiral de un sintetizador Moog: robótica, omi-
nosamente circular, sugería que, como las cucarachas, podía sobrevivir al
holocausto nuclear. Prueba número dos: «Popcorn», de Gershon Kingsley,
comercializada por la banda estadounidense Hot Pepper: el gusanillo auditivo más infeccioso atrapado en una ventisca de partes de sintetizador que
encajaban unas con otras sobre un frenético ritmo computarizado. Aquel era
un futuro que podía atraer a los *fascisti* más autoritarios, la banda sonora de
una *Metropolis* en la que toda la humanidad estuviera a merced de los rudi-
tos y burbujeos de aparatos electrónicos que aquella ya no podía controlar.
Lo que ocurría era que ninguna de las dos canciones estaba libre de sentimiento: en su repetición constante se encontraba la esencia del gozo.

«Aquí en Nueva York», decía el remezclador de discos Tom Moulton en
1975, «mucha gente va a las discotecas para escapar del mundo [...] y ser
totalmente libres para bailar»[n211]. Ninguna comunidad de esa ciudad necesitaba más el gozo despreocupado y la seguridad que la comunidad gay,
que frecuentaba clubes como el adecuadamente llamado Sanctuary. Allí, ya

en 1971, un DJ llamado Francis Grasso fue el pionero en crear música solo con maquinaria, mediante un par de giradiscos. «Su proeza», ha escrito el historiador de la música disco Albert Goldman, «era poner dos canciones de forma simultánea durante más de dos minutos. Hacía coincidir el ritmo de batería de 'I'm a Man', de Chicago, con los gemidos orgásmicos de 'Whole Lotta Love', de Led Zeppelin, y creaba una poderosa mezcla»[n212]. La sexualidad se extendía más allá de los gruñidos de Robert Plant. Grasso manipulaba sus giradiscos con una seductora sensualidad que hacía que su publico entrase en un frenesí extático a medida que construía un crescendo con su música, dejaba de nuevo que decayese la intensidad y volvía a aumentarla hasta que los que bailaban gritaban y rugían con una energía explosiva, casi animal. Las sesiones de Grasso no eran solo un desfile de lo más funk de una época funk: se centraba en los *breaks* de batería y en los *riffs* repetidos que encendían las zonas erógenas del público, reduciendo así los discos a sus momentos fundamentales de respuesta del público y alargándolos al pasarlos de un plato a otro para mantener el baile en movimiento.

Todo estaba preparado para extender el momento: música prolongada artificialmente, *poppers* (nitrito de amilo) para aumentar y prolongar el subidón sexual, la frenética cópula de los clubes gay, que existían fuera de las prohibiciones de la sociedad. No había nada inherentemente gay en la música disco: la música era solo el vehículo del entusiasmo, una excitante demolición de barreras que solo estaba disponible en las pistas de baile (o en las saunas). Puede que Tom Moulton tuviese más razón de lo que él mismo creía cuando dijo: «Me gusta ver a la gente excitada así con la música»[n213].

Moulton fue el popularizador de la música disco, quien codificó las innovaciones de otros. Al presenciar por sí mismo el impacto que tenía la «mezcla instantánea» de los dos giradiscos, se dio cuenta de que había potencial comercial en vender canciones de baile de moda extendidas para aquellos sin las habilidades o el equipamiento para imitar la destreza de Grasso. Cada vez más singles de música de baile llevaban una versión vocal de una misma canción por una cara y una versión instrumental en la otra. Usando su estudio casero, Moulton literalmente empalmaba elementos de las dos en una cinta y se la proporcionaba a otros DJs. En 1975, había empezado a lanzar discos de doce pulgadas con sus «disco mixes», asumiendo con razón que en los humildes discos de siete pulgadas no cabían aquellas epopeyas. Como solo estaban a la venta por medio de suscripción a través del propio Moulton y no se ofrecían al público, no tenía que preocuparse por obtener permiso de artistas y dis-

cográficas. En cualquier caso, sus discos de doce pulgadas tenían tanto éxito entre quienes les gustaba bailar que estimulaban las ventas de los discos
originales. El siguiente paso lógico era darle al público del baile lo que este
quería: vender comercialmente sus mezclas. El éxito de BT Express de 1974
«Do It (Till You're Satisfied)» fue uno de los primeros: todavía solo un siete
pulgadas, pero con el bajo aumentado y los *breaks* de batería extendidos que
impulsaban sus mezclas para los clubes. Dos años más tarde, otro DJ, Walter Gibbons, lanzó lo que sutilmente se describía como una «mezcla disco»
en un doce pulgadas, una mezcla de nueve minutos de «Ten Per Cent», de
Double Exposure, el primer single tamaño LP que llegó a las tiendas. Para
entonces, Moulton ya había proporcionado a los DJs la experiencia disco
definitiva: una cara entera de un LP de Gloria Gaynor (*Never Can Say Goo-
dbye*, en 1975) arreglada y mezclada para proporcionar dieciocho minutos de
baile con exactamente el mismo tempo[25].

Grasso, Moulton, Gibbons: manipuladores profesionales del sonido que
demostraban su oficio a una clientela mayoritariamente blanca en clubes de
Manhattan. A unas millas de distancia, en las calles brutalmente «regenera-
das» y empobrecidas y en las torres de apartamentos del Bronx, los clubes
eran un espacio abandonado o el sótano de un bloque de pisos y el entretenimiento era un joven negro o latino con un *sound system* y unos cuantos
discos. A veces el equipo había sido robado de un centro social. A veces el
DJ desviaba la electricidad de la ciudad para sus propios amplificadores de
fabricación casera. Al igual que los *sound systems* rivales de Jamaica, dos aspirantes a maestro de ceremonias competían desde puntos opuestos de la
pista de baile, cada uno intentando vencer al otro a fuerza de volumen y
vibraciones del bajo, cubriendo sus últimos descubrimientos al igual que los
legendarios DJs de ska y Northern soul.

Los dos DJs más carismáticos del Bronx a mediados de los setenta tenían
ambos menos de veinte años. Clive Campbell había crecido en Jamaica,
donde el *disc jockey* no era solo un proveedor de música, sino un duro guerre-
ro. Kevin Donovan era un nativo del Bronx que, a los dieciséis años, había
escapado de la cultura de bandas callejeras de su barrio y había formado The
Mighty Zulu Nation, un colectivo de chavales de la calle que veían la música como la clave de la armonía. A Donovan lo conocían todos como Afrika
Bambaata, un nombre que acuñó tras un viaje a África. Al reunir a su alrede-

---

25. La historiadora de la música disco Alice Echols observa: «Los cantantes se dieron cuenta
de que sus voces ya no eran el rasgo definitorio de una canción, sino solo un elemento más.
'Yo no canto mucho', fue la dolida reacción de Gaynor al oír la mezcla final de su LP, realizada
por Moulton. Consternada, Gaynor le preguntó: '¿Y qué voy a hacer cuando la toquemos en
directo?'. A lo que Moulton respondió: 'Tendrás que aprender a *bailar*'»[n214].

dor a una multitud y cruzar sin miedo los territorios de las bandas, su propósito era despertar conciencias, poner discos y extender la unidad. «Cuando los aficionados al punk vinieron al río Bronx y empezaron a mezclarse con los chavales negros e hispanos», recordaba, «la gente pensó que habría problemas. Pero no los hubo. Todo ocurrió de forma pacífica»[n215]. Mientras tanto, Campbell se había rebautizado como Kool Herc y su propósito era crear una verdadera muralla de sonido funk que ninguno de sus competidores pudiera igualar. En el mito fundacional de la cultura hip hop, el lugar de nacimiento de Herc fue una fiesta organizada por su hermana Cindy en el sótano del edificio donde vivían. Las invitaciones escritas a mano alardeaban de que se trataba de una «*jam* de vuelta al cole» y una «fiesta del DJ Kool Herc». 25 centavos para las damas y el doble para los hombres, desde las 21:00 hasta las 4:00, la noche del 11 al 12 de agosto de 1973. Lo único que hizo Herc fue poner discos y poner a bailar a los amigos de su hermana, pero en la historia del hip hop aquel momento cobra una significancia monumental, como una bandera que proclamase: «Aquí empieza todo».

Pero ni Herc ni Bambaata imaginaban las innovaciones técnicas que pronto alcanzarían sus coetáneos. Herc aprendió a sincronizar discos en platos paralelos y a alternarlos, pero sus mezclas cruzadas no eran una ciencia exacta y a menudo los ritmos no coincidían. Y he aquí que llegó otro inmigrante procedente del caribe, Joseph Saddler, nacido en Barbados, que se hacía llamar Grandmaster Flash por su habilidad con los platos. Su equipo le permitía fundir la música de un plato a otro y cambiar de uno a otro a voluntad, pero, además, la experimentación dio un fruto inesperado: «Encontré la manera de poner en marcha el primer disco con mi mano físicamente sobre el vinilo. El plato se ponía a girar pero la música no sonaba, porque la aguja no viajaba por el surco. Así que, cuando yo quitaba la mano del disco... ¡BAM!, la música empezaba justo donde yo quería»[n216].

Uno de los protegidos de Flash, Theodore Livingstone (alias Grand Wizzard Theodore), tenía los ojos y las manos de un cirujano plástico y era capaz de poner la aguja en un disco de vinilo exactamente en el mismo sitio sin fallar, incluso con los ojos vendados. Pero su contribución más duradera al arte del pinchadiscos fue la invención de lo que se conoció —de forma inexacta— como *scratching* [rascado]. A pesar del nombre, no conllevaba que la aguja fuese arrastrada de forma horizontal sobre la superficie del disco, con lo cual se habría arriesgado a un daño permanente: en realidad, Theodore sujetaba el plato por un lado con los dedos mientras sonaba y lo hacía girar al revés, contra la dirección del motor, soltándolo y arrastrándolo hacia atrás de nuevo hasta que el tiempo y la música se dislocaban. La precisión, de nuevo, era la clave: el disco debía manejarse como si fuera un instrumen-

to de percusión y liberarlo en perfecta sincronización con el ritmo original.
Con estas intervenciones, el proceso puramente mecánico de poner un disco
ganó un componente humano, la tecnología se puso
al servicio de su guardián, el sonido era manipulado
con la misma facilidad y chulería con la que un guitarrista modifica el aullido y el rugido del *feedback*.

Más allá de estas distorsiones de las «ruedas de
acero», el sur del Bronx añadió una cualidad revolucionaria a pinchar un disco: la voz humana. Los
DJs siempre habían sido capaces de imponerse a su
audiencia, transmitiendo información o bien una secuencia de muletillas y dedicatorias, para así poner
su personalidad en el centro de la escena. Los *sound
systems* de Jamaica ensancharon los límites de esa tradición y la convirtieron en una mezcla de sonido de
una sola pieza en la que el DJ participaba de la música, respondiendo a ella, atravesándola, *habitándola*.
De la misma forma, los locutores de radio más egocéntricos de Estados Unidos, como Cousin Bruce o Rosko, eran ellos mismos el show y la música
era solo el acompañamiento. A medida que los DJs del Bronx extendía su
alcance desde un cuarto trasero a un parque o una plaza de la ciudad, fueron aderezando su música con gruñidos y proclamas, animando a los que
bailaban a meterse en el ritmo, a moverse con el flujo: todos los clichés que
se desprendían de los labios de cualquiera que se pusiera a los mandos de
una mesa de giradiscos. Muy pronto empezó a haber otros junto a ellos que
hablaban de forma más fluida y, a partir de entonces, el DJ se convirtió en
la mitad de una actuación doble: el que traía el sonido junto con el maestro
de la verborrea, uno controlando el ritmo y el otro elevando la atmósfera.
El maestro de la mesa era aún la estrella, pero, de forma gradual, los MCs
comenzaron a apartarlos a un lado. Muy pronto, el público estaba centrado
en el hombre con el micrófono, que exhortaba, gritaba, hacía bromas, publi-
citando la magia de la música, mientras el tipo de las habilidades duramente
aprendidas tras los platos se quedaba en silencio junto a él. «Con este en
apariencia insignificante cambio del lugar del micrófono», ha escrito Mark
Katz, «la relación entre DJ y MC comenzó a cambiar. El DJ ya no era el
centro del universo hip hop; un era dorada para el DJ había terminado»[n217].
Pero antes de que el hip hop pudiera salir del Bronx y convertirse en una
cultura global, otra industria tenía que hacerse a un lado, un género que estaba en su momento de creación cuando Kool Herc pinchó en la fiesta de su
hermana en el 1520 de Sedwick Avenue.

«El impacto de la última música disco ha sido tal que hoy en día el 'sonido' ha usurpado por completo al intérprete. Ya no importa quién cante con tal de que el ritmo esté ahí».

Roger St. Pierre, *NME*, 1976[n218]

«El sonido disco es un sonido que aborrezco. Es un ritmo monótono. Es como si la carrera humana consistiese en un montón de ganado que necesita un ritmo para moverse».

Productor discográfico Richard Perry, 1976[n219]

«La sensación que está barriendo la nación», anunciaba la revista *Black Music* en diciembre de 1973, «son los discos de 'fiesta' (hay que salmodiar 'fiesta, fiesta, fiesta' de forma monótona sobre una ajustada base rítmica) y los discos 'de silbidos' (en los que se silba una melodía por encima de un ritmo de funk)»[n220]. Ejemplos de esta tendencia, concluía el autor del texto, eran «Funky Stuff», de Kool and the Gang, la banda afroamericana de Jersey City. Su saxofonista, Dennis Thomas, admitiría un año más tarde: «Nos dejamos llevar por todo eso de la música disco. La verdad es que la mayoría de nosotros no íbamos nunca a discotecas, la gente tenía que *contarnos* todo eso de los silbidos y tal [...]. La mayoría de nosotros somos tipos muy tranquilos [...]. Salir de fiesta todas las noches no era lo nuestro. Cuando 'Funky Stuff' fue un éxito, todo se abrió para nosotros. De pronto teníamos un público blanco que no *sabía* nada de nosotros»[n221].

«Funky Stuff» y su continuación más convencional, «Jungle Boogie», llegaron en medio de un vendaval de singles de éxito que estaban rompiendo los límites de la música negra. «That Lady», de The Isley Brothers, era un tema de latin funk que revelaba lo mucho que el guitarrista principal, Ernie Isley, había aprendido durante el breve aprendizaje de Jimi Hendrix en la banda. «Por primera vez en mi vida», escribió Vernon Gibbs, acerca de un concierto de los Isleys en Nueva York, «escuché a una audiencia negra reaccionar con entusiasmo a un solo de guitarra *potente*»[n222]. Earth, Wind and Fire, con su canción «Evil», canalizaban el rock latino psicodélico de Santana. «Ecstasy», de The Ohio Players, cambiaba sin cesar de centro de gravedad y cada capa de sonido contribuía a una gloriosa confusión sónica. El más experimental de todos —y además número uno en las listas de soul y pop de Estados Unidos— era Eddie Kendricks, con «Keep On Truckin'», casi una autopsia de la tradición del R&B: exhibía cada parte constitutiva durante unos instantes y después la desechabas como si ya no le hiciera falta.

La identidad negra —o al menos su representación musical— estaba también sufriendo cambios. Había música procedente del gueto y que proclamaba con orgullo su origen: las bandas sonoras de *blaxploitation* de Curtis Mayfield o «Living for the City», de Stevie Wonder. Otras voces venían de los suburbios, cruzando esperanzadas las barrera raciales: eran los restos del sueño *crossover* de Berry Gordy en los sesenta. O bien procedían del dormitorio, acercándose en un íntimo *zoom* como la cámara de un *voyeur*: la titilación erótica de «Let's Get It On», de Marvin Gaye, y la conversación de almohada de «I'm Gonna Love You Just a Little Bit More», de Barry White. O bien procedían de la calle, como la banda de latin funk War (encarnada en Papa Dee Allen), que se describía a sí misma como «anarquía en forma de música» y emitió un manifiesto que tendría su eco en Reino Unido a finales de la década: «Nos gusta pensar que somos una extensión de la gente. La gente mira a las estrellas hacia *arriba*, pero a *nosotros* nos miran a los ojos»[n223].

Y después estaban las estrellas ya existentes que —como los Rolling Stones una década antes— querían celebrar el poder de la música negra dentro de la comunidad blanca. Elton John y David Bowie se acercaban lentamente a «Philadelphia Freedom» y «Young Americans». La Electric Light Orchestra había abandonado su ambición de ser más *Sgt. Pepper* que los Beatles y había grabado «Showdown», que (dejando a un lado la voz principal) sonaba como un disco de funk de Florida. Lo más extraño de todo, quizás, era el ejemplo de The Osmonds, que ahora trabajaban con un productor/arreglista afroamericano de soul y cuya canción «Let Me In» demostraba con qué facilidad el sonido de soul suave de Philadelphia podía cruzar de negros a blancos. (También, por cierto, ayudó a perfeccionar el tipo de balada de *boy band* que alimentaría enamoramientos adolescentes a partir de los noventa). En menos de un año, ya era posible para la banda de nombre sardónico Average White Band [Banda Blanca Normal] propulsar su marca escocesa de funk hasta lo alto de las listas americanas.

Más alarmante aún para la industria musical que la ambigüedad racial era el potencial para los éxitos creados en la pista de baile. «Soul Makossa», de Manu Dibango (de Camerún), ni siquiera estaba a la venta en Estados Unidos cuando David Mancuso empezó a pincharla en fiestas de Brooklyn, provocando una demanda por un producto inexistente. Si los DJs podían conjurar éxitos a partir de oscuros discos africanos de funk, entonces es que el mercado estaba escapando al control de las compañías. Como cualquier otra sacudida al statu quo, la explosión de música «de fiesta» hizo que el negocio de los discos se volviese impredecible. De la nada, un productor renegado como Bob Crewe podía reinventar al peluquero de las famosas Monti Rock como el extravagantemente hortera Disco-Tex and the Sex-O-Lettes, cuyo tema «Get Dancin'» celebraba y parodiaba al mismo tiempo la cultura gay que había impulsado la escena de los clubes de baile. Salir de fiesta ya no era solo una ocasión para el placer: era una declaración de identidad, o de identidad potencial, que podía encontrar a hombres gay y mujeres hetero, negros y blancos, demostrando sus similares muestras de osadía sexual.

El amo y señor del erotismo de la pista de baile era Barry White, empresario, arreglista, productor, compositor, teclista, cantante y símbolo sexual. Descartado por la prensa como «el primer rey del *muzak* desechable»[n224], el gargantuesco White dominaba y liberaba al mismo tiempo a su público femenino, como ilustra la siguiente descripción de uno de sus conciertos en 1975, aparecida en *Black Music*: «Desde los dieciséis hasta los sesenta años, Barry les da donde duele bien. Una chica susurra: 'Oh Dios, oh Dios, oh Dios...', una y otra vez, mientras entra en una especie de trance hipnótico [...]. A dos señoras de mediana edad las tienen que sacar a rastras del escenario mientras intentan en vano agarrarse a los pantalones de terciopelo de Barry [...]. Docenas de mujeres saltan de sus asientos y caen sobre su héroe para tocar su enorme cuerpo y besar su aureolada cabeza»[n225].

White provocaba «una euforia en masa parecida a un trance que sería el orgullo de cien curanderos». Los críticos masculinos podían protestar por su «tedio interminable», su «casi total ausencia de sustancia emocional» y su comportamiento de «Tío Tom»[n226], pero ellos no eran el público de Barry White. Cuando las mujeres bailaban al ritmo de su música, tenían en mente solo un objetivo: el dormitorio.

Casi todas las formas de la música negra —el funk, el soul de Filadelfia, los ritmos pantanosos de Florida, el jazz, el híbrido de calipso de Barbados conocido como soca, el *collage* cubano-americano de la salsa— podían reducirse a lo esencial y lanzarse como música disco: una etiqueta que ahora se refería tanto al local donde sonaba como a la música que hacía vibrar sus paredes. No importaba si, por ejemplo, el líder de KC and the Sunshine Band era blanco o si George McCrae era negro; si MFSB eran un puñado de músicos de sesión sin rostro; si Herbie Hancock era un genio del jazz, o si Elton John era un caballero inglés secretamente bisexual: todos eran pasto de la discoteca, donde la única descalificación era que la música no hiciese que la gente se levantase y se pusiera a bailar.

La música disco podía reducirse a algo tan básico e irresistible como «South African Man», de Hamilton Bohannon, que anticipaba la música house de una década más tarde con su aplicación sin forma del ritmo y nada más que el ritmo.

La música disco no era un género que atrajese a quienes entendían la música como algo diferente del puro entretenimiento. Chuck D, de Public Enemy, recordaba la música disco como «la mierda más artificial que había oído en mi vida»[n227]. Un editorial de la revista *Rolling Stone* revivió un insulto de los tiempos del ragtime al describir la «mezcla disco» como «un ritmo de baile, impulsado electrónicamente por el bajo, que haría que San Vito estuviera orgulloso»[n228]. El periodista británico blanco Tony Cummings, un evangelista de la música negra desde 1963, se quejó de que los productores de música disco «parecen empeñados en que los cantantes queden avasallados por el acompañamiento y por el potencial de la canción para convertirse en un éxito, algo que se comprueba con el primigenio impulso de la pelvis». La música disco, añadía, era «música que había evolucionado con el propósito de satisfacer la necesidad artificial de un público mimado, que pide un ritmo generado por ordenador que pueda impulsar el gozo interminable del 'sigamos bailando'»[n229]. Pero si el deseo de bailar era «una necesidad artificial» y el «gozo interminable» era un pecado, ¿cuál era el propósito de la música popular? Los intérpretes negros, según parecía, debían expresar los males sociales y tener un propósito político. Pero ¿qué ocurría si el público negro, enfrentado a los prejuicios, la discriminación económica y las secuelas del espectacular derrumbe del movimiento Black-Power, quería simplemente la libertad para despreocuparse de todo de la que disfrutaban los blancos? Como insistía Ernie Isley, de The Isley Brothers: «El rock and roll en su forma más pura es siempre música de baile [...]. Lo cual significa que el rock and roll está volviendo a ser lo que era originalmente»[n230]. Esto, sin embargo, no limitaba la capacidad de expresión de los isleys, pues no impidió que en 1975 grabaran el violentamente político single de funk «Fight the Power».

Si había algo agudamente incómodo en los críticos blancos intentando fijar la agenda de los músicos negros, ¿qué pasaba con la colonización de lo que había sido un arte afroamericano por parte de artistas, productores y empresarios blancos? En 1975, artistas tan alejados como Al Martino, la estrella de la canción anterior al rock'n'roll , y el líder de banda alemán James Last estaban grabando música disco. La canción protesta de Bob Dylan «Hurricane» fue descrita por un fanático evangelista los nuevos tiempos como «Dylan convertido a la música disco»[n231]. El productor Richard Perry, que había expresado su aborrecimiento por el ritmo uniforme de la música disco, organizó la entrada en el género del cantautor Leo Sayer con «You Should Be Dancing». Al final de la década, la locura del contagio había

alcanzado a Barbra Streisand, Andy Williams, la veterana del vodevil Ethel
Mermanm, Engelbert Humperdinck y Petula Clark. Incluso Frank Sinatra
participó cuando su clásico «Night and Day» fue retocado para consumo
en la discoteca, aunque el viejo *crooner* encontró espacio entre los ajustados
arreglos para juguetear con el fraseo como si tuviera detrás a la banda de
Nelson Riddle en lugar de un ritmo computarizado.

La necesidad comercial inspiró cada una de estas incursiones. Pocos de
estos artistas (dejando a un lado, quizás, a Barbra Streisand) habrían elegido
por cuenta propia alejarse tanto de su territorio. Pero la música disco no los
definió como definió la carrera de Donna Summer, una afroamericana que
trabajaba en Alemania como cantante de fondo para estudios de grabación.
«Love to Love You Baby», un título que ella misma les había sugerido a
los productores Giorgio Moroder y Pete Bellotte, se alargaba hasta formar
una *suite* erótica de diecisiete minutos, en la que los productores pidieron a
Summer que jadeara y gruñera como si estuviera en mitad del placer sexual.
«Me encanta la música», dijo cuando el disco fue un éxito mundial, «pero
me gustaría no haberla cantado»[n232]. No importaba: la revista *Ebony* reveló
con orgullo que «los mayores fans de la música disco eran mujeres y gays
y que ambos grupos buscan a Summer en el *backstage* cada vez que actúa
en público. Le cuentan a Donna que escuchan sus discos mientras hacen
el amor y le dan las gracias por ayudarlas a descubrir, por fin, cómo 'dejarse llevar'»[n233]. Y sin embargo, la propia Summer no compartía aquella
liberación extática, y tampoco se sintió excitada por el siguiente proyecto
de Bellotte y Moroder: para contrarrestar la emoción demasiado humana
de «Love to Love You Baby», idearon «I Feel Love», acompañada por un
futurista sintetizador Moog, que emitía sus ritmos con indiferencia robótica. Una vez más, la tarea de Summer era transmitir placer carnal, pero,
en armonía con el ambiente de ciencia ficción de la música de fondo, su
consumación sonaba como si estuviera teniendo lugar en un trance helado,
perverso y curiosamente alienado. Esto, dijo un crítico, era «la música del
brave new world»[n234]. Pero a Donna Summer, su fama como icono erótico
la redujo a un «objeto de consumo». Cayó en una larga depresión e intentó
suicidarse, hasta que finalmente encontró su redención en el cristianismo
evangélico.

Si el éxito de Donna Summer podía interpretarse como explotación racial
o sexual (aunque, en teoría, ella fue cómplice voluntaria), la igualmente rápida transformación de The Bee Gees, que comenzaron como una copia de
los Beatles, hizo que los acusaran de pervertir la cultura negra para sus propios fines. La combinación del agónico falsete de Barry Gibbs con los ele-
gantes ritmos de baile del productor Arif Mardin creó un sonido que era a

la vez comercial y totalmente diferente a sus trabajos anteriores. Para evitar los prejuicios de los DJs que los consideraban algo pasado, el grupo envió copias promocionales de su single «Jive Talkin'» con etiquetas en blanco, ocultando así tanto su nombre como su identidad racial.

En manos de los Bee Gees, la música disco se convirtió en el lenguaje básico de la música pop. Su éxito coincidió con un cambio en la función de la discoteca. Esta ya no era un escenario para subvertir la identidad sexual de la sociedad y romper tabúes, sino el lugar donde se demostraba que uno era como los demás o —en círculos selectos— que pertenecía a la élite. La revista *Billboard* afirmaba con seguridad a comienzos de 1977 que la música disco «sin duda avanzará durante el próximo año hasta librarse de su dudosa imagen de fenómeno aberrante y asumirá el aspecto más positivo de una industria sofisticada [...]. El hombre o la mujer tras la música debe tomar el control y asegurar el disfrute absoluto del oyente, que se ha gastado sus dólares ganados con el sudor de su frente para que lo entretengan. Si no, el club pasará de ser un salón de lentejuelas a convertirse en un almacén abandonado»[(n235)]. Esto sonaba como una receta para la normalización —ahora había cadenas de discotecas por casi todos los países occidentales— y en seguida tuvo lugar la apertura del Studio 54, en el centro de Manhattan. Era un lugar dedicado de forma desvergonzada a la música disco y, de forma igualmente desvergonzada, un salón de reunión para famosos. Por una parte, era devolver la discoteca a su origen anterior al soul, en la costa francesa; por otra, se trataba de promover la música disco como un vehículo para atraer a los ricos y famosos, nada más y nada menos.

Las extravagancias de Andy, Mick, Bianca y Cher provocaban regulares columnas en los periódicos y su presencia hacía sombra al placer del baile, por no hablar de la sustancia (o falta de esta) de la música.

A medida que el club de Steve Rubell en la calle 54 atraía a famosos y a sus deslumbrados acosadores, los que ni siquiera podían soñar con entrar podían perderse en la fantasía de *Fiebre del sábado noche*. Estrenada a finales de 1977, esta película —con banda sonora de The Bee Gees y producida por su mánager— completó la victoria comercial de la música disco y aceleró su caída[26]. La discoteca también había sido un lugar de hedonismo en masa: la

---

26. También inspiró una secuela, *Cowboy de ciudad*, ambientada en los locales de honky tonk de Texas, que brevemente convirtió el country en la música de moda en Estados Unidos. El boom ocurrió tan deprisa que las discográficas de Nashville apenas tuvieron tiempo de aprovecharse del fenómeno.

multitud era a la vez excitantemente envolvente y satisfactoriamente anónima. Ahora atraía a imitadores de John Travolta que se enfundaban trajes
blancos a su imagen y semejanza y ponían en peligro la seguridad de los demás con sus extravagantes movimientos. Como prueba de la personificación
instantánea de la música disco por parte de Travolta, Alice Echols señala que
«los brasileños comenzaron a usar neologismos como *travoltar* o *travoltice*
para describir la fiebre de la música disco»[n236].

El crítico de rock Stephen Holden predijo a comienzos de 1979 que aquel
sería el año en que «la música disco se convertiría en el fenómeno musical
más importante desde la beatlemanía y, posiblemente, desde el nacimiento del rock and roll»[n237]. Las listas confirmaron sus palabras, y también
los anuales premios Grammy. El fenómeno se extendió a Europa del Este
y alcanzó Japón, África e incluso Rusia, donde los singles de los Bee Gees
eran objetos de contrabando tan codiciados como lo habían sido los discos
de los Beatles en los sesenta. Los DJs necesitaban ahora un agudo sentido
estadístico y psicológico para determinar qué haría bailar al público, y los
especialistas pensaban en función de *beats per minute* para asegurarse de que
ninguna canción demasiado lenta o demasiado rápida rompía el flujo del baile[27]. El invierno de 1978 a 1979 fue también la temporada en la que Village
People —una compañía masculina de cantantes y bailarines que adoptaron

imágenes gay estereotípicas— fueron aceptados por millones
que preferían pensar que eran tan solo un policía, un vaquero,
un marinero, un albañil, un motero y un nativo americano a
los que les gustaba bailar juntos. La armada de Estados Unidos consideró usar la canción «In the Navy» como himno de
reclutamiento, hasta que alguien les explicó a los oficiales superiores la semiótica de los disfraces del grupo. La anécdota
es tan ridícula que merecería ser apócrifa.

Si John Travolta era el modelo de conducta de la música disco, los Bee Gees sus embajadores pop y Village People sus irónicos payasos,
entonces las mentes creativas del género —inteligentes, brillantes, elegan-
tes, precisos— eran Chic. «Cada canción debía tener un Significado Profundo Oculto»[n239], recordaba el cerebro creativo del grupo, Nile Rodgers.
«Salíamos a conquistar el mundo, pista de baile a pista de baile». Tal como
él lo explicaba, la ideología de Chic era simple y devastadoramente efectiva:
«Por aquel entonces, todos los grupos de R&B iban vestidos con ropas ex-

27. James Hamilton, de *Record Mirror*, era el maestro en este arte: «Atmósfera saltarina 106-
104-105-104-103-102 bpm, 12 pulgadas a trote de jazz» o «Excelente remezcla del suave e
hipnótico 117 bpm subidón de cara a cara con saborcillo de saxo de jazz añadido»[n238].

travagantes, pero nosotros creamos alter egos creíbles: dos hombres vestidos con unos trajes de diseño que, en realidad, nos volvían tan anónimos como a Kiss. Pusimos a chicas sexy en la portada de nuestro disco, que era tan fino como los de Roxy Music y diseñamos una nueva forma de R&B con influencias europeas [...]. Después montamos una compañía para que se ocupara de esta entidad y la desarrollara para futuras iniciativas, Chic Organization Ltd.»[(n240)]. Sin que ellos mismos lo supieran, esto sería el secreto del éxito a finales del siglo: un planteamiento militar apoyado por poder corporativo, ambición expansiva presentada como espontaneidad y diversión.

En 1979, parecía que esas cualidades solo podían encontrarse en la música disco. La revista *Billboard* declaró que los «artistas veteranos» ya no necesitaban convencer al público juvenil, pues «el público de la escena musical ya no deja paso a los críos cuando cumple treinta años [...]. Hace diez años, había una tendencia a considerar que la carrera de un grupo había terminado cuando cumplían los treinta. Ahora la actitud generalizada parece ser que los artistas, a medida que envejecen, se vuelven mejores»[(n241)]. Pero los «veteranos» todavía tenían miedo de que se los considerase viejos, y muchos de los que creían que su posición económica se había desvanecido eligieron este momento para lanzarse con decisión al mercado de la música disco. Muchos aclamados artistas de jazz y funk cruzaron la barrera de la música disco, aunque en la mayoría de los casos el cambio consistió en usar acordes más sencillos y un ritmo más primario. Stephen Stills, más conocido como cantautor confesional y como guitarrista de blues-rock, compuso algunas imitaciones de los Bee Gees altamente profesionales destinadas a su disco de 1978 *Thoroughfare Gap*, para disgusto de su base de fans. Más extrema aún fue la reacción a la versión en clave disco de los Beach Boys del clásico de doce años antes «Here Comes the Night», que pasó de tener dos minutos a convertirse en un sinfonía dance de once minutos. Sus armonías vocales eran magníficas, pero cada vez que intentaban tocarla en público los abucheaban, así que en seguida abandonaron el experimento.

Un mes después de que los Beach Boys lanzaran su canción disco, una publicación de la industria publicó una alarmante noticia: «La música disco es la reina, pero ¿dónde están las grandes ventas?»[(n242)]. La locura del baile había persuadido a algunos distribuidores que solo trabajaban con LPs a volver a distribuir singles, pero la música disco no era en sí misma un factor importante en el mercado de los álbumes, aparte de *Fiebre del sábado noche* y los Bee Gees. «Pues imagínate lo mal que estaría el negocio si no tuviéramos la música disco», respondía irónicamente el productor de Atlantic Records Jerry Wexler, pero incluso él se vio forzado a admitir: «Puede que la música disco se haya convertido en el nuevo muzak»[n243], es decir, música ambiental omnipresente que nadie se molestaría en comprar.

«La gente se vuelca en el baile en busca de un chute electrónico, de un nivel de energía que el rock ya no les da»[n244], dijo el analista de medios John Perikhal. Pero había una audiencia sustancial —masculina, joven, blanca, inconformista, rural, instintivamente conservadora— para la que la música disco representaba todo lo que despreciaban: el baile, por supuesto, pero también la gente rica, los negros, las mujeres liberadas y, sobre todo, la gente que tuviera un aspecto aunque fuera remotamente gay. Locutores polémicos de la emisoras de radio norteamericanas, cuya programación era 100% rock, lanzaron una guerrilla contra la música disco entre 1978 y 1979. Rompían discos en antena, los ponían a 78 rpm para ridiculizar a los artistas, ponían sonidos de ametralladoras mientras sonaba música disco, e incluso, como en el caso de Steve Dahl, de la WLUP, de Chicago, pronunciaban «disco»

con un ceceo que denotaba lo «gay» que era toda aquella cultura. Y fue Dahl quien proporcionó el momento álgido de la campaña, cuando organizó una Noche de Demolición de la Música Disco, con un concierto de dos artistas en Comiskey Park entre partidos de béisbol. Setenta mil personas asistieron en un odio colectivo hacia todo lo que representaba la música disco. Decenas de miles de vinilos de música disco fueron apilados en una caja en el centro del campo y después se los hizo explotar. Aquello supuso una catarsis tan explosiva que se produjo un disturbio, durante el cual el estadio quedó seriamente dañado y el partido de béisbol tuvo que ser abandonado.

A partir de entonces, los fans del rock llevaban orgullosamente chapas en las que se leía: «Disco sucks» [«La música disco es una mierda»], orgullosos de su estatus de rebeldes. La industria discográfica comenzó a retroceder ante aquel término contaminado y optó por ofrecer el sustituto menos peyorativo «música dance». Cuando la música disco aún estaba extendiéndose a otras partes del globo —Turquía sufrió un repentino ataque de fiebre Travolta, a pesar de que allí no se había estrenado *Fiebre del sábado noche*—, Estados Unidos, el lugar de su nacimiento, estaba volviendo la espalda al monstruo que había creado. En otoño de 1979, incluso la Chic Organization estaba alejándose de las canciones de

baile y centrándose en «baladas menos ligeras, rock y R&B»[(n245)], mientras
que Village People ponían las miras en las películas y en Las Vegas. Algunos
clubes de baile se reformaron para alojar pistas
de patinaje, asumiendo que la música no tenía
por qué cambiar. Algunas compañías discográficas enfatizaron que estaban abandonando la
música disco «pura» en favor del disco rock, el
disco pop e incluso el disco reggae. Se habló de
introducir melodía a la música disco, o guitarras
de rock, o una vibración country, cualquier cosa
que vendiera.

   Después, una novedad surgió de la nada, desde fuera del radar de la industria discográfica. En el verano de 1978, la revista *Billboard* publicó un extra-
ñado reportaje sobre una tienda de discos de Nueva York que estaba inun-
dada de peticiones de viejos títulos descatalogados de música disco y soul.
Estas peticiones provenían «de jóvenes DJs negros del Bronx, que compran
los discos solo para poner treinta segundos de *breaks* instrumentales de cada
disco». Estos *breaks* se conocían como *B-beats*, explicaba el artículo. El ímpetu de esta fiebre compradora de discos era un «DJ hiperactivo al que se
conoce en el Bronx como Cool [*sic*] Herc», el cual «se ha hecho popular
tocando largas sesiones de variados *breaks* rítmicos conectados unos con
otros». Herc explicó a la revista que, si era necesario, los aceleraba para que
quedasen mejor. «En la mayoría de los discos, la gente tiene que aguantar
muchas cuerdas y de voces para llegar a la parte buena del disco», explicaba,
«pero yo les pongo las partes buenas para que no tengan que esperar»[(n246)].

   Un años después, otro reportaje hablaba de «DJs de Nueva York que
charlan [*rapping*] en jerga para el público de las discotecas afroamericanas»,
pues « un rap en jerga atrae tanta atención estos días como el disco más de
moda»[(n247)]. El artículo no relacionaba aquello con Kool Herc: las principales figuras del nuevo movimiento eran, según parecía, Eddie Cheeba, DJ
Hollywood, DJ Starski y Kurtis Blow. Se decía que Cheeba tocaba por los
locales de la ciudad acompañado de siete bailarinas y un DJ. «La gente va
a las discotecas cada fin de semana y necesitan algo más que música para
motivarse», explicaba. «Yo no solo pongo discos, también rapeo y ellos me
contestan». Los fans de estos «rapping DJs» hacían grabaciones de sus favoritos en acción: «Las cintas de los raps de DJ Hollywood son muy codiciadas
entre los jóvenes negros de por aquí».

   El antiguo empresario de doo-woop Paul Winley supo del fenómeno *B-
beat* a través de sus hijas, que lo estaban experimentando de primera mano.
En 1979, preparó una serie de recopilaciones no autorizadas —llenas de te-

mas añejos listos para ser cosechados como *B-beats* por los DJs— bajo el maravillosamente errático título *Super Disco Brake's*. Al mismo tiempo, la banda de música disco Fatback lanzó «King Tim III (Personality Jock)», que comenzaba como una canción fiestera normal, con silbidos y ritmos computarizados en primer plano, pero cuyas voces, obra del *disc jockey* Tim Washington, de Harlem, era algo nuevo: Washington cantaba en un estilo narrativo, casi como si fuera una nana, adaptándose a la cadencia del ritmo sincopado. Su contenido era muy poco radical —una llamada a ocupar la pista de baile («al ritmo del *break*, todos juntos»)—, pero en algún sitio tienen que comenzar las revoluciones, y esto era, de forma inconfundible, el nacimiento del rap como género comercial.

El single de Fatback atrajo la atención de la ejecutiva de Sugar Hill Records Sylvia Robinson (ella misma era una veterana: había sido la mitad del dúo de R&B Mickey and Sylvia y una pionera de la música disco, como cantante del erótico número uno de 1973 «Pillow Talk»). Robinson le pidió a su hijo que buscase a algunos raperos. Su hijo volvió con un trío de novicios y un puñado de rimas prestadas. Robinson guió a su banda de estudio a través de una versión instrumental de «Good Times», de Chic, y dejó libertad a los aficionados. Los bautizó, de forma obvia, como The Sugar Hill Gang y su single se llamó «Rapper's Delight». La primer voz explicaba cuidadosamente que lo que ellos hacían se llamaba «rap» y después los demás se embarcaban en un primitivo autobombo, un género que parece no haber envejecido. Algunas emisoras de radio especializadas en música soul se quejaron de que el

single era «demasiado negro», una referencia en clave a sus supuestos orígenes en el gueto. Aunque el grupo no tenía, ni mucho menos, una estética de gángsters. Wonder Mike, uno de sus integrantes, dijo de su «música hablada»: «Nuestros raps pueden tratar sobre coches, chicas, comida o sobre bailar», es decir, la materia del canon rock'n'roll de Chuck Berry. También saboteó desde el comienzo la noción de la espontaneidad del género: «No te creas que nos lo inventamos sobre la marcha. Está todo escrito, memorizado y ensayado antes de salir al escenario»[n248]. Pero nada de eso socavaba la frescura del disco, que fue un enorme éxito en las listas de soul, entró en el Top 40 americano y tuvo su mayor éxito en Reino Unido, donde llegó al número tres. La locutora de la BBC Anne Nightingale predijo que «esta nueva forma de música de baile negra» le daría «a la música disco el chute que tan desesperadamente necesita en el brazo de pincharse»[n249]. Y eso, por el momento, era la cima de la ambición del rap; después de todo, una novedad solo dura una temporada.

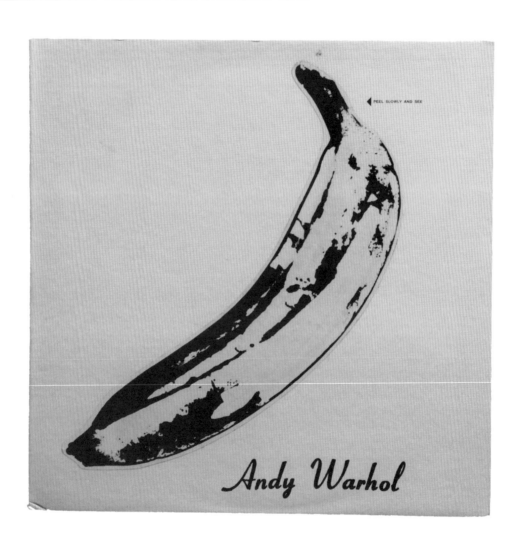

CAPÍTULO 9

SÉ irrespetuoso

«Cada vez que una superestrella de los sesenta sale y hace una idiotez, cualquier gamberro de por ahí se convence de que puede hacerlo tan bien como todos estos grandes, y puede que tenga razón».

Charles Shaar Murray, *New Musical Express*, 1974[n250]

«Hay una generación completamente nueva allí fuera y los Beatles, McCartney y los Rolling Stones no significan nada. Esos viejos son una especie de parodia del rock y a los chicos no les gusta ver a aquellos tipos».

Russell Mael, Sparks, 1975[n251]

En 1972, la revista satírica estadounidense *National Lampoon* dedicó un número entero al aburrimiento. «Queremos deciros que lo que tenéis a vuestro alrededor POR TODAS PARTES, TODO EL TIEMPO es aburrimiento, montones de aburrimiento», declaraba el editorial, «y creemos que ha llegado el momento de enfrentarse a ello»[n252].

El tedio y la desilusión fueron centrales en la cultura de los años setenta. Había sido, según dijo el escritor americano Chet Flippo en 1979, una «década de insipidez»[n253]. Un conjunto de crisis económicas y políticas fueron arrojadas como bolsas de basura sobre el camino hacia el futuro: la crisis del petróleo, las tensiones en Oriente Medio y en Extremo Oriente, el declive financiero de Occidente, el terrorismo urbano, el punto muerto de la Guerra Fría. Para cualquiera que se hubiera creído el optimismo de mediados de los sesenta y la retórica de la contracultura, aquellas sombrías realidades se volvían aún más paralizantes a causa de un profundo sentimiento de pérdida y de anticlímax. Había parecido, a finales de los sesenta, que la juventud podía ser capaz de acelerar la historia y tomar las riendas de la civilización occidental. A comienzos de los setenta, era como si la grisura de los cincuenta hubiera continuado existiendo sin estorbo, imponiendo su represión moral y su conservadurismo artístico sobre cualquiera que tuviera la osadía de soñar con una liberación.

Cuidar el vestuario, bailar o, preferiblemente, una combinación de las dos cosas, proporcionaba un refugio. Los jóvenes podían ver a David Bowie en *Top of the Pops* e imaginar que habían sido transportados a un extraño mundo de belleza chillona y ambigüedad sexual. La pista de baile y la discoteca ofrecían hedonismo como una alternativa a la depresión, aun cuando uno bailase para no llorar. Pero para muchos, esta catarsis no era suficiente.

Incluso las estrellas de rock imaginaron que su cultura sólo podía cambiar mediante actos de violencia simbólicos. En sus últimos meses como banda, los Beatles fantaseaban con hacer explotar su carrera con un concierto televisado en todo el mundo durante el cual dirían algo tan escandaloso —«Que le den por culo a la reina», fue una de las sugerencias— que todas las restricciones de su fama quedarían destruidas de golpe. A Kit Lambert, el mánager de The Who, se le ocurrió (como recuerda Pete Townshend) que el grupo actuaría en la Royal Opera House de Londres, «cagaría por todo el escenario y saldría corriendo»[n254]. Como hijos de los años cincuenta, recordaban cómo hizo tambalearse la cultura el impacto de Elvis Presley y Jerry Lee Lewis y lamentaban su incapacidad para rivalizar con la juvenil iconoclasia de éstos.

Para cualquiera que hubiera crecido oyendo historias del caos del rock de los años cincuenta y sesenta, había amplias razones para estar decepcionado con los años setenta. El glam rock y el heavy metal podían entretener a los jóvenes durante un rato, ¿pero eran entretenimiento suficiente? A medida que la cultura pop se iba adormeciendo hacia la mitad de la nueva década, el Reino Unido estaba inundado de sosas bandas de chicos disfrazados de *Teddy boys* de los cincuenta, mientras que en Estados Unidos la nueva corriente de masas era el soft pop, el soft rock y el soft country: James Taylor borrando su pasado de enfermedades mentales y adicción a la heroína, quizás, o Loggins and Messina reviviendo sus temas de rock de los cincuenta como tranquilizantes aurales. Tal como se quejaba el cínico cantautor Randy Newman tras un viaje por carretera a través de su país empapado de radio, «las grandes emisoras sólo ponen *soft rock*. Es todo *suave*. O sea, vaya mierda de ambición, ser *suave*. Es como querer ser senil»[n255].

El escritor británico Nick Kent ofrecía una solución en 1974: «La única manera de que el desastre del rock'n'roll pueda salvarse y, en último término, transformarse de nuevo en una forma viable, y así ocurrirá, es que el cisma al completo salte por los aires como un sapo que ha inhalado humo de cigarrillo y que, después de que las cenizas se hayan asentado, una nueva raza de bandas juveniles brote lentamente y escriba canciones sobre la timidez y sobre tener acné y sueños húmedos y eyaculación precoz y todas esas cosas espantosas por las que pasan los adolescentes. En consecuencia, la música rock volverá a tener verdadera relevancia, más allá de existir como un exótico periódico musical para las hinchadas fantasías de otras personas»[n256].

Y sin embargo, Kent, a pesar de su idealismo profético, era igualmente esclavo de sus propias fantasías. Como muchos periodistas de rock de una época en la que el periodismo de rock era, seguramente, más influyente que nunca, aspiraba a una música que fuese salvaje, agresiva y rápida. Cuando escribía sobre la banda estadounidense de glam rock The New York Dolls, alababa su habilidad para capturar la quintaesencia del rock: «Total falta de cohibición y compromiso con las descargas de energía de máxima potencia, sin importar el nivel de habilidad instrumental»[n257]. Su colega en *NME*, Charles Shaar Murray, escribía sobre «enamorarse del rock por las razones *correctas*» (la cursiva es mía): «Es decir, si comenzaste a meterte en el rock porque te proporcionaba un conocimiento crucial sobre el ánimo de la época, o porque algunos músicos de rock de hoy son... genuinamente creativos (ya sabes, como Rick Wakeman o Mike Oldfield), entonces olvídalo»[n258].

El letrista y crítico Clive James declaraba en 1975 que amaba el rock porque «dentro de éste se pueden incluir miles de estilos. Es una limitación periodística considerar que el rock está confinado en ciertos modos y medios»[n259]. Pero semana tras semana, año tras año, se fue vendiendo a los jóvenes y a los estudiantes que leían revistas como *NME* y *Creem* cierto consenso crítico hasta que fue aceptado como un catecismo: la única forma creíble de música era (en palabras de Lester Bangs) «simple, primitiva, directa, honesta»[n260]. Los sonidos del futuro debían estar modelados según los sonidos más excitantes del pasado, aunque la mayoría de los héroes de los cincuenta y los sesenta había manchado su herencia al volverse viejos e irrelevantes. En lugar de Elvis y los Stones, pues, se instaló una nueva galaxia de estrellas cuyos nombres fueron voceados tan a menudo, tanto por los periodistas como por los jóvenes músicos, que llegaron a ser vistos como las fuerzas dominantes de su era (1966-1973).

Las más brillantes del firmamento eran The Velvet Underground y The Stooges, con los MC5 ligeramente en su sombra. Y sin embargo, apenas compartían una estética. Mientras que The Stooges, bajo el liderazgo de Iggy Pop, habían reducido el rock a un instrumento contundente de confrontación, la Velvet, con Lou Reed al mando, eran licenciados de la escena artística vanguardista de Nueva York, encabezados por un hombre cuyo deseo era transferir las técnicas y el nivel narrativo de la literatura al rock'n'roll . Para este fin, empleaba música rock de tres acordes, *musique concrète* y baladas tan sensitivas que James Taylor y Joni Mitchell, en comparación, sonaban como torpes alcohólicos. Casi él solo, Reed había forzado el rock de mediados de los sesenta y lo había estirado aún más lejos de lo que Bob Dylan había imaginado que fuera posible, hasta el punto de que podía hacer crónica de la homosexualidad, el sadomasoquismo y la drogadicción de forma gráfica. Sin embargo, su genio lírico fue menos influyente que su pasión por el rock'n'roll de bandas de garaje; solía presumir de que un simple cambio de acordes de mi mayor a la mayor era más profundo que poesía ganadora del Premio Nobel.

Por tanto, había una contradicción en el seno de la nueva estética. Iggy Pop y su «bop retrasado»[n261] (Nick Kent) representaba la simplificación deliberada de las capacidades del rock: «estúpido» se empezó a usar como un cumplido. Pero los mismos periodistas que aborrecían la idea de que el rock se volviera pretencioso o demasiado ambicioso adoptaron como icono a un compositor cuyos esfuerzos estaban llenos de pretensión. Fingir ser «tonto» era auténtico y honesto; querer usar el rock como vehículo para la expresión artística era «excesivo», a menos que pudieras ocultar tus ambiciones tras la agresión brutal.

A mediados de los setenta, Pete Townshend, tan astuto como crítico de rock que como compositor, dio con la esencia del rock'n'roll cuando halagó a la banda glam (antes bubblegum) Sweet: «Creo que su música contiene mucha de la tensa, integrada, directa y penetrante frustración de un chico de quince o dieciséis años»[n262]. Y ese era el santo grial, al parecer: una música que capturara las hormonas desenfrenadas de los adolescentes y, a la vez, renovara ese fuego en el corazón de los hombres que hacía tiempo habían dicho adiós a su adolescencia.

«¿Será esto la Nueva Ola? [...] Es rock and roll gamberro
[*punky*],
influenciado por los Stones.

Crítica de Ed McCormack a The New York Dolls, 1972[n263]

«Tanto hablar sobre volver a las calles. Sí, la calle está bien, pero
allí no vas a encontrar nada que no sepas ya».

Todd Rundgren, 1974[n264]

Mick Farren, teórico *underground* británico y cantante y compositor de The Deviants, estaba en la treintena cuando escribió, en 1974, una serie de artículos sobre la relevancia futura del rock'n'roll . En ellos imaginó que la corriente dominante sería «desafiada por muchos jóvenes salvajes de las afueras cuya motivación es la música en lugar del dinero. [...] La falta de dinero en efectivo podría hacer que la música se volviera barata, ordinaria, vital y energética»[n265]. Dos años después, proclamó que, «si el rock se vuelve seguro, se acabará todo. [...] El mejor y más sano rock and roll lo produce una sola generación para sí misma. [...] A lo mejor se trata de llevar el rock de vuelta al nivel de la calle y comenzar de nuevo»[n266].

No había un manual que explicara cómo lograr este cambio de rumbo cultural. Entre las sugerencias estaba la del dueño de club Rodney Bingenheimer: «Rock dictatorial [...], bandas de tipo neonazi compuestas por jóvenes judíos»[n267]; la del productor Kim Fowley: colegialas con ropa interior fetichista, personificadas por The Runaways; y la que imaginó el cineasta londinense Malcolm McLaren en su manifiesto de 1970: «Sé infantil. Sé irresponsable. Sé irrespetuoso. Sé todo lo que esta sociedad odia»[n268]. Sin embargo, el planteamiento más puro de la época era el de un cuarteto de Nueva York que ofrecía «una visión caricaturesca del rock and roll», como dijo Charles Shaar Murray, y que estaba compuesto de «punks de bolsillo, una perfecta banda de bubblegum afilada como una navaja»[n269].

Cuando el álbum de debut de los Ramones salió a la venta en 1976, parecía encapsular la fantasía del rock minimalista, abrupto y, por encima de todo, tonto. Pocas de sus canciones tenían más de dos minutos y de tres acordes, y no se alejaban nunca de unas melodías y unos *riffs* tan básicos que habrían avergonzado a cualquier músico principiante. Tocaban de prisa y sin parar y su cantante, Joey Ramone, cantaba letras conscientemente banales sobre la vida adolescente. Chris Stein, de Blondie, que procedía del mismo entorno, rechazaba la idea de que los Ramones hubieran surgido ya en aquel estado esencialmente inculto: en su opinión, la banda era «una idea preconcebida en la que habían trabajado mucho antes de presentarse en público»[n270]. La decisión colectiva de los Ramones de adoptar el mismo apellido reforzaba la noción de que no se trataba de un florecer espontáneo de rock'n'roll básico, sino un ejercicio de *performance art*, Gilbert and George para adolescentes, quizás. Su productor, Craig Leon, admitió que el LP con el que debutaron «tenía bastantes niveles de sonido, estaba muy bien estructurado y el grupo había aprovechado plenamente el estudio»[n271]. Pero el artificio se usaba con tanta habilidad que todo lo que se podía distinguir era la ausencia de arte, exactamente el callejero asalto sonoro que había estado pidiendo una generación entera de críticos.

Los contemporáneos neoyorquinos de los Ramones compartían su mezcla de poder roquero e integridad artística, aunque no su forzada estupidez. Blondie satirizaba y celebraba el pop puro de la época inmediatamente anterior a los Beatles, pese a que la atención de la prensa se concentraba en su arquetípicamente glamurosa cantante, Deborah Harry; Patti Smith mezclaba extática poesía beat con el espíritu del rock de 1965; sus amigos Television inyectaban nueva energía y lirismo tangencial al formato de duelo de guitarras de bandas psicodélicas como Quicksilver Messenger Service; mientras que Talking Heads exudaba formalismo de escuela de arte por todos los poros. El músico que proveyó una ideología colectiva para todos ellos —y que fue imitado de forma surrealista en Londres— fue Richard Hell, el único miembro de aquel difuso movimiento artístico que no se convirtió en una genuina estrella. Aun así, escribió el himno del movimiento: «(I Belong to the) Blank Generation» [«(Yo pertenezco a la) Generación Vacía»], que describía un hueco cultural y después lo desmentía con la precisión verbal de su escritura. Sin embargo, el título de la canción era deliberadamente ambiguo. ¿Denotaba el adjetivo «vacía» una negativa nihilista a adoptar una pose, una admisión de vacío y de desesperación? ¿O estaba declarando la independencia del pasado, permitiendo así a su generación la libertad de reescribir la historia del rock desde el principio?

Irónicamente, el término que en última instancia definió esta época, en Estados Unidos y en Reino Unido, tenía sus raíces en el pasado. *Punk rock* se usaba para describir la tradición del garage rock estadounidense de mediados de los años sesenta. Era una declaración de orgullo, y también de oprobio, como ilustró una carta a la revista *Rolling Stone* dc 1973, que criticaba «la corriente ética del punk, la marea de anti-inteligencia y de anti-corazón que está de moda ahora»[(n272)]. Aquel lector creía que esa nueva ideología estaba centrada en The New York Dolls, cuya chulería de los Rolling Stones y su andrógino sentido de la moda les valieron la alabanza de la crítica, pero un mínimo éxito comercial.

Un año después, en 1974, los Dolls estaban sumidos en el caos. Entonces conocieron a Malcom McLaren, que había sido estudiante de arte, sastre de los *Teddy boys* londinenses y, después, propietario (junto con la diseñadora Vivienne Westwood) de Sex, la tienda especializada en ropa fetichista y moda controvertida. McLaren se ofreció a ser el mánager de la banda durante unos cuantos meses caóticos, creyendo que podía convertirlos en el grupo que encarnara su ingenua visión de la anarquía cultural. Enseguida se dio cuenta de que sería más fácil imponer su visión a sujetos más impresionables: un puñado de novatos musicales de apenas veinte años cuyas ambiciones no iban más allá de imitar a Rod Stewart y a The Faces. McLaren tomó la transcendental decisión de combinarlos con John Lydon, un adolescente nihilista sin talento aparente que pronto se convertiría en una de las figuras más carismáticas e inconformistas de la historia del rock.

McLaren relató al cronista del punk Jon Savage que creyó que los Sex Pistols (el nombre fue su elección) «podían ser The Bay City Rollers […], deprimidos y duros y auténticos. Una genuina banda adolescente. Para mí, eso era anarquía en la industria de la música»[(n273)]. Su retórica se filtró en las canciones de los Pistols a medida que deconstruían clásicos del pop de los sesenta para formar un repertorio original. Sin embargo, aunque mánager y banda compartían el mismo lenguaje, sus definiciones eran por completo opuestas. Para Lydon, la anarquía era asco ante lo que se les ofrecía a él y a sus contemporáneos: represión cultural, desempleo, perspectivas atrofiadas, duras realidades. Para McLaren, la anarquía era un concepto teórico más que un reflejo de la vida diaria —al fin y al cabo, como dueño de una boutique había decidido su propio destino durante años—; quería hacer frente a la estructura de la sociedad y socavar sus fundamentos éticos, y lo mismo quería Lydon, solo que con actos individuales de disidencia en lugar de con una filosofía de la revolución. Por su parte, el resto de los Pistols querían ser estrellas de rock, vándalos y juerguistas, y no eran quisquillosos acerca de los medios para conseguirlo. Aquel «corrosivo cuarteto de inadaptados provenientes de la parte mala de varias calles de Londres»[n274], como se los describió en una de las primeras críticas, estaba destinado a tener una de las carreras más breves y tumultuosas de la historia de la música popular: una explosión cultural malinterpretada en su momento y distorsionada desde entonces.

> «Es muy probable que haya violencia en algunos de los conciertos, porque se trata de música violenta. No creemos necesariamente que la violencia sea algo malo, porque tienes que destruir para crear».
>
> Malcolm McLaren, 1976[n275]

> «La gente del punk rock no quiere ser guapa. Su idea es que solo son atrayentes si tienen un aspecto aterrador [...]. Su actitud es espantosa».
>
> Daily Mirror, 1976[n276]

Como sugería el nombre del grupo, la violencia era esencial en el manifiesto de los Sex Pistols, aunque la sexualidad nunca fue su prioridad: la palabra *Sex* no se refería a nada carnal, sino que era un anuncio de la tienda de Malcolm McLaren. Como ha relatado Jon Savage: «Los Sex Pistols estaban programados para la confrontación. McLaren tenía ambiciones para su grupo: eran su instrumento y harían realidad sus fantasías de conflicto y venganza en una cultura moribunda»[n277]. Estas fantasías no incluían reformar la industria de la música ni ofrecer un patrón sonoro para que lo siguieran las futuras generaciones de bandas. Fue una casualidad el que la apuesta de McLaren por una banda caótica y sin formación respondiera tan perfectamente a la necesidad de fans y críticos, los cuales (como los propios Pistols) estaban aburridos del elitismo de la aristocracia del rock.

El movimiento londinense del pub rock nació del deseo de devolver el rock'n'roll a su hogar espiritual en bares y sótanos y animó a un buen número de empresarios —mánagers, promotores y dueños de tiendas de discos— a formar sellos independientes para dar salida a aquella música desfasada. Pronto hubo un circuito de pubs y clubes de rock, además de sellos como Chiswick y Stiff, que promovían a luminarias como The Count Bishops o Nick Lowe. Pero ninguno de esos artistas podían superar los disturbios que causaban los Sex Pistols en abril de 1976, especialmente cuando McLaren y Westwood iniciaban peleas entre el público del Nashville Club ante los críticos de la prensa musical. Bernie Rhodes, amigo y rival de McLaren, empezó a moldear otra banda, The Clash, con un patrón parecido, y las revistas musicales reconocieron no solo una treta publicitaria anarquista, sino una «nueva ola» de música frenética e inflamatoria lista para salir al mercado. Como escribió aquel verano Mark Perry, editor de uno de los primeros fanzines punk, *Sniffin' Glue*: «Esta 'nueva ola' tiene que abarcarlo todo: ¡pósters, portadas de discos, presentación en escena, el lote completo!»[n278]. Bajo la guía de McLaren, los Sex Pistols fueron considerados un proyecto artístico multimedia que ofrecía al público y a la prensa el frenesí y la indignación que deseaban.

McLaren, consciente de que necesitaba publicidad de alcance nacional para jugar a sus juegos en plan espíritu del 68 con los medios de comunicación británicos, se aseguró de que sus protegidos ignoraran los remansos de la distribución independiente y atacaran el corazón de la bestia corporativa. Los Sex Pistols firmaron con EMI y así comenzó la secuencia de perturbaciones y escándalos que sobrepasaron las fantasías más descabelladas de McLaren: palabrotas en la televisión pública, censura por parte de los medios y de los consejos municipales, ataques a la banda y a sus seguidores y, finalmente, la implosión de la banda, seguida del sórdido declive del bajista Sid Vicious y su inevitable muerte. El rock'n'roll nunca había polarizado las opiniones de forma tan brutal ni despertado tanta ira y repulsión, ni siquiera durante su punto álgido a mediados de los cincuenta. En cuanto la prensa nacional británica se percató de la existencia del punk, empezaron a publicar sucesos que aún hoy son difíciles de creer: un camionero de cuarenta y siete años rompió a patadas su televisor para evitar que su hijo viera a los Pistols; estrellas de rock de treinta años, indignadas, protestaban ante sus sellos cuando estos firmaban con aquellos rebeldes; los Pistols armaban escándalos y cosas peores en las oficinas de las discográficas e incluso frente al palacio de Buckingham. Nunca había sido tan sencillo conmocionar a los padres y otros adultos responsables: el uniforme punk (basado en parte en diseños de Sex) convertía instantáneamente a cualquiera que se lo pusiera en un rebelde. Además de la ropa rasgada, los imperdibles y el pelo de punta, estaban los modales que debían acompañarlos: el rostro retorcido en una mueca feroz, la saliva acumulada en la garganta hasta que se volvía casi sólida y después expelida en dirección a objetivos al azar, la agresividad tribal. Cada acto antisocial del que se había acusado alguna vez a la música popular ahora era visible en las calles británicas, o eso parecía cuando la prensa empezó su proceso de demonización.

La propia música era tanto o más escandalosa. «Anarchy in the UK» explotó como una granada de mano en mitad del pop insípido de finales de 1976. Más allá de las capas guitarras superpuestas y la batería de fundición metalúrgica, lo que permanecía era la voz de Lydon, amenazante como la navaja de un atracador. Después siguió un año de asaltos sonoros parecidos: los coros de campo de fútbol de «White Riot», de The Clash, en la que solo se entendía el título en medio del caos; The Jam repitiendo los molinetes de acordes de potencia de The Who hacia 1965; y, por encima de todos los demás, los Sex Pistols saboteando el jubileo real con «God Save the Queen». El *establishment* consideró aquella (literal) alta traición como una blasfemia, pero la mancha que quedaba en la memoria era el repetido estribillo de la canción, que decía «No future» [«No hay futuro»], la maldición de una generación contra su propia herencia.

Más allá de las intenciones de Malcolm McLaren, ahora el punk era la banda sonora de la disidencia política: un atronador canto de sirena sobre traición e insatisfacción. El veterano periodista Barry Miles citaba la habilidad de The Clash para capturar «la energía latente en todas esas horas de aburrimiento demoledor cuando uno ha dejado el colegio, no tiene trabajo y vive con sus padres en una vivienda de protección oficial»[n279][28]. Al igual que *ragtime* y *jazz*, la palabra *punk* empezó a utilizarse como un adjetivo multiuso: el *Daily Mirror* tituló un editorial sobre desempleo juvenil «Futuros *punks*»[n280]. El *Church Times* sugirió que «hay evidencia de que el actual fenómeno del 'punk rock', con su lenguaje y maneras violentas, ha surgido a causa del desempleo entre los jóvenes»[n281]. Lo que comenzó siendo un gesto solitario de oposición estaba unificándose en una fuerza política dentro de un universo moral gris y negro. Hacia el verano de 1977, el escritor de fanzines Danny Baker se quejó de que «los *punks* son lo mismo que el gobierno. [...] Si no me crees, intenta subir al escenario en un concierto punk y ponte a di algo en contra de la pose acordada para esa noche»[n282].

Algunos comentaristas comenzaron a considerar la uniformidad del punk —un solo sonido, un solo estilo, una sola actitud— como un chaleco de fuerza. Ya en febrero de 1977, Mark Perry escribió: «El tema de esta escena, si es que aún hay una 'escena', es el movimiento. Se trata de cambio constante, pero cambios creativos, no cambios de moda»[n284]. Un mes después, imploraba:

28. Phil McNeill, de *NME*, observó cínicamente que el llamado «rock de la cola del paro» era «risible»: «Casi todos los músicos del género se están ganando la vida, lo cual es un fenómeno sin precedentes»[n283].

«Tirad los estúpidos imperdibles, pensad en las ideas de la gente en lugar de su ropa»[n285]. Para entonces, las compañías discográficas volvían a delatar la confusión con la que habían recibido cada nueva forma de música popular en los últimos sesenta años: como eran incapaces de distinguir calidad de banalidad, contrataban bandas de forma indiscriminada. «Todos los nuevos grupos suenan como clones»[n286], dijo Mick Jones, el guitarrista de The Clash, en la primavera de 1977. Algunos se mostraron preocupados por que en la prensa musical se hablase de los grupos antes de que tuvieran tiempo de desarrollar una identidad propia. Ese patrón se convertiría en la norma en las décadas siguientes, hasta el punto de que las bandas agotaban su valor como novedad antes incluso de sacar un solo disco.

Hacia finales de 1977, era posible alquilar un *punk*, por cuatro libras la hora, para animar una fiesta en Londres. Había jóvenes que se ganaban la vida posando para que los turistas los fotografiasen en King's Road y la imagen punk pasó a estar tan trillada como la imagen hippie en San Francisco una década antes. Como escribió Jon Savage: «El punk inglés está ahora disponible para cualquier charlatán, farsante o genio que quiera atención mediática y un contrato discográfico»[n287]. «El punk rock», dijo Kim Fowley aquel octubre, «está acabado»[n288], y su compatriota Greg Shaw habló de su «obsolescencia programada»[n289]. Tras una explosión, después de la energía convertida en destrucción, todo lo que quedaba eran fragmentos. Pero los fragmentos demostraron tener una vida después de la muerte.

«Lo que aprendí al juntarme con los *punks* fue una nueva forma de acercarme a las cosas, me refiero a todo eso del 'hazlo tú mismo'. […] La ética del 'hazlo tú mismo' fue un modelo para que la clase trabajadora crease su propia mierda pese al sistema de clases y a las puertas cerradas de la red de ex-compañeros de colegios privados».

El cineasta Don Letts[n290]

«Hay mil bandas nuevas en Inglaterra y todas están copiando a los Sex Pistols. Es como una broma. Lo mismo podrían estar copiando a Smokie».

Nick Lowe, 1978[n291]

¿Punk? ¿New wave? ¿Punk new wave? Durante décadas, la palabra *punk*, como sustantivo, había significado en inglés «matón», «bandido de clase trabajadora», «motero», «rebelde». Como adjetivo, *punk* era más claramente un insulto (en 1965, el tradicionalista folk Ewan MacColl describió la música de Bob Dylan como «punk», por ejemplo). El apelativo *New wave* [nueva ola] denotaba una nueva aproximación al acto de hacer películas, ejemplificado por la Nouvelle Vague, y desde entonces se usó para describir cualquier nueva versión de una forma artística, como la ciencia ficción de los sesenta o los llamados «dramas de dormitorio» del teatro inglés. En 1963, el antiguo batería de The Shadows, Tony Meehan, había anunciado una «new wave» de bandas beat, como los Rolling Stones, inspiradas en el mismo espíritu que John Osborne y Arnold Wesker.

Punk y *new wave* se usaban de manera intercambiable para describir la anarquía de 1976. Los «new wave punks» eran los Pistols y The Clash, que no había que confundir con los *punks* «originales» de Nueva York ni con las bandas de garage rock de los sesenta. Gradualmente, sin embargo, el punk y la new wave comenzaron a divergir: punk implicaba una energía explosiva mientras que new wave se refería a las formas de pop más amaneradas o nostálgicas que habían surgido al mismo tiempo. Hacia el final de la década, *new wave* era una forma de denigrar: un sinónimo de falsedad o de superficialidad. Por otro lado, cualquier artista que quisiera retener la ética punk y, a la vez, explorar horizontes musicales más amplios recibía (con extraña lógica) el calificativo de «post punk» —una categoría tan extensa que en realidad carecía tanto de sentido como «new wave».

Lo que todas aquellas etiquetas compartían era el poder de erradicar la música anterior de las revistas pop británicas, si no de las listas de éxitos. Al dejarse llevar con entusiasmo por aquella frenética ola, muchos periodistas borraron por completo su memoria. Independientemente de su edad y su estilo, los artistas anteriores al punk eran «dinosaurios» o «aburridos vejestorios», a menos que (como Lou Reed y David Bowie) pudieran reclamar cierta ascendencia sobre el movimiento punk. (Desesperado por estar incluido, Marc Bolan afirmó en un arrebato: «Yo fui el inventor del punk rock»(n292)). Todo esto era tanto una muestra de iconoclasia desfasada —que forzó a bandas como los Rolling Stones y The Who a responder con «Shattered» y «Who Are You?», respectivamente— como totalmente irrelevante a los ojos del público en general, que continuó apoyando a ELO, Led Zeppelin y Genesis como si no nada hubiera pasado; tan solo aumentaba la retórica de «nosotros y ellos». Hubo feroces debates sobre cómo tratar a *punks* dudosos como Elvis Costello, The Jam y Tom Robinson, de quienes se sospechaba que se inclinaban hacia el tradicionalismo del rock pese a la temible furia de sus primeros lanzamientos.

Retrospectivamente, lo que parece evidente sobre la primera brigada de bandas punk británicas es que representaban no tanto una ruptura con el pasado, sino una forma de rejuvenecimiento: una descarga eléctrica aplicada al exhausto cadáver del pop británico de mediados de los sesenta o del glam rock de principios de los setenta. El primer éxito del punk rock en Estados Unidos fue «Ça plane pour moi», de Plastic Bertrand, una canción que no solo estaba en francés, sino que parecía una mezcla de «Subterranean Homesick Blues», de Bob Dylan, con el sonido los Beach Boys hacia 1963. A finales de 1977, The Clash estaban tan apartados de su entorno que sus canciones empezaron a documentar las luchas corporativas con la industria discográfica. Con los Sex Pistols acabados, en la primavera de 1978 surgieron docenas de bandas que imitaban su sonido: Sham 69, Angelic Upstarts, Ruts, UK Subs, entre otras, así como una ola de agresivos skinheads que la prensa apodó «Oi!» (quizás la definición más evocadora de un género en la historia de la música). En manos de todos estos grupos, el punk era un arma basada en la fuerza bruta: una forma inmutable y cada vez más restrictiva que durante décadas continuaría agitando una bandera con el eslogan: «El punk no ha muerto».

Si el punk puro era fácil de identificar y solo era impredecible en cuanto a su capacidad de atraer a los extremos políticos de derecha e izquierda, otros rasgos musicales que surgieron entre 1976 y 1978 eran más maleables. A The Stranglers se los consideró inicialmente como punks, pese a su deuda con el rock estadounidense de mediados de los años sesenta (más obvia que nunca en su versión de «Walk On By», un pastiche de «Light My Fire», el éxito de The Doors de 1967). Lo mismo ocurrió con The Jam, cuyas raíces estaban en The Who y The Kinks, y con Elvis Costello, cuya pasión por esa misma época se evidencia en cada nota de su titulado (irónicamente) *This Year's Model*, de 1978. Por su parte, Eddie and the Hot Rods y The Boomtown Rats pronto manifestaron más afinidad con Bruce Springsteen que con The Clash. Y, entretanto, había una escuela reconocible de «new wave» con estructuras de canciones bruscas y angulosas y estribillos en la tradición de David Bowie y Bryan Ferry, de la que XTC es su ejemplo más memorable. Mientras que la incoherencia masculina y la violencia eran características perfectamente aceptables, había mucha suspicacia en la prensa hacia los artistas que exhibían algún indicio de inteligencia o de conocimiento. El fanzine punk *Sideburns* había intentado inspirar a sus lectores con unas instrucciones sumamente fáciles: «Esto es un acorde. Este es otro. Ahora forma una banda»[n293]. Pero, aunque dos acordes sean suficientes para escribir un himno punk, el manifiesto no estaba pensado para usarse como arma contra cualquiera que osara emplear un tercer acorde o, Dios no lo quisiera, un cuarto. La incoherencia y la incompetencia musicales podían despertar una excitación genuina o, al menos, generar *performance art* de calidad (la carrera de The Slits oscilaba entre las dos cosas), pero, en cuanto el punk cambió su retórica de la liberación por la tiranía de la cerrazón mental, todo su ímpetu y su importancia originales se perdieron.

Afortunadamente, el momento en que el punk se convirtió en una cárcel cultural también permitió que se abrieran miles de flores metafóricas. La sirena del post punk fue la extraordinaria Poly Styrene, que llevaba aparato dental con orgullo y que lanzó un asalto individual (y con su banda, X-Ray Spex) contra la sociedad consumista décadas antes del nacimiento del movimiento antiglobalización. Al igual que el novelista Norman Mailer, consideraba el plástico como un símbolo de la inautenticidad de la vida moderna, con la ironía de que predicaba esta buena nueva a través de los surcos de discos fabricados con PVC.

Como Patti Smith antes que ella, Poly Styrene esquivó los dos estereotipos más prevalentes para una artista femenina en una industria dominada por los hombres: la cantante folk sensible y la afligida gritadora de blues llena de problemas. Pocas predecesoras habían logrado escapar a esas jaulas y las excepciones habían sufrido por su negativa a transigir. La cantante y compositora Grace Slick, de Jefferson Airplane, mantuvo una imagen pública de estridente independencia durante más de una década, antes de sucumbir al alcoholismo. Yoko Ono se vio forzada a soportar el ridículo y el desprecio racista. Los esfuerzos de Joni Mitchell por abandonar su imagen del comienzo para explorar la sátira social y el jazz fueron a expensas del éxito comercial. Quizás sea emblemático que tanto Poly Styrene como Patti Smith eligieran dejar el mundo de la música cuando se encontraban en el punto álgido de su popularidad.

Pero la vociferante actitud de desafío, un tanto jazzística, de X-Ray Spex hizo mucho por revivir el punk como expresión de libertad en lugar de como chaleco de fuerza musical. En su estela, los últimos dieciocho meses de los años setenta fueron increíblemente diversos y valientes en el plano artístico. Era una época en la que la inspiración del punk podía provocar una docena de métodos diferentes de explorar y explotar el pop, mezclándolo con ritmos jamaicanos (desde el *revival* del ska hasta el híbrido de reggae y power pop de The Police) o con heavy metal (Motörhead); abordándolo en la forma de un robot (Gary Numan) o de una princesa gótica (Siouxsie Sioux); o viviendo las implicaciones más oscuras de los manifiestos anarquistas de Malcolm McLaren, como hizo John Lydon con el escalofriante y volcánico aullido de «Death Disco» [«La discoteca de la muerte»], su segundo lanzamiento con Public Image Ltd: pop despojado de atractivo melódico y de estructuras tradicionales; punk privado de ritmo y de retórica; una música tan nihilista e intimidante, en fin, que solo pudo ser comercial en *aquel* momento y provenir de *aquel* hombre. No había sitio para el tradicionalismo del punk en la discoteca de Lydon. Pero la posteridad no eligió recordar ese desenlace para la historia del punk.

«Las bandas pequeñas son las que más me interesan. Surgen en pueblos desconocidos y pasados de moda por todo el país. Pueblos oscuros y soñolientos que han sido ignorados u olvidados por la moderna carrera de locos de las grandes ciudades. En esos lugares, en sus clubes, pubs y discotecas, está prosperando el heavy metal».

Mick Middles, revista *Sounds*, 1980[n294]

«El punk comercial fue una farsa, formó parte de todo el circo del rock'n'roll […], en realidad a finales de 1977 se había terminado. […] Es decir, hoy estaban poniendo un disco de The Clash en la radio y me he dado cuenta de que ya no se puede distinguir entre eso y los Rolling Stones. A fin de cuentas, era solo rock'n'roll , era solo música».

Penny Rimbaud, Crass[n295]

El punk abrió una falla en la historia de la música popular. Al igual que, veinte años antes, el rock'n'roll había polarizado al público entre quienes se sentían ofendidos y quienes estaban listos para aceptarlo como una renovación de la exuberancia de la música. Ambas invasiones de ruido compartían otra característica: representaban un «año cero» para futuras generaciones, es decir, el punto en el que había comenzado una nueva cultura.

En ambas instancias, la línea divisoria era tan tribal como musical: la afiliación con el vigoroso invasor suponía la aceptación de una actitud y una imagen, así como un enfoque nuevo sobre la mecánica del rock. Nada ilustraba tan bien la importancia cultural de lo que, en retrospectiva, no parecen sino diferencias menores de estilo como la frágil y con frecuencia antagónica relación entre el punk y el heavy metal. El éxito del Motörhead a finales de los años setenta enturbió la cuestión. Visualmente, encarnaban el metal; musicalmente, su ritmo anfetamínico y su agresión sónica recordaban el punk (como también su inicial afiliación a discográficas independientes). Su habilidad para satisfacer a ambas tribus no ha sido superada nunca. Mientras que el punk dominó el rock *underground* londinense entre 1976 y 1978, las provincias británicas produjeron un tumulto de bandas jóvenes, igualmente motivadas, ruidosas y feroces, que juraron sobre la bandera del heavy metal. Estilísticamente, no había mucha diferencia entre el punk e «Invasion», de Iron Maiden, o «Getcha Rocks Off», de Def Leppard, excepto la firme negativa de ambas bandas a ser clasificadas junto a los Sex Pistols y The Clash. No todos sus contemporáneos se situaban tan cerca de la frontera, pero la afluencia de energía juvenil era tan intensa que, en 1979, *Sounds* —la primera revista británica que se comprometió con el punk— declaró que se trataba de un movimiento y lo apodó la «nueva ola de heavy metal británico» (o NWOBHM, por sus siglas en inglés).

Pocas de las bandas a las que forzaron bajo ese estandarte —Iron Maiden, Def Leppard, Saxon, Girlschool, Angel Witch, Diamond Head y docenas más— reconocían la existencia de una «nueva ola», y mucho menos su propio rol en ella. Como el heavy metal era un género más inclusivo y comunal que el punk, sus adeptos no solían emplear vituperios equivalentes a aquello de «aburridos vejestorios» que los *punks* lanzaban contra cualquier banda de rock cuyos miembros contaran más de veinticinco años. Pero la NWOBHM actuó de hecho como una transfusión de sangre fresca, incluso en una época en la que la corriente dominante del metal aún era próspera y no se percibía demasiado el declive que existía en otras zonas del rock anterior al punk.

A finales de los setenta, el movimiento punk estaba dividido entre los adeptos al sonido clásico de 1976 y 1977 y los que, encabezados por The Clash, querían mantener su identidad ética y tribal, al mismo tiempo, escapar de la rigidez de aquella fórmula. Esta cruzada condujo a The Clash simultáneamente hacia atrás, hacia décadas anteriores en las que se comerciaba con la imagen, y hacia adelante, hacia un mundo en el que una banda de rock londinense podía sumergirse en la emergente cultura del hip hop. Ambas facciones se contentaban con existir dentro del marco de la industria corporativa del rock, un sistema que los Sex Pistols, por un instante, habían parecido capaces de destruir. Sin embargo, un puñado de bandas británicas se negaron a transigir tan fácilmente. Agrupadas bajo la etiqueta retrospectiva de anarcopunk, gente como Crass, Poison Girls y Conflict se comprometieron con los principios del proyecto artístico de Malcolm McLaren. «El punk está muerto», declararon Crass en 1978, «es otro producto barato para la cabeza del consumidor». Su ética no era consumista, sino cooperativa. Sus lanzamientos discográficos y sus actuaciones se ofrecían a poco más del coste. Su meta era una genuina revolución social, no hacerse famosos. Para ellos, el punk no era un estilo musical que debía mantenerse, sino la oposición a toda forma de colaboración con la sociedad capitalista.

Esto seguía siendo una aplicación positiva del punk: la música como instrumento para lograr el progreso, por más alejada que estuviera de la corriente dominante. En 1978, en Nueva York se hizo patente un rechazo al comercialismo igual de vehemente por parte de las bandas de la no-wave. El historiador del punk Nicholas Rombes ha definido ese movimiento de estudiantes de humanidades como «música para gente que odia la música»[n296] y, de manera menos peyorativa, como «una abdicación —incluso una traición— del punk, en tanto que rechazaba la vena populista y melódica que animaba la primera ola del punk»[n297]. En su lugar, la no-wave ofrecía música atonal, chirriante, carente de estructura, aplastantemente repetitiva: un callejón sin salida musical que, casi en contra de sus propios principios, produjo una banda (Sonic Youth) que inspiró a Kurt Cobain y, por tanto, la explosión grunge.

Mientras, a partir de 1977, en las costas este y oeste de Estados Unidos estallaban conflagraciones locales de punk, grandes áreas del país permanecieron ajenas durante años a lo que ocurría en Reino Unido. («Nos llegaba todo tan tarde»[n298], recordaba Jason Ringenberg, que no conoció a los Sex Pistols hasta 1981). Si había una nueva ola en Estados Unidos más allá de Nueva York, se trataba de un regreso al espíritu de 1964 y 1965: la artesanía pop de los Beatles, la actitud de los Rolling Stones, las brillantes armonías de The Byrds. Mientras que la mayoría de sus protagonistas eligieron revivir el pasado, The Cars y The Knack se situaron a mitad de camino entre la dinámica AOR de Boston y de Journey y el punk pop de Nick Lowe y de Elvis Costello.

«Alison», de Ronstadt, Blondie, Tom Petty, «Good Times Roll», de The Cars, «My Sharona», de The Knack: por más modernos que sonaran para el interior de Estados Unidos, ninguno de ellos intentaba competir con el impacto demoledor de los punks británicos originales. Ellos redecoraron el rock y le dieron un matiz ligeramente más extraño en lugar de blanquear el pasado de la memoria colectiva. Si querían una retórica abrasadora, los jóvenes estadounidenses debían encontrar un movimiento *underground* que era ignorado tanto por la radio como por la prensa.

Para Ian MacKaye, de dieciséis años y oriundo de la capital estadounidense, el punk rock «parecía increíblemente nihilista»[n299] cuando por primera vez leyó algo sobre los Sex Pistols en 1978. Cuando por fin escuchó los discos que emanaban de Reino Unido, «me impresionó el hecho de que era una música completamente anticomercial. [...] El punk rock me introdujo a todo este *underground* y allí había ese increíble despliegue de ideas, filosofías, enfoques de la vida... Me sentí desafiado en todos estos niveles diferentes»[n300]. Tras formar una sucesión de bandas para imitar lo que había escuchado, se metió en el ambiente de los grupos de rock y los locales que funcionaban fuera del radar de la industria de la música. Esos grupos, deseando escapar a la corriente dominante, constituyeron una escena que hacia 1981 se describía como «hardcore»: intransigentes e implacables, diseccionaban con rabia la vida política y personal con una libertad que solo les está permitida a quienes no esperan ningún éxito comercial.

El hardcore trataba de extremos. Extremos de sonido, de comportamiento, de creencias. Algunos de sus participantes siguieron los pasos de Darby Crash, el vocalista atodestructivo de The Germs, en su adicción a la heroína y la desesperación. Otros canalizaron su ferocidad en una ideología que rechazaba todos los oropeles del estrellato de rock, especialmente la bebida y las drogas. La banda de MacKaye, The Slinkees, estaba en el corazón del llamado movimiento *straight edge*, con su himno formativo (e irónico) «I Drink Milk». «Está claro que estábamos cabreando a mucha gente»[n301], recuerda MacKaye. Convertirse en *straight edge* no era un coqueteo pasajero: era un compromiso de por vida. «Realmente parecía una rebelión total», ha explicado el vocalista de Youth of Today, Ray Cappo, «contra el típico estudiante, el típico adolescente que va por ahí colocado y borracho con su jersey de ir a conciertos, sus botas Timberland, yendo de una fiesta de estudiantes a otra, saliendo con chicas y violándolas»[n302]. Aun así, el rigor de la filosofía *straight edge* encarnaba una manera conservadora de pensar que se oponía al potencial del punk como forma de liberación estética y espiritual.

El punk, por tanto, era libertad y conservadurismo; experimentación y conformismo; un manifiesto para cambiar nuestras vidas y una cómoda trampa que nunca nos exigiría el cambio. Como el rock'n'roll , también se convirtió en un eslogan multiuso que representaba cualquier cosa desde la autosuficiencia del «hazlo tú mismo» hasta la más trillada repetición de motivos en la música y las letras —tan manido como cualquiera de los aburridos vejestorios y dinosaurios que fueron, sin quererlo, la inspiración del punk. A partir de los años noventa, todo el mundo usaría el punk como el parámetro definitivo de lo auténtico y lo *cool*, desde los depresivos fans del heavy metal hasta las boy bands, y todos estarían convencidos de que solo ellos representaban el verdadero legado del punk... y en cierto extraño sentido, lo eran.

CAPÍTULO 10

POSICIÓN DE BAILE

«El éxito no es nada. […] Sigues al sistema y el sistema te mata».

Bob Marley, 1976[n303]

«Los negros pobres y los blancos pobres están en el mismo barco. […][Los negros] no nos quieren en su cultura, pero […] a nosotros nos gustan y no nos da miedo ir a tiendas de discos de música negra».

Joe Strummer, The Clash, 1976[n304]

En agosto de 1958 se hizo patente un choque de culturas cuando grupos de hombres blancos de clase trabajadora —la mayoría vestidos con los chaquetones y los zapatos de punta que los delataban como *Teddy boys*— lanzaron ataques contra los residentes afro-caribeños de Notting Hill, en el oeste de Londres. A partir de entonces, la sombra del crimen, la violencia y la intimidación pendió sobre la comunidad antillana de Reino Unido, reforzada por el alarmismo con que informaba la prensa.

Sin embargo, las corrientes opuestas a menudo se confundían y se contaminaban. Las peleas que destrozaron clubes londinenses como el Ram Jam y el 007 a mediados de los sesenta eran territoriales, no raciales, pues enfrentaban a inmigrantes del norte de Londres con habitantes de Brixton. Una década más tarde, había una división similar entre quienes intentaban establecer una comunidad rastafari en el corazón de Babilonia y quienes tenían como modelos los gángsters de las películas estadounidenses de «blaxploitation».

Cuando, en otoño de 1969, la música reggae jamaicana cruzó a las listas de pop británicas con cinco singles simultáneos, su principal apoyo fuera de la comunidad negra provenía de los *skinheads*, que llevaban las cabezas afeitadas o rapadas para acentuar su aire amenazante, amenaza que podía hacerse realidad en el destello de una navaja automática o en el crujido de un puño americano o de sus botas con punta de acero. El *skinhead* arquetípico era un hombre blanco de clase trabajadora que atacaba brutalmente a los inmigrantes asiáticos pero adoptaba los ritmos antillanos como propios. Una década después, cuando el *ska revival* produjo conjuntos multirraciales como The Specials y The Selecter, los discípulos rapados de los partidos fascistas británicos centraron su lealtad en la banda de ska Madness, cuyos miembros eran todos blancos. Una noche tristemente célebre de junio de 1980 en el Lewisham Odeon, los *skinheads* saludaron al artista telonero, el jamaicano y veterano del reggae Desmond Dekker, con un ademán más apropiado para saludar a Adolf Hitler.

Fuera de la comunidad *skinhead*, la respuesta al reggae durante la época del punk fue igualmente ambigua. En el festival de Reading de 1976, el público, atraído por el colectivo anarquista y hippie Gong y por los antiguos miembros de la banda experimental de Captain Beefheart —una combinación no precisamente incendiaria—, reaccionó ante la aparición de varios artistas jamaicanos con una lluvia de latas y botellas (esta debacle fue una de las chispas que provocaron la formación aquel mismo año del colectivo Rock Against Racism [Rock Contra el Racismo]). El movimiento punk consideraba el reggae con raíces rastafaris como un espíritu afín y el público de los conciertos de punk británicos se acostumbró a la banda sonora jamaicana que proveían compañeros de viaje como Mikey Dread (que se fue de gira con The Clash) y Tapper Zukie (aclamado por Patti Smith). Los artistas de reggae locales, que a menudo tenían una estridente vena política (como «Ku Klux Klan», de Steel Pulse), eran quizá, para las calles del Reino Unido de finales de los años setenta, una voz más auténtica que muchas bandas punk de clase media que se hacían pasar por héroes de clase trabajadora. Sin embargo, como observó Bob Woffinden, de *NME*, aún había un abismo cultural entre la comunidad jamaicana de Londres y sus aficionados blancos, y las tiendas de reggae de la capital eran «tan oscuras y poco atractivas como una tumba para cualquier chico blanco que pasara por allí»[(n305)]. En 1976, cuando la fusión de reggae y punk estaba en sus comienzos, una de las salas de conciertos más famosas de Londres, el Hammersmith Odeon, prohibió todos los conciertos de reggae a raíz de unos cuantos robos e incidentes menores de violencia durante una actuación de Bob Marley and The Wailers.

Estos episodios apenas podían compararse con la violencia de las bandas criminales y la represión gubernamental de los barrios de chabolas y de los bloques de viviendas de hormigón de Kingston. No se trataba de un estallido normal de energía adolescente, sino un reflejo de la febril atmósfera política de la capital jamaicana desde los años sesenta. Aunque la mayoría de la música reggae tenía sus raíces en el amor y el sexo, el ritmo ajustado y electrizante del género era la banda sonora perfecta para los mensajes de disensión sectaria o espiritual —entre partidos políticos rivales, entre bandas criminales que luchaban por conseguir la supremacía en el gueto y entre la policía y la comunidad rastafari. Poco de todo esto era evidente cuando el reggae entró en la escena pop británica. Éxitos como «It Miek» y «The Israelites», de Desmond Dekker, eran considerados solo canciones exóticas, una creencia reforzada por el lanzamiento en 1968 de «Do the Reggay», de Toots and the Maytals. Se reservó la inquietud oficial a la escandalosamente grosera «Wet Dream», de

Max Romeo, que más que sugerente era pictórica: «Acuéstate, chica, déjame que la empuje».

Tras el primer Festival de Música Caribeña, en 1969, Trojan Records, que tenía los derechos de muchos lanzamientos jamaicanos en Reino Unido, preparó una serie de álbumes recopilatorios a un precio asequible titulados *Tighten Up*. Con lascivos diseños de portada, proporcionaban a los recalcitrantes adolescentes blancos una ruta atractiva hacia la cultura jamaicana. En 1971, el reggae era ya lo suficientemente familiar a los oídos británicos para que Dave Barker y Ansel Collins encabezaran las listas de éxitos con los orgullosos alardes de «Double Barrel», y de ese modo introdujeron al público pop al arte del «toasting».

Mientras que los productores de discos de rock, pop y soul empleaban arreglos cada vez más pretenciosos y extravagantes, Jamaica estaba reinventando el concepto mismo de grabación.

DJs que trabajaban con *sound systems*, como King Stitt y U Roy, declamaban una mezcla de arrebatos vocales onomatopéyicos y de muletillas por encima de los temas instrumentales (a menudo éxitos contemporáneos sin las voces de los cantantes). «Fire Corner», de Stitt, y «Dynamic Fashion Way», de U Roy, ambas de 1969, ejemplifican el arte del *toaster*, con sus invenciones aparentemente espontáneas que proporcionaban una capa extra de síncopa por encima de las ajustados y precisas temas pistas instrumentales elaboradas por los productores Clancy Eccles y Bunny Lee, respectivamente. A estos temas además se les quitaban las voces para que funcionaran como «versiones» en la cara B del single y sirvieran como combustible para la pista de baile.

Cuando el público del reggae se acostumbró a los temas sin sus ganchos vocales más obvios, el escenario estaba preparado para un acto más osado de creatividad sonora. A partir de la invención de la tecnología de mezclas multipista, el productor se había vuelto un participante cada vez más activo en el proceso de grabación, hasta el punto de que gente como Phil Spector y Joe Meek declaraban que su distintivo sonido personal era más valioso que las canciones que se servían de él. En Jamaica, productores como King Tubby y Lee Perry se convirtieron en creadores de *dubs* —término que originalmente designaba los discos de acetato usados para escuchar las nuevas grabaciones y que, por extensión, pasó a ser una descripción de sus paisajes sónicos. En el dub, la unidad básica de un tema se trastocaba y se rompía en pedazos, a medida que los productores aislaban y acentuaban los elementos individuales, como el bajo y la batería, aplicaban cavernoso eco *delay* como una forma de alterar el sonido y enviaban voces o instrumentos vibrando a través de los altavoces. Los temas que surgían, además de ser psicodélicos, estaban salpicados de sucesos sonoros. El dub manipulaba y mutaba las dimensiones estándar del sonido grabado. Si el rock psicodélico traducía el espectro del color a sonido extático, el dub se movía en un mundo más amenazador y propenso a extraños cambios de gravedad.

Cuando el dub se alió con el espíritu cada vez más radical del roots reggae, y la retórica rastafari con el *toasting*, el reggae pasó de ser una representación del sol caribeño a convertirse en un retrato mordaz de una sociedad al borde del colapso. «La base de la música realmente es la opresión, la depresión, la ira, la pasión profunda»[n306], insistía Jimmy Cliff. Esta era la ideología que hipnotizó a The Clash y también a John Lydon, el cual canalizó la inventiva del dub en sus primeros discos con Public Image Ltd. Pero la cultura reggae en los años setenta distaba de ser un medio monótono. Junto con el dub y el *toasting*, Jamaica bullía de grupos vocales inspiradas espiritual y musicalmente en bandas de soul de los sesenta como The Impressions, como en el caso de The Wailers; de voces de amor como la de Gregory Isaacs en «Cool Ruler»; y de himnos revolucionarios del rastafarismo, que predicaban una perturbadora mezcla de apocalipsis y salvación.

En Bob Marley, el movimiento rastafari encontró a su profeta y portavoz, aunque Marley se convirtió cada vez más en una figura polémica en su país natal. Tras firmar con el sello británico Island, su banda, The Wailers, dejó que músicos de sesión grabaran por encima de su álbum *Catch a Fire*, de 1973, para volverlo más aceptable para el público blanco. (Durante el resto de su carrera, Marley continuó lanzando temas poco pulidos en Jamaica que después eran suavizados y endulzados para el mercado internacional). En 1975, cuando The Wailers grabaron un emblemático disco en directo en Londres, la comunidad el rock estaba preparada para reconocer que Marley era comparable a sus propios iconos, como Bob Dylan y Mick Jagger. Sin embargo, ese fue también el año en que The Wailers se separaron, cuando sus otras fuerzas creativas, Bunny Wailer y Peter Tosh, dejaron de aceptar el dominio de Marley en lo que antes había sido una democracia. Marley se convirtió en un ídolo mundial, sus grabaciones cada vez estaban más lejos de Jamaica y su influencia comenzó a ser más aparente en el reggae africano que en el caribeño.

Independientemente de si uno lo consideraba un héroe o un apóstata, Marley amplió el gusto musical de millones de personas que de otra manera podrían sentirse intimidados por los experimentos del reggae con el sonido y la forma. Turistas como Paul Simon y Paul McCartney, que habían grabado temas en Jamaica, aceleraron el proceso. Éxitos melifluos como «Everything I Own», de Ken Boothe, entraron cómodamente en el Top 40, aunque el carácter juguetón inspirado en el dub de «Ire Feelings», de Rupie Edwards, desconcertó tanto a los programadores de la BBC en 1974 que se prohibió emitir el single en horario diurno por si tuviera implicaciones obscenas. Sin embargo, aparte de

Marley, el reggae desapareció de la radio popular durante la segunda mitad de
la década, hasta que 2-Tone revivió los ritmos del ska, que existían desde hacía
quince años, y The Police empleó las dinámicas del dub en «Roxanne».

La grabación más influyente del reggae en Reino Unido apareció en 1982
de manos de un grupo en el que tres cuartos de sus miembros eran blancos y
su vocalista, andrógino (y abiertamente gay), llevaba trenzas que le llegaban
hasta el pecho y la cara pintada como una puerta. «Do You Really Want to
Hurt Me», de Culture Club, era una versión dulce del estilo británico predominantemente femenino y negro conocido como lovers rock, que renunciaba
al rastafarismo y a la retórica revolucionaria en favor de expresiones de romance adolescente encantadoramente ingenuas. Tras encabezar las listas de
éxitos de Reino Unido, la canción repitió la hazaña en Estados Unidos, una
nación donde Bob Marley nunca tuvo un éxito en el Top 40 y donde, en 1980,
había aparecido un musical de Broadway llamado *Reggae* que apenas tenía tra-
zas de identidad jamaicana. Aunque Estados Unidos nunca llegó a adaptarse
a los ritmos jamaicanos como Reino Unido, el reggae ahora era un lenguaje
universal que estaba preparado para expandirse en África y Sudamérica y para
mezclarse en el crisol planetario de ritmos y culturas.

Aun así, el reggae era tan poco estático como la cultura que lo produjo.
Mientras que Reino Unido y Estados Unidos se aferraban al lenguaje de Bob
Marley, el cual podían interpretar y comprender con facilidad, en Jamaica la
música estaba mutando. Los *disc jockeys* empezaron a tomar un control más
profundo del sonido de Kingston, y el placer de la innovación rítmica comenzó a suplantar la retórica política o rastafari. Como el país atravesó restricciones económicas en la segunda mitad de los ochenta, los fabricantes de discos
aprovecharon la nueva tecnología digital para simplificar su trabajo. Su propósito era evidente desde el nombre con el que se conocía su nuevo género:
dancehall [sala de baile]. Pero había otras etiquetas —digi, ragamuffin, ragga— para los discos que, a partir de 1984, empezaron a reemplazar las secciones rítmicas del pasado con instrumentos manejados por chips de ordenador.
Para entonces, casi todos los sectores de la industria musical estaban presenciando la misma revolución, que a veces era involuntaria.

«Muy pronto vendrá un grupo de chavales que cambiarán todo
esto y entonces nadie querrá oír hablar de los Rolling Stones ni de
ninguno de nosotros. Probablemente serán tres niños de doce años
con sintetizadores Moog».

Stephen Stills, 1973[n307]

«Pueden usar todos los sintetizadores que quieran, pero nada ocupará el lugar del corazón humano».

Johnny Cash, 1973[n308]

«Por una seria cuestión de principios, nunca disfrutaré de un disco que tenga un sintetizador»[n309], anunció en 1984 el vocalista de The Smiths, Morrissey. Su desafiante negativa a contemplar la posibilidad de que la música se pudiera crear por medio de tecnología computarizada era tan conservadora y desafortunada como la opinión de habían sospechado de la guitarra eléctrica o del saxofón. Una década antes, el teclista Roger Powell había refutado los recelos de quienes creían que el sintetizador Moog —el primer paso en la revolucionaria marcha de la tecnología— no era musical y carecía de emoción. «Se puede desarrollar una relación física con el instrumento», insistía. «Lo que ocurre es que la gente no suele considera el acto de girar un potenciómetro o pulsar un engranaje como una forma expresiva de tocar un instrumento»[n310].

La invención a finales de los años cincuenta del Side Man, de Wurlitzer, una máquina de ritmos eléctrica, planteó por primera vez la posibilidad de que los hombres pudieran ser reemplazados por máquinas. Estos miedos coincidían con los exitosos relatos de ciencia ficción de Isaac Asimov, que trataban sobre la ambigua relación del hombre con los robots que y reflejaban el temor de que los sers humanos se convertirían algún día en sirvientes de sus propias creaciones. Side Man [Ayudante] (su propio nombre era robótico) y sus competidores fueron instalados órganos eléctricos y fueron los precursores de las cajas de ritmos.

No obstante, fue el sintetizador Moog, dotado de teclado, oscilador de modulación, controles tonales y generador de contorno, lo que llevó la máquina al corazón de la música popular. Incluso después del éxito de *Switched-On Bach*, el álbum de Walter Carlos, el *Moog* se usaba como un método para adornar la música, no para crearla. Pero hacia mediados de los setenta, álbumes enteros de rock se componían y se tocaban con un Moog. Su capacidad aparentemente ilimitada para generar tonos y ruidos interesantes permitía una exploración a gran escala, y por eso los músicos de rock progresivo recibieron al Moog con alegría. El lanzamiento del Polymoog, en 1977, amplió la paleta del instrumento de solo notas a acordes, lo cual le permitía sustituir prácticamente cualquier sonido disponible para una banda de rock.

Artistas tan variados como Paul McCartney y Emerson, Lake and Palmer incorporaron el Moog en el rock y el pop, pero Alemania fue el país en donde las capacidades del sintetizador se investigaron de manera más radical. El género apodado por los periodistas británicos krautrock exploró los límites de la composición electrónica, la psicodelia y el rock experimental (en realidad, progresivo) en una fusión de técnicas clásicas y populares que no tenían rival en el mundo. Dos bandas traspasaron los límites de la vanguardia y comenzaron a atraer al público convencional. Kraftwerk tuvo un éxito mundial con el single de «Autobahn», que comprimía un tema que ocupaba todo un lado de un álbum en tres minutos. Aquella música mostraba el sintetizador como un juguete y como un medio de hipnosis y evocaba la tersa eternidad de un viaje por una carretera de Alemania. «Somos el primer grupo alemán que grabamos en nuestro propio idioma y usamos nuestra formación electrónica para crear una identidad centroeuropea propia»[n311], explicó Ralf Hütter. «Autobahn», al mismo tiempo futurista y evocadora de las canciones de grupos vocales de la era del rock'n'roll , constituyó un momento clave en la transformación del sintetizador en un vehículo para el baile.

Tangerine Dream, cuyas evocaciones atmosféricas del espacio y el tiempo imaginaban un mundo de fantasía y ciencia ficción con banda sonora creada por los compositores minimalistas estadounidenses, ofrecía una clase diferente de modernidad. El tema de dieciséis minutos que daba nombre a *Phaedra* (1974) fue una clara influencia en la colaboración de 1977 entre David Bowie y Brian Eno, mientras que las primeras aventuras de este último con la música ambient recordaban el estado de ánimo de la pieza final de ese mismo álbum, «Sequent C». Era un sonido para un viaje al espacio interior —quizás para meditar ligeramente colocado— sin las caleidoscópicas e inquietantes explosiones sensoriales de otras bandas de rock alemanas.

David Bowie, en sus álbumes *Low* y *Heroes*, exploró diferentes aspectos del legado del krautrock para crear una música que reflejara la fragilidad de su propia psique y la alteración sonora del punk. Ambos álbumes se dividían entre deconstrucciones quebradizas del rock tradicional y música ambient creada con un sintetizador. El estatus de icono visual y musical de Bowie hizo que sus experimentos influyeran a una generación de músicos británicos para los que era guía a través de aquella década turbulenta. En *Scary Monsters (and Super Creeps)*, de 1980, Bowie usaba su música sintética para reconectar con fragmentos de su propio pasado: cantante blanco de soul, genio de la creación de imagen y maestro del single icónico.

El vídeo que promocionaba el single de Bowie «Ashes to Ashes» (1980) estaba lleno de extras reclutados del Blitz, un club de Covent Garden. Entre las paredes de ese club, la música era un cruce de pop sintetizado y electrónica, y Bowie y Roxy Music eran los espíritus guardianes del lugar. (De hecho, el club nació a raíz de las noches dedicadas a Bowie que había organizado el año anterior Rusty Egan en Billy's, en el Soho). «Era todo muy alegre y había mucho maquillaje», recordó el *disc jockey* y dueño de discográfica Stevo. «Era la esce-

na que engendró a los nuevos románticos»[n312]. La historiadora de la música
dance Sheryl Garratt considera esta «una época de experimentación: bebop,
pop africano, rumba, rockabilly, salsa, ska, blues. Trajes *zoot*, sombreros de
cowboy, música tradicional americana de los cincuenta, boinas y tirantes»[n313].
Entre los llamados chicos Blitz estaban muchos de los artistas de pop británicos más famosos de la década que comenzaba: Culture Club, Spandau Ballet,
Visage, Sigue Sigue Sputnik, Ultravox y Sade. Para cada una de ellos, el estilo
era tan crucial y definitivo como la música. Hijos del glam y supervivientes del
punk, renunciaban a la cortante agresión del pasado reciente y dejaban a un
lado las guitarras en favor de los sintetizadores baratos y fabricados en masa
que habían inundado el mercado.

El eslabón perdido entre el punk y los nuevos románticos se encuentra en las
texturas sonoras experimentales de artistas como Throbbing Gristle, Chrome
y Cabaret Voltaire, los cuales —como The Velvet Underground antes que
ellos— eran más conocidos por su influencia que por sus propias grabaciones.
Los extendidos paisajes de sintetizador de Kraftwerk también fueron una profunda influencia, así como el krautrock anglicanizada de David Bowie y Brian
Eno. Tres éxitos de 1979 —«Pop Muzik», de M, «Lucky Number», de Lene
Lovich, y «Video Killed the Radio Star», de The Buggles— añadían rareza a
la nueva música (New Musik es, por cierto, el nombre de los artistas de uno
de los primeros éxitos de synth pop, «Living by Numbers», de 1980). La facilidad de un sintetizador para crear una portentosa ola de sonido, como en el
caso de Tangerine Dream, permitió a Gary Numan y a Orchestral Manoeu-
vres in the Dark inventar un pop siniestro, casi pomposo, una tendencia que
alcanzó su cénit (o su nadir) en el drama carente sin emoción de «Vienna», de
Ultravox.

Aquel era uno de los espíritus de los tiempos a medida que escalaban las
tensiones de la Guerra Fría y las listas de éxitos se llenaban de canciones sobre
el apocalipsis nuclear y el militarismo. Pero, tras la paranoia de los años del
punk y en medio de la depresión económica, los jóvenes asiduos a los clubes
preferían sudar sus miedos en la pista de baile.

Mientras Dexy's Midnight Runners («Dance Stance») y Elvis Costello
(«Can't Stand Up for Falling Down») rescataban el soul de mediados de los
sesenta, Roxy Music («Dance Away») y David Bowie («Fashion») aportaban
un enfoque más contemporáneo al hedonismo.

A principios de 1981, mientras los clasicistas del rock guardaban luto por
John Lennon (cuya última grabación fue una escalofriante colaboración de
rock-funk con Yoko Ono, «Walking on Thin Ice»), bandas como Duran Duran y Spandau Ballet combinaban los ritmos de la discoteca con una quebra-
diza y brillante sensibilidad pop que provenía de Abba y Dollar y de Bowie y

Roxy Music. Entretanto, «New Life», de Depeche Mode, estrenaba el synth pop como el nuevo amateurismo en el verano de 1981: la ruidosa cacofonía del punk reemplazada por simples líneas de sintetizador tocadas con un dedo, que acompañaban a canciones de pop saltarinas. La decadencia y la extravagancia de un elemento y la energía juvenil del otro se combinaban en dos de los discos más vendidos del año: una recuperación del éxito del soul de los años sesenta «Tainted Love» por Marc Almond, quien pronto demostraría ser un cronista sublime de la vida emocional y sexual a los márgenes de la sociedad, y la deliberadamente banal «Don't You Want Me», de The Human League, quienes habían sido experimentalistas electrónicos y ahora ofrecían ingeniosas viñetas sobre traumas adolescentes.

La época del synth pop, decadente o no, alteró el sonido, la imagen y la presentación de la música popular. A partir de Elvis Presley y Chuck Berry, la guitarra eléctrica había creado toda una enciclopedia de poses y movimientos sexuales, que concedían, incluso al artista más flojo, un sentido de lo *cool* y lo masculino (la guitarra fue crucial en el llamado cock rock [rock de pollas], el estilo de hard rock de contoneos y meneos de los setenta). Quedarse de pie tras un sintetizador era una manera menos obvia de exhibir la propia sexualidad. Kraftwerk fueron los primeros en darse cuenta (y satirizarlo): uno corría el riesgo de que lo confundieran con un técnico o un robot. Los sintetizadores fueron acusados también de despojar de emoción a la música. Incluso Dave Ball, de Soft Cell, admitió que «en realidad me aburren un poco los grupos dominados por los secuenciadores»[n314]. Para él, el toque de los dedos en un teclado —en lugar de la reproducción de un sonido programado— era vital: «Yo toco manualmente y no dependo de máquinas muy precisas que hacen que se pierda la sensación humana»[n315]. Para Bernard Sumner, veterano de la glacial banda post punk Joy Division y fundador de New Order, especializado en ritmos de baile sintetizados, «la lección fundamental del punk, y que nadie entiende, es que da igual *cómo* toques, lo que importa es *lo que tocas*»[n316]. Según esa filosofía, la técnica era tan irrelevante como lo había sido para los Sex Pistols; lo que contaba era el impacto emocional de la música, más allá de cómo se lograse. Sin embargo, Ralf Hütter, de Kraftwerk, decía: «Con mejores máquinas, seremos capaces de hacer mejor música»[n317].

Posiblemente fue esencial que el synth pop coincidiera con el auge del vídeo musical. Igual de importante, como indica el propio nombre de los nuevos románticos, fue el rol del synth pop en los rituales de cortejo —tal como se describen en «Don't You Want Me». «Es algo hipnótico, como música de baile», dijo Dave Ball. «Esa es la esencia del asunto. La gente está limitada y restringida, apiñada en oficinas y trenes. No pueden moverse libremente, por eso quieren sacudirse y volverse locos. En lugar de pegarle a alguien o matarlo, lo que hacen es bailar»[n318]. Solo cuatro años después del comienzo de la música disco en Comiskey Park, un club nocturno como el Camden Palace, en Londres, estaba atestado de oficinistas y adolescentes que mostraban su plumaje de pavo real cinco noches a la semana en eventos que se anunciaban como «Sweat Attack» [«Ataque de sudor»] y «Dance Your Ass Off» [«Baila hasta dejarte el culo»]. El placer, el baile y la música volvían a ser cómplices de una extravagancia delirante. Además, artistas de apariencia gay como Boy George (Culture Club) y Marc Almond (Soft Cell) prosperaban y eran aceptados por el público británico —la imagen pública encantadoramente delicada de Boy George le valió fans de todas las edades, incluso entre quienes en otros tiempos habrían estado horrorizados por la ambivalencia sexual de Mick Jagger o Marc Bolan.

Aun así, todavía había una división entre quienes aceptaban la extravagancia pansexual y acicalada del nuevo pop y quienes se aferraban a las texturas más políticas y abrasivas del punk. En el período que siguió a este, cuando una plétora de pequeños sellos discográficos ofrecieron alternativas al producto más reglamentado de las grandes compañías, un poderoso prestigio acompañaba la noción de «independiendencia» en un mundo corporativo. Muchos sellos independientes de Reino Unido, repitiendo las aventuras pioneras de discográficas estadounidenses como Sun, Chess, Atlantic y Motown, se convirtieron en minifábricas de experimentación pop, y cada una de ellas —desde Factory hasta Postcard, pasando por Some Bizzare y Rough Trade— se jactaba de su propia visión del pop (y el rock). En aquel paisaje ampliado, había lugar para cualquier matiz de la libre invención de las bandas de post punk.

La electrónica de vanguardia se codeaba con rock de los sesenta o de The Velvet Underground. Y, dentro de aquel espectro, a principios de los ochenta había artistas de una gran gama de tonalidades que se inspiraban en la América negra: soul, funk, jazz, disco o una mezcla de todos ellos. Por nombrar un ejemplo emblemático, Orange Juice, de Glasgow, abordó el dilema de cómo suceder al punk recuperando los motivos musicales de The Byrds y de The Velvet Underground y cubriéndolos después con un sentido del estilo místico y esotérico. En un par de años, la banda pasó de copiar de la música de los sesenta a una forma de funk contemporáneo, con matices africanos, y fue dejando atrás a algunos de sus fans originales a medida que alcanzaba el éxito dentro del pop convencional. Todos los caminos, por más retorcidos que fueran, conducían a la pista de baile.

Sin embargo, a algunos ese destino les parecía intolerable. Para los puristas independientes, la música indie implicaba guitarras, rock y tradición —desde los sesenta, pasando por The Velvet, hasta el punk— y bandas como Orange Juice habían elegido pervertirla. En esa escuela, lo indie suponía a menudo un amateurismo deliberado y un sentido del ritmo caótico y voluntariamente no bailable. Era una música inconformista, cuando el punk había sido iconoclasta. Este enfoque culminó en *C86*, una recopilación de canciones de la revista *NME* en 1986 que incluía celebridades indie como Primal Scream, The Wedding Present, Stump y Bogshed. (Originalmente se lanzó en casete, de acuerdo con la ética DIY del movimiento).

Pese a ser la encarnación de la élite indie, una banda estaba ausente en *C86:* The Smiths, liderados por Johnny Marr —un guitarrista que podía competir en inventiva melódica con The Byrds o con el trabajo de Richard Thompson en Fairport Convention— y Morrissey —un letrista cómico y literario cuya comprensión de la melodía pop era algo más limitada. Su especialidad eran la autocompasión casi adolescente, ejemplificada por «Heaven Knows I'm Miserable Now», y su astuta comprensión del protocolo social inglés, lo cual lo convirtió (junto con Ray Davies) en el bardo de la vergüenza. The Smiths eran al mismo tiempo radicales —el vocabulario y el ingenio de Morrissey eran tan revolucionarios como la descripción literaria que hizo Lou Reed del reverso de Nueva York— y conservadores —en su negativa (o la negativa de Morrissey, para ser exactos) conceder ninguna importancia a los ritmos de baile. «Panic», su single de 1986, adquirió mala fama por su imborrable estribillo: «Hang the DJ» [Ahorcad al DJ], que la mayoría consideró un ataque contra la música negra, algo que Morrissey no se esforzó en desmentir. (El *disc jockey* se había ganado la sentencia de muerte por no ofrecer banda sonora apropiada para la vida de Morrissey, una actitud peculiarmente solipsista hacia la música pop). Fue un éxito considerable, pero representó la última fanfarria de un corneta atormentado, solo en las barricadas mientras a su alrededor todo latía con los intransigentes ritmos del futuro.

«El tecno suena como un martillo neumático con sonidos de sintetizador añadidos».

Daily Express, 1994[n319]

«La mayor parte de los discos de acid no tienen voces, por lo que es difícil entender cómo pueden promover el consumo de drogas».

Revista *Soul Underground*, 1988[n320]

A comienzos de los años ochenta, Detroit, ciudad antiguamente famosa por ser el centro de la industria automovilística de Estados Unidos y el hogar del imperio soul de Motown Records, emitía ya el hedor de la descomposición terminal. Era una ciudad asolada por los incendios provocados, los asesinatos y la pobreza era endémica, y los jóvenes afroamericanos hallaban consuelo en una música que emanaba de otro lugar —quizás del espacio exterior, a juzgar por sus ritmos alienígenas y robóticos. Al igual que a muchos de sus contemporáneos, a los adolescentes Derrick May, Juan Atkins y Kevin Saunderson les gustaban los sonidos que no guardaban relación con el legado de su propia ciudad: los ritmos computarizados de Kraftwerk, las grabaciones electro-disco de Donna Summer con Giorgio Moroder, el synth-pop pionero de The Human League y Depeche Mode. Los tres muchachos formaron un colectivo musical al que llamaron Deep Space y se embarcaron en experimentos individuales con sintetizadores primitivos, cajas de ritmos y grabadoras.

La primera evidencia del impacto revolucionario de Deep Space en la música global fue «Alleys of Your Mind», un single de 1981 de Atkins bajo el nombre de Cybotron. Su atmósfera alemana —como si Tangerine Dream hubiera grabado una maqueta rudimentaria con Kraftwerk— se hizo patente en otro lanzamiento de ese mismo año, «Share Vari», de A Number of Names. A ambos se les ha atribuido la paternidad de un nuevo género de música electrónica: el tecno de Detroit. En los años siguientes, cada uno de los miembros del colectivo Deep Space jugueteó con ingredientes similares y creó un tipo de música dance a la que fue despojando gradualmente de todos sus elemento innecesarios. De hecho, hacia 1985, cuando Atkins hizo «No UFOs» bajp el nombre de Model 500, su instrumentación electrónica era casi por completo percusiva y no hacía ni un intento por crear un atractivo melódico. Las voces eran asimismo inhumanas y recordaban a la inexpresiva técnica de Gary Numan o de Phil Oakey, de The Human League. Derrick May amplió los límites de los elementos tradicionales de la canción popular con dos singles de 1986, «Nude Photo» (motivos de sintetizador que nunca terminan de cuajar sobre una base de caja de ritmos) y «Strings of Life». Este último, lanzado bajo el pseudónimo Rhythim Is Rhythim, sugería que los robots habían tomado el control de la fábrica y habían subvertido cualquier indicio de melodía o de tono en su frenesí a base de secuenciadores. Uno podía imaginarse a autómatas poniéndoles esta música a los humanos capturados para demostrarles quiénes eran los amos ahora.

El tecno de Detroit halló un público receptivo en las discotecas de Chicago, donde los *disc jockeys* y los músicos locales se nutrían de una mezcla similar de post punk británico, krautrock y música disco. En el Warehouse de Chicago, Frankie Knuckles atraía a la gente a la pista de baile con sus amalgamas de ritmos sintetizados y puntos emocionales álgidos de los éxitos de Philadelphia. «Tenía una cuchilla de afeitar, una grabadora Pioneer y carretes de cinta para grabar»[n321], recordaba. A diferencia de sus coetáneos del Bronx, Knuckles y sus imitadores no proveían el material en crudo para los raperos: sus chapuceras producciones estaban diseñadas para que fueran suficientes por sí mismas. A principios de los años ochenta, añadieron cajas de ritmos y secuenciadores a sus pletinas y sus giradiscos, lo que les permitía improvisar temas de dance que existían solo en el momento de su creación. Usando una caja de ritmos Roland TR-808 en el club Playground, Jesse Saunders recordaba que «dejaba que sonase junto con los temas, después la quitaba y la volvía a poner, la dejaba sonar sola y empezaba a mezclar cosas»[n322]. Era como una vuelta a los días anteriores al sonido grabado; inevitablemente, los precedentes históricos garantizaron la preservación en vinilo de las improvisaciones de Saunders.

Su single de 1983 «On and On» encapsulaba su enfoque: una lluvia de sonidos de percusión en diferentes registros que luchaban por ser reconocidos. Cada uno de los elementos que antes habían sido humanos —aplausos, redobles, el toque de los dedos en un teclado o el golpear de la cuerda de un bajo— estaba creado por máquinas. Pero, al igual que su rival y contemporáneo Jamie Principle, que trabaja con Knuckles en el Warehouse, Saunders no tenía miedo de combinar estos ritmos electrónicos con elementos que recordaban a la tradición del soul, ya fueran provenientes de otros discos por medio de un sampler o creados por humanos. La tecnología de los samplers, además, permitía a los productores robar líneas de bajo y *breaks* de batería. Como explicó Sheryl Garratt: «Despojados de sus canciones, esos *riffs* reciclados sonaban extraños y nuevos, como mensajes mínimos y crudos transmitidos desde otro mundo»[n323].

Mientras que el tecno acentuaba la presencia de la máquina, la música house (es decir, la música que se tocaba en el Warehouse) mezclaba la electrónica secuenciada con motivos de soul. En un momento en que el sida golpeaba al público de las discotecas, «el contenido de las letras de la música house de Chicago era a menudo sexualmente explícito», ha observado la estudiosa Hillegonda Rietveld. «En esas reuniones de baile hedonistas y frenéticas, también había una celebración del puro hecho de estar vivo»[n324]. Una vez que se hubieron establecido, ni el tecno ni el house permanecieron inmóviles. El productor Marshall Jefferson introdujo una variedad llamada «deep house», que realzaba los elementos con sentimiento de la música usando una sección de cuerdas y unos teclados reales por encima de los ritmos hipnóticos. Jefferson trabajó además con DJ Pierre, que, bajo el pseudónimo de Phuture, creó uno de los temas de dance más extraños e influ-

yentes de los años ochenta: «Acid Trax». El distintivo tono del bajo, como
se aplastase en cada nota, en medio de un torbellino de motivos percusivos,
nació maltratando otra máquina Roland, el TB-303, un sintetizador de bajo
y secuenciador cuya finalidad era sustituir los bajos de cuerdas, cuyo sonido
desvirtuaron interfiriendo con las realidades del tono y el tempo. En honor
a ese tema, los discos que se centraban en el uso del TB-303 se etiquetaron
como «acid house», un título que demostró ser tan popular en Reino Unido que toda la producción de house de Chicago, y gran parte del tecno de
Detroit, quedaría con el tiempo englobada en él. Los cínicos desestimaron
el house por considerarlo mecánico y carente de emoción, pero para sus devotos —como Slinkey, promotor de Hedonism— «era una cuestión de sentimiento. Puedes pensar dentro de ella, puedes vivir y respirar dentro de una
música muy simple, con muy poca estructura y muy hermosa. [...] El house
es música soul en estado puro»[n325].

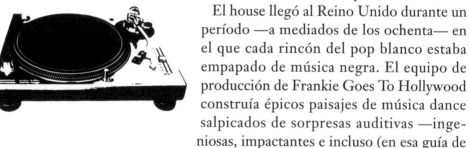

El house llegó al Reino Unido durante un
período —a mediados de los ochenta— en
el que cada rincón del pop blanco estaba
empapado de música negra. El equipo de
producción de Frankie Goes To Hollywood
construía épicos paisajes de música dance
salpicados de sorpresas auditivas —ingeniosas, impactantes e incluso (en esa guía de
instrucciones sexuales que fue su canción debut, «Relax») eróticas. Dead Or
Alive y Bronski Beat tomaron prestado el sonido energético de la música
disco gay; Fine Young Cannibals y Paul Young modernizaron el sonido del
Southern soul de los años sesenta; The Style Council combinaba la retórica
radical con los ritmos añejos de Motown; Scritti Politti y Swansway centraban la ambición experimental del pop de 1967 en el soul blanco, un don
raro que imitaron, sin llegar a superarlo, Deacon Blue y Wet Wet Wet. Los
descubrimientos británicos más memorables de esa época compartían esa
mezcla sin esfuerzo de las tradiciones blanca y negra: George Michael (con y
sin Wham!) mezclaba Motown con soul suave y Pet Shop Boys demostraban
que era posible comprimir la sátira social maliciosa y una divertida expresión
de pasión en canciones de música dance contemporánea.

Solo el heavy metal (e, inevitablemente, the Smiths) era inmune a esta electricidad afroamericana. Reino Unido estaba preparado para ampliar sus horizontes rítmicos. «Jump Back», de Dhar Braxton, ocultaba un tema instrumental house debajo de su letra declamada. Dos meses después, «Love Can't
Turn Around», de Farley «Jackmaster» Funk, llevó el sonido sin adulterar
del house de Chicago al Top 10 británico —espasmos de teclados frenéticos,

falsos coros de góspel, capas de éxtasis percusivo... todo coronado por la voz
efusiva de Darryl Pandy. Después, en enero de 1987, «Jack Your Body», de
Steve «Silk» Hurley, demostró que el house no era otra otra forma de llamar
al soul, sino una revolución del cuerpo y de la mente. Esta vez no hubo ningún
himno reconfortante de R&B para suavizar el paso al futuro: nada se ponía
en el camino del ritmo, que sonaban en una variedad de tonos electrónicos,
cada estribillo ligeramente diferente al anterior, como si el house no fuera un
híbrido del disco y del krautrock, sino, en realidad, un extraño hijo bastardo
del jazz.

Las listas británicas ya estaban inundadas de remixes de clásicos y las tiendas atiborradas de múltiples formatos de cada single, cada uno de ellos con
diferentes modernizaciones, arreglos nuevos y reconstrucciones del mismo
tema. Todo esto no solo aumentó las ventas de singles, como había sucedi-
do con trucos como los *picture discs* y los vinilos coloreados a comienzos de
la década. También provocó que los amargados supervivientes de la época
anterior a la música disco se preguntaran: «¿Por qué seguir remezclando la
misma canción? ¿No podían hacerlo bien la primera vez?»[29]. Las aventuras
en la pista de baile proporcionaban la respuesta y cada escena independiente
requería su propio tempo. El productor, compositor y remezclador Ian Levene dijo que la sed de música dance de los clubes británicos coincidía con el
ritmo interno de los cerebros y los cuerpos respondiendo a un deseo sexual
desesperado con ayuda del uso responsable del *popper*. Levene produjo y fue
uno de los autores de un himno dance llamado «High Energy», cantado
por la diva del soul estadounidense Evelyn Thomas. La canción prestó su
nombre (apropiadamente resumido, ya que el tiempo apremiaba, como Hi-
NRG) a un estilo definido por sus *beats* por minuto y su mensaje de desafiante hedonismo.

El *popper* no era el único estimulante disponible: procedente de los veranos
de Ibiza llegó, no solo una mezcla de eurodisco y house apodada Balearic
beat, sino también acceso libre a la droga MDMA, más conocida como éxtasis. Esta producía un aumento de la serotonina que rompía las barreras
sociales, fomentaba un sentimiento de unidad con los desconocidos y animaba a bailar de forma extática, lo cual requería una banda sonora de extensos himnos dance que iban de clímax en clímax, de modo que la comunión
del baile reemplazó la urgencia erótica como motivo de las demostraciones
de olvido de uno mismo. Como comentó Sheryl Garratt sobre su bautismo

29. Por citar el tema sin ritmo de Wink Martindale «Deck of Cards»: «Yo fui ese soldado».
Pero, dado que estaba escribiendo sobre ocho mezclas virtualmente idénticas de la deslucida
«Press», de Paul McCartney, quizás se me pueda perdonar la testaruda miopía.

en el Paradise Garage, de Nueva York: «Recuerdo lo *amistosa* y alegre que parecía la gente, y solo años después relacioné sus pupilas dilatadas con el éxtasis. No recuerdo los discos, ni siquiera cuánto tiempo permanecí allí. Lo que sí recuerdo vívidamente es el sonido. El hecho de que la música no se quedaba suspendida en el aire, sino que se te metía dentro. No solo la escuchabas, la *sentías*»[n326]. Para el momento en que esta energía llegó a Londres, ya había adquirido una banda sonora propia: «Pump Up the Volume», de M/A/R/R/S, «Doctorin' the House», de Coldcut, y, después, «Theme From S'Express» (creado por el *disc jockey* Mark Moore), un monstruo de tema lleno de ganchos melódicos que animaba con descaro a su público a que «disfruten del viaje». En la primavera de 1988, ese single era ya número uno en las listas británicas, las fiestas gigantes en almacenes (o raves) estaban extendiendo el evangelio extático por el norte de Londres y la prensa nacional se volvía poco a poco consciente de que una porción considerable de los adolescentes de la capital eran esclavos de algo llamado «acid house». No

importaba que estuvieran bailando y sonriendo en lugar de saquear y pelearse: su arrebato de expresión juvenil era una amenaza y debía ser detenido.

Pero ¿cómo se podía aplacar una tormenta que azotaba cada hogar, desde cada televisor y cada radio, en cada tienda? Las cadenas de televisión seleccionaban breves motivos de discos de Hi-NRG, house y tecno para que sonaran junto a los montajes de los mejores momentos de los acontecimientos deportivos, o para fundir los tráilers de los programas, y el *smiley*, logo sonriente de la congregación de danzantes animados por el éxtasis, aparecía en un millón de camisetas, jerséis y chapas, el sonido del *underground* se convirtió en un lenguaje universal —a pesar de seguir siendo un mal social, según la prensa. Para cualquiera que desconociera las numerosísimas categorías de la música dance, el acid house no se diferenciaba en nada del Hi-NRG que creaban Stock, Aitken y Waterman, los productores de pop más importantes de Reino Unido durante la segunda mitad de los ochenta. Su amalgama de bubblegum pop y ritmos dance sintetizados indignaba a los puristas musicales y transformó a una actriz de telenovela australiana (Kylie Minogue), unas hermanas anglojamaicanas del East End londinense (Mel and Kim) y el batería de una banda de soul de Lancashire (Rick Astley) en estrellas del pop. Como ha explicado Mike Stock: «Calculábamos que la media del ritmo cardíaco en reposo son sesenta u ochenta latidos por minuto, por lo que siempre hacíamos que nuestras canciones tuvieran el doble de ese ritmo para así generar excitación y para

que los pies empezaran a moverse»[n327]. El clímax de su colonización del
pop británico fue la alegre inocencia —muy ridiculizada entonces— de «I'd
Rather Jack (Than Fleetwood Mac)», de The Reynolds Girls, una canción
tan emblemática como cualquier alegato generacional de la historia del pop:
«No queremos que vuelvan los clásicos de oro, ni los Rolling Stones», cantaban los adolescentes más de una década después de que The Clash pidie-
ran en vano: «Que no haya Elvis, Beatles o Rolling Stones en 1977».

ANARCHY IN THE U.K.

SeX PisTOls

CAPÍTULO 11

PRESENTANDO LA FANTASIA

«La ilusión de que el rock and roll podía cambiarlo todo... yo no creo en eso […]. He cambiado. ¿Quién se hubiera imaginado que terminaría diciendo que quiero ser un artista polifacético? Pero eso es lo que quiero ser».

Roger Daltrey, The Who, 1984[n328]

«Todos esos cazatalentos de las discográficas empezaron a quedarse sin trabajo. ¿Por qué? Porque, de forma ingenua, habían estado intentando vender música. Pero eso no era lo que quería la gente. La gente ya tenía música. La gente solo quería estilo».

Malcom McLaren, 1983[n329]

El asesinato de John Lennon en 1980 derribó la fantasía de una reunión de los Beatles. Al igual que la muerte de Elvis Presley tres años antes, también proporcionó a millones de sus fans otro escalofriante destello de su propia mortalidad. (El hecho de a John Lennon le disparara alguien que decía ser un fan demostraba lo disfuncional que podía ser esa relación). Entretanto, The Who habían quedado sacudidos por la muerte de Keith Moon tras una larga historia de alcoholismo y abuso de drogas. Los narcóticos también habían estado a punto de acabar con la carrera de los Rolling Stones cuando arrestaron a Keith Richards por posesión de heroína.

Bob Dylan —venerado durante más de una década como un profeta que posiblemente poseía la respuesta a los misterios de la vida—, en su intento de eludir un destino similar, estaba buscando su propia salvación. Cuando, en 1979, confesó que se había convertido al cristianismo, conmocionó quienes lo habían visto como la encarnación de la iconoclasia. Pero hacía tiempo que su obra estaba impregnada de referencias bíblicas y muchos de sus seguidores se convencieron a sí mismos de que su álbum *Slow Train Coming* era meramente una aberración pasajera. Pero esa esperanza se disipó cuando Dylan subió al escenario en el teatro Fox-Warfield, en San Francisco, en una extensa serie de actuaciones en las que solo tocó su material cristiano contemporáneo. «Ese hombre tiene que decir si va a ser un artista o un predicador», dijo un crítico de *Billboard*. «Cogió el dinero de los fans y no les entregó ninguna de las canciones que tenían todo el derecho a escuchar»[n330]. Ahí había una contradicción: el que supuestamente había sido portavoz de una generación radical estaba soltando no solo retórica evangélica, sino también opiniones políticas de la derecha que podrían haber salido de la boca del candidato presidencial Ronald Reagan. Sin embargo, ¿qué podía ser menos conservador que enfrentarse al público con material completamente nuevo? ¿Y qué se podía decir del hecho de que el hastiado Dylan de 1978 hubiera sido reemplazado por un hombre electrificado por su nueva pasión? Gran parte de su público hubiera preferido que permaneciese esculpido en piedra una como era una década antes, que fuese predecible.

Incluso cuando suavizó su postura religiosa, a Dylan no le fue fácil encajar en el rock convencional. «Si quieres vender discos, me dicen que tienes que hacer vídeos», observó Dylan en 1985, como si acabara de toparse con la nueva década. «Sé que se consideran una forma de arte, pero yo no creo que lo sean»[n331]. Veinte años antes, el documentalista Donn Pennebaker había filmado un corto para acompañar la canción de Dylan «Subterranean Homesick Blues», ampliamente considerado el primer vídeo musical[30]. Quizás eso fue lo que le hizo soltar: «Cualquiera puede hacer un vídeo». Pero sus primeros esfuerzos para adaptarse a las expectativas de la industria del videoclip demostraron que estaba equivocado. El clip para su canción de 1985 «Tight Connection» revelaba a un hombre incapaz de simular respuestas emocionales básicas frente a una cámara, apenas capaz de caminar de manera convincente, incómodo con la guitarra.

¿Qué era lo que había transformado a un hombre con una de las imágenes más impresionantes del rock en un tonto torpe y cohibido? Respuesta: las demandas de una simple abreviatura, MTV (Music Television). El 1 de agosto de 1981, apareció en un pequeño número de cadenas de cable estadounidenses y presentaba solo vídeos musicales elegidos por VJs (*video jockeys*). Como ya había un mercado para los clips promocionales en todo el mundo, especialmente en territorios muy alejados de América del Norte y Europa, muchos artistas pop estaban acostumbrados a hacer cortos de bajo presupuesto cuando lanzaban un nuevo disco. La MTV, que irrumpió como un fenómeno nacional y después se extendió a todo el mundo, convirtió esta elección en una necesidad. La cadena se estableció como el método más rápido e influyente de promocionar discos e hizo que el poder dentro de la industria discográfica pasara de la radio a la televisión y —de manera más significativa— de lo auditivo a lo visual.

Pronto se hizo evidente que la cámara de televisión exigía atributos diferentes a los aceptables para un escenario. Si la música tenía suficiente poder y los artistas contaban con ese atributo indefinible conocido como carisma, bandas de rock como The Eagles (cuya primera colección de *Greatest Hits* continúa siendo uno de los álbumes más vendidos de todos los tiempos) podían llenar vastos estadios mientras tocaban sin moverse en el escenario salvo por algún gesto ocasional. Incluso después de la llegada de MTV, Bob Dylan podía actuar en casi total oscuridad, a veces con una capucha en la cabeza

---

30. En realidad, el clip no había estado dirigido a promocionar el single. Se estrenó en 1967 como primera secuencia de la película *Dont Look Back*, de Pennebacker.

para asegurarse de el público no podía verlo. Nada de aquello funcionaba en la MTV (aunque en el caso de Dylan es posible que diera lugar a un espectáculo más atractivo que sus esfuerzos por actuar de mediados de los años ochenta). La cadena devolvió el dominio del rock, cada vez más en manos de los adultos, a su público original adolescente, cuyo requerimiento básico era la estimulación visual. Los simples clips en que los artistas hacían playback con sus discos pronto pasaron de moda, por lo que los directores de vídeos se vieron en la necesidad de confeccionar dramas cada vez más ambiciosos para iluminar a sus estrellas. Los videoclips exigían *storyboards* y efectos visuales, como una película, con la diferencia de que los directores tenían solo tres o cuatro minutos para capturar el aura de un artista, lo que aseguraba que la sutileza quedase a un lado en favor de grandes brochazos de emoción.

Incluso las estrellas establecidas debían acceder a caricaturizar, o al menos comprimir, su arte tridimensional en un medio bidimensional. En el caso de Bruce Springsteen, cuando sacó del público a la futura actriz de *Friends* Courteney Cox en el videoclip de «Dancin' in the Dark», sus diez años de búsqueda interior para encontrar su lugar en la sociedad estadounidense se redujeron a una caricatura: el tipo guapo y musculoso que se lleva a la chica (por supuesto). En el caso de ZZ Top, anónimos comerciantes de boogie provenientes de Texas (en su estado natal eran más grandes que los Beatles), el videoclip convirtió la vocación de una vida entera en una instantánea: hombres con barbas y un Ford coupé *vintage*, mirando la telenovela de «Sharp Dressed Man» o de «Legs» como unos *voyeurs*. Había una simple regla general para las estrellas que superaban los 35 años: cuanto menos aparecían en sus vídeos, más efectivos eran estos. La excepción eran quienes tenían experiencia con las artes visuales, como David Bowie y David Byrne (de Talking Heads), cuya visión estética del mundo abarcaba el vídeo tan fácilmente como la música, o aquellos, como Mick Jagger, para los que el movimiento y el narcisismo eran una segunda naturaleza. Para la generación siguiente, estos atributos serían tan valiosos como el dominio de los acordes de guitarra aumentados, el espíritu de un poeta o la voz de un ángel afónico.

«Cuando hacemos videoclips, quiero que la gente se ría de ellos».

Boy George, Culture Club, 1983[n332]

«Prácticamente cada videoclip que veo tiene obligatoriamente a una mujer semidesnuda con un par de zapatos de tacón pavoneándose frente a la cámara».

Joe Jackson, 1984[n333]

Con la ayuda de MTV, el cantautor británico Joe Jackson sacó uno de los discos más vendidos de 1982, *Night and Day*. Dos años después, promocionó el exuberante *Body and Soul* con un calendario de conciertos tan agotador que Jackson juró que nunca más volvería a salir de gira. Para cntonces, ya había saboteado su propia carrera al adoptar una postura tan ejemplar —y aislada— que no dejaba margen para maniobrar.

Solo por su reputación, en 1984 logró un éxito en las listas estadounidenses sin videoclip que lo acompañara. Después publicó un artículo en el que arremetía contra la industria del videoclip y, por extensión, contra la MTV, declarando que era «una manera de vender discos superficial, de mal gusto y llena de clichés». Se quejó del «racismo implícito en la programación de los videoclips», una observación insultante que solo podía estar dirigida a la MTV, y atacó a la industria que lo alimentaba: «La desesperación y la codicia están haciendo que se le dé una importancia desproporcionada al videoclip [...], se está contratando a los artistas por su potencial en los videoclips en lugar de por su talento musical». En su comentario más aplastante, habló en nombre de muchos consumidores y artistas silenciosos: «Al forzar al oyente a asociar para siempre a una canción particular con una serie de imágenes preconcebidas, se le roba su capacidad de usar su propia imaginación»[n334]. Esta era la maldición del videoclip pop: tomaba una canción que podía proporcionar a su público toda la libertad del universo y la forzaba a encajar en una caja denominada «concepto del videoclip», tras el cerebro quedaba hipnotizado para ver las imágenes creadas por el director cada vez que se oía la canción. No era que a Joe Jackson se lo recompensara por su honestidad: no volvió a alcanzar el Top 50 americano y las ventas de su discos sufrieron un abrupto declive.

Otros artistas, por su parte, estaban exultantes con las exigencias del videoclip. La invasión británica original de 1964 había dependido, en primer lugar, de la saturación del mercado a manos de Capitol Records y, en segundo lugar, de la exuberancia y el talento innatos de los Beatles y sus contemporáneos. La segunda invasión británica, muy pregonada a ambos lados del Atlántico en 1983, fue, en realidad, un accidente del destino —o un descuido por parte de la industria discográfica estadounidense. Estados Unidos había permanecido firmemente impasible ante el punk y la new wave británicos, así como ante el glam rock y la recuperación de los años cincuenta que los habían precedido. Con anómalas excepciones (M, Sheena Easton), los únicos artistas británicos que alcanzaron el puesto número uno en las listas de *Billboard* entre 1975 y 1981 fueron aquellos que tenían un atractivo tan universal que, en realidad, habían perdido su nacionalidad: Paul McCartney, Elton John y The Bee Gees.

En el verano de 1982, sin embargo, Estados Unidos se rindió ante un éxito británico de ocho meses atrás: «Don't You Want Me», de The Human League. El single tardó cuatro meses en escalar hasta lo más alto de las listas y ese lento progreso reflejó la expansión de la MTV en el mercado estadounidense. La mayoría de los sellos discográficos de Estados Unidos se resistían ante el escandaloso desembolso que significaba grabar un videoclip solo para esa cadena. Como resultado, los programadores del canal se vieron obligados a emitir casi todo lo que les daban, sin importar su contenido. Los sellos británicos estaban más acostumbrados a crear vídeos promocionales y entregaron a la MTV una ingente cantidad de su dieta infantil. Las ventas de estos lanzamientos británicos se dispararon en los mercados en los que los suscriptores a la televisión por cable tenían fácil acceso a la cadena. Al expandirse su alcance geográfico, también aumentó la visibilidad de bandas como Culture Club, Duran Duran, Spandau Ballet, A Flock of Seagulls y Eurythmics.

Cada uno de esos grupos poseía una imagen extravagante e inconfundible. Parecía una versión del pop que no le debía nada al pasado y que hacía alarde de su ambigüedad sexual y de su elegancia marginal. Reino Unido estaba proporcionando a Estados Unidos jóvenes con el pelo cardado que aparentemente pasaban el tiempo tonteando con modelos de lencería o cuyos estilistas los habían peinado como alienígenas de cómic, con el pelo cubriéndoles diagonalmente el rostro o esculpido en forma de dos picos iguales. El líder de The Human League, Phil Oakey, confesó: «Me pongo maquillaje porque la gente escucha más nuestros discos si me pongo maquillaje o si llevo el pelo largo de un solo lado. Es un truco para vender más»[n335]. Había un chico que llevaba el maquillaje y las trenzas de una niña adolescente y tenía una voz que correspondía a su imagen, y una mujer cuyo ascético corte de pelo rapado la hacía parecer un boxeador profesional. Era imposible imaginárselos en un centro comercial o una calle principal; solo en Inglaterra, la exótica tierra de la fantasía, podían existir figuras tan raras, distantes y atrayentes. E, incluso si los adolescentes estadounidenses se las encontraban, ¿quién podría saber qué deseos polimorfos podían expresar? Al lado de Boy George, Annie Lennox, Simon Le Bon y Mike Score, los roqueros estadounidenses, vestidos con vaqueros, parecían tan de otra época como Frank Sinatra en la California de 1967.

Escribiendo en la cumbre de la elegancia británica, el periodista de *Rolling Stone* Parke Puterbaugh sugirió que la MTV estaba desencadenando «la histeria de toda la vida entre las adolescentes»[n336]. En comparación, «la radio AOR, el medio dominante en los años setenta, era sobre todo una preocupación masculina y promovía hard rock agresivo sin ningún atractivo sexual». Puterbaugh concluía: «La fórmula anestésica de pelmas corporativos del rock como Journey, mezclada con todos los Springsteen, Seger y Petty, había agotado la paciencia del público a finales de la década». Sus obituarios fueron prematuros. (Por no hablar de imprecisos: lejos de estar acabados, Journey se encontraba en su apogeo comercial). En lugar de ceder un territorio comercial que había dominado desde los años sesenta, la industria discográfica estadounidense ingirió con retraso las lecciones de la explosión de la MTV y respondió con toda la pericia de una superpotencia militar.

La batalla se trabó en dos frentes y, aunque las estrellas británicas no fueron totalmente derrotadas, se equilibró la balanza de poder. En los tres años siguientes, la industria estadounidense lanzó (o relanzó) a un sucesión de estrellas a la medida de la MTV cuyo atractivo se extendía mucho más allá del núcleo del público adolescente de la cadena. Entretanto, reinventó el AOR, el hard rock, el heavy metal y todos aquellos géneros cansados, revistiéndolos de un glamour prestado. Las bandas de rock ya no se escondían en turbios moteles con latas de cerveza junto a sus obesos pipas: en los videoclips de la MTV, estaban rodeadas de modelos de pasarela cuya ropa se caía misteriosamente al suelo cuando un batería entraba en la habitación. Su poder no se expresaba solo en acordes de guitarra y baterías grabadas con mucho eco (ambas cosas se hicieron cada vez más grandes a medida que avanzaba la década), sino también en riqueza sexual y material: coches rápidos, mansiones, aparatos eléctricos y la habilidad de procurarse favores inimaginablemente perversos de cualquier chica que llamase su atención. «Crea y conserva la imagen de tu elección», solía decir George Harrison (citando a Mahatma Gandhi como el inventor de la frase): en cuanto la MTV retrató a los roqueros como dioses sexuales que todo lo conquistaban, milagrosamente adquirieron todo lo que los directores de videoclips podían imaginar para ellos, y más.

A cambio de los sueños más alocados de un adolescente (los juguetes de un billonario, las aspirantes a estrellas porno y las rayas de cocaína extendidas hasta el lejano horizonte), el hard rock tuvo que despojarse de todos sus incómodos lazos con el pasado: sus raíces en el blues, su dependencia de los *riffs* de guitarra cacofónicos, sus extensos solos instrumentales, su preferencia por la potencia en lugar de por la melodía. Pues el nuevo rock, por encima de todo, era comercial. De hecho, estaba salpicado de ganchos melódicos tan obvios que incluso las estrellas del pop las habrían considerado descaradas en otros tiempos. Más allá de esto, como observó astutamente la crítica Deborah Frost: «La MTV promovió un cambio más profundo. Mientras que pioneros del metal como Led Zeppelin tenían metas musicales sinceras —intentaron reinventar el blues con dosis de elementos folk tradicionales e ideas musicales de Oriente Medio—, a los pesos pesados actuales del metal, como Quiet Riot y Mötley Crüe, solo les interesa *presentar la fantasía*. Y la MTV está en el negocio de la fantasía»[n337].

«El metal ha ampliado su público base. Ya no es exclusivamente el dominio de los chicos adolescentes. Su público se ha vuelto más mayor (universitarios), más joven (preadolescentes) y más femenino».

Revista *Billboard*, 1985[n338]

«Yo lo llamo 'sonido apto para las chicas'. Lo cual significa, esencialmente, que cuando coges una guitarra eléctrica, aunque la hagas chillar […] el tono tiene que estar allí, profundo y con carácter. De modo que, incluso en los registros más agudos, el oyente no se lleva las manos a los oídos, y las primeras que hacen eso son las mujeres».

David Lee Roth sobre Van Halen[n339]

El falso documental de 1984 *This is Spinal Tap* fue concebido como una sátira exagerada del negocio del rock'n'roll y se centraba en una imaginaria banda británica de hard rock abocada al desastre. Como explicó Harry Shearer, miembro del reparto: «Cuanto más nos acercábamos a lo real, lo real se acercaba más a nosotros. Es como si la realidad estuviera poniéndonos en evidencia a cada paso del camino»[n340].

Spinal Tap, con su satanismo de jardín de infancia y sus grandiosas pretensiones, imitaba lo peor de Black Sabbath y del rock progresivo de mediados de los años setenta. Pero ninguna de esas influencias era evidente en las bandas cuyos excesos tanto divertían a Shearer. Mientras Reino Unido se zambullía en la nueva ola del heavy metal, con su energía punk y su teatralidad entre el horror y la comedia, las bandas de metal estadounidenses reinventaron el glamour de The New York Dolls y Alice Cooper. A esta postura clásica del rock'n'roll —como Keith Richards dándose aires en Sunset Strip, quizás—, añadieron la saturación tecnológica de los ochenta, la afición por los rizos cardados de peluquería —inspirados, aparentemente, en los ganadores de la exposición canina de Crufts— y una cualidad melódica apabullantemente accesible. El metal estadounidense ya no era un absoluto ataque sónico, sino un estilo de vida con himnos pop como banda sonora.

A pesar de su reputación de temerarios, rebeldes, esnifadores de cocaína, bebedores de bourbon, destructores de hoteles y explotadores de chicas, su música —conocida como glam metal, hair metal e incluso nerf metal)— estaba hecha para atraer a un público lo más amplio posible. No obstante, hacía sentir a sus fans como una élite enloquecida por el placer, cuyo apetito rapaz por el hedonismo estaba solo restringido por los enemigos arquetípicos del rock'n'roll : los padres y los prfesores. La capacidad del hard rock para abarcar simultáneamente los extremos del sentimentalismo y la provocación era evidente en «Stairway to Heaven», de Led Zeppelin, y en «Free Bird», de Lynyrd Skynyrd —probablemente las canciones de rock más populares de todos los tiempos. Los padres del metal de los años ochenta, Acrosmith, Kiss y Van Halen, eran igualmente flexibles: no temían abordar la música disco («I Was Made for Lovin' You», de Kiss; «Dance the Night Away», de Van Halen), al tiempo que declaraban fidelidad eterna al acorde de potencia y al todopoderoso *riff*. Mientras que Aerosmith tenía sus orígenes en los Rolling Stones y en Free, y Kiss en Tommy James and the Shondells y en Slade, Van Halen era una criatura peculiar. La lideraban el chulesco y juerguista David Lee Roth, cuya voz era mucho más suave que su reputación, y el guitarrista Eddie Van Halen. Este último era pionero del «tapping»: una técnica en la que se usaban las dos manos sobre el diapasón de la guitarra, lo que permitía emitir una cascada de notas más rápidas que lo que permitía la tradicional división de las manos entre los trastes y las cuerdas. Su efecto se puede observar en la versión de Van Halen de 1978 de «You Really Got Me», de The Kinks, en la que la estridente furia de la original quedaba reducida por culpa de la preferencia del guitarrista por la velocidad por encima del sentimiento.

Eddie Van Halen era reverenciado por ser una inspiración del *shredding*, que implicaba lo que Robert Walser (hablando Yngwie Malmsteen, guitarrista de metal de inspiración clásica) llamaba «una *fetichización* de la técnica instrumental»[n341]. La velocidad y la destreza lo eran todo. Músicos como Steve Vai, Jason Becker y Vinnie Moore eran aclamados por su asombroso dominio de sus instrumentos, como si fueran virtuosos de música clásica. Aunque aún usaban algo del lenguaje del metal, sus cerebrales composiciones no poseían ni la energía visceral ni la furia adolescente de aquel. Para cualquiera que apreciara el rock'n'roll por su tonta insolencia, la escuela de «la guitarra para los guitarristas» ya podía haber estado construyendo rascacielos con cerillas o realizando épicos juegos malabares.

La llegada de la banda australiana AC/DC —sexista, pueril y heredera obvia de la escuela cock rock de los Stones, The Faces y Free— ofreció una alternativa tradicional a estos apóstoles modernos de la pericia instrumental. Los álbumes que los lanzaron a la fama fueron producidos por Mutt Lange, cuyo trabajo en «5-7-0-5», el single de The City Boy, demostraba su habilidad de hacer que cada aspecto sonase más grande que la vida misma —la batería más retumbante, los acordes de guitarra más resonantes, la voz más más como una horda invasora que un hombre en solitario. Allí estaba también, en miniatura, el sonido del *pop metal* de los años ochenta, resumido en el trabajo de Lange para el álbum *Pyromania* (1983), de Def Leppard, con sus fáciles melodías comerciales disfrazadas de titánicas ráfagas de violencia roquera.

Y ese era el secreto del metal en los ochenta: permitía que los chicos adolescentes —con su inseguridad sexual acechando bajo la chulería— se sintieran como un cruce entre James Bond y Terminator, mientras que a las chicas les permitía dejarse llevar por su poder. (Un signo de los tiempos: se relanzó la longeva revista pop estadounidense *Hit Parader* como «la revista mundial de heavy metal»). Cuando Quiet Riot versionó «C'mon Feel the Noize», de Slade, o cuando Twisted Sister repitió un famoso refrán de The Who en «We're Not Gonna Take It», todos los adolescentes estaban excitados por el efecto que la apariencia extravagante de estas bandas causaría en sus padres. En cuanto a Bon Jovi, pese a la pose épica de sus románticos himnos, era imposible que nadie se escandalizara: su dominio de la dinámica del hard rock igualaba la instantánea accesibilidad de sus canciones. El éxito permitió al cantante de Journey, Steve Perry, cantar «Foolish Heart» como si su ambición de toda la vida hubiese sido emular a Barry Manilow, y a David Lee Roth despojarse de su imagen de chico malo para una nueva versión synth-pop de «California Girls», de los Beach Boys. La imagen decía más que las palabras... más incluso que el chillido dolorosamente estrangulado y rompe-tímpanos que se convirtió en otra de las características del metal, ejemplificado por The Scorpions y Ratt. A medida que todo se volvía más grande y más exagerado — las melenas, el sonido de la batería, el narcisismo del videoclip—, se abonaba el terreno para bandas como Poison, que se presentaban como forajidos vestidos de cuero y sonaban tan amenazadores como The Hollies en 1965 o Glenn Miller en 1940.

Toda esa pose falsa dejó el terreno abierto a un grupo que podía hacer realidad la fantasía del forastero. Llegaron en el momento oportuno para aprovechar el nuevo programa de la MTV, *Headbanger's Ball*, que consolidó el hard rock como el género más popular de la cadena. Cuando Guns N' Roses surgieron de la escena angelina del metal en los años ochenta, la mayoría de sus componentes se inyectaban heroína y uno de sus miembros era un camello. Seguidores tanto del punk como del metal, fueron rechazados por ambos bandos a pesar de que su sonido no hacía más que repetir motivos del hard rock de la década anterior —la obscenidad de Aerosmith y de los Rolling Stones, el virtuosismo *shredder* de Van Halen, el balido de extrema angustia del metal. Lo que convirtió a Guns N' Roses en superestrellas fue su habilidad para borrar el abismo entre imagen y realidad que había socavado a sus predecesores. Al igual que David Bowie, actuaban como iconos antes de ser famosos y, en cuanto su éxito estuvo a la altura de su imagen, se sumergieron en un régimen de autodestrucción que en seguida se convirtió en legendario (y aseguró que nunca crearían una música tan devastadora como su estilo de vida). Los quince años de gestación de su álbum *Chinese Democracy* empezaron siendo mitológicos y acabaron siendo un chiste de la industria a medida que Axl Rose, como una diva, saboteaba su propia carrera y alienaba a su siempre leal público.

Mientras Guns N' Roses representaban su caricaturesco rol en la locura del metal de los años ochenta, otra banda de Los Ángeles les robó el futuro. Ocho años después de la formación de Metallica como banda de tributo a la NWO-BHM, su single «One», de 1989, extraído del disco de platino … *And Justice For All*, carecía de resonancias nostálgicas. Era un lienzo épico que recordaba el alcance conceptual del rock progresivo y describía la agonía de un militar veterano atrapado en su cuerpo destrozado. Como banda de rock, Metallica no rendía homenaje a los Stones ni a Led Zeppelin, ni a The Faces ni a Aerosmith, y mucho menos al rock'n'roll de los cincuenta o al R&B eléctrico que habían sido la inspiración original de estos. Mientras que el antiguo metal se pavoneaba, el nuevo metal se movía von pesadez, encorvado, y pulverizaba a sus oponentes bajo las ruedas de sus tanques: sin remordimientos, aplastante, nihilista. Su negativa a emplear síncopas o cualquier otro rasgo de los géneros afroamericanos indicaba su alejamiento de décadas de música popular. Sus raíces se encontraban en el metal británico desde Black Sabbath, en el punk y, por encima de todo, en el sentimiento creciente de que su generación no había heredado la liberación prometida por sus padres, sino que se las había tenido que arreglar sola mientras los *baby-boomers* todavía se regodeaban en su propia juventud perpetua.

«Se nos ocurrieron unas canciones rápidas y pegadizas, con sonidos modernos y futuristas, y creo que por lo menos tendremos siete singles de éxito con este álbum».

Michael Jackson sobre *Thriller*, 1982[n342]

«Fascinaba al público femenino y desconcertaba al masculino. […] Llevaba leotardos morados y pantalones cortos con estampado de piel de leopardo».

Revista *Billboard* sobre Prince, 1980[n343]

La atracción del sonido electrónico era tan compulsiva —y generalizada— que, en 1982, todo el mundo en la música popular estaba trabajando esencialmente con las mismas herramientas: sintetizadores, secuenciadores, baterías electrónicas y, poco después, samplers. Las entrevistas con los músicos estaban repletas de referencias al Yamaha DX7, el Emulator II y el Fairlight CMI, en lugar de a Stratocasters y Les Pauls. Al sintonizar la radio del Top

40, todo era igual, de modo que era imposible distinguir si uno estaba oyendo a Rush, a Billy Joel o a A Flock of Seagulls. (Genesis, por ejemplo, liderados por Phil Collins, grabaron en 1981 el single «Abacab», donde parecían una tribu de robots con instrucciones para crear caos sonoro bailable, y tres años después reaparecieron con «Against All Odds» como los artistas más melifluos del easy-listening para adultos). A medida que la tecnología se afinaba y simplificaba y su precio disminuía, no solo el pop se volvió más homogéneo, sino que empezó a estar lleno de sorpresas sonoras que ya no eran perceptibles entre el golpeteo de la percusión, el parloteo del teclado y el rugido de la guitarra sintetizada. Cada efecto de sonido ultramoderno era como una bengala de socorro disparada durante una exhibición de fuegos artificiales. La única solución era hacer que los efectos fueran más ruidosos y perturbadores, lo cual aplastaba la canción en lugar de realzarla.

Solo los gestos más gruesos y obvios, las personalidades más intrigantes y las imágenes más atrevidas podían sobrevivir entre aquel caos emocional. A mediados de los ochenta, la sociedad había evolucionado hasta una posición en la que era posible para una estrella del pop demoler las barreras de raza, clase y edad y conquistar todos los medios de comunicación, desde las películas hasta la MTV, y emitir su simple rasgo característico al mundo —no en forma de lentas conquistas territoriales, como Elvis Presley y los Beatles, sino por medio de una vasta orgía publicitaria y de una rabiosa confianza en sí mismos. No era de extrañar, por tanto, que esta época —con los fans del rock los cinco y los cincuenta años de edad— produjera cuatro de los artistas que más discos vendieron de todos los tiempos y cuyas cimas coincidieron con dos de los años más lucrativos de la historia de la música popular.

De los cuatro, el más fascinante era Michael Jackson, una estrella mundial desde finales de 1969. De la fama de su infancia había pasado a una extraña forma de madurez en la que se le concedían todos los sueños de un niño. Tras dejar atrás dos instituciones —su familia (The Jackson 5) y Motown Records— el veterano productor y arreglista Quincy Jones le ayudó a crear música dance contemporánea de extraordinaria sofisticación. Con *Thriller*, de 1983, Jackson y Jones superaron no solo el pasado de Michael sino también las ventas de todos los álbumes de la historia.

De entre sus siete singles de éxito, «Billie Jean» era el más sublime: una obra maestra de la síncopa, el control vocal y la habilidad de un cantante para imprimir autoridad en la época de los artistas de un solo truco. A mediados de los años cincuenta, había sido el hipo reverberante y la confianza sexual de Elvis Presley, simbolizados por su sonrisa de medio lado. En los sesenta, millones de jovencitas se excitaban de formas que apenas podían comprender con Paul McCartney y George Harrison cantando en falsete mientras sacudían extáticamente al unísono sus melenas de fregona. El truco de Michael Jackson era aún más directo: un grito que atascado en la garganta y el gesto de agarrarse la entrepierna, como un niño pequeño que intentara imitar las sensaciones de los adultos. Combinado con la fluidez sobrenatural de sus movimientos de baile, le hacía parecer un hombre libre de las reglas de la gravedad y la decencia.

Para «Beat It», Jackson y Jones contrataron a Eddie Van Halen para que brindara un distintivo solo de guitarra. La MTV había optado en un principio por ignorar la música negra, aunque negaban las acusaciones de segregación racial alegando que simplemente se adherían a su diseño como emisora de AOR. La presión del público más las amenazas de la discográfica aseguraron que «Beat It» pudiera romper la barrera racial, lo que permitió a la MTV experimentar con otras formas de música negra a lo largo de la década y ampliar así su público. Como estocada final, Jackson contrató al director de cine John Landis y este creó un vídeo épico de trece minutos para la canción que daba título a *Thriller*. En el futuro, las estrellas del pop estarían limitadas solo por sus presupuestos, ya que los videoclips trascendieron su estatus como acompañamiento visual de una canción y se volvieron más grandes (y más largos) que la propia música. Así, la fama trascendía sus medios de producción y el poder cultural del pop se sacrificaba en su altar.

Las consecuencias de este cambio de énfasis quedaron ilustradas con una horrible mezcla de comedia y tragedia. Jackson, tras crear un álbum de música negra innovadora del que podía disfrutar cualquiera independientemente de su edad o de su raza, no fue capaz de progresar en ningún ámbito que no fuera el de la fama. A medida que su música se estancaba en la gastada repetición (aunque lo gastado de Jackson era más aceptable que lo nuevo de casi cualquier artista), lo fue consumiendo su propio éxito. Creyó estar más allá de los límites humanos de la economía, la moralidad y la sensatez, y se acercó más que ningún otro artista a ilustrar la locura de la riqueza desenfrenada. En el momento de su muerte, el rey del pop era una irrelevancia musical: adicto a las drogas, demacrado, mutilado por la cirugía estética, profundamente endeudado y atrapado en un calendario de futuras actuaciones en vivo que hubieran puesto a prueba a un joven en la plenitud de la vida, por no hablar de un cincuentón que había abandonado hacía mucho el mundo real.

El declive de Jackson hacia la total autocomplacencia fue una dura advertencia para las otras estrellas de mediados de los años ochenta. Durante más de una década, la carrera de Prince demostró que era posible ejercer un control totalitario sobre cada uno de los aspectos de la vida sin dejar de crecer como artista. Prince, que quizás sea el músico más pertinaz y talentoso de toda la historia de la música popular, podía dominar cualquier instrumento y crear múltiples personajes vocales que iban desde la cruda masculinidad hasta la feminidad aniñada. Además podía escribir canciones a un tiempo juguetonas y complejas y demoler todas las barreras imaginables, ya fueran preferencias sexuales, razas e incluso géneros.

Durante los años ochenta, actuó como unos Beatles compuestos por un solo hombre, desafiándose a sí mismo a arriesgarse cada vez más con su música, como un artista circense con los ojos vendados que tragase fuego mientras se sostenía sobre un solo dedo a decenas de metros de un foso de serpientes letales. No tenía reparos en reconocer sus influencias y las reconfiguró con increíble imaginación, canalizando el espíritu de Jimi Hendrix, Smokey Robinson, Curtis Mayfield, Sly Stone, los Beatles y muchos más, todos en su apogeo. Era antiguo y moderno, sexual y espiritual, y todos los lugares de diversión, desde el dormitorio a la pista de baile, estaban por completo bajo su poder. Con *Purple Rain*, álbum, película y canción que aunaban la autenticidad del rock y el sentimentalismo del pop, rivalizó con Michael Jackson. El single «Kiss» y el posterior álbum *Sign 'O' the Times* señalaron la cima de su ambición artística. Si su declive comercial y musical fue menos icario que el de Jackson, eso se debió a que nunca perdió su pasión por la música, aunque alienara una y otra vez a sus fieles fans al clausurar sus páginas web y amenazarlos con demandas judiciales.

El éxito mundial de Bruce Springsteen, al compararlo con la fama compulsiva de Jackson y la exuberancia sin género de Prince, estuvo tan bien realizado como su cuidadosamente manufacturada imagen. Al igual que Prince, era adicto a tocar en vivo y a grabar, pero, a diferencia de él, pasó su carrera entera (tras la feliz apertura estilística de su segundo álbum) refinando y reduciendo sus opciones, limitando su forma de escribir canciones a los mínimos acordes de guitarra y de variación melódica. Con *Born in the USA*, su estilo de rock'n'roll desafiantemente nostálgico encontró su momento, en particular en su tierra natal, donde la canción que dio nombre al disco se convirtió en un himno de patriotismo reaganista. No importaba que Springsteen expresara su propio disgusto con las políticas de Reagan en casa y en el extranjero. El público reaccionó al estribillo y no a la letra, lo cual creó un rugido de autocomplacencia nacional a pesar de que la canción quería desalentar precisamente esa respuesta. El famoso *dictum* de D. H. Lawrence: «Nunca confíes en el narrador, confía en el relato»[n344], rara vez pareció más pertinente.

Lawrence, por supuesto, nunca tuvo que enfrentarse a un fenómeno tan desconcertante, y fascinante, como Madonna. «Su voz no tiene cuerpo y no siempre consigue encontrar el tono», dijo con cruel precisión Kurt Loder, de *Rolling Stone*, en 1984. «Quítale los harapos de fulana» (a Madonna le gustaba posar en paños menores), añadía, «y ya no hay nada más que hablar»[n345]. En esta ocasión, no podía estar más equivocado: era ahí donde empezaba el enigmático atractivo de Madonna. Su música nunca fue revolucionaria; su voz nunca fue una distintiva expresión de personalidad; su manera de escribir canciones era casi siempre funcional. En comparación con Cyndi Lauper, por ejemplo, su competidora más obvia en 1984, no tenía posibilidades de éxito. Sin embargo, podría decirse que Madonna se convirtió en la artista de pop más importante de los últimos treinta años.

En lugar de valores artísticos tradicionales, Madonna ofrecía un sistema monetario rival que rápidamente se convirtió en la moneda estándar de la fama mundial. Sus bienes eran un dominio instintivo del estilo visual, una descarada confianza en sí misma y una total convicción en su poder como icono. Más que ningún artista del pop anterior, trascendió la música: sus videoclips valían más que sus canciones, su sexualidad deliberadamente escandalosa (y alegremente polimórfica) dividió a la humanidad entre cautivados y escandalizados, aunque, más allá de un mensaje vago de liberación (siempre centrado en el dormitorio) y su disposición a ofender a los conservadores religiosos, no transmitía un mensaje más profundo que la maravilla de ser ella misma. En sus primeros videoclips, se podía ver cómo una cantante anónima se transformaba en un emblema de polémico narcisismo. Siempre estaba posando, siempre estaba buscando una reacción: haciendo pucheros, contoneándose, exigiendo ser deseada. Los vídeos de canciones como «Borderline» y «Holiday», vistos hoy en día, parecen un *collage* de «selfies». Ella vaticinó un mundo en el que nada sería más importante que exhibir el propio rostro. La imagen brillante de la estrella quedó disminuida por una titilante forma de falso estrellato que cualquiera podía poseer.

«Yo no me aferro a esa anticuada mentalidad hippie del 'nosotros contra ellos'. Personalmente, no creo que Pepsi-Cola y Old Style Beer y la Health and Tennis Corporation sean el enemigo. Esta es la época de las estrellas de rock adultas».

Glenn Frey, The Eagles, 1989[n346]

«Supongo que yo creía que el rock podía salvarte. Ya no creo eso […]. A medida que creces, te das cuenta de que eso no es suficiente».

Bruce Springsteen, 1988[n347]

El éxito de la MTV significó la muerte de la música popular como medio puramente auditivo. A primera vista, parecía un retorno del artista pretecnológico a la vieja usanza, que era visto además de oído. Pero el efecto del videoclip pop consistió en inclinar la balanza: favorecía a los artistas que podían establecer una única imagen indeleble (la mueca de Billy Idol, el torso desnudo de Sting) frente aquellos cuya personalidad surgía de la música. Con Madonna como guía, esta tendencia condujo inexorablemente a Kylie Minogue y a Paula Abdul, para quienes cantar y expresarse contaba menos que bailar y hacer pucheros, y, después, de forma tan inevitable como un resbalón hacia las simas del infierno, a Milli Vanilli, un dúo de rock-dance ganador de premios Grammy que no cantó una sola nota en ninguna de sus discos.

Con el videoclip amenazando con reemplazar al álbum como moneda dominante en los años ochenta[31], la industria de la música en su totalidad estaba totalmente desequilibrada, por lo que muchos de sus habitantes desaparecieron de la vista del público. Incluso el ámbito tradicionalmente estable de la música country zozobró tras el lanzamiento en 1983 de los canales de cable CMT (Country Music Television, dedicado a videoclips) y TNN (The Nashville Network, que promovía el estilo de vida country). El country había sido ya alterado por la osada iconoclastia de artistas como Willie Nelson y Waylon Jennings, que llevaron la intrépida confianza de las estrellas de rock a una industria que prefería vender una humildad temerosa de Dios. El fiasco de *Cowboy de ciudad* había dejado a las oficinas de las discográficas más importantes de Nashville sin saber qué estaban vendiendo y a quién. Su reacción inicial ante aquel sonido cargado de sintetizadores de la MTV fue el pánico, que demostraron al intentar imponer un sonido similar a sus propios artistas. Después, cuando el público se quejó de que el country había perdido su identidad, optaron por promocionar a un grupo de jóvenes artistas que recuperaron el sonido «clásico» de los años sesenta y principios de los setenta, los cuales (no por casualidad) aparecían muy presentables frente a una cámara. Mientras los videoclips de rock y pop se volvían más artísticos, narcisistas y escandalosos, los de country mantuvieron los principios de Nashville y optaron por historias simples y conmovedoras.

La nueva generación de estrellas expresaba su admiración por los pioneros del country, desde Hank Williams hasta Tammy Wynette, y también sus deuda con los iconos del rock de estadios de los setenta. El más exitoso de todos ellos fue Garth Brooks, cuyo dominio de los grandes gestos le permitió convertirse en el artista estadounidense más vendido de los noventa. Sus conciertos en estadios mezclaban la humildad *hillbilly* de Hank Williams con

---

31. «Algún día, tu colección de discos será así»[(n348)], prometía en 1985 un anuncio de cintas de vídeo de MusicVision, en el que aparecía una estantería llena de cintas VHS y Betamax, junto a un puñado de álbumes de vinilo.

la teatralidad AOR de sus héroes de la adolescencia, Styx y Kiss. En seguida,
Nashville se embarcó en una serie de álbumes tributo que homenajeaban
desde Hank a los verdaderos progenitores del sonido country de los años
noventa, The Eagles y Lynyrd Skynyrd (en 2014 apareció *Nashville Outlaws:
A Country Tribute to Mötley Crüe* [*Forajidos de Nashville: un tributo country a
Mötley Crüe*], que parecía exigir una versión del éxito de Waylon Jennings de
los setenta «'Are You Sure Hank Did It This Way?» [«¿Estás seguro de que
Hank lo hacía así?»]).

Los veteranos se burlaban de las jóvenes estrellas country masculinas de
los años noventa, a quienes llamaban *hat acts* [numeritos con sombrero],
debido a sus inevitables Stetsons y botas de cowboy. «¿Hay algo detrás de
los símbolos del 'country' moderno», reflexionó Johnny Cash, «o son los
propios símbolos la verdadera historia? ¿Son los sombreros, las botas, las
camionetas y las poses *honky-tonk* todo lo que queda de una cultura en desintegración?». Cash lamentaba el hecho de que el público del country y sus
héroes no «se interesaban ni sabían nada sobre la tierra ni sobre la vida que
esta sostiene y regula»[n349]. Pero esa cultura sobrevivió sin cambios en los
videoclips y la industria de la música country se enriqueció en una escala
nunca vista. Una sucesión de estrellas —Shania Twain, LeAnn Rimes, Carrie Underwood, Taylor Swift— eliminaron efectivamente el abismo entre
el country y el pop. Entretanto, la llamada industria del género conocido
como *americana*, en los años noventa y principios del siglo XXI, convirtió en
un fetiche cierta clase de música country tradicional decolorada y enervada
que habría dejado a los granjeros *hillbilly* demasiado cansados para pastorear
su ganado.

La MTV ignoró el advenimiento de la industria del videoclip de Nashville,
incluso cuando Garth Brooks vendía más que cualquier estrella de la cadena.
Por otro lado, reaccionó con mayor determinación ante la competencia pop
y rock con el lanzamiento del canal VH1, cuya meta era ampliar el público
del videoclip para que incluyera a aquellos con edad suficiente para recordar la llegada de Elvis Presley. VH1 emitía videoclips de artistas pensado
para atraer al sector demográfico entre los veinticinco y los cuarenta y nueve
años y también viejos conciertos y documentales. Incluso había un programa llamado *New Visions* que se ocupaba del jazz moderno suave y de esa
peculiar forma de música ambient neoclásica llamada new age. Al explotar
el potencial comercial de los ex-radicales de los sesenta que habían dedicado las décadas siguientes a explorar su espiritualidad, presentaba música de
fondo de estrellas anónimas como George Winston y William Ackerman. El
mánager de The Police, Miles Copeland, fue uno de los primeros en Reino
Unido en darse cuenta de que «el público de la música new age creció con el

rock'n'roll [pero quiere] algo enfocado exclusivamente al lado tranquilo de sus vidas»[n350]. Artistas de rock y de folk de los años setenta, incluidos Wishbone Ash y Michael Chapman, se reorientaron hacia los inexpresivos paisajes sonoros de la new age: el lugar donde la música tranquilamente claustrofóbica y serial de Philip Glass se encontraba con las edulcoradas variaciones de piano de Richard Clayderman.

A medida que la MTV explotaba el potencial visual de la música, se hizo inevitable que otras industrias tomaran nota. El programa más visto de la NBC a mediados de los ochenta era *Miami Vice*, creado, según parecía, con un sencillo argumento: «Policías de la MTV». Sus protagonistas se vestían y se pavoneaban como estrellas de rock, grababan sus propios discos y compartían pantalla con roqueros como Glenn Frey, de The Eagles. Los rivales de NBC realizaron sus propias imitaciones, como *Hollywood Vice* y *The Insiders*. Al mismo tiempo, comenzaron a aparecer películas de Hollywood con un tema musical que podía promocionar el filme en la MTV. En septiembre de 1985, los tres singles más vendidos fueron los temas de las películas *St Elmo, punto de encuentro, Hollywood Nights* y *Mad Max: más allá de la cúpula del trueno*. La polinización cruzada entre la música y el cine se hizo tan intensa que era normal que los directores sembraran sus películas con fragmentos irreconocibles de canciones contemporáneas para que así el estreno coincidiera con el lanzamiento de una banda sonora llena de estrellas.

El pop y el rock, con la exposición que les proporcionaba Hollywood y la libre difusión en canales enteros de televisión, estaban ahora comprometidos con los grandes gestos. Como la MTV promocionaba a artistas con imaginación visual y rostros fotogénicos, los espectadores quisieron ver a esos iconos en concierto. Los cines, las asociaciones estudiantiles y los pequeños salones de baile de los sesenta fueron sustituidos, en los setenta, por campos deportivos y, en los ochenta, por vastos recintos más adecuados para ferias comerciales e incluso, en el caso de los ídolos más potentes, por estadios con capacidad para hasta 100.000 personas. Para garantizar que los asistentes a cien metros del escenario se sintieran involucrados, los promotores empleaban equipos de grabación para reproducir el espectáculo en pantallas gigantes junto al escenario. Los fans pagaban elevados precios para presenciar en realidad y programa de televisión o simplemente para sentir la comunión de participar en estos vastos actos de adoración de sus héroes. La tradicional dependencia del rock de la espontaneidad y la improvisación quedó eliminada por la necesidad de los músicos de programar sus secuenciadores y sus luces con antelación, de modo que los conciertos estaban tan ensayados como un musical de Broadway.

La generación de la MTV, unida por la televisión y por la camaradería de las actuaciones en estadios, demostró en 1985 que podía ejercer más poder que la generación comprometida de los sesenta. El fenómeno del Live Aid, que incluía conciertos al aire libre en Londres y Filadelfia y se transmitió en directo[32] por todo el planeta, hizo que el rock pasase de ser un símbolo de rebelión adolescente a convertirse en la ayuda benéfica más efectiva del mundo. Al contar con muchas de las mayores celebridades del rock, e incluso con las esperadas reuniones de Led Zeppelin, CSNY y Black Sabbath, la talla del Live Aid como evento musical era insignificante en comparación con su impacto económico. Se sabe que la recaudación de los conciertos, las emisiones por televisión, las donaciones telefónicas y el muy demorado lanzamiento en DVD superaron los cien millones de libras destinados a paliar el hambre en África.

Tras Live Aid, casi todas las iniciativas caritativas llevaban aparejadas una actuación de rock o un single lleno de estrellas. La organización Prince's Trust, encabezada por el heredero al trono británico, promovió conciertos anuales en los que figuraban estrellas jóvenes y veteranas (estas últimas invariablemente vestidas con trajes de Armani e inmersas en muestras de auto-felicitación). Tras darse cuenta de que muchos de estos iconos, además, se habían apuntado a hacer anuncios televisivos de cerveza, Elvis Costello protestó: «Esa música de [la cerveza] Michelob no tiene absolutamente ninguna relación con el rock and roll. Es música de *La invasión de los ultracuerpos*. Llegaron del espacio y se llevaron a Phil Collins, a Eric Clapton y a Steve Winwood y dejaron en su lugar a esos tipos que se parecen un poco a ellos pero que tocan esa música anodina de anuncios de cerveza»[n351]. La pureza clásica de su visión del rock'n'roll parecía lamentablemente anticuada en una década de política gestual y de poses de videoclip.

Cuando, en 1989, los miembros supervivientes de The Who se reunieron para hacer una gira por estadios y campos deportivos, durante la cual los tres componentes del cuarteto original libraban respectivas batallas contra el alcoholismo, la banda aceptó que sus actuaciones estuvieran patrocinadas por marcas de cerveza. Como de costumbre, Pete Townshend cobró su parte de la lucrativa operación al tiempo que la socavaba: «El nombre [de The Who] significa el sentimiento del público hacia la banda. Y eso tiene poco que ver con lo que hace la banda estos días, que es NADA. [...] Esto no ES una banda [...], NO ES The Who. Es un puñado de músicos de sesión tocando canciones de The Who»[n352]. Las entradas de la gira se agotaron casi inmediatamente. Como observó Paul Kantner, de Jefferson Airplane (que también se reunieron en 1989 para una gira), con un suspiro irónico: «Woodstock es lo que hizo

32. Aunque no en algunas zonas de Texas, donde la KAMC prefirió emitir el concurso de belleza de Miss Texas. Por su parte, en la ABC, el veterano presentador Dick Clark estuvo hablando por encima de toda la actuación de Led Zeppelin.

que la industria de la música sea lo que es a día de hoy. Los patrocinadores echaron un vistazo a Woodstock y pensaron: 'Oh, si pudiéramos cercar todo eso'. Y por eso hemos acabado en los conciertos en estadios»[n353]. Mientras que los veteranos de la contracultura de los años sesenta lamentaban el declive del rock, su público y sus ganancias crecían.

Gran parte de esos ingresos aumentados provenía del cambio más dramático en la tecnología de grabación desde la invención del álbum de larga duración. En octubre de 1982, Sony lanzó en Japón los primeros discos compactos, círculos brillantes de plástico duro de cinco pulgadas, cifrados digitalmente que, al exponerlos un rayo láser, reproducían un facsímil de sonido grabado. Aunque no existía una marea de consumidores que demandara un sistema de reproducción que supusiese una mejora respecto al vinilo y el casete, el CD parecía ofrecer varias ventajas cruciales. Se decía que aquellos discos eran virtualmente indestructibles, que proporcionaban una reproducción perfecta del sonido —sin el el crepitar del vinilo ni la distorsión de un casete viejo— y permitían una duración de hasta setenta minutos. (De hecho, el sistema con el tiempo llegó a contener algo más de ochenta minutos[33]).

Al principio, los reproductores de CD eran tan caros que no eran más que juguetes para ejecutivos, pero a medida que los precios bajaban, las ventas se dispararon. Aun así, eran todavía una compra para adultos, por lo que los primeros años estuvieron dominados por artistas que atraían a consumidores de ingresos ascendentes de veinticinco años o más. A ese mismo público apuntaba Ford, que en 1986 se convirtió en el primer fabricante de coches que instaló reproductores de CD en sus vehículos. Además de los aficionados a la música clásica, que apreciaban la oportunidad de escuchar una sinfonía completa sin necesidad de cambiar el disco, los CDs atrajeron al público de las emisoras de radio de «rock clásico» —es decir, rock que no dependía excesivamente de sintetizadores y que no estaba influido por la última música negra. Ningún artista se benefició tanto del CD como Dire Straits, cuya inmaculada claridad sonora y nítida separación de instrumentos bien podían estar diseñadas para hacer resaltar el invento. Su álbum *Brothers in Arms*, de 1985, se convirtió en el disco compacto más vendido de la época, impulsado por la popularidad de su single «Money for Nothing», que criticaba a la MTV y cuyo videoclip se emitía sin cesar en el canal. Esa canción de Mark Knopfler equiparaba comercialismo y la prostitución y fue vendida con la destreza y sofisticación de una puta de lujo.

---

33. Algunos álbumes de vinilo, como las recopilaciones Golden Hour de Pye y el LP de Todd Rundgren *Initiation*, habían logrado meter más de sesenta minutos de música en un disco de vinilo de doce pulgadas, pero con una severa disminución de la calidad del sonido.

Ningún artista del momento, sin embargo, podía alcanzar el poder comercial del glorioso legado del rock cuando se trataba de ventas de CD. Quienes se sentían excluidos del mercado por los últimos desarrollos de la música popular disfrutaban de la oportunidad de comprar discos compactos de sus álbumes favoritos. En las tiendas se veía a consumidores de treinta y cuarenta años marchando hacia las cajas registradoras con las manos llenas de CDs, reviviendo la obsesión por la música que antes los había hecho sentir jóvenes y vivos. Al vislumbrar una oportunidad comercial que quizás no habían previsto originalmente, las compañías discográficas se apresuraron a llenar las tiendas de reediciones con material añadido —a menudo sin ofrecer a los artistas ninguna mejora en los escasos derechos de autor que habían acordado hacía veinte años o más. Tras vender de nuevo la misma música al mismo público por un precio mayor, las compañías se embarcaron en una interminable sucesión de campañas de reedición, que tuvo como resultado que algunos álbumes se relanzaran cinco o seis veces en los veinticinco años siguientes, ampliados con *bonus tracks* obtenidos de los archivos, fotografías perdidas hacía mucho tiempo y largos relatos acerca de la gestación del disco. El paso siguiente, por lógica, eran las *box-sets*, un medio apenas explotado en los días del vinilo. De nuevo, el material existente se presentaba de forma nueva, siempre con la persuasiva inclusión de rarezas inéditas. Y, además, el crecimiento del mercado del disco compacto estuvo acompañado de lustrosas publicaciones dedicadas a la música como estilo de vida, escritas y presentadas con la misma sofisticación que revistas de moda. La más exitosa estaba dirigida a los compradores postadolescentes de CDs: los guiaba, a través de la deslumbrante variedad de nueva música, hacia discos que podían recordarles lo que habían amado en su juventud y convencerlos de que el rock era todavía una cultura, aunque no conllevara nada más revolucionario que blandir una tarjeta de crédito.

Los detractores del disco compacto clamaban contra muchos aspectos de aquella revolución. Artistas como Neil Young (que también se opuso al patrocinio corporativo de sus giras) se quejaron de que el sonido digital era frío y poco atractivo, de que carecía de la calidez orgánica del vinilo. Muchos consumidores lamentaron la pérdida de las doce pulgadas del LP, que sacrificó su poder visual al ser reducido al 17% de su tamaño original. Una de las ventajas indiscutibles del CD, su mayor capacidad, también tuvo un efecto profundo en la manera en que la música se le presentaba al público. El humilde single de vinilo —siete pulgadas, dos canciones— mutó en un artefacto cuya duración estaba determinada por las organizaciones que organizaban las listas semanales de éxitos. En lugar de cara A y cara B, ahora muchos singles en CD presentaban una sucesión de remezclas de la misma canción, que agotaban la paciencia de todos los fans excepto los más devotos.

Aún más crucial fue la completa destrucción del álbum como formato artístico coherente. Al diseñar un LP de vinilo, el artista y el productor disponían de un medio que incluía dos *suites* de música, cada una de veinte minutos de media y con un comienzo y un final definidos. Esa fracción de tiempo era lo suficientemente larga como para permitir cambios de humor o de tempo y lo suficientemente breve para que el consumidor retuviera una forma física o emocional en su memoria. Para que su obra quedara contenida en el vinilo, los músicos tenían que comprimirla o editarla para dejarla en su forma óptima. Con el CD, todas estas restricciones desaparecían, así como la necesidad de tomar decisiones artísticas. Ahora cada álbum podía durar hasta ochenta minutos, por lo que las canciones se alargaron (la duración media del single ahora era de cinco minutos, en lugar de los tres de los años sesenta) y se multiplicaron. En teoría, esto beneficiaba al consumidor, al brindarle una mejor relación calidad-precio, pero, en la práctica, convirtió al álbum en una prueba de resistencia sonora. Peor aún, el álbum perdió su forma familiar: alcanzaba su clímax al principio, en la primera canción, y después vagaba hasta llegar a su conclusión, más de una hora después. Era tan simple pasar de una pista a la siguiente con solo apretar un botón que los consumidores se acostumbraron a omitir las canciones que menos les gustaban —o a dejar que el disco entero sonara como música de fondo durante una cena o mientras se trabajaba en casa. Para quienes eran demasiado jóvenes para recordar el vinilo, el CD era fácil de usar, permitía acceder a cualquier canción de manera instantánea y daba la libertad de reordenar las canciones[34]: ventajas suficientes. Pero también empañó un medio que había sido central para que una generación se comprendiera a sí misma musicalmente.

Durante la segunda mitad de los años ochenta, se produjeron una serie de rápidos cambios en la manera en que la música se compraba y se consumía. La industria se embarcó en la progresiva supresión de los vinilos, empezando por los singles. La mayoría de los cnsumidores casuales, en lugar de pasarse directamente a los CDs, como habían predicho los departamentos de marketing, prefirieron la opción más económica del casete, por lo que las ventas de cintas doblaron las de vinilos y CDs juntas. Como los singles de habían desaparecido de las listas de lanzamientos semanales y los oyentes jóvenes aún no podían permitirse comprar CDs, los casetes se convirtieron en la manera habitual de adquirir nuevas canciones. Los sellos de Reino Unido, como medida para incrementar sus ingresos, intentaron lanzar el single en cinta de vídeo, lo que

---

34. Para quienes, en 1977, contaban con capital suficiente, el ADC Accutrac 4000 ofrecía una función similar para los vinilos («Su padre era un tocadiscos. Su madre era un ordenador»[n354]), y en los años ochenta lo mismo ocurría con los lectores de casete programables.

permitía ver el videoclip sin tener que espera a que lo pusiera la MTV. Resultó una medida tan poco exitosa como cualquiera de las alternativas dirigidas a los consumidores adultos durante los años ochenta: los tres formatos diferentes de disco óptico para vídeo (solo uno de los cuales reproducía también CDs de audio), el CDV (veinte minutos de audio más cinco minutos de vídeo) y la cinta de audio digital (DAT), con la que se pretendía reemplazar el casete. La DAT se convirtió en el medio habitual de preservar grabaciones de estudio (y grabaciones piratas de conciertos), pero nunca prosperó como formato para el consumidor.

Tras haber invertido económica y emocionalmente en el CD, el público adulto exigió una música nueva que satisficiese sus gustos establecidos, así como el medio. Los héroes de la invasión británica y la generación de Woodstock se habían esforzado por adaptarse a la innovación tecnológica y al sonido sintetizado. *Trans*, de Neil Young, era la excepción, ya que enfrentaba deliberadamente a su público con la necesidad de cambiar. Otros artistas tenían menos confianza en sí mismos: *Empire Burlesque*, de Bob Dylan, y *Live It Up*, de Crosby, Stills and Nash, demostraron las consecuencias de sacrificar la integridad en una vana búsqueda de la aceptación juvenil.

En su lugar, U2 y R.E.M. ofrecían oblicua integridad en sus letras y pasión de cruzados («Siempre quiero una mano extendida en la música»[n355], declaró Bono, de U2, en 1985), mientras que compositores más jóvenes, como Tracy Chapman, Tanita Tikaram y Edie Brickell, ofrecían placeres conocidos con nuevos ropajes. Paul Simon desbloqueó un boicot de las Naciones Unidas al trabajar con músicos sudafricanos para su álbum *Graceland*, y los ritmos prestados de los guetos negros de Johannesburgo desbloquearon su propia musa. The Grateful Dead lograron, para su propio asombro y el de la industria, el single y el álbum más vendidos de su carrera (respectivamente, «Touch of Grey» —cuyo videoclip estaba simbólicamente poblado de esqueletos— e *In the Dark*). Y, en 1989, una sucesión de los artistas favoritos de los *baby-boomers* —como Lou Reed (*New York*), Bob Dylan (*Oh Mercy*) y Neil Young (*Freedom*)— se reactivó tras una década de tropezar a destiempo. La MTV aprovechó este deseo renovado de «autenticidad» con su serie de conciertos *Unplugged* [*Desenchufados*], que despojaban a artistas jóvenes y viejos de sus sintetizadores y secuenciadores.

Los oyentes de esta música orientada a los adultos solían ignorar una innovación tecnológica que alteraba la ya de por sí compleja relación entre la gente joven, la música con la que esta se identificaba y el mundo exterior. Utilizando casetes y (después de 1984) CDs, el Walkman de Sony llevaba nuestra elección personal de música desde un reproductor portátil directamente hasta el tímpano. Ahora los consumidores podían caminar por la calle o arrellanarse en el asiento trasero del coche de sus padres y perderse en un mundo de su propia creación, mientras que los demás solo oían la vibración y el siseo del exceso de sonido que se escapaba de los auriculares. Era la tecnología del solipsismo, que permitía a sus dueños imaginarse a sí mismos como estrellas de su propio drama, o aislarse de un ambiente hostil a través de canciones que simbolizaban su existencia. Era el medio perfecto para la música que se colocaba en oposición al mundo adulto: la banda sonora de la violenta disidencia o de la igualmente agresiva autocompasión, que convertía la angustia de la adolescencia en una industria lucrativa y omnipresente.

CAPÍTULO 12

«Yo escribía poesía, no rimas. Solo hacía rimas en broma, porque Sugar Hill Gang las hacían. Todos los chavales del barrio tenían un libro de rimas. Nunca pensé que todo sería cuestión de rimas en lo que respecta a los discos. Creía que era solo una moda».

KRS-One, Boogie Down Productions, 1988[n356]

«Después de escuchar a Herc, decidí comprarme un par de giradiscos. Antes de eso, quería ser músico, quería tocar la batería. Pero el hip hop era una nueva forma de entretenimiento en el Bronx; era mejor que tocar en bandas».

Grandmixer D.ST, 1983[n357]

Exiliado de Nueva York, «Rapper's Delight», el éxito de 1979 de The Sugar Hill Gang, era una juguetona curiosidad, prima segunda del trabalenguas de Shirley Ellis «The Game Name». Y si se ponían de moda las rimas rítmicas, los cómicos del momento estaban encantados de ofrecerlas, desde Jenny Everett (como Sid Snot) a Alexei Sayle («Hello, John, Got a New Motor?»), Shawn Brown («Rappin' Duke») y Mel Brooks («Hitler Rap»). A finales de los ochenta, hasta los futbolistas del Liverpool demostraban su *flow* con su «Anfield Rap».

De hecho, si uno no vivía en Nueva York, era fácil creer que los únicos que rapeaban eran los blancos. Ahí estaba Blondie, haciendo un listado de luminarias del hip hop en «Rapture»; Tom Tom Club, reviviendo la inocencia de los *girl groups* de 1962; «Magnificent Seven», de The Clash, con Joe Strummer vadeando incómodamente a través de los *beats*; la banda de Adam Ant canalizando el sonido Sugar Hill en «Ant Rap»; y, poco después, George Michael haciéndose el duro en «Young Guns» y «Wham! Rap», de Wham!. Malcolm McLaren, el antiguo mánager de los Sex Pistols, no contento con vender a la generación punk unas migajas sobrantes de situacionismo de los años sesenta, confeccionó en 1982 «Buffalo Gals», con el productor Trevor Horn, que copiaba la cultura del Bronx con el mismo garbo desvergonzado con que pronto se centraría en la música de los guetos negros de Sudáfrica («Double Dutch»).

¿En qué consistía la cultura del Bronx? Nos dieron alguna pista en 1980, cuando Debby Harry presentó en *Saturday Night Live* a The Funky 4 + 1, cuya exuberancia juvenil recordaba a los Jackson 5 de una década antes. Pero sus rimas adolescentes eran una caricatura de una escena multidimensional. No reflejaban las batallas entre *sound systems* en parques y almacenes, con cada MC luchando por la superioridad en su propio terreno, y tampoco las contiendas artísticas de los grafitis que adornaban la mayoría de los edificios del Bronx y los vagones de metro y que las autoridades civiles difamaban como vandalismo callejero, ni el *break dance* de B-Boys y B-Girls, que representaban los ritmos de funk de los giradiscos de los DJs por medio de asombrosos saltos, desliza-mientos, giros y brincos[35]. Como explicó el rapero KRS-One en «HipHop Knowledge»: «La música rap es algo que hacemos, pero el hip hop es algo que vivimos». El rap era un elemento de la cultura hip hop; el hip hop no era solo una expresión artística, sino un modo de vida que separaba a sus juveniles adeptos de sus mayores y de sus potenciales superiores.

Si nunca se hubiera documentado mediantes discos, la música rap sencilla-mente habría desaparecido o habría permanecido estática en su estado ante-rior a Sugar Hill Gang, o habría mutado de formas que no podemos imagi-nar. En cambio, quedó registrada en vinilo, expuesta a influencias de fuera del Bronx, desde Karftwerk a Phil Collins, y pasó de ser un dialecto a ser un lenguaje global que, a finales de los años ochenta, suplantaría al rock como la articulación más potente de la alienación y la bravuconería adolescentes.

En un intento de igualar «Rapper's Delight», las discográficas neoyorquinas sacaron a chorros canciones para la misma audiencia de novedades: «Christ-mas Rappin'», «Astrology Rap», «The Breaks». La primera y la última de estas eran obra de Kurtis Blow, cuya personalidad, caprichosa y arrogante, se mostraba a través e sus juegos de palabras y sus memorables melodías. Sin embargo, con «How We Gonna Make the Black Nation Rise?» (1980), de Brother D and Collective Effort, el rap siguió el viaje del soul hacia la retórica radical. Para Brother D, las rimas y el *break dance* eran solo «una pérdida de tiempo»: de lo que se trataba era de cambiar el mundo.

Ese objetivo lo lograron otros reclutas de Sugar Hill. DJ Grandmaster Flash se adelantó a la invención del sampler digital con los hábiles cambios de plato de «Adventures of Grandmaster Flash on the Wheels of Steel» (1981). De forma inevitable, tomó prestados elementos de «Good Times», de Chic, al igual que «Rapper's Delight», pero también cruzó las barreras raciales al re-clamar «Rapture», de Blondie, y recortar unos vitales segundos de «Another One Bites the Dust», de Queen, una canción que parecía hecha con el solo propósito de ser desmontada para beneficio del hip hop. Flash también puso su nombre en «The Message» (1982, en realidad rapeada por Melle Mel), que introdujo al público británico al hip hop como protesta social. Al mismo tiem-po, las listas de éxitos de Estados Unidos comenzaron a ofrecer otra vertiente de la revolución del hip hop: «Planet Rock», de Afrika Bambaataa and the

35. La película de 1982 *Wild Style* encapsulaba con esmero todos estos elementos dentro de su ingenua narración.

Soulsonic Force, coproducida por el remezclador más poderoso de la década, Arthur Baker. Divertida, caótica y polémica, la declaración universal del hip hop de aquella canción estaba apoyada por teclados sintéticos que copiaban las innovaciones de Kraftwerk y la más tarde ubicua caja de ritmos Roland 808. Bambaataa llegó a Reino Unido aquel otoño con el New York City Rap Tour, una gira conjunta de hip hop que abarcaba DJs, artistas de grafiti e incluso un grupo de colegialas que demostraban sus habilidades saltando a la comba.

Con ellos iba también Grandmixer D.ST, el hombre que convirtió la original técnica de *scratching* de Grand Wizzard Theodore en un gancho comercial. Recibió atención mundial con «Rockit», el éxito de 1983 de Herbie Hancock, que, junto a Miles Davis, había sido un pionero del jazz fusión y cuya aportación a la canción fue mínima: un *riff* de piano parecido a un *jingle* añadido después de que D.ST y el productor Bill Laswell ensamblaran un hipnótico tema de electro-funk. Otro singles de música electrónica de aquel año podían haber sido más duraderos («Break Dance — Electric Boogie», de West Street Mob, es seguramente el cruce definitivo entre robótica y la irresistible pegada de «Funky Drummer»), pero la aparición de Hancock en la entrega de los premios Grammy de 1984 —con bailarines como maniquíes y D.ST al mando de sus ruedas de acero— convirtió el *scratching* de diversión del gueto en diversión para todos los públicos.

También consolidó el hip hop como un sinónimo de música para fiestas a medida que los *breakbeats* se abrían paso hasta el corazón de los discos de soul orientado para adultos. El siguiente gancho comercial robado de las calles y adaptado al vocabulario del pop fue la caja de ritmos humana, central en la frivolidad del éxito de 1985 de Doug E Fresh «The Show». El rapero, según parecía, era irrelevante y el hip hop quedaba reducido a un ritmo, una mano hábil en el giradiscos y una actitud callejera que estaba revitalizando la música negra sin dejar marca.

«No necesitamos ir al modisto a que nos haga unos trajes para parecer Superman o para parecer las estrellas del momento, porque nosotros *somos* las estrellas».

DMC, Run DMC[n358]

«Muchos grupos se creen que el rap trata de hablar de uno mismo. Están matando la música».

LL Cool J, 1987[n359]

Run-DMC, como ha dicho Chuck D, de Public Enemy, eran «los Beatles del hip hop»[n360], en cuyo caso, el rol del productor George Martin lo compartían los cofundadores de Def Jam Recordings, Russell Simmons (hermano del miembro de la banda Run, cuyo nombre verdadero es Joseph Simmons) y Rick Rubin. Al recordar el single de debut de Run-DMC, «It's Like That», Russel dijo: «Nadie podía entender qué coño era aquello. No tenía melodía. No tenía armonía. No tenía teclados. Solo un ritmo, unas palmadas que sonaban falsas y aquellos dos negratas de Queens gritando por encima de la pista»[n361]. Rubin, que produjo el exitoso álbum del trío *Raising Hell*, de 1986, presumía de que «mi mayor contribución al rap fue el elemento de estructuración de la canción. Antes de eso, muchas canciones de rap duraban siete minutos; quien fuera seguía rapeando hasta que se le acababan las palabras. 'It's Yours' [una producción de Rubin de 1984 para T La Rock] lo separaba en estrofas y estribillos»[n362].

El propio Run tenía una explicación más sencilla para las canciones compactas e incisivas de su banda: «Por entonces no había discos de rap. Nosotros rapeábamos por encima de cualquier ritmo fuerte, ya fuera Aerosmith o James Brown, o la batería de temas como 'Beat Box', de Billy Squier». Y sus raps conectaban con su audiencia local, que compartía su gusto por (en palabras de DMC) «los vaqueros Lee, las Adidas de puntera de concha, las Pro-Keds, las zapatillas Puma, los gorros Kangol, las sudaderas, todo lo que se llevaba por entonces»[n363]. Su música estaba despojada hasta quedarse en los elementos esenciales del hip hop: un ritmo de su DJ, Jam Master Jay, y retratos cotidianos recién salidos de la esquina, obra de DMC y Run. Esto les valió diez singles de éxito con el público afroamericano, antes de que lanzaran la canción que llevó el hip hop al corazón de la América blanca, estableció una relación simbiótica con la audiencia del rock y permitió que la MTV pusiera un vídeo de rap en continua difusión.

El vídeo de «Walk This Way» (1986) presentaba a Run-DMC en una competición de broma con los veteranos del hard rock Aerosmith, cuyo himno de hacía una década los raperos llevaban años masticando. Rick Rubin persuadió a Run-DMC de grabar de nuevo la canción con sus autores, Steven Tyler y Joe Perry, con ambas bandas batallando por la supremacía frente a las cámaras hasta que olvidaban su enemistad en el placer del puro *riff*. Con «King of Rock» (1985), Run-DMC ya habían llegado al público del rock mientras rapeaban sobre los clichés de heavy metal del músico de sesión Eddie Martinez. «Walk This Way» envolvía el rap en la atracción viril de Aerosmith y dejaba de ser una amenaza para el statu quo para convertirse en una nueva fuente de energía. En menos de un año, aquel tipo de unión de negros y blancos se convirtió en farsa cuando los restos disfuncionales de The Beach Boys se unieron con los caricaturescos Fat Boys para una recuperación orientada al público infantil del clásico del surf de los sesenta «Wipe Out». Su vídeo siguió a «Walk This Way» en la MTV, mientras los vídeos de rap eran programados en horario de máxima audiencia en lugar de ser relegados al gueto de la programación nocturna. En el verano de 1988, *Yo! MTV Raps* —atención a la sorpresa y el orgullo del título— empezó a ofrecer rap en la misma difusión que los programas especializados de la cadena sobre metal (*Headbanger's Ball*) y sobre rock alternativo (*120 Minutes*).

Raising Hell, de Run-DMC, se convirtió en el primer álbum de éxito en la historia del hip hop. Para superar su número tres en las listas norteamericanas, Rubin y Simmons ofrecieron un grupo de rap blanco que parecía construido con un kit para convertir al rap a los fans del rock: una banda que anteriormente tocaba punk llamada The Beastie Boys. Como demostró su carrera posterior, la inmersión del trío en la cultura del hip hop fue total. Pero *Licensed to Ill*, su álbum de debut, enardecido por «(You Gotta) Fight for Your Right (to Party)», su cántico digno de una revuelta en la residencia de estudiantes, parecía sugerir que se había permitido a un atajo de universitarios empapados de cerveza saquear una fábrica de hip hop, apilando *samples* de rock sobre *breakbeats* mientras competían por escandalizar a sus padres. Contra el hard rock adicto a los rizos cardados y las posturas sobre hielo seco de los vídeos de la MTV, los Beastie Boys ofrecían la estimulante transgresión que había alentado el ascenso de Elvis Presley, The Rolling Stones y The Sex Pistols: la fantasía de un chico de trece años de montarse una orgía con la panda más gamberra del colegio.

El trío era tan prominente en 1987 que su pródigo uso de *samples* no autorizados no podía ser ignorado. «Una de las cosas positivas de los *samples*», declaró el batería de los Beastie Boys, Mike D, «es que incorporas historia cultural y musical en lo que haces»[n364]. Esto era un avistamiento temprano de un credo que sería repetido sin cesar en la era de Internet: ignorar las leyes de propiedad intelectual fomenta la libertad artística. Pero aquellos cuya originalidad había sido saqueada no estaban de acuerdo. «Me acaba de llegar una cinta de una discográfica local», dijo Don Henley, de The Eagles, en 1990. «Han usado parte de una de nuestras canciones de los setenta y han rapeado por encima. Me molesta eso. ¿Por qué no van y hacen su propia puta música?»[n365]. Mientras que Fred Wesley, un veterano músico de la banda de James Brown, atribuía la supervivencia de su música al *sampleado*, el propio Padrino del Soul arremetió contra toda una generación de músicos negros que preferían robar a su ídolo a recompensarlo. KRS-One, cuya banda, Boogie Down Productions, grabó uno de los discos de hip hop más militantes de finales de los ochenta, *By All Means Necessary*, parecía sugerir que el *sampleo* era legítimo si eran músicos blancos quienes salían perdiendo: «Nadie habla del factor humano del *sampleo*. La gente negra ha sido sampleada durante años [...]. Elvis Presley ganó millones '*sampleando*' a Little Richard»[n366]. Sin embargo, una vez que los abogados entraron en el rap, el *sampleo* sin licencia se convirtió en una cosa del pasado y los créditos de autoría en los álbumes de hip hop (y de soul) se hincharon para incluir a todos aquellos cuyos estribillos o *riffs* se había robado.

En 1987 quedó ilustrado lo creativa que podía ser esta técnica. Eric B y Rakim montaron su éxito «I Know You Got» en torno a elementos de una canción de 1971 del ayudante de James Brown Bobby Byrd. Eric B fue uno de los primeros raperos en usar los recursos de la poesía en el rap, rompiendo así el patrón de pareados rimados independientes: desarrollando ideas extendidas a lo largo de una serie de líneas y decorando este flujo con rimas internas y sonidos de vocales repetidas. El equipo de producción Bomb Squad para el colectivo de rap Public Enemy adoptó un método radicalmente diferente: comprimieron lo que parecía un centenar de *samples* —algunos de ellos consistentes en un solo sonido simbólico, como un chillido prestado (inevitablemente) de la banda de James Brown, The JBs— en los surcos de su éxito en el Reino Unido «Rebel Without a Pause» y en su incendiario álbum *It Takes a Nation of Millions to Hold Us Back*. En sus manos, el rap era un arma mortífera: militante, rigurosamente severa, controvertida, diseñada a propósito para desorientar a cualquiera que no compartiera su cruzada. Chuck D, de Public Enemy, se sentía lo suficientemente fuerte como para decir (en «Fight the Power», de la película *Haz lo que debas*, de Spike Lee): «Elvis fue un héroe para muchos, pero nunca significó una mierda para mí». Como las similares declaraciones de The Clash en 1977, esto estaba diseñado para conmocionar y dividir. Cuando Griff, miembro de Public Enemy, declaró que «los judíos son responsables de la mayoría de las maldades que ocurren en el mundo»[n367] y el colectivo fue relacionado con la Nación del Islam, su reputación quedó dañada. Sin embargo, como ocurrió con los Beatles tras los comentarios de John Lennon sobre Cristo, sus discos más vendidos vendrían después del furor provocado por ese furor.

Otros grupos de hip hop parecían suponer una amenaza para la sociedad mayor que el antisemitismo, a juzgar por la histérica cobertura mediática que se encargó del rap entre 1988 y 1990. NWA (siglas de Niggas With Attitude [Negratas Con Actitud]) despertaron una furia política con su LP *Straight Outta Compton*. Con su himno explícito «Fuck Tha Police» [«Que le den por culo a la policía»], su erotismo casual y su actitud permisiva hacia la violencia gratuita, el álbum enfrentaba a la América blanca con los hombres negros de sus sueños más oscuros. Si se podía excusar la militancia de Public Enemy porque iba acompañada de un manifiesto coherente, NWA representaba el terror social y sexual: el terror de lo desconocido en mayúsculas.

Junto con la distorsión por parte de NWA de la promesa de California, de Florida emergió una amenaza más carnal y menos política. 2 Live Crew, de Miami, se convirtieron en los primeros músicos con un álbum (*As Nasty as They Wanna Be*, de 1989, con su crudo single de éxito «Me So Horny» [«Mí estar cachondo»]) que un juez estatal declaró obsceno. Sus letras y vídeos eran desenfrenadamente sexistas, estaban inundados de obscenidades y carecían por completo de ironía, pero no parecía una coincidencia que faltas similares cometidas por músicos de rock no llevasen a los juzgados. Como observó Jon Landau, mánager y productor de Bruce Springsteen: «Ahora que el foco ha pasado a la música rap, están intentando meter a la gente en la cárcel»[n368].

«En campos y almacenes y hangares por todo el Reino Unido, hubo una época en la que parecía que estábamos construyendo una sociedad alternativa propia [...] [Los participantes] no encajaban en el estereotipo de una juventud perdida compuesta por ladrones de coches, atracadores, ladrones, traficantes y okupas. Eran buenos chicos. Chicos que podían ser tus vecinos. *Tus* hijos. Y parecía que se habían vuelto todos locos».

Sheryl Garratt, historiadora de la música dance[n369]

«El hooliganismo del fútbol se terminó de un día para otro. Solo la fuerza que sentíamos todos juntos, todos en masa [...] era hermoso. Era algo comunitario».

Ian Brown, The Stone Roses[n370]

En 1989, cuando en la China comunista tenía lugar un extraordinario disentimiento y parecía que las mentes y barreras cerradas de Europa del Este estaban a punto de abrirse, era posible imaginar que en Reino Unido se estaba organizando un levantamiento propio... en el nombre de algo tan poco peligroso como el amor.

La palabra desencadenante en el mundo de la cultura de la música dance en 1988 había sido «ácido», pues los recuerdos de la psicodelia de 1967 inspiraban la afirmación de que se trataba de un segundo Verano del Amor. En 1989, la palabra extática era «rave»: otra resaca de los sesenta, cuando era tanto el nombre de una revista pop como de cualquier escena que estuviera viva. En esta ocasión, los *ravers* no eran muñequitas y oficinistas con ropas de mod, sino desvergonzados hedonistas en busca de una forma de unión espontánea que no estuviera confinada dentro de las convenciones de la industria de la música y que, por ello, en su inmediatez anárquica, representaba un peligro para el statu quo.

Y así sucedió que el frenesí repetitivo de ritmos de baile computarizados, por completo libre de agresión, represión o violencia, desencadenó actuaciones policiales de una intensidad no vista en el Reino Unido desde 1977, el verano del odio punk. Sin duda, se rompían leyes; había almacenes y campos de cultivo invadidos por miles de jóvenes de todas las razas; se consumían drogas ilegales, raramente con consecuencias fatales; gigantescos convoyes de fiesteros circulaban por la autopista M25, esperando la señal que anunciaría dónde iba a empezar la rave de la noche. Pero la única violencia —el acostumbrado resultado de las reuniones de jóvenes— se producía cuando la policía azuzaba a sus perros contra aquellos jóvenes que palpitaban con un ritmo tan implacable como trascendente, el producto de una década de experimentación con ritmos y electrónica en Chicago, Detroit y Nueva York, en Ibiza y en clubes por todo Londres. Así como la música era un viaje sin destino, los *ravers* que circulaban por la ciudad en busca de una fiesta se dedicaban a una búsqueda que podía no tener final, sino tan solo un nuevo principio en cuanto comenzaba la cuenta atrás para la siguiente fiesta.

Para aquellos ajenos a estos viajes épicos a través de la oscuridad en busca del éxtasis, la música que proporcionaba su banda sonora era desconcertante. Las listas británicas de octubre de 1988 parecían haberse abierto a una nueva y surrealista dimensión, retorcida hasta ser reconocible por discos que eran confusas aventuras sonoras. Por debajo de sus impasibles ritmos estaba el estrépito agudo de la percusión sintética, y dispuestos en capas por encima, fortuitos ataques de ruido, *samples* que iban desde sirenas de fábrica y programas de televisión, hasta documentales públicos o viejos instrumentales de rock'n'roll y gritos de guerra (como «áááciddooo» o «fiesta»), tan simples que su banalidad comenzaba a parecer profunda. No era exactamente, como prometían The Pet Shop Boys en una canción de la época, «el Che Guevara y Debussy al ritmo de música disco», sino el asalto sónico de «We Call It Acieed», «Acid Man», «Can You Party?», «Stakker Humanoid», y el resto era casi tan alarmante.

Bajo esa influencia, era imposible que el pop no reaccionara, y de formas casi demasiado extrañas para imaginarlas. Petula Clark, a los cincuenta y seis años, produjo una versión tecno de su clásico de 1964 «Downtown». Tom Jones, a los cuarenta y ocho años, cayó en las manos de los experimentalistas synth-pop The Art of Noise y apareció con una recuperación del clásico funk de Prince «Kiss» que revitalizó su carrera. Las bandas de indie rock abandonaron su fijación con The Byrds, los *girl groups* de los sensenta y The Smiths y saltaron hacia el futuro, aunque ninguno de forma tan dramática como Pop Will Eat Itself, cuyo tema «Can U Dig It» era una compresión mágica de al menos media docena de culturas musicales diferentes, un claro signo de lo que avecinaba. Paul Weller, en su día cronista de la angustia urbana, cruzado político y estudioso de la vida inglesa suburbana, se reinventó a sí mismo como estilista de la música house y afirmó que nada le aburría más que música rock con guitarras. Reino Unido incluso patentó su propia visión distintiva de la unión entre soul y hip hop con «Keep On Movin'», de Soul II Soul.

Era inevitable que entre el público de las *raves* hubiese incipientes bandas de rock. «Vimos algo del espíritu del Mayo del 68 francés reflejado en el movimiento del acid house», recordaba Ian Brown, de la banda de Manchester The Stone Roses. «La gente estaba uniéndose y los gobiernos no quieren eso»[n371]. Tampoco lo querían muchos seguidores del indie británico, cuya bandera se reservaba con orgullo a todos los grupos que descartasen cualquier influencia negra evidente. Sin embargo en Manchester, donde el club Hacienda (propiedad de Factory Records) era un faro de la independencia respecto del mundo corporativo de Londres y también un escaparate para los ritmos dance norteamericanos más novedosos, había poca oposición hacia aquella música que prescindía de los instrumentos y del simbolismo de la tradición del rock. «La música pop ha sido rescatada por el acid house y el rap porque [las bandas blancas de guitarras] no han hecho nada en diez años»[n372], declaró Brown.

Al cierre de la década, una nueva forma de rock británico emergió de los ritmos interraciales del house y de la cultura colectiva del *rave*. Estaba unida sin complejos a los ritmos de la música dance, a menudo (especialmente en manos de The Happy Mondays) llena de exuberantes juegos de palabras y de himnos estimulantes. Fue bautizada (en honor de un EP de The Happy Mondays) como «Madchester». Aparte de los Roses y los Mondays, había una docena de bandas menores: exactamente el tipo de escena que capta la atención de la prensa y después se quema en cuestión de meses. El declive de la cultura *baggy*, un término inspirado en su preferencia por ropas que eran lo contrario de los hábitos pegados al cuerpo que se solían identificar con el rock'n'roll , fue rápido y sin piedad, ayudado por la naturaleza autodestructiva de sus dos bandas principales. La cultura dance comenzó también a fragmentarse, el credo común se convirtió en cultos deliberadamente elitistas y que buscaban excluir a quienes no seguían exactamente las fórmulas rítmicas y tonales de su secta. Con unos medios cada vez más fervientes a la hora de saltar sobre una nueva sensación o una amenaza a la cohesión social, la única forma de reclamar la propiedad de un entorno era imponer límites aún más estrechos alrededor de este y después ponerle una etiqueta de identificación. Empezando con la música dance, con el handbag, hardbag, el trance, el deep trance, el deep house, el diva house, el jungle y el horrorcore, esta división y subdivisión de la música en categorías aún más exclusivas era visible casi en cada género. El fin último, quizás, era un estilo que perteneciese solo a una persona: un impulso que recordaba al aislamiento desesperado y al terco solipsismo del torturado adolescente.

«Imagínate a un chaval de trece años sentado en el salón de su casa mientras hace los deberes de matemáticas y escucha música con su Walkman o en la MTV [...]. Un joven pubescente cuyo cuerpo late con ritmos orgásmicos, cuyos sentimientos se vuelven articulados mediante himnos a los gozos del onanismo o al asesinato de los padres [...]. En una palabra, la vida se convierte en una fantasía incesante, enlatada comercialmente y masturbatoria»

Allan Bloom, *The Closing of the American Mind*, 1993[n373]

«Vi un documental sobre la Segunda Guerra Mundial y alguien decía que un colapso nervioso es la respuesta razonable de un hombre cuerdo ante una situación demencial. Yo creo que el rock and roll todavía conserva el sonido del colapso nervioso. Porque ese grito, desde Howlin' Wolf a Nine Inch Nails, es parte de ello».

Bono, 1992[n374]

Si un inflexible ritmo computarizado podía ser condenado oficialmente por su capacidad para inspirar una liberación emocional a grandes multitudes de jóvenes, ¿cuánto más peligroso debía de ser si el mismo ritmo producía un violento odio a sí mismo? A medida que el sistema financiero occidental se tambaleaba hacia sus espasmos periódicos de aterrorizado declive, a comienzos de los años noventa, muchos adolescentes estadounidenses se sumergían en la reconfortante pesadilla de una música más oscura que la realidad.

En Los Ángeles, una ciudad acosada por las revueltas en 1992, Trent Reznor, de Nine Inch Nails, compró la casa donde, veintitrés años antes, los seguidores de Charles Manson habían asesinado a cinco personas, incluida la actriz Sharon Tate. Aquel año, encargó un vídeo para su frenética canción sobre dominación sadomasoquista «Happiness in Slavery». En el vídeo aparecía un *performer* desnudo que quedaba atrapado en una máquina infernal de tortura a la que había entrado por voluntad propia y de la que emerge solo como sangre y tripas, que brotan de la máquina como carne de una picadora. Reznor era capaz de transformar los más oscuros ámbitos de la sexualidad, la violencia y el dolor —el paisaje del eterno *outsider*— en cultura genuinamente popular. El disco récord de ventas de Nine Inch Nails fue *The Downward Spiral*, descrito por el periodista Gavin Baddeley como «una borrasca de odio suicida a sí mismo»[n375]. El mismo público disfrutaba con los paisajes sónicos igualmente extremos de Ministry, cuya música Baddeley llamó «una película de terror sónica de proporciones épicas»[n376].

Tanto a Nine Inch Nails como Ministry han sido catalogados como tecno industrial, aunque ambos elementos de la descripción han sido discutidos por aquellos cuya identidad propia depende de una estricta adherencia a un género musical. Sea lo que sea, esta música marida los ritmos computarizados (normalmente un símbolo del placer del baile) con el asalto sonoro del metal industrial. Como música, pretende ser abrasiva, malvada, tortuosa: palabras que podrían aplicarse al propio aparato central del vídeo de Reznor prohibido en 1992. También representaba el declive final y vertiginoso de una espiral descendente que había transformado la decadencia juguetona en una representación de las agonías del infierno.

El romanticismo y el erotismo de la muerte alimentaron la tradición literaria gótica de los siglos dieciocho y diecinueve, fascinaron a Edgar Allan Poe en las décadas de 1840 y 1850 y fueron recuperados por los escritores e ilustradores decadentes de las eras victoriana y eduardiana. Después, estas fantasías quedaron eclipsadas por la realidades de la carnicería del siglo XX y, más tarde, fueron reproducidas en las películas de terror de los años cincuenta, desde donde se infiltró en la música popular a través de los exagerados escenarios de Screaming Jay Hawkins y Lord Sutch. El color de la fantasía gótica era el negro, que en la cultura pop era también el color de la masculinidad motera y de la pretenciosidad *arty*. Después del punk, sin embargo, el negro se reunió de nuevo con sus adornos de encaje y maquillaje chillón a medida que Siouxie Sioux y, poco después, Robert Smith, de The Cure, guiaban a una generación adolescente a un retrato gloriosamente *noir* del glamour: pintalabios negro, pintaúñas negro, mangas de encaje negro y pelo cardado negro en contraste con la palidez de la muerte inminente. Mientras Siouxie and The Banshees expandían su goticismo hasta abarcar un flirteo casi psicodélico con ritmos y culturas exóticas, Smith reconocía una necesidad más primaria de retener su aire de oscuridad ligeramente demente. «Si no hubiera escrito esas canciones», recordaba, «me habría convertido en un cabrón gordo e inútil. Atravesé un periodo de oscuridad durante el cual pensaba que todo el mundo estaba jodido, y entonces me puse a escribir esas canciones. Canalicé todos los elementos autodestructivos de mi personalidad y los volví útiles»[n377].

Las letras caprichosas e ingeniosas de Smith y su habilidad para crear estribillos pegadizos le aseguraron una larga carrera. Menos predecible fue que
su banda, tan esencialmente inglesa, se convirtiera en un éxito en Estados
Unidos, o que Depeche Mode, el grupo de synth-pop más ligero y menos
enigmático de Reino Unido de principios de los ochenta, fueran igualmente
recibidos en Estados Unidos como cronistas de la desintegración mental (por
tomar prestado el título de un álbum de The Cure) con música que no era, en
la superficie, más desgarradora que sus éxitos tempranos. (*Violator*, de 1990,
fue el primero de una serie de álbumes que alcanzaron el Top 10 de Estados
Unidos).

Depeche Mode, desde luego, no eran considerados parte del movimiento
gótico británico de los años ochenta, que puede remontarse musicalmente
a «Bela Lugosi's Dead» (1979), de Bauhaus, o, en una modalidad más ator-
mentada, a la breve carrera de Joy Division, y visualmente a clubes londinenses como The Batcave. Allí, gente como Siouxie Sioux, Nick Cave y Marc
Almond pintaron la extravagancia de David Bowie y de los New Romantics
en tonos más desoladores. Cave (un australiano obsesionado con el sur estadounidense) llenaba sus leyendas góticas con visiones fantasmales de almas
poseídas y malditas por el destino y la sangre. Las bandas góticas británicas,
como The Sisters of Mercy, The Mission y Fields of the Nephilim, preferían
explorar las fronteras de la identidad sexual. Como The Cure, ofrecían un
hogar a cualquiera que se sintiera ajeno a su entorno o a su propia psique. Probablemente ningún movimiento musical ha tenido tanta empatía con quienes
estaban confundidos sobre su orientación sexual o, incluso, sobre el género
del cuerpo que habitaban, o con las mujeres, tan a menudo confinadas a ser las
consumidoras pasivas de la libido masculina.

La emergencia de Nine Inch Nails y de Ministry desvió la música hacia
los excesos nihilistas del Marqués de Sade, cercenando la tradición gótica de
su juguetón autodescubrimiento. Mientras estos protagonistas masculinos,
agresivos en su victimización de sí mismos, se destripaban para el entretenimiento del público, instintos más femeninos del movimiento gótico de los
ochenta reemergieron en diferentes medios y formas artísticas. De ser un
culto musical con una inclinación por las ropas negras, lo gótico se convirtió
en una cultura omnipresente. Se extendió desde la moda a la literatura, en
forma de las novelas de vampiros de Anne Rice, y de ahí a la televisión y el
cine: *Buffy la cazavampiros*, *Crepúsculo*, *True Blood*, todos fijando como objetivo el momento de la adolescencia en el que el niño se siente un relegado,
lleno de conocimiento pero a la deriva respecto del mundo adulto. Aparte
de la derecha evangélica norteamericana, los adultos han contemplado estas
narrativas como entretenimientos inofensivos. La música tiene el poder de

perturbar a padres y políticos, sin embargo, y de proveer un medio tanto de autoexamen lacerante como de indignación caricaturesca. Esta combinación convertiría a Marilyn Manson en la figura más odiada del rock estadounidense de los noventa, cuando fue culpado de masacres en los colegios y de suicidios, de autolesiones y consumo de drogas.

«Mantener la ideología del punk es lo más importante para mí».

Kurt Cobain, 1990[n378]

«No me siento culpable en absoluto por explotar comercialmente una Cultura Juvenil del Rock que está completamente agotada, porque en este punto de la historia, el Punk Rock, para mí, está muerto y bien muerto».

Kurt Cobain, 1992[n379]

En su nota de suicidio de 1994, Kurt Cobain declaraba: «El peor crimen que se me ocurre es fingir para timar a la gente y hacer como si me lo estuviera pasando 100% bien». Es dudoso que incluso el más ingenuo de sus fans creyese eso. Tan consolidada estaba su imagen de estrella del rock al borde de la desintegración psicológica, que su banda, Nirvana, contribuyó a un recopilatorio de 1993 con una canción titulada «I Hate Myself and I Want to Die» [«Me odio a mí mismo y quiero morir»][36]. Su muerte, un mes después de un fallido intento de suicidio, eran tan inevitable como la gravedad. Sus suicidio consiguió que la estrella del rock más emblemática de los noventa sería un hombre adorado como víctima en lugar de como superviviente, en sus propios duros términos, un fracasado por haber cometido contra su amado punk rock exactamente los mismos pecados que juzgaba más despreciables.

La terrible muerte de Cobain, y su público descenso a la adicción y a la desesperación, decía volúmenes sobre el rol cambiante del rock en la cultura popular. Lo que una vez había sido un ingenuo símbolo del optimismo y de la liberación, se había convertido, de forma lenta pero inexorable, en una sucesión de rupturas dentro de la cultura juvenil: metal, punk, gótico, y ahora el género mal llamado grunge. (Jonathan Poneman, del sello independiente de Seattle Sup Pop,

---

36. El álbum estaba «presentado» por las estrellas de animación de la MTV Beavis y Butt-Head, adolescentes de habla típicamente inarticulada que dedicaban su programa a satirizar los vídeos de la cadena, incluido Nirvana, un tipo de autosabotaje que debió de agradar a Cobain.

se considera el responsable de bautizar este poco nítido género. «Podía haber sido *sludge*, *grime*, *crud*, cualquier palabra parecida»[n380], dijo más tarde). Todavía había hedonismo en el canon del grunge, pero solo en bandas que estaban volcadas por completo en el entretenimiento en lugar de en registrar las psiques disfuncionales de una gerida generación de adolescentes. Lo más cerca que la llamada «escena de Seattle» llegó al placer desinhibido fue la frenética desolación de «Touch Me, I'm Sick» [«Tócame, estoy enfermo»], de Mudhoney, una frase que podía haber acuñado un manifiesto del grunge. Pearl Jam, despreciados por Cobain por ser animales corporativos, lanzaron su carrera con un single titulado «Alive», pero la letra revelaba un complejo relato de traición e incesto. El grunge, como el tecno industrial al que hacía sombra, trataba de validar las agonías del crecimiento, no aliviarlas.

La depresión de Cobain fue agravada por el rápido ascenso a la fama de su banda. Como los Sex Pistols antes que ellos, Nirvana fue una banda que predicaba la espontaneidad del punk rock y después lanzaba un disco (*Nevermind*) de exquisita perfección de estudio. Heredaron una tradición que la industria del disco había bautizado como rock alternativo, y volvieron redundante esa descripción al editar unos de los discos más vendidos de todos los tiempos. Lo «alternativo» era una descripción global para todo lo que ocurría en el post punk estadounidense que no estaba específicamente diseñado para atraer a la MTV, desde el híbrido de hardcore y pop de Hüsker Dü y las afinaciones alternativas de Sonic Youth a las estructuras pop tradicionales y dinámica suave/agresiva de la influencia más obvia de Cobain, The Pixies. (De hecho, Había otra definición de «alternativo» en la industria que abarcaba una zona aún más amplia, desde Elvis a U2). Cuando *Nevermind*, de Nirvana, arrebató al erróneamente titulado *Dangerous*, de Michael Jackson, el número uno de las listas, aquello tuvo una resonancia simbólica, a pesar de que el reinado de Nirvana solo duró siete días.

Su breve carrera fue el corazón sangrante de la escena grunge de Seattle, que existía antes que ellos en la forma de Soundgarden, Mother Love Bone y Green River, y sobrevivió para lograr álbumes exitosos a mediados de los noventa tanto para Pearl Jam como para Soundgarden. Sin embargo, la muerte cimentó una imagen de Cobain que, como la de Jimi Hendrix y Jim Morrison, sería más familiar de lo que lo fue en vida. Aquellos iconos anteriores, celebrados en camisetas por gente nacida después de su muerte, aparecían salvajes y seductores, extraños y magnéticos. El rostro de Cobain, en comparación, pasó a la historia con una mirada inexpresiva e hipnotizada: una víctima que nunca podría ser rescatada. Los adolescentes del siglo XXI llevan con orgullo la camiseta de Nirvana con el *smiley* del acid house convertido por el propio bolígrafo de Cobain en un dibujito mareado, mitad divertido y mitad demencial.

Un garabato casual de 1991 había sido transformado en una declaración de moda, junto a las camisetas de los Ramones, Run-DMC e incluso Sonic Youth que adornaban los cuerpos de miles de personas que no conocían su significado y tampoco les importaba. (Versiones en miniatura de todos estos diseños y muchos más, con artistas que iban desde Bob Dylan a The Clash, estaban disponibles para quienes estuvieran desesperados por adornar a sus bebés con accesorios a la moda).

En una época en la que el suicidio podía convertirse en materia de leyenda, la MTV, receptiva al hard rock de las *power ballads*, laca para el pelo y estribillos acaramelados estaba perversamente fuera de órbita con los tiempos. De la misma forma que el hardcore había acentuado todos los aspectos del punk rock que no podían ser asimilados por la música pop, la plétora de subdivisiones de metal que emergieron a comienzos de los ochenta estaba deliberadamente a un paso de la atracción comercial. El thrash metal, el death metal, el black metal y su progenie estaban diseñados para ofender a las masas y para identificar a sus seguidores como una élite incomprendida. De todos estos estilos, el thrash era el más fácil de cuantificar: era rápido como el punk, duro como el metal y despiadadamente imparable hasta que se detenía[37]. El death metal y el black metal —este último favorecido por los pálidos músicos de Noruega, por razones relacionadas con el clima— anteponían la oscuridad a la velocidad, preferiblemente mientras reflexionaban sobre cuerpos destripados y heridas sangrantes. Dos nombres de bandas arquetípicos: Dismember [Descuartiza] y Carcass [Cadáver] (los cuales debieron quizás combinar sus fuerzas para formar el supergrupo ideal de death metal).

A pesar de ser esencialmente un gñenero de culto, el thrash metal se convirtió en una fuerza comercial mayor, hasta el punto de que el disco de 1988 de Metallica ... *And Justice for All* vendió un millón y medio de copias en los tres primeros meses de su lanzamiento en Estados Unidos, sin la ventaja de vídeos promocionales y sin sonar en la radio. Su paisaje de autolaceración, alienación y drogadicción —envuelto en música desprovista de cualquier referencia a las raíces negras del rock— reflejaba el aislamiento de su público blanco adolescente. Durante la década siguiente, Metallica se irían acercando a una aceptación más amplia de las tradiciones del rock, a través de estructuras más directas en las canciones en su disco homónimo de 1991 y en el osado (para

---

37. Podía detenerse de forma muy súbita. La banda británica Napalm Death comprimió toda la historia del rock en su grabación de 1,3 segundos «You Suffer», aunque los puristas señalarán que Napalm Death eran oficialmente una banda de grindcore, que mezclaba tharsh con hardcore punk. Pero incluso esa canción duraba una eternidad en comparación con el único y abrupto acorde de «Mega Armageddon Time», de The Electro Hippies. Las bandas en la tradición post punk tendían a trabajar de forma más sucinta que aquellas cuya narrativa comenzó con el metal.

una banda de thrash) disco teñido de blues *Load*, de 1996. Esto comenzó a convertirse en un sendero familiar: Megadeath abandonaron el thrash políticamente cínico de sus discos de mediados de los ochenta y alcanzaron su mayor éxito de ventas con *Countdown to Extintion* (1992), que alarmó a los viejos fans con su comparativa accesibilidad. La banda brasileña[38] Sepultura, brutalmente monótona en 1987, había variado sus *tempi* para cuando lanzó *Chaos AD*, en 1993. Incluso Anthrax, que en los ochenta mantenía una feroz intensidad moderada tan solo por su humor de fraternidad, delató los comienzos de cierta sensibilidad melódica en *Sound of White Noise*, de 1993, demostrando lo influyente que había sido el éxito de Nirvana.

En 1994, el año en que Kurt Cobain se suicidó, uno de los libros más vendidos de Estados Unidos fue *Prozac Nation*, de Elizabeth Wurtzel, un relato autobiográfico sobre la depresión adolescente. En torno a 2,5 millones de recetas de Prozac, un medicamento que afecta al estado de ánimo, fueron expedidas en Estados Unidos durante 1988. En 2002, el *New York Times* informó de que el número había ascendido a más de 33 millones. Entre un 5% y un 10% de los adolescentes norteamericanos tomaban antidepresivos, muchos de ellos durante años o incluso décadas, incapaces de comprender cuál sería su reacción emocional normal ante cualquier situación. Muchos más adolescentes sufrían sin ayuda médica, ignorados por sus padres o negándose a tragarse aquellas pastillas emocionalmente anestesiantes. Un estudio de 1988 sugería que uno de cada siete adolescentes estadounidenses había intentado acabar con su vida.

Para estos adolescentes, la furia lacerante de las bandas en la tradición del thrash metal y el death metal podía representar una conexión con la deprimente realidad, más honesta que las panaceas de la calma inducida mediante sustancias químicas que les ofrecían sus mayores. Pocos álbumes de los noventa tuvieron tanto éxito como *Far Beyond Driven*, el disco de 1994 de Pantera. Fue número uno en ventas en Estados Unidos. Como pudo leerse en *Rolling Stone*: «Pantera tienen los fans más feos del mundo, orgullosamente, desafiantemente, gloriosamente feos, fans que se complacen en su fealdad, que la llevan como una medalla»[n381]. Esa fealdad podía residir en el interior y también en el exterior. Podían manifestarse en la epidemia de heroína y crack que azotó las comunidades del metal y del grunge a comienzos de los noventa, afectando públicamente a bandas como Nirvana, Hole, Alice in Chains, Jane's Addiction y The Red Hot Chili Peppers (los cuales se encontraban fuera de la escena del metal por su evidente uso de ritmos provenientes del funk). La

38. La ciudad brasileña de Belo Horizonte se convirtió en la capital nacional del death metal cuando muchos ciudadanos salieron a la calle en 1983-4 para protestar por la negativa del gobierno militar a permitir el regreso de la democracia. La gente joven, sintiéndose impotente, canalizó su frustración mediante la música más violenta que podían imaginar.

carrera de Guns N' Roses quedó detenida por las actitudes enfrentadas de sus miembros acerca de las prácticas adictivas. Stone Temple Pilots, que extendían la tradición grunge de Nirvana, recibieron algo de glamour por los dramas de su vocalista, Scott Weiland.

Para muchos ojos adultos, la creciente obsesión adolescente con los tatuajes y los piercings —algo anteriormente asociado con moteros, criminales y militares— representaba otra expresión del odio a sí mismos. Los adolescentes juzgaban aquellos adornos de su apariencia como un símbolo de rebelión y/o de autoexpresión artística: de ahí la prevalencia de estas prácticas en la escena gótica y hardcore de los ochenta y en la cultura *skateboard* de la siguiente década. A finales del siglo, emergió una nueva oleada de bandas de metal que hablaban directamente a los parques de caravanas y a las viviendas de protección oficial, los *skaters* y los solitarios, y sus miembros llevaban los mismos tatuajes y piercings que sus fans. Bandas como Korn y Limp Bizkit apelaban sin vergüenza a un público orgulloso de ser catalogado como *white trash* o *trailer trash*. La angustia de la infancia y la inquietud generacional alimentaban el álbum de Korn de 1998 *Follow the Leader*, número uno en ventas en Estados Unidos, que, con sus *tempi* implacables hechos para menear brutalmente la cabeza, parecía ofrecer un reflejo en negativo de la música dance contemporánea: una descarga de agonía en lugar de la celebración extática.

Pero había otra forma de inconformismo en el metal que representaba una amenaza más directa a la concepción de los americanos de sí mismos. En la música de Rage Against the Machine, en su debut de 1992 y en *Evil Empire*, de 1996, el metal y los emblemas estilísticos del rap se mezclaban para servir a una agenda política que giraba en torno a un simple mensaje: Estados Unidos era un refugio del imperialismo, la corrupción y el autoritarismo. «Bullet in the Head» se enfrentaba a la manipulación de los medios por parte del gobierno; «People of the Sun», a las brutales políticas exteriores estadounidenses; y «Bulls on Parade», al poder distorsionador del militarismo y de la industria de las armas. Y sin embargo, incidentes aislados aparte, Rage Against the Machine eran libres para promulgar su mensaje antiamericano desde el corazón de la industria del entretenimiento, a través de una corporación multinacional. Los intérpretes afroamericanos no serían tan afortunados.

«El rap es control de los medios. Todo lo demás que tiene que ver con la situación de los negros viene a través de otra perspectiva».

Chuck D, Public Enemy, 1992[n382]

«Yo no quería ser un rapero de R&B ni un puto rapero comercial [...]. Eso no soy yo. Quiero que mi mierda sea 100% mierda gangsta [...]. Un gangsta hace lo suyo. Tiene su propia mentalidad, él es su propia banda, no escucha a nadie salvo a sí mismo».

Snoop Doggy Dogg, 1993[n383]

Unos 150 años antes de la rivalidad entre los Crips y los Bloods, la primera banda criminal callejera de Estados Unidos —los Cuarenta Ladrones— estaba activa en el Lower Esat Side de Manhattan. De modo que la América de las bandas callejeras no necesitaba ni hip hop, ni la formación del Partido de los Panteras Negras, para cobrar vida, aunque ambos han sido culpados. Tampoco la pertenencia a bandas callejeras es algo predominantemente afroamericano: hoy en día, los miembros hispánicos superan a los afroamericanos en tres por cada dos. Sin embargo, cuando la pobreza y la decadencia urbana se extendieron en las *inner cities* de Estados Unidos en los años finales del pasado siglo, resultaba conveniente para los comentaristas señalar la adicción a las drogas y la violencia casual, atribuirlas por completo a las guerras territoriales de las bandas callejeras de afroamericanos y después trazar una gruesa línea negra que apuntaba al éxito del género llamado, de forma provocativa, gangsta rap.

El vicepresidente estadounidense Dan Quayle declaró en 1992, sobre un álbum del rapero 2Pac (Tupac Shakur, hijo de militantes de los Panteras Negras): «No tiene lugar en nuestra sociedad»[n384]. El cantante de soul y productor Barry White, que podía haber sido conservador políticamente, no estaba de acuerdo: «Lo más grande que le ha pasado a la gente joven es la música rap», declaró a la revista *Vibe*. «Proporciona una válvula de escape para expresar su frustración... y así sacársela de encima»[n385]. el rapero/productor/empresario Puff Daddy (Sean Combs) expresó sentimientos similares en un lenguaje más vernáculo: «Los jóvenes, todos esos cabrones del mundo negros y jóvenes, necesitan esa mierda auténtica [...]. Tienen que oírla. Es decir, si se dejasen de hacer esos discos, los cabrones se tirarían por la ventana o algo así. Esa mierda es casi como una droga»[n386].

Dados los vínculos entre las bandas callejeras y los narcóticos y la fuerte influencia de la marihuana en gran parte del hip hop de los noventa, aquella no era quizás la más feliz de las analogías, pero nadie podía disputar su exactitud. Desafortunadamente, la violenta rivalidad demostró ser igualmente adictiva. En el verano de 1996, colectivos de rap rivales lanzaron provocativas declaraciones de superioridad geográfica: a «New York, New York» (Tha Dogg Pound) le respondió «LA, LA» (Mobb Deep et al.). Esta última iba acompañada de un vídeo en la que los cantantes hacían como que torturaban y mataban a los miembros del dúo Dogg Pound. Con la tensión muy elevada entre

las bandas de hip hop del este y del oeste y entre sus aún más agresivas discográficas, Puff Daddy hizo un llamamiento desesperado al cese de la violencia.

Aquel septiembre, 2Pac —que a menudo salía al escenario con sonido grabado de ametralladoras— fue tiroteado cuando salía en su coche de un evento
de boxeo en Las Vegas y murió seis días después. Sus últimas palabras, dirigidas al policía que llegó primero a la escena del crimen, son simbólicas: «Que
te jodan». Tras la tragedia, apareció una canción llamada «Runnin' (Dying
to Live)», en la que 2Pac rapeaba junto a su supuesto rival, The Notorious
B.I.G., también conocido como Biggie Smalls, en realidad Chris Wallace.
(Ambos habían nacido en Brooklyn, aunque Shakur creció en Oakland, California). Seis meses después, Biggie fue también asesinado a tiros. Puff Daddy
expresó su asombro por que uno pudiera morir por ser un rapero: él siempre
había pensado que era «una forma de que las bandas se peleasen sin violencia». «Esto demuestra los tiempos locos que estamos viviendo», dijo. «Toda
esta mierda está jodida [...], no eran *tan* gángsters en sus putos discos como
para merecer la muerte»[n387].

Independientemente de su afiliación gangsteril, los raperos habían estado
peleándose en los clubes desde que el estilo se inventó, pues se trataba de un
género basado en declaraciones arrogantes de superioridad física, sexual y re-
gional. Uno de los primeros álbumes coherentes completos de rap, *Criminal
Minded* (1987), de Boogie Down Productions, no solo era arrogante y estaba
lleno de violencia, sino que además inspiró una guerra territorial entre otras
bandas callejeras del sur del Bronx. (Dj Scott, miembro de BDP, fue asesinado a tiros menos de seis meses después de su lanzamiento). Antes de aquello,
«PSK», de Schoolly D, y (de forma más humorística, dejando a un lado el sexismo) «6 in the Morning», de Ice-T, habían descrito la violencia entre bandas
callejeras. Ice-T, cuyo personaje era parte *gangsta* y parte proxeneta, fue una
elección inspirada para interpretar la canción de la película *Colors* (1988), de
Dennid Hopper, un inspirado estudio de las guerras callejeras de Los Ángeles.

En esa misma ciudad (o al menos en uno de sus barrios, Compton) nació el
grupo de rap que no solo llevaría el gangsta rap al éxito artístico y comercial
sino que además se convertiría en uno de los colectivos musicales más importantes de la historia de la música popular estadounidense. NWA (Niggaz Wit
Attitudes [Negratas con actitud]) era una libre asamblea de raperos y DJs de
Compton cuya primera colaboración fue el single de Eazy-E de 1987 «Boys-
N-the-Hood» (producido por Dr Dre, escrito por Ice Cube). Con el rapero
adicional MC Ren, NWA grabó *Straight Outta Compton*, que parecía diseñado
para provocar indignación. «Conocíamos el poder del lenguaje, sobre todo
de las palabrotas», recordaba Ice Cube. «No éramos muy sofisticados, pero
sabíamos el poder que teníamos»[n388]. Sin embargo, las palabrotas tan solo

afilaron aquella sierra rota y diseñada para cortar los frágiles vínculos entre los guetos de Estados Unidos y el poder político. El paisaje del álbum estaba lleno de venta de drogas, armas ilegales, negratas, cabrones, putas: «Todo sobre la realidad», como presumían las canciones. «Gangsta Gangsta» presentaba las opciones que se ofrecían a un joven negro en las calles mientras atacaba la tradición de los músicos de soul de ofrecer una alternativa a la guerrilla urbana («¿Te parece que soy un puto modelo de comportamiento?»). Pero el golpe de gracia lo daba «Fuck Tha Police» («A la mierda la policía»), con la polémica explícita en cada verso.

Como para superar a NWA, Ice-T formó una banda de thrash metal, Body Count, y lanzó la canción «Cop Killer» [«Asesino de policías»]. «El rap es muy gracioso, tío», protestaba. «Pero si no le encuentras la gracia, hace que te cagues de miedo»[n389]. Warner Brothers no le vio el humor y le obligó a sacar esa canción del álbum *Body Count* y, después, rescindió su contrato. Detectando una oportunidad, un joven negro llamado Ronald Ray Howard, que había sido arrestado por asesinar a un policía, argumentó que su mente se había visto afectada por la música rap: NWA, por supuesto, y también 2Pac («Trapped», quizás, que describía un tiroteo entre el rapero y la policía).

El poder comercial de esta música para un público multirracial quedó demostrado en 1991 cuando se introdujo un dispositivo de etiquetado llamado Soundscan, que proporcionaba una imagen más precisa de la venta de discos en Estados Unidos. Dos géneros se beneficiaron inmediatamente del cambio en lugares opuestos del espectro: el hip hop y la música country. En menos de un mes, el segundo disco de NWA, *EFIL4ZAGGIN* (leer al revés [Negratas de por vida]), llegó al número uno en las listas tras vender un millón de copias en menos de dos semanas. Violento y lleno de blasfemias, también subrayaba el sexismo despreocupado que había sido aparente en su debut. Todas las mujeres eran putas, todas las putas merecían ser golpeadas o violadas, y por lo tanto las mujeres debían aceptar su castigo sin protestar. La evidencia para el fiscal la aportaba la combinación de golpes de «To Kill a Hooker» [«Matar a una puta»] y «One Less Bitch» [«Una zorra menos»].

Había otras versiones del rap disponibles para el público estadounidense: el rap como lamento juvenil en las juguetonas letras de los éxitos de Will Smith; el rap como romance en «I Need Love», de LL Cool J (aunque este se vio envuelto en una de las primeras guerras entre raperos, contra Kool Moe Dee); el rap como expansión psíquica de la mano de los ritmos hippies de De La Soul y PM Dawn; el rap para mujeres fuertes (YoYo), para mujeres jóvenes (TLC) y para niños pequeños (Another Bad Creation); incluso, durante un año o dos, el rap más o menos feminista, con «Brenda's Got a Baby», de 2Pac, y su pro-aborto, pro-maternidad anti-sexista «Keep Ya Head Up». Después vino «Dear Mama» [«Querida Mamá»], cuyo origen se remontaba a los días de Al Jolson y su «So Many Tears» y que lamentaba las víctimas del estilo de vida *gangsta*. Pero hacia la época de la muerte de 2Pac, *All Eyez On Me* sugería que era más beneficioso alimentar la bravuconería machista que tratar de rebajarla.

Casi invisible en mitad del debate público sobre la ética del hip hop —o, más bien, del rap como horrible mal—, tuvo lugar una revolución sónica perpetrada por Dr Dre, de NWA. Al menos desde «Boys-N-the-Hood», implicaba frecuencias de bajo sintético tan bajas e inquietantes —que solo se sentían casi de forma subliminal—, ritmos lentos y narcotizados —en lugar de parloteantes y estridentes— y una atmósfera de distante psicodelia, en fuerte contraste con la violencia intransigente de las voces que rapeaban por encima. Tras la caótica disolución de NWA, Dre encontró a un rapero que se adaptaba mejor a su sonido: Calvin Broadus, alias Snoop Doggy Dogg. Presentó a su protegido en el tema principal de la película de 1992 *Dee Count* y, después, le permitió dominar en su propio y épico álbum en solitario, *The Chronic*. Aparte de la inevitable glorificación de la violencia y la cosificación/odio hacia las mujeres (y son grandes concesiones), uno no puede evitar quedar atrapado en el ambiente seductoramente perezoso y colocado del single «Nuthin' But a G-Thang», que no era otra cosa que publicidad de los placeres físicos y mentales de ser un *gangsta*. Snoop Dogg impresionó a tantos adolescentes americanos que sus subsiguientes entregas empezaron a venderse más a los adolescentes blancos que a los negros.

Después de *The Chronic*, cualquier idea de que el hip hop era una música *underground* tenía que desecharse. En 1993 y 1994, hubo un frenesí de voces nuevas y atractivas, The Notorious B.I.G., Nas y Common entre ellas, y combinaciones de sonidos igualmente magnéticas por parte de The Wu-Tang Clan, The Roots, OutKast y The Digable Planets. Después, la industria al completo quedó atrapada en las riñas entre 2Pac y Biggie, Death Row y Bad Boy Records, costa oeste y costa este. Tras lo cual —según Tommy Mottola, director de Sony Records, quien tenía interés que esto fuera así—, «el gangsta rap se ha terminado, gracias a Dios. [El hip hop] se está convirtiendo cada vez más en música pop y ya no está segregado racialmente»[n390]. Con lo cual quería decir que se podía ganar mucho dinero si el hip hop se convertía en una forma de entretenimiento más, en lugar de ser una crónica de las cicatrices más profundas de América y de sus problemas más urgentes.

RollingStone

PAUL McCARTNEY

SETTING THE RECORD
STRAIGHT ABOUT YESTERDAY
AND TODAY

TO LIVE AND DIE IN L.A.

THE TRAGIC STORY OF
PORN STAR JOHN HOLMES

TECHNOLOGY SPECIAL

A GUIDE TO WHAT'S
COMING IN THE

CAPÍTULO 13

«El *touch dancing* y el swing están de vuelta. Es la tendencia más excitante del momento».

Promotor de conciertos de Chicago, 1980[n391]

«Seamos realistas, ¡tengo sesenta y siete años y el público de la MTV me acepta!».

Tony Bennet, 1994[n392]

Para cualquiera que hubiera crecido con la tradición pop de Frank Sinatra, Burt Bacharach o los Beatles, los años noventa fueron un paisaje tan confuso como la Inglaterra 1940, en la que los carteles indicadores habían sido eliminados o cambiados para desconcertar a un posible ejército invasor. La canción popular, con su estructura reconocible de estrofas y versos, estaba asfixiada: la habían sujeto a una brutal autopsia y después la habían enviado de vuelta al mundo con todos los miembros torcidos y desprovista de sus órganos. En lugar de melodía, había *breakbeats* y *samples*, ritmos sintetizados y órganos secuenciados —suficiente para acaparar la atención del oído, pero sin mucho que el proverbial lechero pueda cantar en sus rondas. En vez de amor romántico y alegría de la juventud, la música contemporánea estaba llena hasta rebasar de amargura y desesperación, de agresión y odio. El vinilo estaba moribundo o muerto, dependiendo del lugar, el casete estaba destinado a la destrucción, incluso los videoclips habían perdido su brillo, pues la MTV gradualmente dejaba de lado su contenido musical en favor de la comedia, los programas de juegos y los nuevos programas de *reality*, que priorizaba a miembros desconocidos del público frente a estrellas establecidas.

Condenar estos cambios era tan inútil y anacrónico como lamentar el paso del año 78 o la destrucción de las *big bands* por la llegada los vocalistas estrella y del rock'n'roll . Pero la industria de la música se había expandido con tal rapidez que no podía darse el lujo de perder público, sin importar lo aislado o anticuado que se sintiera en la época de 2Pac y Nine Inch Nails.

En 1980, la nostalgia por los años cincuenta y sesenta era ligeramente ridícula. Aquel año, el compositor británico Dave Montague lanzó un LP conceptual titulado *Supernova*, cuya finalidad era introducir un musical basado en torno a ocho iconos del rock muertos, desde Buddy Holly hasta Marc

Bolan. El proyecto pronto se volvió tan inanimado como sus personajes, pero más adelante la recreación teatral de la vida de una estrella de rock proveyó la ruta infalible a un éxito del West End, como demostrarían musicales como *Buddy* y *Jersey Boys*.

En el mismo año, un desesperado mánager estadounidense puso un anuncio en una publicación de la industria musical en el que declaraba osadamente que «las *big bands* son jóvenes otra vez». Hablaba con entusiasmo de «los universitarios que llenan las salas de concierto para escuchar a superestrellas de las *big bands* como Count Basie, Maynard Ferguson, Buddy Rich, Woody Herman, Harry James, Ellington y los Dorseys»[n393], olvidándose de que todos excepto uno de los líderes de banda mencionados (Ferguson) estaban muertos. No importaba: el mánager creyó que había descubierto «un enorme público joven que gira el dial de la radio y registra las tiendas de discos en busca de sonidos nuevos que no han escuchado nunca antes» —no hip hop, sino reediciones del swing de los años treinta. Para demostrarlo, ilustró su anuncio con un grupo de universitarios que solo podían estar tan entusiasmados en caso de ver a todos sus ídolos de Hollywood favoritos caminando desnudos por la calle. De nuevo, el sentimiento era al mismo tiempo completamente anticuado y prematuro. A finales de los años ochenta, Harry Connick Jr, a los veinte años una de las más grandes estrellas de América, afirmó: «No quiero ser un revivalista»[n394], mientras repetía el sonido de los años cuarenta. A mediados de los años noventa, Tony Bennett, sin un éxito en su haber desde 1967, era el nombre más *cool* que se podía mencionar en una conversación en un campus de Estados Unidos, mientras que los cínicos periodistas británicos de repente se pusieron a promover los deleites de los álbumes de *easy listening* del apogeo de Bennet por sus características distintivas kitsch, irónicas y disparatadas: su insulsez y sus melodías simples.

1980 fue también el año en que el productor de los Beatles, George Martin, cuando le preguntaron —¡antes de la muerte de John Lennon— por la posibilidad de que el grupo se reuniera, respondió con desprecio: «¿Y qué tocarían? Ya nadie quiere escuchar las viejas canciones»[n395]. Veinte años después, un vendedor de discos observó: «Los Beatles todavía están salvándole el culo a la industria»[n396]. Su recopilación de grandes éxitos *1* vendió unos treinta millones de discos —una cifra que, de verificarse oficialmente, confirmaría que es el álbum más vendido del siglo XXI. En 1995, ya estaba preparado lo que Capitol Records llamó «el evento musical multimedia del siglo [XX]»: su espléndido proyecto *Anthology*: una serie de documentales para la TV, tres CDs dobles de material recuperado de los archivos y, finalmente, una enorme autobiografía. El golpe de mano publicitario quedó completado por uno de los eventos mediáticos más anticlimáticos del siglo: una reunión largamente esperada de los Beatles (con Lennon presente solo en cintas de archivo) para dos singles agradables, aunque, en el fondo, poco convincentes. La actitud de los Beatles hacia el dinero en la época post-hippie y post-idealista fue instructiva. Cuando Paul McCartney se fue de gira por Estados Unidos por primera vez en más de una década, permitió que Visa patrocinara sus conciertos. «No lo veo como que me estoy vendiendo», protestó, «y cualquiera que lo vea así debería irse a vivir a Rusia»[n397]. Mientras, Yoko Ono autorizaba la fabricación de pañuelos con versiones en color de garabatos de John Lennon y reproducciones de sus características gafas redondas. Los Beatles incluso dieron su aprobación corporativa a las figurillas de doce centímetros de Franklin Mint inspiradas en *Sgt. Pepper*, «meticulosamente pintadas a mano con colores psicodélicos, exactamente como los recuerdas»[n398].

Si los Beatles podían reunirse, aunque a una distancia prudencial de sus generaciones de fans, entonces no había tumba lo suficientemente profunda para mantener a raya la nostalgia de la industria. A Elvis Presley, muerto desde 1977, lo mandaron de gira de nuevo veinte años después con su banda original de Las Vegas en *Elvis. The Concert*: músicos en vivo acompañando a un héroe de celuloide. A Jim Morrison, de The Doors, lo resucitaron como símbolo sexual en los años ochenta y después (en la persona de Val Kilmer) como la estrella de un *biopic* de Oliver Stone[39]. The Eagles regresaron con las entradas más caras de la industria del espectáculo y un álbum titulado *Hell Freezes Over* [*El infierno se congela*], pues habían insistido en que no se reunirían a no ser que el infierno se congelase (o que sus mánagers lograran un trato lo suficientemente lucrativo). Durante los años noventa, casi todas las bandas legendarias de los sesenta y los setenta volvieron a enfrentarse a su antiguo repertorio y a sus aún más antiguos compañeros, sin importar si se dirigían la palabra o no. Todo vestigio de modernez que todavía se asociaba a la inspiración pionera del movimiento punk desapareció cuando se reunieron The Velvet Underground en 1993, seguidos de The Sex Pistols tres años después —el escándalo de ayer se convertía en la pantomima de hoy. Paul Weller, de The Jam, fue uno de los pocos artistas que rechazó la tentación de un cheque de siete cifras, lo cual obligó a sus ex colegas a formar una réplica sucedánea del grupo llamada, algo patéticamente, From The Jam.

Otros artistas que antes habían gozado de prestigio se vieron forzados a enfrentarse a la ausencia de su líder. Bad Company, Queen y The Faces se juntaron con sustitutos de sus cantantes principales (para complicar aún más las cosas, Paul Rodgers, de Bad Company, reemplazó a Freddie Mercury

---

39. *The Doors* hizo que el contemporáneo de Morrison David Crosby escribiera una amarga canción en la que declaraba: «He visto la película y no fue así».

en Queen). Otros, como los ficticios Spinal Tap, perdieron a alguno de sus miembros a causa de accidentes, enfermedades y sobredosis y continuaron de todas maneras; The Grateful Dead sufrió los fallecimientos de tres teclistas antes de que la ausencia, más importante, de Jerry Garcia los obligara a hacer una pausa... y después a reagruparse como The Other Ones (posteriormente, The Dead). Sin embargo, pocas leyendas del rock superaron la enrevesada historia de Jefferson Airplane, que se metamorfoseó en Jefferson Starship a principios de los años setenta, después fue perdiendo lentamente miembros originales y, por último, también perdió su «Jefferson». Llamados Starship, los antiguos campeones de la experimentación psicodélica se reinventaron como una banda AOR genérica y escandalizaron a cualquiera que recordara su pasado con el fácil eslogan «We Built This City (on Rock'n'roll)» [«Nosotros construimos esta ciudad (con rock'n'roll)»]. Después de que Starship finalmente se desvaneciera en una nube intergaláctica de irrelevancia, su miembro fundador Paul Kantner relanzó Jefferson Starship en miniatura. Persuadió a varios de sus leales partidarios para que se volvieran a alistar y llenó la crucial ausencia de la cantante principal, Grace Slick, con una sucesión de mujeres jóvenes que, auditiva y visualmente, se asemejaban a ella en su apogeo a finales de los años sesenta. Los componentes originales se esfumaron de nuevo y dejaron a Kantner acarreando a su agotada Starship, con los ideales hippies todavía en pie alrededor de un circuito de pequeños clubes de rock que estaban muy por debajo de su dignidad. Mientras tanto, sus compadres de finales de los sesenta, como Crosby, Stills and Nash y los supervivientes Dead, continuaban llenando estadios alrededor del mundo, lo cual demostraba que la visión de negocio era tan importante como la nostalgia a la hora de preservar el pasado.

En el territorio fértil de los años noventa y en adelante, apenas había algún artista exitoso de las cuatro décadas previas que no tuviera garantizado al menos el vestigio de una carrera próspera. Aquellos incapaces de atraer a una multitud por sí solos se unían en giras nostálgicas y a los veteranos de los años cincuenta, sesenta y setenta pronto fueron sustituidos por paquetes de estrellas de la era de la MTV. Aquellas salas de conciertos que no estaban repletas con los restos del pasado distante podían asegurarse unos ingresos seguros contratando a bandas tributo —que, en tiempos menos tolerantes, serían llamadas imitadores y se las abuchearía hasta echarlas del escenario un par de minutos después. El más duradero de estos conjuntos es The Bootleg Beatles, cuya carrera en vivo (desde 1980 hasta la actualidad) ha durado cuatro veces más que la de los Fab Four originales. La banda tributo de Abba, Bjorn Again, explotó la afición por lo kitsch de mediados de los años noventa y sobrevivió para unirse a The Bootlegs (como los llaman sus fans) y a The Counterfeit Stones como los rangos más altos de esa surrealista industria. Los clubes que anteriormente habían sido un semillero de bandas jóvenes ahora estaban infestados de estos impostores y muchos restaurantes sofisticados, hoteles y clubes de cabaret cuentan con imitadores de Tom Jones, Elvis Presley, Tina Turner o Madonna y los presentan con la finura que dedicarían a las propias estrellas. Hay un gran público al que apenas le importa si está siendo testigo de un auténtico ídolo del pop o de un facsímil bien hecho: todo lo que busca es revivir algunos preciados recuerdos.

«Los *remakes* atraviesan el espectro demográfico. Los conocen los padres y, por otra parte, son discos de calidad que los hijos aún no conocen».

Director de radio de Nueva York, 1989[n399]

«Escuchar una emisora de rock hoy en día es como encontrarse en un viaje auditivo por el tiempo en el que los sonidos modernos son 'Listen to the Music', de The Doobie Brothers, 'Bungle in the Jungle', de Jethro Tull, y 'Sweet Home Alabama', de Lynyrd Skynyrd».

Michael Goldberg, *Rolling Stone*, 1989[n400]

En los años ochenta, muchos de quienes habían vivido sus fantasías adolescentes de rebelión a través del rock'n'roll , el beat, el R&B o el rock eran ya lo suficientemente mayores como para ocupar puestos importantes en los medios de comunicación masivos. En los años noventa, estas generaciones controlaban efectivamente el mundo occidental. Bill Clinton (saxofonista menos que extraordinario) se convirtió en el primer presidente del rock'n'roll , mientras que el ex guitarrista de Ugly Rumours Tony Blair se llevó consigo, simbólicamente, su Fender Stratocaster cuando se mudó al número 10 de Downing Street como primer ministro. A los hijos de la generación nacida en la posguerra se les había dicho: (a) que el período entre 1956 y 1977, más o menos, fue la cumbre de la historia humana moderna; (b) que la cultura de esa época no podría superarse jamás; y (c) que debían compensar sus carencias aceptando con entusiasmo las migas del pasado antes de que desaparecieran.

Esta era la cultura que había creado el pop, aunque una versión cuidadosamente editada del pop, en la que las drogas eran aceptables en el pasado pero no en la actualidad y lo mismo ocurría con el activismo político y con la música rock. Las emisoras de radio de *oldies* pasaron de ser solo un formato más —un medio de alcanzar a un grupo demográfico particularmente rico— a ser una forma global de tiranía artística omnipresente e ineludible. Era como si una cultura solo pudiera contener cierto número de recuerdos colectivos y Occidente hubiera elegido convertir en fetiches eternos las canciones y el sonido de los años sesenta. Los niños crecían conociendo las canciones de los Beatles (especialmente las de la película de animación *Yellow Submarine*) antes de poder formar una oración. Los adolescentes y los veinteañeros iban en manada a ver a las bandas clásicas de rock para poder decirles a sus propios hijos que se habían sentado en un enorme polideportivo mientras hombres de cincuenta o sesenta años se esforzaban en vano por sonar como sonaban cuando tenían veinticinco. Era bastante posible (y hablo a título personal) que uno estuviera cautivado por esta explotación brutal de la relación entre las estrellas y los fans y que, al mismo tiempo, quisiera repetir las palabras de Johnny Rotten en el último concierto de The Sex Pistols (antes, por supuesto, de la primera de sus cinco reuniones): «¿Alguna vez has sentido que te han engañado?».

La invasión de la nostalgia tenía sus orígenes en la muerte de Elvis Presley y de John Lennon, que la industria del pop conmemoraba de la única manera que sabía hacerlo: comercialmente. El impulso que hizo que los fans de Elvis compraran en masa sus antiguos discos y que los fans de Lennon colocaran «Imagine», que tenía ya nueve años, en el primer puesto de las listas se convirtió en un ritual: desde entonces, es casi un sacrilegio no señalar el fallecimiento de un artista con un homenaje de dinero en efectivo. Esas tragedias públicas desencadenaron un febril debate sobre el final de una época, las generaciones que pasaban y su relevancia en la actualidad. Pero ni Presley ni Lennon desaparecerían nunca. Siempre había un aniversario que celebrar y explotar, y cada uno de ellos ampliaba el grupo demográfico para el siguiente.

El fervor tras la muerte de Lennon provocó que se vendiera mucho «Stars on 45», un popurrí anónimo de versiones de los sesenta que sonaban parecidas y en el que dominaba el material de Lennon/McCartney, al que un productor holandés había dotado de un ritmo de música disco. Aquello no era nuevo: en 1977 ya había habido una moda pasajera centrada en los popurrís de música disco («Best Disco in Town», «Uptown Festival») y, en Canadá, un homenaje a Elvis Presley, «Disco to the King». Pero «Stars on 45» provocó una reacción maníaca, pues vastas filas de éxitos pop de las décadas anteriores tuvieron el mismo destino[40]. «Beach Boys Gold», de Gidea Park, era tan fiel a la reali-

40. La locura no terminó ahí: en las décadas siguientes, prácticamente cada himno de rock y de pop fue sometido a una idéntica reforma Hi-NRG para la pista de baile, de lo cual se ocuparían bárbaros como Jackie «O» y Micky Modelle —que incluso extendió su alcance hasta incluir canciones folclóricas irlandesas y escocesas.

dad que le consiguió a su creador, Adrian Baker, un puesto junto a los Beach Boys en las giras. Pronto se empezaron a recortar y pegar grabaciones originales de The Hollies, los Beach Boys y los Beatles para fabricar algo que podía pasar por música disco, mientras la moda se extendía a las *big bands* («Hooked on Swing», de Larry Elgart), al music hall («Stars Over 45», de Chas & Dave) e incluso a piezas de música clásica («Hooked on Classics», de RPO).

La aceptación de estos discos por parte del público ilustró un fenómeno extraño: en una época en la que el pop contemporáneo era inequívocamente moderno, en el tono y en la ejecución, había una demanda interminable de discos que sonaran como el pasado. Iban desde versiones directas («I Go to Sleep», por The Pretenders, complicada por la relación de la cantante, Chrissie Hynde, con el compositor de la canción, Ray Davies) hasta homenajes declarados a glorias del pasado (como el pastiche que hizo Billy Joel de «Uptown Girl», de The Four Seasons, o del doo-wop en «The Longest Time»). En una época de percusiones charlatanas y bases rítmicas sintéticas, la afable versión de «It's Late», de Ricky Nelson, a cargo de Shakin' Stevens sonaba verdaderamente radical. Lo mismo ocurría con «Should I Stay or Should I Go», de The Clash, una vuelta al garage rock británico de 1964. El sonido de Elvis Costello cantando a lo *crooner* el éxito de Nashville «Good Year For the Roses», de George Jones, era tan escandaloso para el público pop de Reino Unido en 1981 que el LP que lo acompañaba, *Almost Blue*, contenía una advertencia: «Este álbum contiene música country & western y puede ofender a oyentes de mentalidad cerrada».

Gran parte de este fenómeno de los *revivals* indujo un sentimiento de patetismo, de ilusiones destrozadas y de ideales pisoteados: por ejemplo, la estrella de la comedia Nigel Planer (como «Neil») copiando «Hole in My Shoe», de Traffic, que una vez fue sorprendente, en nombre del entretenimiento ligero, o The Toy Dolls sugiriendo que el punk solo había sido un chiste de music hall con «Nellie the Elephant». (Todos los punks regresaron finalmente a la música que realmente amaban: John Lydon, al rock progresivo; Joe Strummer, al rockabilly; Paul Weller, al soul para mods y al rock británico de finales de los sesenta; The Damned, al pop ácido de «Alone Again Or», de Love). Planer se unió al resto del reparto de *The Young Ones* y a Cliff Richard para grabar un single que inauguró una nueva tradición: la de maltratar viejas canciones de pop para la beneficencia. Las estrellas que, como Artie Shaw, habían intentado aventurarse fuera de su nicho en busca de la realización artística descubrieron que solo serían recompensados si, al igual que los Beach Boys con «Kokomo», volvían a meterse en su caja. The Traveling Wilburys, un supergrupo *retro* de cinco hombres formado en el garaje de Bob Dylan, convirtió esa tarea en un placer colectivo. Aunque no es que la maniobra fuera infalible: John Fogerty se adhirió con tanta firmeza a su sonido característico en su regreso a los focos con su éxito «The Old Man Down the Road», que su discográfica lo denunció por haber plagiado su propio material.

Cuando un artista ya no estaba disponible, tanto la industria como el público intentaban encontrar consuelo en sus hijos: The Reddings (vástagos de Otis), Julian Lennon (instruido para sonar como su padre) e incluso Lisa Marie Presley. En los años noventa, en Nueva York había una tribu entera de estos hijos, que estaban al mismo tiempo autorizados y malditos; algunos de ellos (Rufus Wainwright, Jeff Buckley) estaban destinados a dejar a sus padres en la sombra, mientras que otros sobrellevaron carreras impulsadas solo por la curiosidad que despertaban.

Al empezar aquella década, el dominio del grunge, la música dance electrónica y el hip hop dejó lugar, comercialmente hablando, a cualquier artista estadounidense remotamente contemporáneo que estuviera preparado para rendir homenaje a la herencia de los nacidos durante la posguerra: The Black Crowes con «She Talks to Angels», por ejemplo, revivían recuerdos de The Allman Brothers y The Faces; «Silent Lucidity», de Queensryche, aprovechaba el legado olvidado de The Moody Blues; y R.E.M., con «Losing My Religion», era el punto medio entre Neil Young y los Led Zeppelin acústicos. Los artistas que llenaban grandes estadios en los años noventa, como Hootie and the Blowfish y The Dave Matthews Band, eran réplicas vivientes de la tradición de los años setenta. En Reino Unido, revisar el pasado en nombre del progreso también se convirtió en una opción profesional.

«Ahora hay una fórmula: hacer que alguien te haga un remix dance, deshacerte de tu batería, que de todas maneras no sabe tocar, encontrar a algún farsante que le ponga un buen *beat* por debajo. Todo esto nos ha traído esta sosa conformidad. El rock en Inglaterra es terrible».

Mike Edwards, de Jesus Jones, 1991[n401]

«La mayor parte de la música es perezosa; habla en el lenguaje del pop, pinchando tu memoria con cosas que ya has escuchado».

Brett Anderson, Suede, 1993[n402]

El *club mix* de «Hallelujah», de The Happy Mondays, realizada a finales de 1989 por los DJs Paul Oakenfold y Andy Weatherall, introdujo los *beats* de la música house de Chicago en el centro de la escena indie británica. La música indie, tras muchos años distanciada de la música negra, volvía a reconocer sus extáticos ritmos, al igual que la generación del punk había incorporado el reggae una década antes. Weatherall también colaboró con Primal Scream cuando estos imitadores de The Byrds de mediados de los años ochenta resurgieron como campeones del acid house —con el deseo, al mismo tiempo, de recrear el sonido magistral de los Rolling Stones de finales de los sesenta, como revelaron los singles de su innovador álbum *Screamadelica*.

Lo que empezó como inspiración se convirtió en un cliché, como Mike Edwards, de la banda Jesus Jones, se apresuró a señalar. Su grupo (junto con los más anárquicos Pop Will Eat Itself) se había adelantado a sus coetáneos al combinar actitud punk, el martilleo sin piedad del metal industrial y el acid house, en una música que enfatizaba la mera emoción de estar vivo «Right Here, Right Now» [«Aquí y ahora»] (en palabras de su éxito de 1990). Con «International Bright Young Thing», de 1991, Jesus Jones recuperaron el ritmo involuntariamente futurista de «Tomorrow Never Knows», el experimento con *loops* de cinta de los Beatles en 1966, y lo fusionaron con *beats* de dance contemporáneos. My Bloody Valentine exploró otra versión de aquella ecuación en la cual el dolor produciría placer. Sus tumultuosos paisajes sonoros se unían con la sensualidad en olas de volumen que lastimaban los oídos y su éxito menor de 1991 «To Here Knows Where» hizo que sus precursores sónicos, The Jesus and Mary Chain, sonaran conservadores en comparación. Algunas versiones menos agresivas de esta técnica crearon, por un breve espacio de tiempo, hurañas estrellas del pop provenientes de bandas —Lush, Ride, Curve— que la prensa iconoclasta apodó *shoegazers* [mirazapatos] por su falta de habilidades teatrales y su tímida incapacidad para interactuar con el público.

No todos los reunidos en esa pandilla de postadolescentes cohibidos compartían su deliberada timidez. Damon Albarn, la figura central de Blur, era un graduado de la escuela de arte dramático con dotes para ser un elegante nuevo romántico que se reinventó a sí mismo, con el mismo entusiasmo de Bowie, como un discípulo del indie. Albarn estaba al frente de lo que parecía, retrospectivamente (y lo retrospectivo era el alma de esta época), un movimiento deliberado para trasladar el rock indie británico al corazón de Swinging London de entre 1965 y 1970. Muchos de sus contemporáneos, como Ocean Colour Scene y Teenage Fanclub, ya estaban canalizando el folk rock estadounidense de la misma época. Damon Albarn, sin embargo, dirigió el avance hacia un sonido osadamente inglés —en realidad, pseudo-*cockney*— mientras abandonaba sus sonidos vocálicos de clase media con el mismo entusiasmo con que lo había hecho Mick Jagger a mediados de los años sesenta.

Había una ruta alternativa al pasado que estaba cartografiada por la que *Rolling Stone* llamó, en mayo de 1993, «la Banda inglesa del Siglo de este mes»: Suede. Su destino era el David Bowie de la época de *Ziggy Stardust*, y sus primeros éxitos («The Drowners», «Metal Mickey», «Animal Nitrate») hacían juego con esa influencia. Pero el plan que triunfó fue el de Blur, cuyas conexiones con el pasado iban desde The Kinks, los Beatles y The Small Faces hasta el abrasivo post punk. Entre 1993 y 1996, una serie de bandas británicas se embarcaron en viajes similares, cada una con su propia ruta: Saint Etienne, con sus alusiones al pop sofisticado de Burt Bacharach y de la Francia de mediados de los sesenta; Dodgy, con su resplandor del espíritu de 1967; Supergrass, con sus instantáneas punk de The Monkees y The Small Faces. Blur inspiró a sus propios seguidores, que incluían a Elastica y Menswear, mientras que Jarvis Cocker, de Pulp, tras quince años en una carrera que parecía estática, se reveló como el Ray Davies *de ses jours*, un analista social idiosincrásico con un curioso sentido del humor.

Para gusto de muchos, sin embargo, toda esta música estaba demasiado calculada, era demasiado cerebral, demasiado consciente de sí misma. Las necesidades de estos quedaron cubiertas por una banda de Manchester llamada Oasis, que encarnaba lo que el periodista Sean O'Hagan llamó *the new lads* [los nuevos chavales]. Pese a que la expresión se refería a los jóvenes de clase media que disfrutaban de los placeres asociados a la clase trabajadora, como la cerveza, el fútbol y la violencia alcohólica sin sentido, pronto quedó personificada en los dos líderes de Oasis. Liam y Noel Gallagher crecieron en un entorno de pobreza mancuniana, donde pensaban que solo podrían pagar el alquiler mediante latrocinios menores.

Noel Gallagher podía componer melodías tan accesibles que de inmediato sonaban familiares (a veces peligrosamente familiares). Liam Gallagher cantaba con un áspero tono del norte que no se parecía en nada a la voz de John Lennon pero que compartía con él su actitud provocativa, con una pinta de cerveza en la mano y buscando de pelea. Los Gallagher querían ser los Beatles y, al igual que sus ídolos, engendraron hordas de imitadores: Longpigs, Heavy Stereo, Cast, Bluetones. Pero, a diferencia de los Beatles, que representaron una constante revolución musical durante siete frenéticos años, Oasis se negaban a avanzar: su único adelanto era hacer que sus discos fueran más largos y que tuvieran más instrumentos, como si el exceso fuera lo mismo que el progreso.

En 1995, hubo una guerra inspirada por los medios entre Blur y Oasis que repetía, según declaraban los excitados comentaristas, la rivalidad entre los Beatles y los Rolling Stones —aunque los veteranos de los años sesenta creían recordar que era perfectamente posible amar a ambos grupos. Blur ganó aquella batalla ficticia en cuanto a las listas de éxitos, aunque Oasis tenía más público, pero fueron Damon Albarn y Jarvis Cocker quienes salieron triunfantes de la llamada era del britpop, mientras que los Gallagher se hundieron cada vez más en la autoparodia y la repetición. El britpop, entretanto, perdió su brillo con la misma rapidez con que el primer ministro que se posicionó como su santo patrón: Tony Blair demostró ser una fuente de orgullo menos fiable que la borrachera sexista y sin gracia de los *new lads*.

«En realidad, la noción de ser una estrella del pop en los noventa es un anacronismo. Es un poco como ser el último de los dinosaurios».

Damon Albarn, Blur, 1995[n403]

«Creo que a muchas mujeres les gusta nuestra música porque no las estamos insultando. […] Sabemos que estas jóvenes van a convertirse en las madres de alguien».

Nathan Morris, Boyz II Men, 1995[n404]

Es una de las fórmulas más calculadoras en la historia de la música popular: reúnes a cuatro o cinco jóvenes guapos, con aspectos lo suficientemente diversos como para atraer a todos los gustos femeninos, y después los sueltas en los mercados adolescentes o preadolescentes del mundo. Pero la *boy band* original —el primer grupo de chicos cuyo público se imaginó que los conocía— surgió orgánicamente de la escena del rock'n'roll de su Liverpool natal. Su éxito —y las olas de grupos beat que imitaban su aspecto y su sonido que vinieron tras ellos— incentivó la formación del primer ejemplo prefabricado del género: The Monkees.

Los padres prolíficos, como los Osmond o los Jackson, podían moldear a sus hijos y convertirlos en una propuesta comercial, a veces a expensas de la salud psicológica de los niños. Tanto Michael Jackson como Donny Osmond subieron a un escenario antes de ir al colegio y en el caso de este último, su más unida familia le proporcionó una estabilidad de la que careció su más talentoso rival.

En la tradición de los grupos vocales negros, los niños se reunían en las aulas del colegio o en las esquinas y perfeccionaban sus armonías y sus movimientos de baile antes de que los descubriera (y los explotara) un mentor con buen ojo. Uno de ellos fue Maurice Starr, que en 1982 se hizo cargo de un quinteto de jóvenes negros de Boston llamados New Edition —un nombre que les había asignado un antiguo mánager para denotar que ellos eran los sucesores naturales de The Jackson 5. Al igual que sucedió con el grupo familiar británico Five Star, sus primeros discos pretendían recordar el entusiasmo espontáneo de los Jackson. La relación de New Edition con Starr sobrevivió solo dos años, pero del grupo finalmente saldrían dos artistas y un conjunto exitosos: Bell Biv DeVoe, Johnny Gill y Bobby Brown —el cual, antes de su problemático matrimonio con Whitney Houston, se había establecido como una voz distintiva del R&B con éxitos como «My Prerogative».

Tras haber vislumbrado su santo grial en forma de porcentaje de un fenómeno mundial, Maurice Starr se dispuso a crear a conciencia una versión comercialmente más viable de New Edition: con chicos blancos. Para ser exactos, Starr insistía en que New Kids on the Block eran «chicos blancos que en realidad son negros. Tienen la piel blanca, pero son negros. Tienen *soul*»[n405]. En sus inicios, sonaban, predeciblemente, como The Jackson 5: pop adolescente clásico mezclado con la cantidad justa de hip hop para hacerlos modernos, al menos para los fans de doce años. Después tuvieron libertad para saquear la historia del pop, como en el caso de su éxito «Tonight», de 1990, que mezclaba elementos de ELO con los Beatles psicodélicos y The Bee Gees. Su estrellato duró unos cinco años: más tiempo habría implicado evolucionar hacia un estilo más adulto y, por tanto, ahuyentar a sus oyentes más jóvenes.

De pronto, las *boy bands* estaban por todas partes. Boyz II Men reavivó la fortuna comercial de Motown con su sonido estilo *new jack swing* y sus armonías vocales *retro*. Su single de 1993 «End of the Road», una vuelta a los grupos del soul suave y sensual de principios de los setenta, se convirtió en el éxito estadounidense que más tiempo se mantuvo en el número uno desde los buenos tiempos de Elvis Presley. El dúo de chicos de trece años Kris Kross provocó una avalancha de raperos preadolescentes, algunos de los cuales eran negros (Da Youngsta, Lil' Romeo) y otros blancos (el trío Immature y el dúo Hooliganz), algunos ya eran famosos (como la niña actriz Raven-Symoné, de *El show de Bill Cosby*) y otros estaban más cerca de los pañales que de la madurez (Jordy, el niño francés de cuatro años que lamentaba que, misteriosamente, lo trataran como a un bebé).

Al hacer una música lo suficientemente meliflua para atraer a un público maduro, Boyz II Men duraron más tiempo de lo que solían las *boy bands*. No fue el caso de Backstreet Boys ni de N Sync (también conocidos como *NSYNC):

cinco o seis años fueron suficientes para que la camaradería y la resistencia empezasen a menguar. Los británicos Take That y los irlandeses Boyzone tuvieron exactamente las mismas limitaciones. Take That, sin embargo, sobrepasó continuamente las expectativas de sus mánagers. En un principio, estaban diseñados para atraer a un público masculino y gay, pero, de forma inesperada, lograron un gran número de fans entre las chicas jóvenes; además, en el joven pianista de pub Gary Barlow tenían a un compositor de baladas suaves de soul genuinamente impresionante. Por otro, uno de los componentes del grupo, Robbie Williams, tenía la presencia escénica irrefrenable de Tommy Steele mezclada con la imagen de *lad* de Oasis. Loss fans de Take That quedaron tan devastados cuando Williams dejó el grupo en 1995, que tuvieron que establecerse líneas telefónicas de asistencia al suicida en varios países. Tras la partida de Williams, Take That pronto se separaron, pero volvieron a reunirse en 2006, con una extraordinaria acogida, y en 2010 cerraron su arco narrativo al reunirse también con Williams[41].

Pero los únicos conjuntos británicos de las últimas décadas cuyas relaciones personales han sido estudiadas por la prensa y el público por igual rompieron la tradición al estar compuestos por mujeres: The Spice Girls y sus imitadoras de concurso de talentos, Girls Aloud. Más que cualquier otra estrella del pop anterior a ellas, las Spice Girls eran, en primer lugar, un fenómeno mediático y, en segundo, un grupo de música, y su desagradable relación con la prensa garantizó que las pequeñas diferencias personales se inflarían, debido a los compromisos adquiridos, hasta convertirse en peleas que hacían temblar la civilización. Este sería el arquetipo pop del futuro: un complejo intercambio de poder y privilegio que estaría cada vez más desequilibrado, en una época en la que cualquier transeúnte puede contribuir a los medios a través de Twitter o Instagram.

Debido a las disputas entre Ginger y Posh, o entre Scary y Ginger, y a los rumores de sus amoríos con otras celebridades, quedó olvidado el efecto que las Spice Girls tuvieron sobre las niñas preadolescentes. Aparecieron ante el ojo público con «Wannabe», una versión bulliciosa, desafiantemente femenina, de una pandilla hip hop, endulzada con armonías vocales para garantizarse una aceptación universal. El grupo no solo ofrecía cinco *looks* y personalidades diferentes que las fans podían imitar, sino que gritaba «Girl power!» [«¡El poder de las chicas!»], lo cual demostró ser solo un eslogan y no una filoso-

41. Williams y Barlow, cuyas personalidades dramáticamente diferentes parecía imposible que estuvieran contenidas en un solo conjunto, sellaron la unión con un single a dúo, «Shame». El videoclip brindó una emoción simbólica que solo una reunión Lennon/McCartney podría haber despertado, además de un argumento homoerótico que los dos hombres interpretaron con sublime aplomo.

fía coherente, pero, para las chicas preadolescentes que se preparaban para consumir y para desear a los chicos acicalados de las *boy bands*, este toque de solidaridad de género e incluso de independencia era emocionante. Lo que las Spice Girls sugerían era que no les importaba si a los chicos les gustaban o no: era suficiente con ser mujer en una panda gloriosamente escandalosa.

El contraste con los *girl groups* anteriores era notable. La época «clásica» de los *girl groups*, los años cincuenta y sesenta, produjo algunos de los discos más ingeniosos y emocionantes de todos los tiempos. Salvo en algún caso aislado, se trataba de jóvenes anónimas que estaban bajo el estricto control de los hombres y que no eran ni amenazadoras ni sexualmente ávidas. La excepciones eran The Ronettes, sirenas de la sexualidad, cuya líder, Veronica Bennett, sacrificó su independencia al casarse con su productor, Phil Spector. Otro grupo de Spector, The Crystals, ejemplificaba la creencia de este de que no importaba quién cantase en los discos mientras fuera él quien los creara. A menudo, el grupo escuchaba «su» nuevo single en la radio sin haber pasado por el estudio de grabación. Ese patrón se repitió en los años ochenta, cuando se montó una sucesión de grupos estadounidenses femeninos —The Cover Girls, Pajama Party, Seduction— en función de su aspecto en lugar de su talento: eran, antes que nada, objetos sexuales intercambiables y solo cantaban si era estrictamente necesario, puesto que las vocalistas de sesión podían compensar sus defectos en el disco.

El material de las Spice Girls era menos cínico que todo aquello, a pesar incluso de no acercarse nunca a la creatividad de sus contemporáneas de finales de los años noventa All Saints, cuyos magníficos éxitos del comienzo actualizaron el sonido de los *girl groups* originales para una época polirrítmica y multiétnica. Las Spice Girls, pese a sus broncas en público y las revelaciones sobre sus vidas privadas, eran más parecidas a dibujos animados que a seres humanos completamente maduros, y eso es lo que hacía que su película *Spice World*, de 1997, fuera tan entretenida —y tan irreal.

Mientras que a las mujeres jóvenes se las promocionaba para atraer bien a un público femenino o bien la lasciva mirada masculina, pero rara vez ambas cosas al mismo tiempo, algunos de sus equivalentes masculinos fueron capaces de llegar a adolescentes de ambos sexos. Tanto Green Day como Blink-182 alcanzaron el éxito a una edad parecida a la de las Spice Girls. Surgieron de la escena punk del sur y del norte de California, respectivamente, y traían, como era de esperar, bagaje procedente del movimiento grunge inspirado por Nirvana. Apenas mayores que sus fans, ambos grupos ofrecían guías para el comportamiento adolescente con *riffs* robados de The Clash y de Buzzcocks, antes de bifurcarse musicalmente: Green Day hacia un sonido power punk más melódico y hacia un comentario sociopolítico con el álbum *American*

Idiot, de 2004; y Blink-182, alejándose de la angustia de patio de colegio, hacia una sensibilidad adulta (su álbum *Neighborhood*, de 2011, revelaba que la vida no sería siempre tan simple como habían prometido sus primeros éxitos). En Reino Unido, la banda adolescente Busted retuvo los motivos punk de Green Day, pero los emparejó con canciones pop sexistas y superficiales: la auténtica voz de un niño engreído de catorce años.

No obstante, es revelador que la *boy band* más exitosa de los últimos treinta años, One Direction, eliminara toda aquella inseguridad y ambigüedad adolescente y regresara a la versión más simplista de la fórmula. Sus discos tipifican el pop moderno: voces modificadas con Auto-Tune y estribillos tan obvios que casi vienen con subtítulos para el público («agita los brazos en el aire […] ahora es el momento de sacar los mecheros»). Pero hay un cambio sutil en su enfoque emocional: habiéndose percatado del atractivo mundial de la balada de James Blunt «You're Beautiful», muchas de sus canciones apartaban la atención del escenario y la centraban sobre cada uno de sus anhelantes y excitados fans. «What Makes You Beautiful» y «Little Things» están dirigidas a chicas jóvenes que nunca más serán tan vulnerables, inseguras por los cambios en su cuerpo, sus emociones, sus hormonas y su rol en la sociedad, y a las que sus amantes soñados les dicen que cada una es, a su modo, tan especial como para llamar la atención de Harry, Niall, Zayn, Louis o Liam, sea cual sea el que satisface sus fantasías. Aunque el mensaje sigue siendo poner a la chica en el papel de suplicante en lugar de en el de dominatriz, quizás sea un mensaje mejor que el de ser reducida a una zorra, una puta o una guarra.

«Miles Davis es mi definición de lo *cool*. Me encantaba verlo tocar sus solos en los clubes pequeños, darle la espalda al público, dejar su trompeta e irse del escenario, dejar que la banda siguiera tocando y después volver y tocar unas pocas notas al final. Yo hice eso en un par de actuaciones. El público pensó que me había puesto malo o algo así».

Bob Dylan, 1985[n406]

«Actuar en recintos al aire libre de 11.000 asientos y con patrocinio corporativo no es interesante. Al menos, no es interesante para la gente que está sentada al fondo. Y tampoco es interesante para la banda. No me extraña que la gente beba cerveza y coma palomitas durante todo el concierto; ¿cómo esperas que se impliquen si están a casi un kilómetro de distancia?».

Elvis Costello, 1989[n407]

A finales de una década en la que la puesta en escena de una actuación de rock pasó de ser un recital de música a convertirse en grandes espectáculos audiovisuales capaces de llenar vastos estadios, Blue Öyster Cult, la banda inspirada en la ciencia ficción, tomó una decisión trascendental. En 1979, anunciaron que ya no usarían láseres en sus actuaciones, pues corrían el riesgo de que su música quedara reducida a una atracción secundaria. Con la honorable excepción de Bob Dylan, que había dedicado gran parte de sus incesantes conciertos desde 1988 a frustrar las expectativas de sus fans, probablemente aquella fue la última ocasión en que una banda de rock importante creyó que menos era más, que el sonido era más poderoso que la suma de lo sonoro y lo visual.

En un espasmo agónico de entusiasmo contracultural, los medios de comunicación del rock reaccionaron con horror cuando, en 1984, los Jackson revelaron que las entradas para su gira estadounidense tras su reunión tendrían un precio de treinta dólares. Durante la recesión, sostenían los críticos, los Jackson se estaban escondiendo deliberadamente de sus fans más fieles: los aficionados de clase trabajadora que habían adorado a Michael y a sus hermanos desde su primera aparición en *The Ed Sullivan Show* quince años antes y que compartían el orgullo del grupo de haberse convertido en la primera familia negra en presentar un programa de variedades en una cadena de televisión.

Una década más tarde, tales preocupaciones parecían ingenuas. Cuando las entradas de los conciertos de rock traspasaron la barrera de los cien dólares y, más tarde, alcanzaron las cien libras y siguieron escalando, la indignación fue reemplazada por una taciturna aceptación. A los compradores que usaban una determinada tarjeta de crédito o teléfono móvil se les daba prioridad para hacer las reservas; los mejores asientos se llenaban con invitados corporativos, pues solo las empresas podían permitirse entradas vip; con el tiempo, aquella humilde banda de R&B del sur de Londres, los Rolling Stones, se atrevieron a cobrar 375 libras por asientos en primera fila para sus actuaciones en Londres de 2012 (o 950 libras si además optabas por una recepción con champán —sin la banda— y una cena compuesta por tres platos). Aparentemente, ningún precio era tan alto como para que ningún fan quisiera pagarlo y ningún campo estaba tan embarrado o era tan vasto como para que la gente no hiciera cola para llenarlo.

La aceptación mundial del Live Aid, que colocó a Queen y U2 a la cabeza de los artistas que actuaban en directo, reforzó la idea de que la música necesitaba una puesta en escena a gran escala. Cada vez era más evidente que el propósito de un concierto no era escuchar la música que uno amaba, sino decir que habías estado allí y compartir, bajo la lluvia o un sol abrasador, la camaradería de decenas de miles de personas. Los espectáculos se ampliaron para llenar estadios y los fuegos artificiales y los láseres del pasado fueron sustituidos por espléndidos decorados y efectos especiales dignos de Cecil B. DeMille o Steven Spielberg.

Montar estos espectáculos era desmesuradamente costoso, por lo que el precio de las entradas subía y el comprador, que se había gastado el salario de una semana en la entrada, juraba lealtad adquiriendo una camiseta o una gorra de béisbol a tremendos precios. No eran solo *souvenirs*, sino un flujo de ingresos vital para las estrellas, ya que la parte que obtenían por el *merchandising* a menudo excedía lo que cobraban por tocar.

En medio de todo este exceso, la música popular volvió poco a poco a sus raíces en el entretenimiento. Las anteriores a la MTV todavía podían atraer a consumidores que solo esperaban de ellas música y nostalgia —por más tentador que sea imaginar a figuras como Bob Dylan o CSNY poniéndose a hacer una rutina de canto y de baile. La MTV alteró las expectativas de sus espectadores: al dejar el reconfortante brillo del televisor y aventurarse al mundo real, estos querían estar entretenidos como con la tele. De modo que las estrellas del pop, como Michael y Janet Jackson, Madonna, New Kids on the Block, Kylie Minogue y Paula Abdul, les brindaban actuaciones que podría haber diseñado Busby Berkeley —coreografías impecables, deslumbrantes ilusiones ópticas—, mitad circo, mitad carnaval, puro mundo del espectáculo. Los comentaristas más cínicos observaron que algunas estrellas podían dar saltar por el escenario y al mismo tiempo cantar sin fallar una nota, mientras que sonaban bastante menos competentes en las raras ocasiones en las que simplemente se ponían de pie frente al micrófono. Era evidente que muchos artistas estaban haciendo playback con cintas grabadas —y que a los fans no les importaba. Lo que importaba era el espectáculo y sus tres etapas de excitación: la anticipación, la consciencia de que estabas realmente en presencia de una superestrella y el recuerdo del placer que quizás, en el momento, se vio afectado por el mal tiempo, la poca visibilidad o la compañía inoportuna de un sociópata borracho. En el estadio, no había lugar para los juegos preliminares: el público necesitaba clímax, uno tras otro, cada uno más largo y más fuerte que el anterior.

Como la teatralidad se convirtió en la virtud dominante del pop, no es de extrañar que se disparase la popularidad del teatro musical del West End y de Broadway. En los años sesenta, los fans del rock habían renunciado al musical, hermano de sangre de la canción popular hasta los cincuenta, por considerarlo un baluarte del artificio y la falsedad (en especial cuando, como en el caso de *Hair* o de *Jesucristo Superstar*, empleaba las herramientas y el simbolismo del rock). En 1978, se asumía que no había correlación alguna entre el público de *Evita* y los conciertos de rock, aunque artistas como Freddie Mercury y Meat Loaf eran teatrales hasta la médula. Pero las melodías de Andrew Lloyd-Webber para *Evita* y sus sucesores se metieron en las listas de pop y sus producciones empezaron a tentar a estrellas del pop como David Essex a aventurarse en el teatro.

El propio musical comenzó a dividirse: las canciones sofisticadas y las ambigüedades morales de Stephen Sondheim representaban un enfoque serio y neoclásico del formato, mientras que Lloyd-Webber y sus colegas, al revivir la convención de cantar todo el texto de la obra, optaban descaradamente por el populismo y (continuando con la nueva estética del pop) por el espectáculo.

De modo que había actores vestidos con disfraces de felinos (*Cats*), en patines (*Starlight Express*) o envueltos en cuentos épicos llenos de sentimentalismo y romance en medio de caos históricos (*Los Miserables* y *Miss Saigon*). Las canciones en sí mismas importaban menos que la catarsis emocional de la totalidad de una producción. Se derribaron los límites entre los géneros del entretenimiento: mientras que antes Hollywood se había dedicado a inmortalizar los éxitos de Broadway, ahora el proceso se revertía, como en *El rey león* y *Billy Elliot* (ambos orquestados por Elton John). *Hairspray* rebotó de un medio al otro hasta que nadie pudo recordar dónde había empezado. Madonna abandonó brevemente su obsesión por relatar sus proezas sexuales para asumir el papel de Evita en la película que se hizo a partir del espectáculo (y revelar las limitaciones de su actuación en comparación con la estrella del montaje original del West End, Elaine Paige).

Estos proyectos todavía formaban parte del largo flirteo entre el pop y el musical, al igual que iniciativas de vodevil como las proyecciones de *Sonrisas y lágrimas* en las que el público cantaba a coro, o montajes del musical de rock de principios de los setenta *The Rocky Horror Show* en los que a los espectadores se los animaba a que se vistieran como los entrañables personajes. La relación se consumó y se selló con dos proyectos teatrales que abarcaban considerables porciones de la memoria pop colectiva del público británico: *Mamma Mia!*, un drama que giraba en torno al repertorio de Abba, y *We Will Rock You*, un gran espectáculo que lograba —tras el fracaso de *Time*, el intento de Dave Clark de 1986— transferir al escenario el poder mítico del rock gracias a los generosos gestos emocionales y *crescendi* de los éxitos de Queen. Al transferir las canciones al paisaje intemporal y carente de contexto del teatro de West End, se borraba cualquier impresión de que el pop o el rock habían sido vehículos del cambio social. Al final, como John Lennon había cantado varias décadas antes en un momento de cínica inseguridad, «todo es parte del negocio del espectáculo». El orden natural se había restaurado... ¿quizás para no volver a alterarse nunca más?.

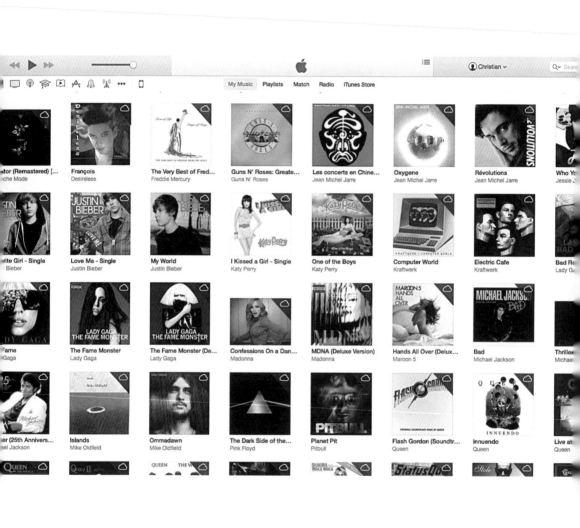

CAPÍTULO 14

¿EL ASESINATO DE LA MÚSICA?

«Estaba escuchando la radio y he oído que Jay-Z decía que la gente ya no quiere oír más Auto-Tune. Los discos más vendidos del año tienen todos Auto-Tune. ¿Quién eres tú para decir que la gente no quiere oírlo?».

DJ Webstar, 2009[n408]

«¡Son los asesinos de la música! Me pongo en pie y lo digo en nombre de cada músico del mundo y todos estarán de acuerdo. [...] Toda la sexualización de la gente joven, toda la adoración de las joyas, el dinero, los diamantes y el rollo de *Pop Idol*, Simon Cowell... todo eso lleva al asesinato de la música».

Sinead O'Connor, 2013[n409]

En octubre de 1958, la compañía Parlophone, cuatro años antes de lanzar el primer single de los Beatles, presentó con orgullo a su último descubrimiento: Sparkie Williams. Era el ganador de un concurso de talentos de BBC TV creado para descubrir al periquito más locuaz de Reino Unido. Cuidadosamente acicalado por su dueña, la señora Mattie Williams, Sparkie se ganó los corazones de los jueces con sus rimas y su verborrea, con las que se alababa a sí mismo.

Los concursos de talentos han sido un clásico de los espectáculos de entretenimiento desde el nacimiento del vodevil y el music hall. Casi todas las estrellas importantes del siglo XX se pusieron a prueba ante el público contra sus coetáneos, incluidos Frank Sinatra, Elvis Presley, Bob Dylan, los Beatles y Jimi Hendrix. Ella Fitzgerald fue el primer icono que se graduó de la Amateur Night del Teatro Apollo de Harlem. Los certámenes Battle of the Bands, que se llevaban a cabo por todo Estados Unidos, eran una forma común de aprendizaje para los roqueros de los años cincuenta y sesenta (incluso The Turtles satirizaron este género en un álbum en 1968). La serie de larga duración Opportunity Knocks, de la cadena ITV, lanzó las carreras de artistas como Mary Hopkin, Middle of the Road y la desafortunada estrella infantil Lena Zavaroni. La tradición del duelo rap proporcionaba a figuras como Big Daddy Kane y Eminem la oportunidad de escupir sus rimas, con los abucheos y los vítores del público como recompensa. Gran parte de los mejores artistas de las últimas dos décadas también surgieron de los concursos de talentos: Usher, Britney Spears, Beyoncé, Aaliyah, Christina Aguilera, Alanis Morissette, Justin Timberlake, Kelly Rowland, Destiny's Child y LeAnn Rimes están entre los muchos perdedores del programa de televisión estadounidense *Star Search* que gozaron de un éxito sustancialmente mayor que los ganadores.

Su búsqueda, y la de millones como ellos, incentivó la transformación de las escuelas y academias de teatro en institutos de arte dramático —o centros *Fame*, llamados así a partir de la película de Hollywood de 1980 y la serie televisiva de 1982. Cada uno de ellos se encontraba en un establecimiento educativo en el que jóvenes que exhibían una variedad satisfactoria de géneros, preferencias y orígenes raciales se reunían para hacer realidad sus sueños. (Hacer realidad nuestros sueños ha sido la esencia de la música popular desde entonces, expresada en la grandilocuencia de las *power ballads* AOR y en los clichés de libro de autoayuda de las cancioncillas de cantautor). Casi treinta años después del filme, la misma ambición inspiró la muy exitosa serie dramática adolescente *Glee*, de la cadena televisiva Fox. Ambientada en el *glee club* (orfeón o coro) de un instituto ficticio de Ohio, *Glee* permitió que cerca de una docena de jóvenes actores/cantantes cantaran, semana tras semana, un vasto repertorio de canciones populares —además de unos cuantos clásicos del teatro musical. Más de doscientas de estas canciones —sí, doscientas— alcanzaron el Top 100 en Estados Unidos entre 2009 y 2013, eclipsando así las hazañas de cualquier otro grupo o artista en la historia de la música. Las grabaciones realizadas por el reparto de *Glee* aúnan AOR, soul, rock alternativo, clásicos y éxitos de Broadway. Algunas son para voces individuales y otras tienen unas armonías corales que hacen pensar en The Swingle Singers enfrentándose a la partitura del musical rock *Hair*. Entretanto, las escuelas de arte dramático han vencido las dudas de aquellos que creían que de ellas solo iban a salir imitadores y no talentos originales: de uno solo de estos establecimientos, la BRIT School, en Croydon, han salido figuras como Adele, Amy Winehouse, Leona Lewis, The Kooks, Imogen Heap y Rizzle Kicks.

Más de sesenta años después de que Frank Sinatra ganara por primera vez el concurso televisivo *Major Bowes' Amateur Hour* con The Hoboken Four, el certamen de talentos parecía no tener más interés en la época post-*Fame* y pre-*Glee* que la recuperación del ragtime o del skiffle. Sin embargo, el productor televisivo neozelandés Jonathan Dowling dio con una nueva fórmula y un título (*Popstars*) que engendraron franquicias por todo el mundo. El programa nació con el fin de descubrir y reunir a chicas jóvenes que pudieran competir con las Spice Girls: TrueBliss, en el programa original, y Hear'Say y Girls Aloud en la versión británica. El público podía no solo apoyar a sus favoritos (y, cuando se desarrolló el formato, votarlos por teléfono), sino que también era testigo del proceso de audición y mirar como *voyeurs* a los participantes que estaban trágicamente equivocados sobre sus propios dones. Estas almas desafortunadas se hubieran contentado antes con cantar en los karaokes para diversión de sus amigos borrachos. Ahora su vergüenza se exhibía ante una nación hambrienta de televisión.

El principal beneficiario de este bárbaro entretenimiento era Simon Cowell, cuya experiencia en el negocio de la música incluía fabricar carreras en la música para actores de televisión (como Robson and Jerome, que alcanzaron los primeros puestos en las listas con su racha de baladas), favoritos de los niños (Zig and Zog, los Teletubbies) y actores habituales de las telenovelas *Coronation Street* y *Emmerdale Farm*. Cowell rechazó un papel en la primera edición del *Popstars* británico para concentrarse en promocionar el grupo Girl Thing, cuya carrera se hundió tras solo dos éxitos. Después aunó fuerzas con el antiguo mánager de las Spice Girls, Simon Fuller, para crear *Pop Idol* y luego abandonarlo por su nuevo programa, *The X Factor*. Mientras tanto, aparecieron franquicias de *Pop Idol* en el extranjero y su versión estadounidense, *American Idol*, demostró ser el fenómeno más importante de la televisión en la primera década del nuevo siglo. De *American Idol* surgió una sucesión de estrellas perdurables, como Carrie Underwood y Kelly Clarkson.

Reino Unido contestó con One Direction, cinco aspirantes a solistas a los que se animó a convertirse en un grupo durante la grabación del programa *The X Factor* en 2010. (Irónicamente, One Direction terminaron terceros en ese concurso, detrás de Matt Cardle y Rebecca Ferguson). Mientras que la mayoría de los participantes británicos parecían condenados a experimentar la fama, a menudo pasajera, dentro de los limitados parámetros de la imaginación de Cowell, a los ganadores estadounidenses se los preparaba con más pericia y no compartían el estigma de «estrella manufacturada» que aquejaba a sus homólogos británicos. El género del concurso de talentos se amplió después gracias a programas como *The Voice* y *Rising Star*, cubriendo no solo la canción, sino también la danza, el salto de trampolín e incluso la gimnasia rítmica. Pero, como ha observado, Tom Bower, el biógrafo de Cowell: «La naturaleza del estrellato había cambiado. La exposición masiva había destrozado el aura, la mística y la mitología que había embelesado a los fans durante años»[n410].

La noción de originalidad —es decir, la convicción de que el artista más genuino era el no se parecía a nadie— también estaba dañada, quizás de manera irremediable. En su lugar, todos aquellos concursos televisivos esperaban que sus aspirantes imitaran los gestos y las técnicas de estrellas existentes, así como los tics vocales que simbolizaban compromiso emocional[42]. Los modelos más ubicuos de esta tendencia fueron tres de los cantantes más exitosos, comercialmente hablando, de la historia: Whitney Houston, Celine Dion y Mariah Carey. De las tres, el estilo más simple y menos afectado era el de Dion, una francocanadiense descubierta por René Angélil a los doce años. Los puntos fuertes de Dion son su oído perfecto y la perfecta claridad de su tono, que le permiten pasar sin interrupción del pop a las canciones de amor o a baladas casi operísticas. Dion se ha convertido en una de las artistas más populares de todos los tiempos y ha llegado a mercados, como el chino, que anteriormente se habían resistido a los cantantes occidentales. Sin embargo, en Occidente se la ha criticado con frecuencia por la falta de emoción de su voz, que (salvo algún elegante vibrato) casi nunca cae en una versión forzada del «soul».

Esto último no se puede decir de los cantantes que emulan la tradición de Houston o de Carey. A Houston se le ha atribuido tener, en su apogeo, la voz de soul más perfecta de todos los tiempos: infinitamente flexible, impecable en sus cambios de tono o de registro y tan cómoda con un susurro como con un grito. Sin embargo, como le ocurriría a su contemporáneo masculino Michael Bolton, su defecto era la incapacidad de implicarse en la música. Cuando Aretha Franklin cantaba, uno podía rastrear cada momento de dolor o de éxtasis de su vida. Con Houston, al menos hasta que su problemática vida privada empezó a pasarle factura, todo el sentimiento parecía empezar y terminar en su voz.

Carey era ligeramente menos ostentosa y más creíble pese al hecho de que su sello discográfico admitiera que la veía «como una franquicia»[(n411)]. Al igual que en el caso de Dion, había un mercado global para este facsímil de la pasión: es instructivo que «I Will Always Love You», de Houston, y «My Heart Will Go On», de Dion, no solo son las interpretaciones más grandiosas de cada una, sino también las más exitosas con creces. Los aficionados a la música soul podían disfrutar con el equivalente vocal del toque más leve de la yema del dedo sobre la piel, con la sensualidad expresada en el más breve de los encuentros. Pero innumerables millones prefieren los gestos grandes y las voces más grandes todavía: un abrazo de oso en lugar de una caricia pasajera.

---

42. Un extraño efecto secundario de esto fue la transformación de «Hallelujah», esa sutil exploración del sexo y la religión por parte de Leonard Cohen, en una exhibición de pirotecnia vocal sin sentido.

Todo cantante exitoso tiene un sonido propio. Si un vocalista es imposible de imitar, es que no tiene personalidad. Desde Crosby hasta Sinatra, desde Presley hasta Dylan y desde Michael Jackson hasta Madonna, los iconos de la música popular han sido copiados y parodiados en igual medida. Pero nunca antes una camarilla de cantantes, con un tono y un registro similares, tuvieron tanta influencia como en la actualidad, cuando el poder vocal demoledor y la teatralidad de Dion, Carey y Houston se imponen a la siguiente generación como una condición *sine qua non*.

El aspecto más ubicuo y dañino de este amoldamiento casi totalitario del gusto popular es la asunción de que solo se pueden expresar sentimientos con un melisma —técnica que consiste en someter a una única sílaba a un viaje en montaña rusa. Cuanto más tiempo se mantiene la sílaba, cuanto más la lleva el cantante hacia arriba, hacia abajo y vuelta a empezar, más emocional y genuina se piensa que es la interpretación. Atrás ha quedado la época victoriana, cuando el lema era: por cada sílaba, una nota. Ahora, hay que torturar de esa forma todos los versos de una canción, por lo que la melodía queda olvidada en el deseo desesperado de exhibir lo fluida, móvil y expresiva que es la voz de uno. El simple gesto de encogerse de hombros en medio de una frase transmitiría más sentimiento, pero a los cantantes se los entrena para que repliquen el falso nudo en la garganta que, en lo profundo de la historia del soul, comenzó como una exclamación inconsciente y ahora transmite, con colores chillones, el siguiente mensaje: «No podría sentir esta canción de manera más profunda». Cuando todo el mundo exterioriza sus sentimientos al mismo tiempo, no se puede oír a nadie.

Además, esta también es la época en la que casi todas las canciones de pop tienen que someterse a otra adaptación aún más descarada de la voz humana: Auto-Tune. Lo que empezó como un truco sonoro que le dotaba al éxito global de Cher de 1998, «Believe», de una atmósfera casi robótica —la cantante enterraba con valentía su propia e inconfundible voz, como para destacar su romántica desesperación— se ha convertido en una herramienta omnipresente que hace que todos los discos suenen igual. El procesador Auto-Tune se concibió como un método de corrección del tono que «curva» una nota o un verso equivocados y los pone en el tono adecuado. Ya en 1993, la cantante folk Janis Ian se lamentaba de la intervención de las ayudas tecnológicas en la tarea humana de hacer música: «Corregimos el tono de los pseudocantantes mediante sintetizadores tan veloces que el oyente nunca se entera»[n412]. Se rumoreaba que muchos artistas con fama internacional debían su carrera a este procesador, el cual últimamente se ha estado aplicando también a las actuaciones en vivo[43].

Muchos artistas han utilizado Auto-Tune como un recurso musical creativo, como Cher, sin intentar esconder su uso. Madonna («Music») y 3LW («No More») estuvieron entre los primeros que imitaron su innovación. Exagerado al punto del surrealismo, se convirtió en una potente herramienta del hip hop en el disco de 2005 *Rappa Ternt Sanga*, de T-Pain, seguido de varios álbumes de Lil Wayne y del lanzamiento de 2008 de Kanye West, *808s and Heartbreak*.

Desde entonces lo han adoptado como preferencia automática para cualquier single pop con influencias de R&B. Esto hace que escuchar cualquier emisora del Top 40 dé la sensación de encontrarse frente una cultura alienígena, en la que unos androides intentaran revivir recuerdos de la ya extinta humanidad.

Así que esto es el siglo XXI: a los vocalistas se los entrena para que exterioricen una emoción que no sienten, o se los anima a que escondan su identidad tras un procesador de voz. Por supuesto, también pueden rapear. Por otro lado, la complejidad melódica de la canción popular, que tuvo su apogeo en los años treinta y que aún era aparente en la estructura de estrofa/estribillo/puente de los cincuenta y sesenta, ha sido reemplazada por la constante repetición de frases simples —o, en el caso de la música dance electrónica, por la supresión total de la melodía, con el resultado de que la anticuada canción ha cedido el paso a motivos rítmicos, a samples y ganchos secuenciados[44]. Si el hip hop ha puesto el habla emotiva por encima del canto y el pop ha eliminado la posibilidad de una personalidad vocal, ¿qué queda? Solo la invención sonora, el ritmo y, por supuesto, siempre queda la nostalgia. Lo sorprendente es que, bajo el glaseado de azúcar del pop global, inconformistas de todos los colores han sido capaces de manipular estos ingredientes mediante experimentos genuinamente enriquecedores de polinización estilística.

43. Hace tiempo que es tradicional agregar *overdubs* a los discos en directo o incluso regrabarlos en el estudio para esconder sus defectos sonoros o artísticos. Ahora, en lugar de eso, se aplica el Auto-Tune. Como un ejemplo tan evidente que resulta increíble, compárese cualquier grabación del público de la reunión de los Beach Boys de 2012 en YouTube con sus actuaciones perfectamente afinadas en *Live – The 50thAnniversary Tour*. Canciones como «Sail On Sailor» y «Don't Back Down» hacen pensar que el grupo ha sido reemplazado por autómatas.
44. Uno no se atreve siquiera a imaginar los sentimientos de un compositor como Jimmy Webb, posiblemente el más «clásico» e ingenioso practicante de los valores tradicionales que surgió de la época del rock.

«El rock and roll ahora es la música de la gente. Broadway, películas, anuncios televisivos, *Miami Vice*. Es la música de Estados Unidos. Sin duda no es la música de la sociedad alternativa».

Bill Graham, promotor de conciertos, 1985[n413]

«Cuando Bono, en los Grammys, prometió seguir 'jodiendo el sistema', parecía no darse cuenta de que él *es* el sistema y de que más jodido no puede estar. Así que algunos roqueros supervivientes, viejos y canosos, se tambalean en estadios cada vez más grandes, con láseres cada vez más grandes y sistemas de sonido cada vez más grandes, y la falsa rebelión parece todavía más fatua. [...] El rock'n'roll es el nuevo golf: es algo que hacen los tipos de mediana edad el fin de semana vestidos de forma ridícula».

Mark Steyn, crítico de teatro, 1997[n414]

En 1996, R.E.M. renovaron su contrato con Warner Brothers Records. El grupo, que antes había sido el defensor del rock independiente, alternativo e inteligente, ahora actuaba dentro del megalítico conglomerado mediático propiedad de Time Inc. Se dijo que su acuerdo había sido el más caro de la historia de la industria musical, con un valor estimado de ochenta millones de dólares, aunque la banda lo negó. Las consecuencias fueron reveladoras: las ventas de R.E.M. sufrieron una fuerte disminución.

Este tipo de iniciativas comerciales eran ahora la norma en la industria. Warner ya había recompensado a Prince, el cantante más innovador de los años ochenta, con un contrato inmensamente mejorado a principios de los noventa. Él también sufrió una caída inmediata en las ventas de sus discos y, tres años después, apareció en público con la palabra «ESCLAVO» escrita en la cara, reflejando así su opinión acerca del control que tenía Warner sobre las fechas de lanzamiento de sus discos. Numerosos artistas firmaron contratos igualmente generosos justo en el momento en que sus fortunas comenzaban a ir marcha atrás. Las corporaciones globales tardaron en darse cuenta de que artistas como Paul McCartney o los Rolling Stones podrían llenar estadios en las décadas siguientes sin importar el precio de las entradas, pero eso no significaba que más de una pequeña proporción de quienes iban a sus conciertos invertirían en su nueva música. La carrera solista de McCartney ha producido pocos álbumes más convincentes que *Chaos and Creation in the Backyard* (2005), pero sus ventas apenas eran comparables a las de sus creaciones más flojas de décadas anteriores. Aquello era un acertijo: la industria había sido a menudo castigada en los años ochenta y noventa por no invertir en artistas que podían tener carreras duraderas. Pero muchos de quienes ya gozaban de ese estatus ahora no vendían discos. Mientras tanto, a los artistas más jóvenes se les negaba la oportunidad de convertirse en veteranos. Ya en 1987, el jefe de Island Records Clive Banks lamentaba la ética a corto plazo de la industria de la música: «Hemos producido un iceberg al revés, con la imagen en la cima y el talento oculto a la vista, en el fondo. El coste de promocionar nuevos talentos significa que las compañías buscan rendimientos inmediatos. Eso hace que sea imposible desarrollar talento de forma gradual. En su lugar, optan por un aquí te pillo, aquí te mato con singles insustanciales y fuertemente promocionados»[n415]. El modelo de negocio de Simon Cowell representaba esta tendencia: no importaba si los ganadores de sus concursos televisivos desaparecían pocos meses después de su victoria, ya que siempre había otro programa en el calendario con un nuevo anzuelo para que picase el público.

Mientras chapoteaba en sus tratos multimillonarios, la industria discográfica buscaba a otro medio al que culpar por sus decrecientes ganancias. Lo llamativo, en retrospectiva, es lo rápido que dieron en el clavo. En 1983, el periodista musical británico Paul Rambali le dijo a la revista *Rolling Stone*: «Hubo una época en que la música era mucho más pertinente para la cultura. Los discos no se están vendiendo tanto y la gente está dedicando más tiempo, por ejemplo, a jugar a los videojuegos. En general, la música no tiene un papel tan importante en la vida de la gente. Tiene menos que decir sobre nuestras vidas»[n416]. A medida que la palabra *ordenador* reemplazaba gradualmente a *vídeo*, se podría haber hecho exactamente la misma queja en cualquier momento en los últimos treinta años. Cuanto más multidimensionales y polifacéticas sean las opciones de entretenimiento para los jóvenes, cuanto más moderna sea la tecnología que las hace posibles, menos atractiva se vuelve la música, a no ser que acompañe a otra actividad —votar en *The X Factor*, por ejemplo, o aporrear con los pulgares el mando de la Playstation.

En los años sesenta y después, la música transportó a los jóvenes a una cultura que ellos, y los músicos, estaban en proceso de crear: una cultura idealista e incluso ilusoria, quizás, pero que representaba una negativa a participar en el mundo de sus padres. Después, aquellos jóvenes se *convirtieron* en sus padres y llevaron consigo sus artefactos culturales y sus héroes (ahora despojados de su poder político). Kim Thayil, de la banda grunge de Seattle Soundgarden, laceró la arrogancia de los *baby-boomers*: «Todos los anuncios estaban dirigidos a ellos desde que eran niños pequeños. […] Hay millones y millones de personas de cuarenta años que se creen que son tan jodidamente especiales. Son este gran grupo suburbano de clase media alta que de niños eran unos mierdecillas mimados, porque eran todos hijos del doctor Spock, y después fueron estúpidos hippies malolientes y después fueron unos yuppies materialistas. [...] Y nosotros tenemos *su* interpretación de la historia. Están negándoles a otros grupos de edad sus propios recuerdos»[n417]. (A sus cincuenta años, sin embargo, Thayil estaba de gira con los reunidos Soundgarden).

Como la música popular, y especialmente la ideología de la cultura del rock, era tan central para la generación *baby-boomer*, esta asumió que siempre sería así, al igual que aquellos que crecieron con el sonido de las *big bands* imaginaron que Benny Goodman y Glenn Miller siempre estarían en la radio. Para los niños de finales del siglo XX y principios del XXI, los videojuegos han sido tan absorbentes como la música lo era para sus padres (o incluso para sus abuelos). Tras reconocer el hecho con retraso, la industria discográfica ha intentado colaborar con uno de los medios que han ayudado a volverla superflua ofreciendo bandas sonoras exclusivas o incluso apariciones especiales de las estrellas en forma de versiones animadas. La serie de videojuegos *Guitar Hero* apareció en 2005 y se centraba en grabaciones de rock clásico, pero —como los concursos de talento televisivos— premiaba la habilidad para imitar a otra gente en lugar de demostrar originalidad. (A diferencia de la plétora de videojuegos de karaoke, *Guitar Hero* y sus sucesores premiaban a sus usuarios por su destreza para jugar, no por su habilidad musical).

Los artistas de hip hop fueron los primeros, y los más entusiastas, en cooperar con los fabricantes de videojuegos: en 1999, Jermaine Dupri creó la música para uno de los juegos de fútbol americano más vendidos. «Siempre hay que hacer promoción cruzada, ¿sabes?», dijo. «Esto podría ser como un trampolín»[n418]. Cypress Hill proporcionó *beats* y voz *off* a un juego con temática mafiosa de aquel mismo año. Pero su productor, DJ Muggs, dio la voz de alarma. «Empecé a jugar a videojuegos todas las mañanas al levantarme», admitió. «Tuve que dejar de perder el tiempo. Esa mierda es como el crack»[n419]. En el nuevo siglo, la música casi nunca era tan adictiva.

«Quien sea que puso mis movidas en internet, quiero conocer a ese hijo de puta y matarlo a hostias. [...] Creo que cualquiera que pone excusas para esa mierda es una puta basura. [...] Si estoy poniendo mi puto corazón y mi puto tiempo en la música, espero que me recompensen por eso. Yo trabajo duro y cualquiera puede coger un ordenador y bajar mis movidas gratis».

Eminem, 2002[n420]

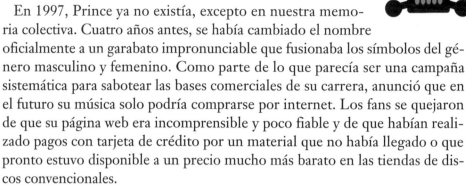

«De todas formas, la música debería ser gratis».

Prince, 1993[n421]

En 1997, Prince ya no existía, excepto en nuestra memoria colectiva. Cuatro años antes, se había cambiado el nombre oficialmente a un garabato impronunciable que fusionaba los símbolos del género masculino y femenino. Como parte de lo que parecía ser una campaña sistemática para sabotear las bases comerciales de su carrera, anunció que en el futuro su música solo podría comprarse por internet. Los fans se quejaron de que su página web era incomprensible y poco fiable y de que habían realizado pagos con tarjeta de crédito por un material que no había llegado o que pronto estuvo disponible a un precio mucho más barato en las tiendas de discos convencionales.

Al año siguiente, los abogados de Prince enviaron órdenes de cese y desista a numerosos fans que habían incluido su música en sus propias páginas web. En 1999, amplió su ataque intentando cerrar tanto los fanzines físicos los digitales. En 2000, recuperó su identidad como Prince y continuó restringiendo gran parte de su copiosa producción en Internet. En 2006, su tienda de música online cerró abruptamente. En 2007, permitió que su nuevo CD, *Planet Earth*, se entregara de manera gratuita a todo el que comprara el periódico *Mail on Sunday*. En 2010, cerró otra página web oficial, tras lo cual declaró al *Daily Mirror*: «Internet está totalmente acabado. No veo por qué debería darle mi música a iTunes o a cualquier otro. […] En fin, todos estos ordenadores y aparatos digitales no sirven para nada. Solo te llenan la cabeza de números y eso no puede ser bueno para»[n422]. Después, en 2014, como para probar la naturaleza cíclica de la historia, los abogados de Prince interpusieron demandas de un millón de dólares contra veintidós personas que habían compartido grabaciones en vivo de su obra a través de sus blogs y sus páginas de Facebook. «Está perdiendo cada vez más fans por hacer cosas como esta», escribió un antiguo seguidor en un foro que el artista probablemente quería cerrar.

La actitud ambivalente y contradictoria de Prince hacia la industria, hacia sus fans y hacia el impacto radical de Internet en la vida es un modelo en miniatura de una crisis prolongada y posiblemente terminal dentro de la industria de la música. La misma palabra —*digital*— que anunciaba una época de enorme rentabilidad tanto para las compañías discográficas como para los artistas ahora se traduce en la ruina del modelo de negocio que prosperó durante un siglo. En realidad, el proceso de transferir el sonido grabado a un artefacto físico y después venderlo al público masivo ha muerto. El sueño de

Prince y su peor pesadilla se han hecho realidad: para gran parte de la población, la música es una mercancía gratuita, disponible para cualquiera con un clic del ratón, la tablet o el teléfono móvil. Como ha observado en 2001 John Alderman, uno de los primeros analistas que estudió la revolución digital: «La distribución digital significa que la música ya no está atada a un objeto como un disco, una cinta o un CD, sino que, al compartirse y consumirse, se ha convertido en algo más etéreo. Dependiendo de cómo lo mires, en el mundo online, la música ha sido despojada de su cuerpo o se la ha liberado de él. Solo queda su alma, su código digital»[n423].

Bob Dylan, en su canción cuasiapocalíptica «Licence to Kill», de 1983, identificaba el primer paso de la humanidad hacia la destrucción con el momento en que nos atrevimos a tocar la superficie de la luna. Para la industria discográfica, ese paso fue la comercialización del CD. Hacía tiempo que predicaba contra los males de copiar música de forma ilegal, pero el proceso de transferir una grabación en vinilo o en casete a una cinta implicaba una notoria pérdida de calidad de sonido, lo cual aseguraba que no hubiera alternativa a comprar el artefacto original. La composición digital del CD permitía que pudiera copiarse de forma infinita a otros medios digitales (CD regrabables o CDR, o bien cintas digitales, DCC o DAT) sin pérdida de claridad sonora o de volumen. La copia de la centésima generación sonaba idéntica a la fuente original. Poco después de la introducción del CD, la industria lanzó una campaña publicitaria diseñada para apelar a la conciencia de los consumidores: «Las grabaciones caseras están matando la música». Los estudios descubrieron que la mayoría de las grabaciones caseras se hacían en realidad para uso del propio consumidor —que transfería un disco de vinilo a casete para ponerlo en el coche, por ejemplo–. Hubo críticas a una campaña que trataba a los consumidores como potenciales criminales.

El CD exacerbó el problema, en especial cuando los ordenadores domésticos se equiparon con lectores de CD, lo cual permitía a los usuarios copiar el contenido de los archivos digitales. Cuando las ventas de CDs estaban en auge, durante la mayor parte de los años noventa, la industria podía pasar por alto las consecuencias potenciales de las copias no autorizadas. Lo que pocos parecieron anticipar, pese a las advertencias de los analistas de la industria, fue que la introducción de la conexión a internet de banda ancha torpedearía el negocio, ya que la explosión ocurrió fuera de la vista y tuvo una devastadora réplica.

Bien entrados los años noventa, internet era considerada por la mayoría de los consumidores como un refugio para los *nerds* de los ordenadores. Las experiencias iniciales con la conexión por vía telefónica, que fueron lo más habitual hasta el comienzo de este siglo, no alteraron esta opinión. Cuando se

filtró a internet una canción del álbum *The Red Shoes* de Kate Bush antes de
su lanzamiento en 1993, hubo irritación, pero poca alarma: se creía que pocos
fans estarían dispuestos a esperar veinte o treinta minutos para bajarla a sus
ordenadores. Aquel mismo año, Depeche Mode demostró su afiliación con
la tecnología moderna cuando mantuvo una sesión de preguntas y respuestas
con fans de todo el mundo. Creían que al menos 50.000 personas podrían
ver y participar. En su lugar, el servidor de internet estuvo fuera de servicio
durante más de una hora y, cuando se restableció la conexión, menos de tres-
cientas personas lograron acceder al sistema.

Aun así, Depeche Mode no eran los únicos que reconocían inminente forma del futuro. David Crosby y algunos componentes de The Grateful Dead
estuvieron entre los primeros en usar las redes sociales como miembros de
la comunidad online de Stewart Brand, WELL. Bono imaginó una época en
la que la banda colocaría sus grabaciones en pistas múltiples en consolas y,
de esa manera, permitiría a los fans remezclar su música o crear sus propios
vídeos de U2. Todd Rundgren fue un paso más allá al reinventarse como
TR-i. Sacó un CD titulado simbólicamente *No World Order* con la intención
de que los consumidores pudieran modificar todas las partes constitutivas de
sus canciones para así crear su propia música. Incluso incorporó este principio de total democracia en sus actuaciones como solista de principios de
los noventa al invitar al público a que participara en la música mientras él
tocaba.

Entretanto, la industria prosiguió como si el pasado fuera el modelo perfecto del futuro. Tras introducir el CD de forma rentable, entre 1985 y 1995 realizó numerosos intentos de suplantarlo con un nuevo vehículo para la música
grabada que requeriría que los consumidores renovaran su equipo. Después
de que el CDV (disco compacto de vídeo) no cuajase, se desató una batalla
entre el DCC (casete compacto digital) y el MiniDisc, basada en el supuesto
de que —como sucedió con el duelo entre VHS y Beta— uno u otro resultaría
ganador. En su lugar, al público no quiso ninguno de los formatos. Tampoco
hubo demanda para el CD+, que ofrecía contenido adicional al insertarlo en
un ordenador. En los años inmediatamente previos al auge del acceso a internet, el CD-ROM se convirtió en un método popular para transportar masas
de material audiovisual y de texto —enciclopedias, por ejemplo, o proyectos
multimedia como el lanzamiento de Bob Dylan *Highway 61 Interactive* (1995),
que era mitad entretenimiento y mitad archivo. Pero la esperanza de que el
CD-ROM se convirtiera en el portador estándar de los álbumes de música se
frustró en seguida. La única innovación que sobrevivió fue el DVD, sucesor
del efímero VCD (disco compacto de vídeo) y el primer intento de crear un
medio digital viable para las grabaciones de películas y televisión. El DVD

desahució a la cinta VHS con una velocidad que recordaba a la fuerza con que el CD había derrotado al vinilo.

El hogar del ávido consumidor estaba ahora lleno de montones de métodos anticuados de reproducir música (con y sin acompañamiento visual). Lejos de proporcionar un surtido de formatos que competían entre sí, la industria de los años noventa tenía solo un producto que ofrecer, el CD —lo cual reordaba al período entre los años veinte y finales de los cuarenta, cuando el disco de 78 rpm era el único medio para el sonido grabado.

En 1995, en el punto álgido de la campaña de la industria de la música por introducir nuevos formatos, tuvo lugar una revolución y el poder cambió de manos sin que los dirigentes se dieran cuenta de lo que había ocurrido. Aquel mismo año, la rama de Circuitos Integrados del colectivo alemán Sociedad Fraunhofer lanzó el WinPlay3, un reproductor de audio que permitía a los usuarios de ordenador reproducir MP3. Estos archivos comprimían las grabaciones digitales de modo que ocuparan el mínimo espacio en un disco duro o un disquete y hacía posible que la música se intercambiara, se robara o incluso se vendiera sin la necesidad de un objeto físico que contuviese el sonido. Fue entonces cuando se reveló el fallo en el diseño del CD de audio: se estaba vendiendo sin ningún tipo de protección frente a la copia. De la noche a la mañana, el MP3 se deshizo de las salvaguardias de los derechos de autor de hacía un siglo, lo cual forzó a los artistas y a las compañías discográficas a perseguir a los propios malhechores que habían vuelto disponible la música online para que otros la descargasen.

El lanzamiento de Napster en junio de 1999 multiplicó por mil las apuestas. Se trataba de una operación *peer to peer* (P2P), es decir, entre iguales, que permitía a sus usuarios compartir sus archivos MP3 con otros usuarios. El equipo creativo de Napster alegó que no estaba violando la legislación de derechos de autor, puesto que no estaban alojando físicamente la música en su web. Pero eso no impidió que la RIAA, la voz colectiva de la industria discográfica estadounidense, entablara un pleito contra Napster o que Metallica consiguiera los nombres de 335.000 personas que habían obtenido su música ilegalmente (en su opinión) a través de Napster. Metallica interpuso demandas contra universidades estadounidenses cuyos servidores alojaban sistemas P2P y amenazó con llegar hasta los individuos que aparecían en su lista de malhechores.

Conscientes de que lo que estaba ocurriendo era tanto urgente como incomprensible, otros artistas reaccionaron con gloriosa confusión a la amenaza del MP3. Oasis, como Prince, se enfrentó a páginas web de fans que ofrecían incluso mínimas descargas gratuitas. Mientras tanto, su sello discográfico, Creation Records, declaró que todos sus singles estarían disponibles para descargarse de forma gratuita en su página web —hasta que su empresa matriz, Sony, se lo prohibió. En 1999, Tom Petty desafió a su compañía discográfica, Warner Brothers, cuando compartió su single «Free Girl Now» para su descarga gratuita durante dos días, en los cuales 157.000 fans aceptaron su ofrecimiento. El single no alcanzó el Top 100 de *Billboard*, lo cual confirmó el mayor miedo de la industria: los MP3 podían erradicar la venta de discos. Sony Music y el sello discográfico de hip hop No Limit respondieron cobrando por las desacargas de internet. Entretanto, los raperos Public Enemy despojaron a la compañía discográfica de la relación comercial entre artista y fan cuando vendieron su nuevo álbum, *There's a Poison Going On*, como una colección de descargas desde su propia página web. Al parecer, ahí radicaba la nueva forma de la industria. Pero la transformación más radical en la vida de los artistas, los consumidores y las corporación aún estaba por llegar.

«Con iTunes, ya no es robar. Es buen karma».

Steve Jobs, 2003[n424]

«No tener un artículo tangible que puedes tocar, solo tenerlo virtualmente, eso no es lo mismo que poseerlo, tocarlo, ponerlo en el tocadiscos».

Neil Sedaka, 2012[n425]

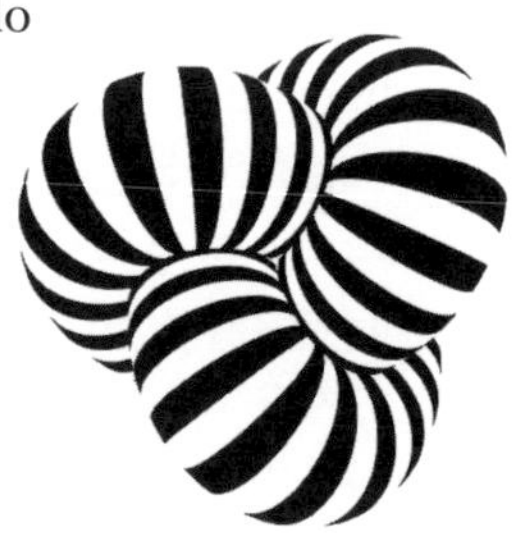

«Es posible que los últimos diez años sean la primera década en que la música pop sea recordada por su *tecnología* musical en lugar de por la propia música».

Eric Harvey, *Pitchfork*, 2009[n426]

El cartel sobre una tienda de la calle principal de mi ciudad natal dice: «Entertainment Exchange» [«Intercambio de entretenimiento»]. Dentro, hay pasillos y estantes repletos de productos: DVD, Blu-rays, videojuegos en formatos que pocas personas que hayan cumplido los cuarenta reconocerían. Adolescentes y jóvenes hurgan en los estantes con una pasión concentrada que reconozco de mi juventud malgastada en las sucursales de Record & Tape Exchange [Intercambio de Discos y Cintas] del oeste de Londres. Pero hay algo que falta en esta imagen: no hay música a la venta en el Exchange del siglo XXI. Por lo que respecta a las tiendas pequeñas, la música ya no es entretenimiento. Si uno registrara los bolsillos de los clientes, casi seguro que encontraría smartphones, en los que una app de iTunes les da acceso instantáneo a su reserva privada de bajadas de internet o una suscripción a Spotify les permite buscar entre millones de pistas musicales que se remontan hasta la invención del sonido grabado. Toda la música del mundo está al alcance de sus dedos pero no hay nada en sus estanterías. ¿Es la música algo central en su mundo, como lo era en el mío? Sin duda la música es ineludible: sale por los altavoces de cada cafetería, restaurante, centro comercial y supermercado; acompaña cada película y programa de televisión; es la banda sonora de los anuncios publicitarios; domina el inconmensurable catálogo de vídeos de YouTube; y, recortada, aparece como tonos de llamada, documento de identidad en una red global de mensajes y cháchara.

Ese es el estado de la industria de la música que dejó Steve Jobs, el empresario sin escrúpulos que bautizó Apple a su imperio por la compañía discográfica de los Beatles y —tras múltiples batallas legales— terminó siendo dueño de marcas registradas que los Beatles habían asumido que les pertenecían. Su muerte en octubre de 2011 recibió el tipo de homenajes que antes se destinaban a una estrella de rock muerta en la flor de la vida. Jobs distó de ser el catalizador del terremoto que ha golpeado el panorama del entretenimiento de los últimos quince años, pero el impacto de su compañía sobre la música tuvo un alcance tan profundo, que son Jobs y sus colegas quienes han ocupado el lugar central en nuestra cultura que una vez acapararon Sinatra, Presley, Madonna o Cobain.

En algún momento de finales del siglo XX o comienzos del XXI —las estimaciones varían—, la tecnología pasó a ser más sexy que la música para la que se inventó. El académico Michael Bull ha explicado al autor Leander Kahney: «Con el vinilo, la estética estaba en la portada del disco. Tenías la carátula, el material gráfico, el texto de la carátula. Con el auge de lo digital, la estética ha abandonado el objeto —la carátula del disco— y ahora la estética está en el artefacto, en el iPod, no en la música»[n427]. Esto era en 2005: las ventas del iPod empezaron a disminuir en 2009, con el iPhone y sus rivales compensando las pérdidas, y en 2014 el iPod fue declarado extinto al haber sido eclipsado por la revolución de los smartphones.

El vínculo entre el iPod, el iPhone y la tienda de música iTunes —una base de datos con opción de búsqueda de un tamaño inestimablemente grande, que provee bajadas legales con un par de clics— es Apple. La compañía de los Beatles de ese nombre pretendía reinventar el capitalismo de consumo desde un punto de vista hippie. La compañía de Steve Jobs no solo tuvo éxito donde los Beatles fracasaron (teniendo en cuenta que algunos de los hippies de ayer son hoy oligarcas), sino que alteró de forma permanente nuestro espacio exterior e interior.

iTunes se lanzó en 2001 como una librería musical con un eslogan que evocaba tanto la retórica del rock'n'roll que podría haberlo acuñado Malcolm McLaren: «Copia. Mezcla. Graba». Su compañero fue el iPod, un minúsculo reproductor de música digital que se convirtió en la estrella icónica de su época, con sus distintivos auriculares blancos visibles en cada calle de Occidente. Pero la pareja solo floreció cuando Steve Jobs superó la inercia y la paranoia de las grandes discográficas y empezó a vender pistas individuales a través de iTunes Music Store. Seis días después de su lanzamiento en abril de 2003, se habían vendido un millón de canciones; tres años más tarde, la cifra había alcanzado el billón. Durante ese período, iTunes, además de socavar las tiendas virtuales de la propia industria, Pressplay and MusicNet, hizo que la historia avanzase rugiendo hacia delante y hacia atrás. Cada nuevo avance en la tecnología del iPod y de iTunes arrastraba al CD hacia la muerte como principal fuente de sonido grabado. Ese era el futuro: Jobs evocaba el pasado con su insistencia en que la tienda de iTunes tuviera permiso de vender pistas individuales y no solo álbumes completos. De golpe, se destruyó la pureza de la forma artística dominante en la música popular durante las tres décadas anteriores. Muchos artistas se negaron a permitir que diezmaran su obra de esa forma, pero a medida que la industria se inclinaba cada vez con más violencia en la dirección de Apple, todos se vieron obligados a ceder.

La genialidad tecnológica de Apple rompió el vínculo entre música y artefacto, hizo que la música fuera transformable y animó a los usuarios a  crear su propio mundo de sonido. Cuando los usuarios de iPod paseaban por las calles de la ciudad, aparentemente como parte de una comunidad, sus estados de ánimo, acciones y comportamientos se veían alterados —algunos dirían dictados— por su lista de canciones o por el azarosa «reproducción aleatoria», que transformaba cada aparato en una emisora de radio personalizada.

Algunos innovadores ofrecieron una alternativa al dominio casi totalitario del mercado musical digital por parte de Apple. Pero si lo que uno compraba era acceso a un archivo digital, ¿por qué comprar? Los días en los que una vasta colección de LPs o CDs era una fuente de prestigio (imaginario o no) se habían terminado. Los rápidos avances en la conexión de banda ancha a través de aparatos móviles y de ordenadores fijos provocaron que comprar (o incluso robar) archivos de música ya no fuera necesario. Tanto Radiohead (*In Rainbows*, 2007) como Nine Inch Nails (*The Slip*, 2008) permitieron que los fans se descargaran sus nuevos álbumes sin pagar —aunque Radiohead los animaba a que contribuyeran con lo que consideraran que valía la música. U2 entregó de forma gratuita a todos los usuarios de iTunes su álbum *Songs of Innocence*, de 2014, en una nueva forma de patrocinio corporativo. (El tiro les salió por la culata, pues usuarios de iTunes de todo el mundo exigieron a la compañía software para borrar aquella intrusión no deseada en su banda sonora personal).

Muy pronto ni siquiera los archivos gratuitos fueron un incentivo suficiente para persuadir a los consumidores de que la música aún debía poseerse. El auge de los servicios de *streaming* de música permite a cualquiera con el software apropiado escuchar cualquier pieza musical que desee de entre decenas de millones. El proveedor más importante de *streaming* es Spotify: se puede acceder desde el ordenador, el teléfono o la tablet, y los suscriptores pueden optar entre un servicio gratuito, con limitaciones en cuanto a cantidad de música accesible y anuncios publicitarios insertados entre las canciones, y, por menos de diez libras al mes, un acceso universal sin publicidad. Docenas de competidores han intentado usurpar su predominio, algunos con alcance mundial y otros enfocados en áreas geográficas específicas, como Anghami y Ournia, dirigidos al mundo árabe.

Nuestras opciones en la época «post-soportes» no terminan ahí. Durante muchos años, MySpace no era solo el destino preferido de entre las redes sociales para los adolescentes occidentales, sino también un escaparate para millones de artistas musicales, tanto aficionados como profesionales. Cuando sus usuarios se decantaron por Facebook, la música se mantuvo como el foco principal de MySpace: en 2014, poseía la librería musical digital más grande del mundo, con cincuenta y tres millones de canciones y vídeos en oferta. También, por supuesto, está YouTube, un almacén en rápido crecimiento que contiene videoclips de cualquier tema y forma imaginables, desde los clips promocionales que antes habrían dominado la MTV hasta largometrajes y programas de televisión (descargados legal e ilegalmente). Además, YouTube está dictando una sentencia de muerte para nuestro entendimiento sobre cómo funciona la industria del entretenimiento. Gran parte de su contenido consiste en videoclips realizados por usuarios individuales, los más exitosos de los cuales atraen literalmente a millones de espectadores de todo el mundo y se trata a sus autores como a superestrellas en escaparates de YouTube como VidCon y Summer In The City.

Para desconcierto de los expertos de la industria musical, los adolescentes actuales han creado iconos a partir de jóvenes con guitarras eléctricas que ofrecen versiones amables de éxitos conocidos, viejos y nuevos: lo opuesto al escándalo que asociamos con el rock, el hip hop y demás. El resultado para la industria de la música es devastador. El concepto de estrellato permanece intacto, pero los jóvenes consumidores prefieren seleccionar a sus propias estrellas en lugar de aceptar con sumisión las que producen en masa los torpes gigantes corporativos.

Hasta aquí hemos llegado: desde los tiempos en que las familias se dejaban los ingresos de una semana en un disco de Caruso de 78 rpm editado por Red Seal, hasta el acceso libre a la historia completa del sonido grabado. Para quienes hemos crecido siendo dueños de un puñado de discos que reproducíamos sin parar hasta ahorrar lo suficiente para comprar otro, los jóvenes de hoy son como niños a los que se suelta en la juguetería Hamleys y se les da permiso para llevarse lo que quieran. Sin embargo, con esta libertad ha llegado una pérdida de perspectiva que puede ser al tiempo escalofriante y emocionante. Más allá del puñado de canciones dance (por lo general) en constante rotación en la radio y en los clubes, no hay letreros indicadores en la librería musical de Babel. Todo existe fuera de la historia, nada está conectado, todo es igualmente válido (o no válido). Las personas que marcaban tendencia en el pasado, críticos y locutores, se han vuelto obsoletos. Y aun así resisten, dirigiéndose a la proporción cada vez menor de oyentes que se preocupan de la validez de sus opciones. La mayoría se contenta con crear su propio camino entre la caótica jungla, con la única restricción de es posible que sus elecciones se expongan, a través de alguna red social, a todo su entorno virtual en busca de admiración o por diversión.

Hay expertos que creen que la pena de muerte de los CDs se firmó cuando las discográficas permitieron que se repartieran de forma gratuita con revistas y periódicos. Aquello lanzaba el mensaje de que ya no tenían ningún valor y, inmediatamente después, ya no lo tenían. Pero a pesar de las descargas, el *streaming* y la deslumbrante variedad de emisoras de radio de internet, algunos consumidores se mantienen fieles a su antiguo amor. Dentro de una década, es fácil imaginar que los únicos lanzamientos viables en CD serán exhaustivas y lujosas colecciones de los archivos de Bob Dylan y de sus veteranos coetáneos... hasta que sus admiradores finalmente se resignan a la senilidad y sus sucesores decidan qué hacer con billones de discos brillantes y completamente irrelevantes. Entretanto, el vinilo —condenado a muerte por la industria hace más de veinte años— se ha convertido en los discos de 78 rpm de Red Seal del siglo XXI y confiere la reputación de tener buen gusto a un grupo de admiradores pequeño pero creciente. Comprar vinilos demuestra que te importa la herencia del medio, el material gráfico, el propio sonido del vinilo y la noción de música como algo que hay que apreciar y valorar.

El sonido es una cuestión clave, pues la historia de la música grabada ha sido una búsqueda constante de un sonido más claro, más grande, más brillante, más impoluto y más emocionante. Siempre hubo fanáticos que lloraron la pérdida de los grusos singles de 78 rpm y despreciaban la interpretación menos visceral del single de 45 rpm y del LP. Muchos sintieron lo mismo cuando el vino fue reemplazado por las cintas de casete —que tendían a distorsionar el tempo y el tono— y por los CD, que, pese a la perfección de su sonido, tenían (especialmente en sus primeros años) una calidad de sonido sin cuerpo, chirriante y aguda que parecía meterse en los tímpanos y dejar los sentidos en un extraño estado de enervación. Se puede poner en duda el resultado, pero nadie puede negar que la meta del CD era una experiencia más ideal para el oyente, libre de ruido de superficie, de rayaduras y de la necesidad de darle la vuelta al disco. (Algunos todavía nos sentimos inquietos cada veinte minutos: los hábitos de la juventud son difíciles de abandonar). Pero la era digital, pese a su fácil acceso y a la enloquecedora variedad de placeres, también ha la búsqueda continua de la perfección en el sonido.

A finales de la primera década del nuevo siglo, un creciente número de adolescentes elegía acceder a su música no a través de un reproductor de CD o un iPod, sino desde su teléfono móvil. Congregados en las esquinas o en el piso superior de los autobuses, emitían un sonido estridente y metálico que sacrificaba todos los bajos en favor de unos agudos penetrantes, un sonido casi indescifrable para los oídos adultos que ellos tomaban por música. Aquello era una especie de demarcación territorial, no una obsesión estética, una forma de decirle al mundo exterior quiénes son, con la esperanza (en general, satisfecha) de que se encontrarán con el silencioso resentimiento de cualquier adulto con la mala suerte de estar cerca.

A través de los auriculares, grandes y pequeños —accesorios esenciales para la gente siempre en movimiento del siglo XXI—, el rango dinámico de la música se enfrenta a un doble proceso de compresión: primero, por su conversión a archivos digitales y, después, por los defectos de sonido del equipo. El resultado es una pálida copia del sonido que antes emitían los altavoces tradicionales[45]. Ordenadores, teléfonos móviles, reproductores digitales: todos condensan las ondas de una grabación original, con sus picos de agudos y bajos, en una franja estrecha. Si uno está acostumbrado (o los oídos le fallan con la edad), aceptará felizmente ese so-

---

45. La prevalencia de los auriculares amenaza con contribuir a una epidemia de tinnitus entre los jóvenes, ya exacerbada por el sonido aplastante de muchas discotecas y conciertos en vivo. Según una encuesta de 2006, «escuchar con el volumen a tope [a través de los auriculares] durante más de cinco minutos conlleva el riesgo de un daño permanente» en los oídos[n429].

nido estrangulado. De hecho, hace no mucho hubo grandes discográficas que se propusieron crear estas monstruosidades auditivas durante las llamadas «guerras de volumen» de la industria. Utilizar todo el rango dinámico de sonidos débiles y fuertes encerraba el peligro de que una canción quedara eclipsada por otra con un sonido más consistente. Los productores hicieron que cada grabación tuviera el mismo volumen y la paleta de sonido se aplastó hasta formar una masa de distorsión que cansaba al cabo de unos minutos. En aquel caso, la música era un arma contundente, no muy alejada de su uso como instrumento de tortura en los campos de prisioneros del siglo XXI, donde a los fundamentalistas islámicos se los somete a incesante hip hop o death metal a un volumen ensordecedor como parte de un intento de la cultura occidental de demostrar su superioridad incluso a los no creyentes[46]. «Esta gente no ha escuchado heavy metal», explicaba en 2007 a la BBC un agente estadounidense de guerra psicológica. «No pueden soportarlo. Si se lo pones durante veinticuatro horas, su cerebro y su cuerpo empiezan a detenerse, la cadena de pensamientos se ralentiza y la voluntad se quiebra. Y entonces llegamos nosotros y hablamos con ellos»[(n428)].

La tortura psicológica es una mera extensión de la sociedad que hemos elegido, en la cual la música popular es casi ineludible. La música de hoy —o, más bien, la música que está *de moda* hoy— es una banda sonora permanente de nuestras vidas y también algo descartable, es una forma de describirnos a nosotros mismos a la que accedemos a voluntad pero por la que ya no creemos que haya que pagar. Esta es la razón por la que todas las quejas sobre los músicos que se «venden» al patrocinio corporativo o a los anunciantes están tan equivocadas: si no estamos preparados para pagar por sus servicios a los músicos (y a los escritores, gracias), ¿cómo se supone que han de sobrevivir? Hemos llegado a un momento particular de la historia en el que la gente hace cola toda la noche bajo la lluvia para comprar un teléfono nuevo; en el que ser *cool* significa poseer la última tecnología en lugar de un álbum con las caras de of Jimi Hendrix o de los Rolling Stones. Pero hay un medio en el que la música y la idea de moderno pueden coexistir, algo que fue imaginado por primera vez en los años cuarenta y que ahora se ha convertido en un rito iniciático para cada nueva generación. En un mundo de tecnología diseñada para convertir-

---

46. Por supuesto, estos no creyente en particular —los adherentes más devotos de su fe— provienen a menudo de sociedades que prohíben totalmente la música popular por considerarla un instrumento del diablo o de Occidente, dos cosas más o menos intercambiables. El ayatolá Jomeini citó a las estrellas pop de Irán ante un tribunal revolucionario por primera vez en 1980, acusándolos de que su música era «opio». Por su parte, los talibanes prohibieron en Afganistán todos los instrumentos musicales. Hacia 2005, toda grabación o actuación de voces femeninas fue declarada ilegal por los tribunales religiosos iraníes.

nos a todos en solipsistas, los festivales de música nos convierten de nuevo, aunque brevemente, en una comunidad —de nuevo extasiada, como nuestros ancestros, por la eufórica catarsis de perder nuestra identidad y ser uno con los demás. La música más exitosa del siglo XXI está diseñada para renovar ese sentimiento en nuestras vidas: vidas solitarias y separadas y, aun así, conectadas eternamente con nuestros contemporáneos a través de los lazos adictivos de las llamadas redes sociales.

«No me puedo imaginar a nadie que dentro de cuarenta años recuerde con cariño haber oído a Blondie o incluso a los Rolling Stones o... ¿cuál era el nombre de ese grupo del otro día?... The Clash. ¿Qué podrían decirse? '¿Recuerdas el volumen, recuerdas las luces parpadeantes? ¿Recuerdas cuando nos colocamos?'. Lo dudo».

Líder de banda Benny Goodman, hacia 1980[n431]

CAPÍTULO 14

LÍNEAS BORROSAS

«Hay tantas cosas viejas que pueden mezclarse en infinitas permutaciones que no hay ninguna necesidad de crear nada nuevo».

Damon Albarn, Blur[n430]

Comedia, comida, arte, ciencias sociales, lectura, historia, televisión, espiritualidad —incluso géneros musicales como el country, el hip hop, el folk—, todos comparten un rasgo común al haber sido objeto de uno de los neologismos más gastados de las últimas dos décadas: han sido descritos como «el nuevo rock'n'roll». Implícito en estas comparaciones está el sentido de que el viejo rock'n'roll —el que emergió de la escena del rythm'n'blues a mediados de los años cuarenta y se convirtió en una omnipresente cultura global— está muerto o moribundo o es irrelevante o, en cierto sentido, ha sido despojado de su significado y de su poder. O algo aún más insidioso: que el rock sigue siendo una idea poderosa, un concepto que puede poner a individuos y a multitudes en un estado de anticipación pavloviana... pero no cuando está combinado con música rock. Como prueba instrumental de la acusación, considérese el poder de una marca comercial como Rockstar y sus connotaciones de glamour, dominio y éxito. La marca en cuestión se ha ganado todas esas cualidades, pero Rockstar no tiene ninguna conexión con la música o con músicos: es una de las empresas más importantes del mundo que crean videojuegos para PlayStation y Xbox. Más famosamente, son los creadores de *Grand Theft Auto*, una serie que ha revolucionado el marketing de juegos de acción. Hay música en *GTA* (y cameos de voces de músicos famosos) pero esta es incidental a la acción: la estrella de Rockstar es el jugador, no el rock o las estrellas de rock[47].

¿Deberíamos estar lamentando la muerte del rock'n'roll? Algunos dirían que llegamos sesenta años tarde. El primer gran éxito de Elvis Presley, «Heartbreak Hotel», apareció en enero de 1956. En mayo de aquel año, las

47. Rockstar también es la creadora de un juego llamado *Wild Metal Country*, que no tiene nada que ver con el heavy metal o con la música country.

publicaciones musicales de Estados Unidos estaban llenas de preocupación por que el rock'n'roll estaba ya viejo o había perdido su tirón. En septiembre, el *Daily Mirror* de Londres sugería que «el rock'n'roll está pasado de moda, se ha quedado tan anticuado como las aspidistras»[n432]. Después, la muerte del rock'n'roll se ha anunciado con regularidad semanal. No es de extrañar que haya jóvenes y desafiantes compositores de canciones que han escrito canciones como «Rock and Roll Is Here to Stay» [«El rock and roll está aquí para quedarse»] y «It Will Stay» [«Aguantará»]. Emergieron en una era en la que los primeros motores del rock habían sido alistados o encarcelados o desgraciados o incluso habían perdido la vida. «Elvis murió cuando se fue al ejército», dijo famosamente John Lennon, y muchos asumieron que el rock'n'roll había muerto con él. Los fans de los roqueros originales pensaban que los Beatles habían matado su música; los Beatles pensaban que la estaban trayendo de vuelta a la vida. Desde entonces, el rock ha sido supuestamente aniquilado por la música disco, el punk, los sintetizadores, el hip hop y la música dance, o herido de muerte por Internet (al que se ha adjudicado la responsabilidad de cada cambio social de las pasadas dos décadas).

Y sin embargo, sesenta años después de que el rock'n'roll se convirtiera en una potencia comercial, no hay un medio más fiable para convencer a vastas hordas de gente a que se queden de pie o acampen en campos llenos de barro —a cambio de enorme incomodidad personal y de la mayor parte del sueldo de una semana— que promover un festival de rock, cuanto más grande y establecido, mejor. La demanda de entradas para eventos como el peregrinaje anual a la granja de Michael Eavis en Glastonbury nunca ha sido tan alta y el público actual va desde bebés a los abuelos de estos sin miedo al ostracismo o al ridículo social. Como Mick Jagger observó por primera vez en los años setenta, el rock'n'roll «perpetúa tu adolescencia, para bien y para mal»[n433]. Por entonces, Jagger estaba ligeramente avergonzado de su capacidad, como privilegiada estrella del rock, de prolongar sus hábitos adolescentes hasta la vida adulta mientras la mayoría de los hombres de su edad estaban preocupados por su carrera, su familia y pagar facturas. Ahora Jagger es él mismo abuelo, aún se permite comportarse como un chaval de dieciocho años y su fantasía adolescente sigue siendo un modelo para generaciones de aficionados al rock, para quienes la continuada existencia de los Rolling Stones ofrece un escape a la terrorífica realidad de un planeta empeñado en su propia destrucción ecológica.

Hay un momento profundo en la vida de cualquier adulto, que es cuando se encuentra a sí mismo identificándose no con los jóvenes, sino con los adultos. No con el novicio de diecisiete años en un momento de crisis, sino con el canoso veterano que se ata las botas y arrastra sus doloridas rodillas por el parque para una última celebración. Hay parecidos puntos de referencia en nuestra apreciación del rock'n'roll : la primera vez que te das cuenta de que eres más viejo que una nueva banda favorita y, finalmente, cuando te das cuenta de que tus héroes originales son más viejos que tus abuelos cuando eras adolescente. El rock una vez dividió a las generaciones; ahora las une. Por eso los veteranos del rock son contratados de forma rutinaria para proveer entretenimiento en eventos orientados a una audiencia de todas las edades: la Superbowl, los Juegos Olímpicos, los aniversarios reales. Su presencia no connota nada de la rebelión o subversión que su música expresaba originalmente: están tan domesticados y son tan familiares como la reina o cualquiera de los envejecidos iconos de nuestro pasado colectivo.

La música tiene un poder casi sin rival para pasar por encima del pensamiento lógico y recuperar el pasado. Los primero compases de (dependiendo de la edad de uno) «Take the 'A' Train», «Tennessee Waltz», «Don't Be Cruel», «She Loves You», «Whole Lotta Love», «White Riot», «Like a Virgin» o «Wannabe» pueden transportarnos al pasado, enteros e intactos, al momento en que nosotros, y ellos, éramos nuevos. Esa habilidad para reavivar nuestro pasado distante es lo que confiere a la música popular su dominio único sobre nuestras emociones, su casi siniestro poder para despertar la nostalgia, incluso cuando la época que recordamos no fue tan feliz como fingen nuestros sentimientos.

Cualquier música puede llevar esa carga y liberar esos recuerdos a menudo falsos, pero el bagaje cultural del rock, su longevidad y su poder, preservados por toda una industria dedicada a su cuidado eterno, lo distingue de sus predecesores en la historia de la música popular. Otros géneros y estilos han dominado sobre una sola generación y después han desaparecido en la insignificancia cultural. El rock, en el sentido más amplio del término, es diferente: no solo ha mantenido a sus seguidores originales sino que ha conseguido que cada nueva generación se suba al carro (o sea atropellada por él). A finales de los años treinta y cuarenta, la música swing dominaba las vidas musicales de la gente joven de la misma forma que el rock lo hizo en las décadas subsiguientes. Pero cuando el swing quedó atrás, ya solo los estudiosos de la historia cultural se añadían a su base de fans, hasta que, décadas más tarde (como las botas vaqueras para bailar country y la salsa), resurgió como banda sonora para clases de baile. Como música, el swing pertenecía a su generación y a ninguna otra. El rock ha sido transmitido —o impuesto— a cada generación que ha surgido después.

Las consecuencias de todo esto han sido sorprendentes y a veces surrealistas. El rock nació como la música de la juventud y su contenido lírico no iba más allá de los dolores y las pasiones del romance juvenil y de la rebelión de las hormonas adolescentes. Bob Dylan y sus imitadores añadieron una dimensión extra al mundo del rock, hasta el punto de que se convirtió en un vehículo para la protesta política y la sátira social, la autoexpresión y la inseguridad, la confusión, el caos y la euforia. Sin embargo, través de su historia, el rock expresaba la juventud como algo preferible a la edad adulta, incluso cuando sus practicantes envejecían ante públicos que abarcaban varias generaciones. Aquellos autores de canciones que primero ampliaron los horizontes del rock en los sesenta han intentado explorar las ramificaciones del proceso de envejecimiento cuando su optimismo juvenil palidecía ante la inminencia de la muerte o ante la sombra de una enfermedad mayor. Pero pocos oyentes quieren oír canciones sobre movilidad reducida, impotencia sexual o capacidad mental en decadencia. Solo Leonard Cohen, al tratar la edad como una broma cósmica, ha conseguido de forma consistente ampliar su registro creativo con una mirada impasible ante los destrozos de la edad. Aparte de él, el público de mediana edad o de la tercera edad se agarra a un puñado de mensajes al borde de la tumba, como «Time Is the Final Currency» [«El tiempo es la moneda final»], de David Crosby (un hombre que ha flirteado con la muerte durante décadas), la aterradora «Last Day on Earth» [«Último día sobre la tierra»], de Tom Ovans, o el disco *Time Out of Mind*, de Bob Dylan. «Nadie ha grabado un disco para la muerte todavía, o un disco sobre la muerte»[n434], reflexionaba Marvin gaye en 1976. «Es algo que no me importaría hacer a mí». Quizá la oportunidad se perdió cuando Frank Sinatra eligió dedicar sus años finales a un amable recordatorio de las glorias pasadas en lugar de al desgarrador ciclo sobre la senilidad que quizá solo él tenía estatura para grabar.

Y sin embargo, cualquiera que presencie a los grandes del rock enfrentándose a su avanzada edad tiene que enfrentarse a su propio avance inevitable hacia la oscuridad. Por cada artista que pretenda estar fuera del tiempo (como los Beach Boys cantando «Be True to Your School» [«Sé fiel a tu colegio»] con casi setenta años), hay otro que no hace ningún esfuerzo por ocultar el paso del tiempo (como Bob Dylan gruñendo como el bluesman de ochenta años que quería ser cuando tenía veintiuno). Las estrellas del rock pueden ponerse pelucas o llevar sombreros para ocultar su pérdida de cabello y usar botox o cirugía plástica para conservar su apariencia juvenil. Pero solo los que han protegido y mimado sus voces a lo largo de las décadas pueden esperar convencer a sus fans de que siguen siendo lo que una vez fueron. En la mediana edad, los cantantes pierden su registro superior, después su flexibilidad, después su potencia. Cuando alguien ve que a Chuck Berry, a sus ochenta años, tienen que ayudarle a subir al escenario y que no puede ni cantar ni tocar la guitarra, uno se pregunta si eso es dignidad, explotación o una aterradora mezcla de las dos cosas. Lo que vitoreamos cuando vemos a hombres y mujeres que siguen actuando a los setenta y ochenta años es su supervivencia y, por extensión, la nuestra.

El rock no puede existir como un género de entretenimiento gracias solo a esos veteranos. Y sin embargo su sombra cae sobre cualquiera que quiera ganarse la vida dentro de sus límites. Cada forma artística tiene un periodo de vida limitado y llega un momento en el que ya no hay lugar para más experimentación o novedad. Ese es el momento en que se empieza a dar la bienvenida a la influencia exterior y a abandonarse a la autoparodia y la imitación. Lo que ayudó a mantener el rock con vida y con potencia era la juvenil energía de la disidencia. Cada oleada de músicos puede ofrecer como nuevas unas ideas que a oídos de sus mayores suenan a clichés porque, *para ellos*, son nuevas. Por eso una banda como 5 Seconds of Summer puede revivir el aparentemente agotado sistema de agitación punk, como si The Clash, Nirvana y Green Day nunca hubieran existido. Y lo mismo vale para la explosión de nu-metal de comienzos de los años 2000, que extendió la tradición que va desde Black Sabbath hasta Korn, y para los grupos emo, que ofrecían a los inadaptados adolescentes una banda sonora igual que la que antes habían ofrecido The Smiths y los góticos. El género musical más estático, más inacabablemente renovado, ha sido el de las bandas de rock indie de guitarras: una larga sucesión de grupos uniformes (dos guitarras, bajo, batería) con idénticas apariencia e influencias han sido jaleadas por la prensa musical como los salvadores semanales del rock. No importa si sus carreras sobreviven a esa exposición inicial. Todo lo que cuenta es la fantasía de que, semana tras semana, el rock es nuevo y excitante en lugar de repetitivo y monótono. La novedad en sí misma viene menos de la música que de la perspectiva lírica de una banda como Underoath, cuyo punk rock no estaba alimentado por el vandalismo juvenil sino por la fe en los Evangelios.

Todo esto puede ser interpretado como la muerte por cualquiera que haya apostado toda su identidad por el rock como fuerza cultural. Pero pocos se toman en serio esa idea en 2015, cuando el propósito principal —y quizá el único— del rock (y del pop) es entretener. No importa que cada crítica de un nuevo disco tenga que aclarar qué segmento de la historia del rock está resucitando este, conscientemente o no. El ingrediente vital es la conexión con la audiencia: la habilidad para conjurar canciones que suenen como himnos, que ofrezcan la posibilidad de congregarse en una unión gozosa.

Imagina que en 1995 quedas atrapado en el total aislamiento cultural de un confinamiento solitario y después eres liberado a la luz del sol en 2015. Como una brutal forma de rehabilitación, tus trabajadores sociales te llevan a un festival de rock en el que tocan muchas de las principales luminarias de la pasada década. Concibamos un cartel compuesto por Coldplay, Adele, Mumford and

Sons, Ed Sheeran, Paolo Nutini, The Kings of Leon, Jake Bugg y The Arctic Monkeys. ¿Cuántos de esos artistas te dejarían tambaleándote de incomprensión, incapaz de entender exactamente de qué planeta proceden y qué quieren de ti? Yo creo que serías pefectamente capaz de describir su música basándote en la música que escuchaste antes de tu exilio... caras desconocidas pero sonidos reconfortantemente familiares.

En otros escenarios del mismo festival, sin embargo, encontrarías la presentación y la banda sonora más perturbadoras y surrealistas. Es allí donde encontrarías a los artistas que han buscado la novedad en forma de fertilización cruzada con otras tradiciones musicales, rastreando los continentes en busca de sangre fresca que inyectar en las cansadas venas del rock, y a decenas de miles de personas saltando de entusiasmo frente a músicos cuyo único papel es apretar botones en una máquina y agitar los brazos en el aire.

«[Los noventa estaban] llenos de música que se vendía y se alababa según la noción de que hay algo excitante en la misma idea de géneros musicales intercambiando saliva en la discoteca indie [...]. Hoy en día, la mezcla de géneros se ha vuelto parte del paisaje. Hace once años, la zambullida de cabeza de Radiohead en la música dance inteligente de *Kid A* dejó a los críticos asombrándose de su audacia. Ahora polinizan su sonido con dubstep o afrobeat y reciben un asentimiento educado o un disimulado bostezo [...]. Desde The XX hasta Janelle Monae o Animal Collective, casi cada artista aclamado intenta forjar un sonido basado en una masa de estilos diferentes. La hibridación es un principio básico del art-rock».

Tom Ewing, *The Guardian*, 2011[n435]

La fusión era antes una cuestión de pura aritmética: country más rock igual a country rock; latin más soul igual a latin soul. Estas combinaciones básicas eran fáciles de asimilar, ofrecían a los músicos un nuevo mundo de posibilidades y permitían, por ejemplo, que los experimentos con el country rock de los años sesenta alimentaran el movimiento de cincuenta años de edad conocido como *americana*. La palabra «fusión» en sí misma se aplicaba a las amalgamaciones de los principios del jazz con una variedad de formas populares a finales de los sesenta y comienzos de los setenta, desde el rock psicodélico al rock progresivo pasando por toda forma imaginable de funk.

La fusión de las décadas más recientes ha conllevado ecuaciones más complejas y una gama ilimitada de variaciones rítmicas y estilísticas. Los practicantes de algunos géneros, como el country, el metal y el punk, prefieren no desviarse mucho del camino marcado. Pero músicos como Elvis Costello, David Byrne, Damon Albarn y Beck han basado sus carreras en su rechazo a los límites. Mientras tanto, la creciente migración por todo el globo ha hecho que comunidades cada vez más diversas entren en contacto artístico unas con otras. Esto ha provocado una experimentación incesante, una continua mezcla de géneros musicales. Pero también ha creado una nueva forma de pop global, con ritmos idénticos que suenan en territorios que antes poseían tradiciones musicales distintivas. Parece que casi cada nación de la tierra tiene la misma gramola. Hoy puedes entrar en un bar en Londres, Nueva York, Río de Janeiro, Moscú, Hong Kong, Ciudad del Cabo o Lagos y oír a Lady Gaga, Miley Cyrus, Pharrell o Beyoncé. De hecho, en 2012 y 2013, parece que cada persona del planeta estaba bailando con una sola canción, «Gangman Style», de la estrella del pop surcoreana Psy. Solo a través de YouTube, ha habido aproximadamente 2,5 billones de visionados del vídeo en 2014, un número que equivale a un tercio de la población del planeta. Su éxito eliminó cualquier barrera entre el dance pop que dominaba en las listas anglo-americanas y las tradiciones del K-pop y el J-pop de Corea y Japón. El pop del siglo XXI puede venir de cualquier lugar y tener como objetivo a cualquier población.

Hace cincuenta años, los artistas británicos o estadounidenses solo podían esperar conquistar territorios allende los mares si allí se hablaba inglés. Para penetrar más profundamente en la comunidad global, tenían que dirigirse a audiencias específicas —francesas, alemanas, italianas— con canciones traducidas a esos idiomas. Incluso los Rolling Stones y los Beatles se vieron obligados a esas concesiones, aunque el imparable impulso de su ascenso a la fama impidió que subsiguientes artistas tuvieran que hacer lo mismo. En el siglo XXI, las corporaciones de medio globales y todo el escenario de libre acceso a Internet han conseguido que los productos de las factorías de cine y música de Estados Unidos se expongan y distribuyan de forma simultánea en todo el planeta. La posición de Estados Unidos como superpoder económico herido pero aún todopoderoso también le confiere el derecho de moldear el entretenimiento de cada continente. En lugar de forzar a sus estrellas a reflejar distantes tradiciones culturales, Estados Unidos simplemente vende una marca polirrítmica de pop bailable que puede comprenderse en todas las culturas.

Los cambios locales en la demografía racial han contribuido en gran medida a este replanteamiento de las identidades culturales. Solo en Reino Unido, la aceptación del reggae y de su descendencia como parte de nuestra dieta nacional es una prueba del impacto que tuvo la inmigración masiva desde las Indias Occidentales a partir de finales de los años cuarenta. La llegada de familias del subcontinente indio tuvo un efecto menos inmediato en la música popular, hasta que el bhangra se infiltró desde la comunidad sij a finales de los setenta, adquirió un persistente ritmo de música disco y comenzó a tocarse con instrumentos occidentales. Sin embargo, a diferencia del reggae, el bhagra desarrolló un sistema de distribución discográfica y de promoción de conciertos completamente independiente. Solo carteles en los escaparates o en las estaciones de metro alertaban a la población no asiática de la existencia de artistas como Heera Group UK o del vasto público étnico que acudía a los conciertos de las estrellas del cine llamado de Bollywood, cuyos nombres no reconocía nadie que no tuviera raíces asiáticas. En los medios nacionales se prestaba más atención a artistas que habían saltado al escenario internacional como Sheila Chandra, Apache Indian y Fun-da-mental.

Tendencias similares pueden documentarse por todo el mundo. Pero la intervención más significativa de la música global ha venido de la explosión del pop latino en Estados Unidos y fuera de Estados Unidos. El periodista y escritor Robert Morales observó con escepticismo, en 1999: «La cultura latina se recicla como una moda en Estados Unidos cada década: Ricky Ricardo, el mambo, la música disco, *Miami Vice*, Julio Iglesias, Menudo y 'La Macarena'»[(n436)]. Pero lo que distinguió a la cultura latina en los noventa y le permitió sobrevivir fue la estadística de población que dice que los habitantes de origen hispánico ya superan a los caucásicos en el estado de California, con Texas a punto de seguir. La cultura latina ya no es una novedad extranjera, sino un elemento fundamental en la sangre vital estadounidense. A resultas de esto, Gloria Estefan, Ricky Martin, Marc Anthony, Jennifer Lopez y Enrique Iglesias se han convertido en estrellas no solo entre las comunidades de habla española sino en todo Estados Unidos y, por ende, en todo el mundo.

Y sin embargo, el borrado de las líneas entre la cultura norteamericana y la latinoamericana ha tenido consecuencias que van más allá del destino de los diez millones de inmigrantes ilegales que llegan del norte de México para establecerse en Estados Unidos. A uno y otro lado de la frontera, la comunidad de habla española está fascinada por los narcocorridos o baladas de la droga: un equivalente hispánico del gangsta rap, quizás, excepto por que estas canciones narran y celebran la vida de verdaderos forajidos, en lugar de los protagonistas ficticios de las sagas de asesinato del hip hop. Muchas tiendas de discos del norte de México y del sur de California están llenas de CDs que suenan tan inofensivos como cualquier música folk interpretada con guitarras, acordeones y tubas. Pero, como descubrió el escritor Ioan Grillo, estas baladas mexicanas eran relatos de «fugas de prisiones, matanzas, alianzas y tratos rotos»[(n437)], informativos de la primera línea de las guerras de la droga. Lo que las separaba del resto de la música popular es que, como la música clásica del siglo XVIII, estaban escritas por encargo (a cargo de asesinos y contraban-

distas, en lugar de aristócratas y clérigos). Los cantantes podían ganar entre
10.000 y 15.000 dólares por una canción que celebrase las hazañas de un capo
mexicano o las proezas de un forajido encarcelado. Los narcocorridos se prohibieron en la radio a ambos lados de la frontera, pero se vendían en enormes
cantidades. Había incluso vídeos para promoverlos, como el vídeo lleno de estrellas de «Sanguinarios del M1», de Movimiento Alterado, una canción tex-
mex con el acostumbrado acordeón y adornada con una estridente percusión
que imitaba disparos.

Los narcocorridos pueden despreciarse como un fenómeno cultural tan
inofensivo, en definitiva, como la tradición estadounidense que conecta el
gangsta rap con las llamadas películas de *blaxploitation* y las añoradas baladas
de cowboys que celebraban a los asesinos del salvaje oeste. Sin embargo, la
música, trasplantada de una cultura a otra, puede emplearse para fines más
tenebrosos. La guerra étnica que partió en dos Ruanda en 1994, en la que los
hutus masacraron a cientos de miles de tutsis, aparte de cualquiera de su propia tribu que se negase a participar en la matanza, fue avivada por la emisora
de radio RTLM. Su programación estaba llena de música de Simon Bikindi,
un cantautor ruandés cuya música no solo era patriótica, sino que incitaba a
la violencia. Bikindi clamaba «Nanga Abahutu» («Odio a ese hutu») era una
canción de reconciliación, pero fue ampliamente interpretada como una llamada a castigar a aquellos que se negasen a prestar su apoyo a la limpieza étnica. Finalmente, Bikindi fue juzgado y condenado como criminal de guerra,
aunque por sus discursos, no por sus canciones. Pero la evidencia sonora más
turbadora la proporcionan las cintas que han sobrevivido de las emisiones de
propaganda de la RTLM. Mientras los locutores cantaban eslóganes de odio
tribal, sonaba la canción que se había convertido en sinónimo de su incitación
a matar: «Now That We've Found Love», una canción juguetona y benigna
de los cantantes de rap americanos Heavy D and The Boyz. El gangsta rap
parecía de pronto pueblerino y manso en comparación. Pero a medida que
el hip hop pasaba de ser una forma artística afroamericana a convertirse en
un lenguaje global, casos como este de cables cruzados y líneas borradas eran
cada vez más inevitables.

«*MTV Jams* ha hecho que el R&B sea aceptable para la
América blanca [...]. Los jóvenes blancos no tienen que salir a
buscar lo nuevo del R&B porque lo tienen ahí mismo, en el
salón de casa. Seguramente, es también su cultura».

Bill Bellamy, presentador de *MTV Jams*, 1993[n438]

«Eminem rapea como una chica, tío [...]. No me gusta su vocecita chillona [...]. Suena como una niña llorica, ¿entiendes? Su música no está mal, pero no significa nada. Las letras no significan nada. ¿Slim Shady? ¿A quién le importa?».

Vanilla Ice, 1999[n439]

La historia del rap se repitió por todo el mundo. En 1995, Kool Shen y Joey Starr fueron arrestados por insultar a la policía durante una manifestación contra el partido de ultraderecha francés, el Front National. Ambos forman el dúo de hip hop NTM, una abreviatura del argot francés que significa «que le den por culo a tu madre». Su delito fue gritar, desde un escenario en Toulon, «que le den por culo a la policía», lo cual fue interpretado por los agentes presentes como una incitación a la violencia. Si en lugar de «NTM» leemos «NWA», esto podría haber ocurrido en Compton en 1988, donde los policías de California se negaron a proporcionar seguridad en los conciertos de los autores de «Fuck Tha Police».

En Sudáfrica, donde hay tan pocos ciudadanos negros con acceso a una conexión de banda ancha que el rap se transmite mediante los móviles en lugar de por Internet, POC (Prophets of da City) fueron excluidos de la televisión nacional porque los directores de las cadenas temían que su música encarnaba «un espíritu de violencia». Solo cuando su vídeo «Understand Where I'm Coming From» recibió un prestigioso premio en Francia, la SABC retiró su censura. El colectivo de rap ya había recibido atención no deseada por parte del gobierno gracias a una grabación anterior, «Ons Stem», que satirizaba el himno nacional afrikáner. Pero no vayamos a creer que el hip hop sudafricano era únicamente un bastión de antiautoritarismo: tendencias menos progresistas comenzaron a infiltrarse en la escena a finales de los noventa, como letras abiertamente sexistas que no consideraban la violación un delito y rivalidades potencialmente letales entre bandas y raperos que recordaban a los recientes altercados entre las costas este y oeste en Estados Unidos.

Como señaló el escritor sudafricano Farai Chideya en 1997: «Muchos jóvenes africanos miran a Estados Unidos para encontrar formas de expresar sus esperanzas, sus miedos y sus frustraciones. La cultura pop americana ha sido siempre una cultura pop global, por lo que es natural que los africanos negros se identifiquen con los artistas negros estadounidenses»[n440]. El patrón se repitió por todo el mundo: Cuba, Japón, Nueva Zelanda, toda Asia, África, Europa y Sudamérica. Dondequiera que la gente joven se identificaba con la oposición a la autoridad, el hip hop y el heavy metal proporcionaban válvulas de escape para la indignación, la ira y la rebelión.

La comunidad afroamericana del hip hop aceptó de buena gana el tributo mundial al poder de su cultura local: las tradiciones del sur del Bronx ahora abarcaban el planeta entero. Pero los artistas blancos eran más difíciles de asimilar. La América negra había estado luchando para agarrarse a sus tradiciones desde que una grabación tan blanca (y blanda) como «Hey Paula», de Paul and Paula, había ocupado el número uno de la lista de R&B de *Billboard* en 1963. En 1969, esa lista pasó a llamarse «de soul» en lugar de «de R&B»; en 1982, poco después de que el dúo blanco Hall and Oates llegara a su número uno, fue rebautizada como Lista de Singles Negros. Lo cual no excluía a artistas como George Michael o Lisa Stanfield, la cual obtuvo tres números uno en ella. Sin embargo, el hip hop siguió siendo una cultura desafiantemente negra hasta 1990, cuando Vanilla Ice fue apodado «el Elvis del rap» (un cumplido de doble filo). Su single «Ice Ice Baby», que giraba en torno a un sample de «Under Pressure», la colaboración entre David Bowie y Queen, debería haberle valido quizás el apelativo de «el Pat Boone del rap», pero su valor como novedad lo llevó al número uno de las listas de pop estadounidenses. En seguida llegó su equivalente hispánico, Gerardo, con «Rico suave». Pero no hubo una invasión blanca de aquel género negro al estilo de 1956: Vanilla Ice pronto fue olvidado.

Puede que el hip hop siguiera siendo negro, pero el ámbito demográfico de su público se amplió a comienzos de los noventa. En 1994, la mitad de la lista US Hot 100 eran canciones que tenían alguna relación con la tradición del rap. Nadie podía pretender que se trataba de un estilo que solo atraía a oyentes negros. Inevitablemente, los fans blancos del hip hop quisieron participar de esa cultura en un escenario más grande que sus dormitorios. A medida que la década avanzaba, comenzó a surgir un número cada vez mayor de raperos blancos: Everlast y Danny Boy, alias The House of Pain; Kid Rock, y, más de forma visible y controvertida que los demás, Marshall Mathers.

Mathers provenía de un parque de caravanas situado en un barrio mayoritariamente negro de Detroit, creció rapeando con y contra intérpretes negros en los clubes locales y, finalmente, se convirtió en un protegido de Dr Dre. Como muchos de sus coetáneos, Mathers adoptó un pseudónimo, Eminem, y después añadió una capa más de misterio al dotar a Eminem de un alter ego, Slim Shady. Estas identidades luchaban por su alma y permitían a Mathers tratar su pasado y su vida privada como alimento de fantasías violentamente misóginas sobre su madre y su mujer (además de bofetadas gratuitas a otros famosos). Si el formato del rap ya favorecía la hipérbole, Eminem lo llevó a los terrenos de la basura sensacionalista y a la narrativa experimental.

No se podía haber diseñado una estrategia mejor para desequilibrar a enemigos y aliados por igual y dejar a los demás preguntándose por sus motivos.

Un fan blanco de dieciocho años declaró a la revista *Vibe*: «Me encanta Eminem, pero no me gusta el hip hop. Él es tan original. Y tan guapo»[n441]. Pero, al igual que los Beastie Boys una década antes, Eminem abrió una puerta para que generaciones de oyentes blancos se introdujeran en el hip hop (y también puso su dinero y su nombre para ayudar a sus amigos negros con menos éxito). No estaba solo: la *boy band* N Sync se enfrentó a la música rap con tanta autenticidad que Baby Gerry, del colectivo negro Full Force, felicitó públicamente a Justin Timberlake por sus habilidades para imitar una caja de ritmos humana.

La palabra era ahora *crossover* [ensanchamiento del estilo de un artista para atraer a un público más amplio], la cual ya no era un pecado sino —especialmente en una industria en declive— el suelo de todo artista y todo ejecutivo. El hip hop era tan inevitable en la música contemporánea al comienzo del nuevo siglo que se convirtió en una costumbre para cada disco de música «urban» (un eufemismo para lo que la industria británica llama «Música de origen negro») contener un cameo de un rapero. Mariah Carey, para quien el *crossover* era tan natural como respirar, fue la primera gran estrella en demostrar el potencial comercial de estas colaboraciones cuando permitió que singles suyos de mediados de los noventa como «Fantasy» y «Honey» fueran remezclados con raps de gente como Ol' Dirty Bastard y Mase. Muy pronto, el hip hop se volvió tan poderoso que ahora eran los cantantes de R&B los que aparecían como invitados en los discos de rap. «¿Es que un artista ya no puede mantener la atención de la gente durante 3,5 minutos», se preguntaba la revista *Vibe* en 1995, «o es que todo el mundo tiene que estar saliendo en los vídeos de los demás?»[n442]. La respuesta apareció en el siglo XXI, cuando las palabras clave de los créditos de cualquier single de R&B o de rap no eran el nombre del artista, sino los artistas «invitados» que aparecían en letra pequeña.

Quienes apostaron su vida a la pureza del grunge a comienzos de los noventa quedaron espantados cuando marcas como Ralph Lauren comenzaron a introducir camisas de franela, de forma que cualquier ejecutivo de Wall Street podía parecerse a Kurt Cobain durante el fin de semana. Esta explotación era solo el comienzo. En cuestión de meses, las tiendas Sears lanzaron una línea de Urban Images modelada según los códigos de etiqueta de la comunidad del hip hop, lo cual sería otra causa de indignación si no fuera por el hecho de que, a diferencia del rock —su hipócrita primo—, el hip hop nunca había ocultado su preocupación por el dinero y por los artículos de marca, lo cual era la garantía de que habían salido del gueto y habían triunfado por encima de los estereotipos raciales.

En 2000, marcas como Enyce y Rocawear ya se habían establecido como importantes agentes en la escena de la moda. Un elemento más significativo que el predominio de ropa de inspiración urbana independientemente de la raza y a lo largo de la escena global, era la emergencia de raperos individuales como empresarios: esas dos marcas habían sido fundadas, respectivamente, por Puff Daddy y Jay Z. Mientras que sus homólogos del rock'n'roll habían invertido sus riquezas en drogas, mujeres fáciles, abogados de divorcio, coches deportivos y, solo después, bienes raíces, las superestrellas del hip hop en seguida se establecieron como capitalistas sin reparos. En 2014, *The Guardian* estimó que Puff Daddy —que ahora prefiere que lo llamen P. Diddy— había amasado una fortuna de 700 millones de dólares, de la cual tan solo una pequeña parte se debía a sus hazañas musicales.

Nadie ejemplifica mejor la nueva dinámica de los negocios del hip hop que Dr Dre. Tras haber sido un Nigga With Attitude y un pionero del gangsta rap y de las técnicas de producción con potentes bajos, Andre Young es ahora billonario gracias a la compra por parte de Apple de Beats, la corporación de electrónica que fundó con su productor y jefe de su discográfica Jimmy Iovine. El objetivo de Dre era simplemente ampliar sus líneas de moda urbana, pero Iovine sugirió que podía ganarse más dinero con auriculares de diseño. Antes la moda era llevar unos discretos auriculares del iPhone de Apple, pero Beats convirtió los auriculares en un objeto de estatus como veinte años antes lo eran las zapatillas: cuanto más grandes y llamativos, mejor (y sin importar la calidad del sonido, que, en el caso de Beats, ha sido criticada a menudo).

Una vez iconos del hip hop estuvieron entre los hombres de negocios mejor pagados del mundo, no es de extrañar que la cultura del hip hop se volviera cada vez más obsesionada con la riqueza y con consumirla de forma provocativa. Temas de rap que podían haber sido crónicas de la vida en el gueto se convirtieron en anuncios de productos, y lo mismo ocurrió con los vídeos, que no habrían sido más arrogantes y exclusivos (en todos los sentidos de la palabra) de haber sido realizados por potentados y príncipes. Inherente a este sentido de la propiedad —en un entorno en el que un hombre era juzgado por sus compras y sus posesiones, no por sus acciones o sus palabras— estaba la creencia de que las mujeres, jóvenes, semidesnudas y *bootylicious* [*culodeliciosas*] (por tomar prestado un término de una canción de Destiny's Child) eran, simplemente, otra categoría de objetos hechos para disponer o abusar de ellas con la misma impunidad que una cabeza de caballo en una película sobre la mafia.

En el siglo XXI, era fácil —de hecho, casi inevitable si uno tenía una pizca de progresismo en el cuerpo— lamentar el sexismo innato del hip hop, machista y obsesionado con la joyería, y el triunfo gradual de esa mentalidad en el espectro general de la música urban. Nada ilustraba esta tendencia con mayor claridad que el éxito de 2013 «Blurred Lines» [«Líneas borrosas»], una colaboración entre Robin Thicke y el ubicuo (en 2013) Pharrell. La canción, que contenía un rap especialmente incendiario del invitado T.I., se interpretó en general como una defensa o un enaltecimiento de la violación (las líneas supuestamente «borrosas» eran las que separaban el consentimiento del abuso sexual). El hecho de que la canción apareciese justo después de las revelaciones de abuso sistemático y vitalicio de niñas y adolescentes por parte del locutor Jimmy Savile solo añadió leña a la controversia. El furor se extendió hasta abarcar los cuerpos desnudos de mujeres expuestos de forma gratuita en los vídeos de hip hop y música urban y su influencia en la descarada sexualización de la mujer en la sociedad moderna, lo cual tenía efectos perniciosos sobre precisamente esos grupos de edad de los que abusaba Savile y otros depredadores de la industria del entretenimiento. Todos estos aspectos y preocupaciones coincidieron en agosto de 2013, cuando la antigua estrella infantil Miley Cyrus, de veinte años, hizo un provocativo *twerking* ante una audiencia global en los Video Music Awards, mientras Robin Thicke (inevitablemente) «aparecía tras ella como una especie de plaga sexual a lo Zelig»[n443], en palabras de Dorian Lynskey.

Aquí había materia para mil tesis sociológicas[48]. A los dieciocho años, la estrella del pop Christina Aguilera había declarado: «Es importante para mí ser un modelo de conducta positivo. Pasearse en sujetador y en pantalones cortos no va a dar confianza a las demás chicas. Eso solo me convertiría en una persona más que las empuja a sentirse como algo que no son»[n444]. Sin embargo, a los veintiuno, mientras promocionaba su álbum *Stripped*, Aguilera se presentó ante los espectadores del programa de la BBC *Top of the Pops* como la exacta antítesis de su anterior promesa. ¿Fue enteramente suya la decisión de sexualizar su imagen, fue idea de sus representantes o era algo inescapable en una sociedad que exige que sus mujeres jóvenes se ofrezcan como objetos de fantasía para el deseo masculino?

A pesar de toda la deificación erótica de un talentoso cantante de urban como Usher, muchos fans aún reaccionaban con una sorprendente inocencia, como si las actitudes sociales no hubieran cambiado desde la época de Patti Page y Doris Day. Una fan de Usher de quince años le dijo a un periodista: «La gente siempre me pregunta si Usher es virgen. No lo sé. Me preguntan si es bisexual. No lo sé. No me importa»[n445]. La virginidad de Usher era obviamente un ideal para esta chica, educada en una sociedad religiosa, pero ella estaba preparada para amarlo incluso si había pecado. ¿Cómo reaccionaría si lo conociera en persona? «Lo trataría como a una persona normal. Lo llevaría

48. Y he aquí hay una pregunta para que la debatan esos estudiantes: ¿era la preocupación de los medios con la imaginería sexual en las canciones de urban y hip hop un reflejo de la naturaleza explotadora de esos géneros, o estaba influenciada por la antigua preocupación de los blancos por la sexualidad del hombre negro?

de compras. Le compraría un brazalete de amistad». No había líneas borrosas aquí, se trataba del mismo enamoramiento adolescente que han sentido las fans de las estrellas del pop desde los tiempos de Rudy Vallee y Bing Crosby. Esto era o bien un refrescante antídoto a las obsesiones sexuales de la música moderna o una triste reflexión sobre la voluntad de estas chicas de construir sus sueños en torno a ideas imposibles y ficticias, o quizás ambas cosas. Una conclusión es inescapable: sin sexualidad adolescente, no habría pop adolescente; sin pop adolescente, no habría un escenario donde explotar la sexualidad adolescente. El pop ha sido siempre la antítesis de la represión sexual y, a menudo, la encarnación de la explotación sexual.

«El rock tiene que absorber otras formas rítmicas, porque los ritmos subyacentes de la música cambian con las modas y a la gente le gusta moverse de forma distinta ahora que hace treinta años».

Mick Jagger, 1995[n446]

«En Estados Unidos ahora, Skrillex es lo más grande desde Nirvana. Estás presenciando toda una nueva revolución cultural».

Promotor de música dance Drew Best, 2012[n447]

«Grandes trozos [del Top 40] se adhieren más o menos al mismo patrón musical [...]. Hay un ritmo de house de 4/4. Hay una parte eufórica, de alzar los brazos, parecida a los primeros temas de rave de los noventa. Hay voces modificadas mediante Auto Tune. Hay un momento en el que las voces cantan 'wowowowow' (o algo parecido), en el estilo de Coldplay, para poner en pie un estadio [...]. Representantes de géneros que solía ser fácil diferenciar —pop, hip hop, R&B— graban hoy en día canciones que suenan prácticamente indiscernibles».

Alex Petridis, *The Guardian*, 2012[n448]

En un mundo de comunicación global instantánea, donde no hay *underground* aparte de la llamada *dark net*, la única forma de mantener el elitismo, la preocupación por el culto adolescente y post-adolescente, es etiquetarse a uno mismo. Las etiquetas explican quién eres y, más importante aún, quién no eres.

Nada delata más rápidamente al intruso (o al adulto que intenta introducirse en la cultura juvenil) que la incapacidad para dominar el lenguaje. El artista de grime británico Wiley satirizó este hecho en su single de 2004 «Wot U Call It», dedicado a todos los que no podían definir o describir su música, es decir, todos los que no estaban dentro de la escena de la música grime. Tan pronto como los estudiosos se las arreglaron para deducir la precisa reacción química que creaba el grime a partir de una mezcla de géneros y ritmos negros, sus protagonistas le cambiaron el nombre. Al estar un paso por delante de las masas, conservaban su fascinación. Si quedaban asimilados en la corriente general, morirían socialmente (aunque estarían mejor recompensados económicamente).

Es tentador sugerir que para cualquiera que no participara en estas subculturas, o cuya subsistencia no dependiera de ser capaz de soltar nombres con aire de confianza, es irrelevante registrar los siempre mutantes ritmos de dance que han llenado las pistas de baile y provocado disputas territoriales en los últimos veinte años. Sus nombres —garage, dubstep, trap, tribal, gabba, además de los tan gastados tecno, electro, house y rave— significan el universo entero para sus adherentes, pero nada para el mundo exterior. Tomados en conjunto, sin embargo, todas estas innovaciones rítmicas, libres en el universo digital para formar un mestizaje orgiástico, se han combinado para sumergir al mundo en un frenesí de baile. La repetición incesante y extática de ritmos electrónicos, digitales y generados por ordenador, domina cada fiesta, ya sea en una nave industrial de Hoxton o SoHo o en una salida navideña de empresa, llena de adolescentes hispters o abuelos patéticamente sobreestimulados. Hay una escena en el espléndido film de Paolo Sorrentino *La grande bellezza* (2013) que ilustra esto a la perfección: al ritmo de una insistente banda sonora electrónica, unos ricos habitantes del entorno decadente y aristocrático de Roma se lanzan a una desenfrenada exhibición de sensualidad, sin preocuparse por su edad o su estatus social. Nadie se queda atrás, nadie le pide al DJ que le consuele poniendo algo de los Rolling Stones o de Motown, la lambada o «Agadoo»: para un hombre y una mujer, solo existe un momento y ese es el momento del baile. Y así ha sido desde que cualquiera con menos de treinta años puede recordar.

Perdidas en esta compresión de la cultura moderna hay explosiones musicales tan vibrantes que cada una de ellas podría haber dado su nombre a una era de la música: el trip hop, perezoso y amplio; el ragga, su variante electro-caribeña, que mezcla ingeniosamente los temas de la sexualidad, la edad y la tecnología; el jungle, donde el electro se encuentra con el rap entre ritmos extraños y estrepitosos; el grime, localizado en el preciso cuadrante de Londres donde el punk, el reggae, el rap y el jungle coincidieron. Aislados contra un telón estático —como el ragtime en 1900 o el swing en 1935—, el jungle o el grime habrían supuesto un revolución en el sonido y las costumbres. Perdidos en la melé del movimiento constante, ambos géneros eran a la vez sorprendentemente nuevos y casi imposibles de detectar, como un bailarín que sigue un ritmo un poco diferente en una sala llena de gente bailando. Tan pronto como fueron identificados y descritos, desaparecieron, traducidos a un subgénero diferente o incluso a una especie diferente. Cinco años más tarde, podían reaparecer, cruzados con tecno o rave o house (signifiquen lo que signifiquen esos términos esa semana) para formar un estilo que se quizá se gane su lugar en el léxico siempre en expansión de la música dance.

Había una línea de movimiento que permaneció constante. Era la deriva —inexorable y aparentemente inescapable— de la cultura negra al convertirse en cultura multirracial. Los primeros años del siglo XXI fueron unos años de música urban, en los que las tradiciones negras del R&B y del hip hop moldearon y dominaron el lenguaje y el paisaje de la música popular. Sus innovaciones podían verse en el pop adolescente de las princesas del imperio Disney y en la continua rotación de rap con soul y soul con rap con artistas invitados. Esta música estaba basada en las sorprendentes variaciones rítmicas y sorpresas sónicas inventadas por dos notables equipos de producción afroamericanos: Timbaland, con varios colaboradores, y The Neptunes (o NERD, es decir Pharrell Williams y Chad Hugo). En un momento en el que el hip hop era tan poco radical como el pop, en el que su rabia y provocación habían sido reducidos a banalidad en «Jigga My Nigga», de Jay-Z, Timbaland emergió con una técnica sonora tan austera que parecía de otro planeta. Cuando produjo el éxito del año 2000 «Try Again» para la estrella del pop adolescente Aaliyah, la canción era tan solo una distracción contra los *riffs* de bajo sintético que invadían los oídos y ráfagas y detonaciones de sonido constantemente enervantes. En «Big Pimpin'», de Jay-Z, Timbaland pintó colores sónicos como si hubiera emigrado a Egipto; en el extraño tema de Missy Elliott «Get Ur Freak On», era África Occidental, con un metálico *riff* de sintetizador que sonaba como un banjo con una sola cuerda y capas de coros a la vez tribales y futuristas. Este single alcanzó el Top 10 de las listas estadounidenses y británicas: ¿había sido alguna vez la música mayoritaria tan experimental? The Neptunes estaban a su vez produciendo efectos surrealistas con sus manipulaciones del bajo y la percusión, y su estudio se había convertido en el escenario para la broma más vitalista de la historia de la creación. Cuando OutKast y Kanye West se unieron a la diversión, fue como si la psicodelia de 1966 y 1967 hubiera renacido, excepto por la vena de respetabilidad intelectual.

Pero fue una era demasiado gloriosa para que pudiera durar demasiado, pues las innovaciones de ayer se convierten en los clichés de hoy y los primeros motores se distraen con sus ambiciones personales. A medida que la última era dorada de la música (hasta la fecha) se disolvía, llegaba el momento de que una nueva generación de empresarios y musicólogos convirtiera la innovación en entretenimiento de masas. El extraordinario remezclador Armand Van Helden describió una vez a Daft Punk como los Led Zeppelin de la música dance, pues habían formalizado y popularizado una veta de la música *underground*. Con sus cascos de película de ciencia ficción de bajo presupuesto, anónimos e irreconocibles, este dúo francés redujo al mínimo la locura sónica de la era de la música urban y la tradujo en hipnóticos ritmos computarizados: house mezclado con hip hop mezclado con robótica avanzada, quizás. Acumuladas en capas por encima de estos ritmos engañosamente simples estaban las voces de la tecnología: voces, guitarras, instrumentos de viento, teclados, todo comprimido en las expresiones, delgadas como un cable, de la maquinaria tomando el control de las emociones humanas. Cuarenta años de idioteces sintetizadas, sesenta años de pop moderno, quedaban reprogramados para el sonido electrónico, hasta el punto de que ambos eran a la vez ultramundanos y gozosamente familiares.

Al igual que Daft Punk, los gigantes comerciales de la década —la segunda de este siglo inesperadamente uniforme— dominan inmensas multitudes con su anonimato. Estos han sido los años de Skrillex, Calvin Harris, David Guetta, Avicii, deadmau5 y Zedd: los maestros de la EDM (o electronic dance music). Su talento ha consistido, como los instrumentos que definen su música, en sintetizar generaciones de innovaciones en la pista de baile y convertirlas en tersas e incesantes oleadas de entusiasmo manufacturado. La recompensa de estos hombres (cada uno de ellos blanco) ha sido una riqueza del calibre que antes estaba reservado para los intérpretes que actuaban, los cantantes que cantaban y los músicos que tocaban instrumentos. Con su éxito, los sonidos pregrabados han sustituido efectivamente a la música en directo, como sucedió cuando los artistas de pop cantaban en *playback* para concentrarse en sus pasos de baile.

Pero la revolución de la EDM también nos lleva al comienzo de todo, de vuelta a los irresistibles ritmos sincopados del ragtime y al viaje épico de los siguientes ciento veinte años. «La música dance es *ahora* la música pop»[n449], dijo en 2012 el productor de música disco Giorgio Moroder. Quizás, en el fondo, siempre lo ha sido. El mundo que la música popular ha cartografiado y para el que ha creado una banda sonora es un mundo de éxtasis, ritmo y movimiento, un mundo que, a fin de cuentas, nunca está muy lejos de la pista de baile.

fuentes bibliográficas

Se han corregido y/o modificado las curiosidades de grafía y de gramática allí donde era necesario para ayudar al lector del siglo XXI. Se han usado las siguientes abreviaturas para designar publicaciones periódicas y periódicos: *AML – American Music Lover*; *BB – [The] Billboard*; *BM – Black Music*; *DB – Down Beat*; *DE – Daily Express*; *DM –Daily Mirror*; *G – Gramophone*; *IT – International Times*; *MM – Melody Maker*; *NME – New Musical Express*; *RP – Radio Pictorial*; *RS – Rolling Stone*.

Capítulo 1: Lo siento, padres

(n1) Charles Fox en *G*, septiembre de 1962.

(n2) *MM*, 26 de diciembre de 1964.

(n3) *BB*, 22 de junio de 1963.

(n4) *BB*, 17 de agosto de 1963.

(n5) *MM*, 5 de octubre de 1963.

(n6) Coward, *Lyrics*, p. 361.

(n7) *BB*, 23 de noviembre de 1963.

(n8) *BB*, 12 de octubre de 1963.

(n9) Anuncio de Columbia Records, abril de 1965.

(n10) *Rave*, junio de 1965.

(n11) *MM*, 8 de febrero de 1964.

(n12) *Records Magazine*, mayo de 1964.

(n13) *NME*, 6 de marzo de 1964.

(n14) Anuncio de London Records, marzo de 1964.

(n15) *BB*, 6 de junio de 1964.

(n16) *MM*, 19 de octubre de 1963.

(n17) *Rave*, noviembre de 1964.

(n18) *BB*, 4 de enero de 1964.

(n19) Anuncio de Epic Records, enero de 1964.

(n20) *RS*, 21 de diciembre de 1972.

(n21) *Rave*, febrero de 1965.

(n22) *Datebook*, octubre de 1966.

(n23) *RS*, 1 de abril de 1971.

(n24) *BB*, 25 de marzo de 1967.

(n25) *MM*, 18 de abril de 1964.

(n26) Anuncio de London Records, mayo de 1964.

(n27) *Disc*, 18 de julio de 1964.

(n28) *Ibid*.

(n29) *MM*, 26 de septiembre de 1964.

(n30) *RS*, 10 de agosto de 1968.

(n31) *MM*, 7 de noviembre de 1964.

Capítulo 2: La gran vida

(n32) *Ebony*, junio de 1965.

(n33) *RS*, 14 de diciembre de 1967.

(n34) *Ebony*, junio de 1965.

(n35) *BB*, 9 de octubre de 1965.

(n36) *BB*, 7 de agosto de 1965.

(n37) *BB*, 9 de noviembre de 1963.

(n38) *Negro Digest*, julio de 1965.

(n39) *African Music*, Vol. 1:1.

(n40) Moore, *Fela*, p. 75.

(n41) *African Music*, Vol. 1:1.

(n42) *Ibid.*

(n43) Katz, *Jimmy Cliff*, p. 34.

(n44) Katz, *Solid Foundation*, p. 56.

(n45) *Record Mail*, marzo de 1964.

(n46) Letts, *Culture Clash*, p. 35.

(n47) Moore, p. 85.

(n48) Moore, *Fela*, p. 88.

(n49) *BB*, 6 de febrero de 1965.

(n50) *Rave*, junio de 1966.

(n51) *BB*, 6 de febrero de 1965.

(n52) Anuncio de Roure, febrero de 1965.

(n53) *MM*, 17 de julio de 1965.

(n54) *BB*, 12 de junio de 1965.

(n55) *BB*, 17 de julio de 1965.

Capítulo 3: Freak Out People

(n56) *Rave*, junio de 1965.

(n57) *RS*, 11 de julio de 1996.

(n58) Michael Cox en *G*, septiembre de 1964.

(n59) Steve Race en *Crescendo*, septiembre de 1964.

(n60) *Disc*, 18 de julio de 1964.

(n61) *MM*, 9 de enero de 1965.

(n62) *Ibid.*

(n63) *MM*, 23 de enero de 1965.

(n64) Anuncio de Columbia Records, julio de 1965.

(n65) *MM*, 7 de agosto de 1965.

(n66) *BB*, 15 de agosto de 1964.

(n67) *Crawdaddy*, agosto de 1966.

(n68) *MM*, 30 de enero de 1965.

(n69) *Ibid.*

(n70) *MM*, 8 de abril de 1961.

(n71) *MM*, 5 de enero de 1963.

(n72) *MM*, 16 de enero de 1965.

(n73) *MM*, 20 de febrero de 1965.

(n74) *Teen Set*, agosto de 1967.

(n75) *Time*, 21 de mayo de 1965.

(n76) *BB*, 12 de junio de 1965.

(n77) *MM*, 2 de octubre de 1965.

(n78) *BB*, 21 de agosto de 1965.

(n79) *BB*, 15 de enero de 1966.

(n80) *Datebook*, septiembre de 1966.

(n81) *Datebook*, octubre de 1966.

(n82) *Rave*, marzo de 1966.

(n83) *Ebony*, agosto de 1969.

(n84) *Honey*, febrero de 1967.

(n85) *Record Mail*, noviembre de 1966.

(n86) *MM*, 9 de octubre de 1965.

(n87) *Ibid.*

(n88) *Rave*, abril de 1966.

(n89) *RS*, 21 de enero de 1971.

(n90) *Ebony*, agosto de 1967.

(n91) *DB*, 2 de mayo de 1968.

(n92) *BB*, 8 de julio de 1967.

(n93) *Ibid.*

(n94) *DB*, 10 de agosto de 1967.

(n95) Clapton, *Autobiography*, p. 99.

(n96) Anuncio de Reprise Records, mayo de 1967.

(n97) Shaw, *The Rock Revolution*, p. 3.

(n98) Isaacson, *Steve Jobs*, p. 25.

(n99) Shaw, *The Rock Revolution*, p. 195.

(n100) Perrone, *Brazilian Popular Music*, p. 107.

(n101) *Ebony*, noviembre de 1965.

(n102) *BB*, 4 de diciembre de 1965.

(n103) *Rave*, marzo de 1966.

(n104) *IT*, 13-26 de marzo de 1967

(n105) *Rave*, enero de 1967.

(n106) *Rave*, febrero de 1966.

(n107) *BB*, 8 de abril de 1967.

(n108) *Ibid.*

(n109) *BB*, 27 de mayo de 1967.

Capítulo 4: Volando por los aires

(n110) *Record Mail*, marzo de 1966.
(n111) *American Record Guide*, junio de 1966.
(n112) *Tiger Beat*, agosto de 1966.
(n113) *BB*, 6 de marzo de 1966.
(n114) *BB*, 24 de abril de 1965.
(n115) *BB*, 10 de septiembre de 1966.
(n116) Columna de agencia, hacia el 20 de enero de 1963.
(n117) *IT*, 21-28 de abril de 1967.
(n118) *RS*, 27 de mayo de 1971.
(n119) *Time*, 28 de junio de 1954.
(n120) *Record Mail*, septiembre de 1966.
(n121) *Rave*, marzo de 1967.
(n122) *Ibid.*
(n123) *MM*, 8 de febrero de 1964.
(n124) *MM*, 13 de enero de 1962.
(n125) *Record Retailer*, 12 de abril de 1962.
(n126) *Record Mail*, mayo de 1962.

Capítulo 5: Los nuevos profetas

(n127) *RS*, 20 de enero de 1968.
(n128) *RS*, 20 de julio de 1968.
(n129) Anuncio de Bang Records, octubre de 1967.
(n130) *Hit Parader*, julio de 1968.
(n131) *RS*, 23 de julio de 1970.
(n132) *RS*, 18 de febrero de 1971.
(n133) *NME*, 4 de agosto de 1973.
(n134) Anuncio de World Records, septiembre de 1963.
(n135) *BB*, 9 de diciembre de 1967.
(n136) Thompson, *Raised by Wolves*, p. 30.
(n137) *Ebony*, mayo de 1970.
(n138) *Ibid.*
(n139) *Rave*, octubre de 1968.
(n140) *Hit Parader*, noviembre de 1968.
(n141) *Rave*, mayo de 1968.
(n142) *RS*, 22 de junio de 1968.
(n143) *BB*, 9 de enero de 1965.

Capítulo 6: El intervalo del diablo

(n144) *Rave*, julio de 1969.
(n145) *RS*, 10 de diciembre de 1970.
(n146) *RS*, 7 de febrero de 1970.
(n147) Anuncio de Columbia Records, febrero de 1968.
(n148) Shaw, *The Rock Revolution*, p. 178.
(n149) *RS*, 29 de abril de 1971.
(n150) *Jet*, 10 de enero de 1952.
(n151) Notas de Bill Sammett para el LP *Osmonds*, MGM SE 4724 (1970).
(n152) *Sounds*, 3 de abril de 1971.
(n153) *Cream*, octubre de 1972.
(n154) *NME*, 11 de agosto de 1973.
(n155) Cope, *Copedium*, p. 604.
(n156) *Ibid.*, p. 621.
(n157) *Sounds*, 27 de marzo de 1971.
(n158) *NME*, 6 de octubre de 1973.
(n159) *NME*, 24 de febrero de 1973.
(n160) *NME*, 14 de abril de 1973.
(n161) *Jazz & Pop*, noviembre de 1969.
(n162) Lester Bangs en *RS*, 26 de noviembre de 1970.
(n163) *RS*, 13 de agosto de 1989.
(n164) Osbourne, *I Am Ozzy*, pp. 82-3.
(n165) *Ibid.*, p. 99.
(n166) *Rave*, agosto de 1970.
(n167) *RS*, 28 de octubre de 1971.
(n168) *NME*, 12 de diciembre de 1970.
(n169) *BB*, 11 de marzo de 1967.
(n170) Walser, *Running with the Devil*, p. 9.
(n171) *Cream*, noviembre de 1971.
(n172) *Ibid.*
(n173) *RS*, 19 de agosto de 1971.
(n174) *RS*, 6 de enero de 1972.
(n175) *Cream*, noviembre de 1971.
(n176) *RS*, 6 de enero de 1972.

Capítulo 7: Apretar el botón del rock

(n177) *RS*, 27 de mayo de 1971.
(n178) *RS*, 3 de febrero de 1972.
(n179) *NME*, 14 de febrero de 1976.

(n180) *RS*, 3 de febrero de 1972.

(n181) *RS*, 4 de marzo de 1971.

(n182) *RS*, 4 de julio de 1974.

(n183) *NME*, 21 de febrero de 1976.

(n184) *RS*, 16 de agosto de 1973.

(n185) *Ibid.*

(n186) *RS*, 7 de octubre de 1976.

(n187) Conferencia de prensa, 23 de octubre de 1974.

(n188) *NME*, 10 de agosto de 1974.

(n189) *NME*, 20 de octubre de 1973.

(n190) *Deejay & Radio Monthly*, diciembre de 1972.

(n191) *NME*, 6 de abril de 1974.

(n192) *RS*, 29 de marzo de 1973.

(n193) *Record Mirror*, 13 de julio de 1974.

(n194) *Record Mirror*, 15 de junio de 1974.

(n195) *NME*, 9 de febrero de 1974.

(n196) *RS*, 20 de mayo de 1976.

(n197) *Ink*, 24 de julio de 1971.

(n198) Crosby, *Since Then*, p. 121.

(n199) *NME*, 18 de agosto de 1973.

(n200) *NME*, 16 de marzo de 1973.

(n201) *NME*, 23 de noviembre de 1974.

(n202) *RS*, 18 de noviembre de 1976.

(n203) *NME*, 1 de febrero de 1975.

(n204) *RS*, 7 de abril de 1979.

(n205) *NME*, 1 de enero de 1977.

Capítulo 8: Unión de los cuerpos

(n206) *BM*, junio de 1974.

(n207) *BM*, octubre de 1976.

(n207) *Ebony*, marzo de 1972.

(n208) *BM*, enero de 1976.

(n209) *BB*, 7 de abril de 1979.

(n210) *NME*, 5 de octubre de 1974.

(n211) *BM*, enero de 1976.

(n212) Goldman, *Disco*, p. 115.

(n213) *BM*, enero de 1976.

(n214) Echols, *Hot Stuff*, pp. 9-10.

(n215) *Vibe*, diciembre de 1994-enero de 1995.

(n216) Katz, *Groove Music*, p. 55.

(n217) *Ibid.*, p. 70.

(n218) *Record Mirror*, 10 de enero de 1976.

(n219) *RS*, 13 de enero de 1973.

(n220) *BM*, diciembre de 1973.

(n221) *BM*, abril de 1975.

(n222) *BM*, diciembre de 1974.

(n223) *Ebony*, marzo de 1975.

(n224) *RS*, 28 de agosto de 1975.

(n225) *BM*, julio de 1975.

(n226) *NME*, 16 de marzo de 1974.

(n227) Echols, *Hot Stuff*, p. 10.

(n228) *RS*, 28 de agosto de 1975.

(n229) *BM*, junio de 1975.

(n230) *RS*, 28 de agosto de 1975.

(n231) *Record Mirror*, 15 de enero de 1976.

(n232) *RS*, 25 de marzo de 1976.

(n233) *Ebony*, octubre de 1977.

(n234) *RS*, 12 de enero de 1978.

(n235) *BB*, 8 de enero de 1977.

(n236) Echols, *Hot Stuff*, p. 200.

(n237) *RS*, 19 de abril de 1979.

(n238) *Mirror*, 24 de mayo de 1980.

(n239) Rodgers, *Le Freak*, p. 129.

(n240) *Ibid.*, p. 139.

(n241) *BB*, 28 de abril de 1979.

(n242) *BB*, 19 de mayo de 1979.

(n243) *Ibid.*

(n244) *BB*, 27 de octubre de 1979.

(n245) *BB*, 15 de diciembre de 1979.

(n246) *BB*, 1 de julio de 1978.

(n247) *BB*, 5 de mayo de 1979.

(n248) *DE*, 20 de diciembre de 1979.

(n249) *Ibid.*

Capítulo 9: Sé irrespetuoso

(n250) *NME*, 5 de octubre de 1974.

(n251) *RS*, 30 de enero de 1975.

(n252) *National Lampoon*, septiembre de 1972.

(n253) *RS*, 27 de diciembre de 1979.

(n254) *Cream*, octubre de 1971.

(n255) *RS*, 17 de noviembre de 1979.

(n256) *NME*, 16 de marzo de 1974.

(n257) *NME*, 25 de agosto de 1973.

(n258) *NME*, 8 de noviembre de 1975.

(n259) *NME*, 26 de abril de 1975.

(n260) Heylin, *Penguin Book*, p. 105.

(n261) *NME*, 15 de mayo de 1976.

(n262) *NME*, 27 de octubre de 1973.

(n263) *RS*, 26 de octubre de 1972.

(n264) *NME*, 14 de septiembre de 1974.

(n265) *Ibid.*

(n266) *NME*, 19 de junio de 1976.

(n267) *NME*, 9 de febrero de 1974.

(n268) Citado en Savage, *England's Dreaming*, p. 44.

(n269) *NME*, 8 de noviembre de 1975.

(n270) *RS*, 21 de abril de 1977.

(n271) Rombes, *Cultural Dictionary of Punk*, p. 223.

(n272) *RS*, 5 de julio de 1973.

(n273) Savage, *England's Dreaming*, p. 122.

(n274) *NME*, 21 de febrero de 1976.

(n275) *DM*, 2 de diciembre de 1976.

(n276) *DM*, 1 de diciembre de 1976.

(n277) Savage, *England's Dreaming*, p. 150.

(n278) *Sniffin' Glue*, 28 de septiembre de 1976.

(n279) *NME*, 6 de noviembre de 1976.

(n280) *DM*, 22 de junio de 1977.

(n281) *Church Times*, 25 de marzo de 1977.

(n282) *Sniffin' Glue*, agosto-septiembre de 1977.

(n283) *NME*, 26 de marzo de 1977.

(n284) *Sniffin' Glue*, febrero de 1977.

(n285) *Sniffin' Glue*, marzo de 1977.

(n286) *NME*, 2 de abril de 1977.

(n287) Savage, *England's Dreaming*, p. 301.

(n288) *Who Put the Bomp*, marzo de 1978.

(n289) *Ibid.*

(n290) Letts, *Culture Clash*, p. 89.

(n291) *Who Put the Bomp*, enero de 1979.

(n292) *Record Mirror*, 26 de junio de 1976.

(n293) *Sideburns*, enero de 1977.

(n294) *Sounds*, agosto de 1980.

(n295) Glasper, *The Day the Country Died*, p. 11.

(n296) Rombes, *A Cultural Dictionary of Punk*, p. 167.

(n297) *Ibid.*, p. 166.

(n298) Entrevista del autor, 1992.

(n299) Lahickey, *All Ages*, p. 96.

(n300) *Ibid.*

(n301) *Ibid.*, p. 97.

(n302) *Ibid.*, p. 20.

Capítulo 10: Posición de baile

(n303) *BM*, junio de 1976.

(n304) *NME*, 11 de diciembre de 1976.

(n305) *NME*, 7 de septiembre de 1974.

(n306) *Ibid.*

(n307) *NME*, 27 de octubre de 1973.

(n308) *RS*, 1 de marzo de 1973.

(n309) *Record Mirror*, 4 de febrero de 1984.

(n310) *RS*, 13 de febrero de 1975.

(n311) *NME*, 6 de septiembre de 1975.

(n312) Malins, *Depeche Mode*, p. 13.

(n313) Garratt, *Adventures in Wonderland*, p. 72.

(n314) *Keyboard*, junio de 1982.

(n315) *Ibid.*

(n316) *Keyboard*, abril de 1987.

(n317) *NME*, 6 de septiembre de 1975.

(n318) *Keyboard*, junio de 1982.

(n319) *DE*, 10 de marzo de 1994.

(n320) *Soul Underground*, diciembre de 1988.

(n321) *Keyboard*, agosto de 1997.

(n322) Kirn, *Keyboard Presents*, p. 48.

(n323) Garratt, *Adventures in Wonderland*, pp. 42-3.

(n324) Hillegonda Rietvald en Redhead, *Club Cultures Reader*, p. 110.

(n325) *Soul Underground*, enero de 1989.

(n326) Garratt, *Adventures in Wonderland*, p. 28.

(n327) Stock, *Hit Factory*, p. 46.

Capítulo 11: Presentando la fantasía

(n328) *RS*, 24 de mayo de 1984.

(n329) *RS*, 10 de noviembre de 1983.

(n330) *BB*, 17 de noviembre de 1979.

(n331) *RS*, 5 de diciembre de 1985.

(n332) *RS*, 10 de noviembre de 1983.

(n333) Conferencia de prensa, verano de 1984.

(n334) *Ibid.*

(n335) Malins, *Depeche Mode*, p. 33.

(n336) *RS*, 10 de noviembre de 1983.

(n337) *RS*, 27 de septiembre de 1984.

(n338) *BB*, 27 de abril de 1985.

(n339) Roth, *Crazy from the Heart*, p.111.

(n340) *RS*, 24 de mayo de 1984.

(n341) Walser, *Running from the Devil*, p. 94.

(n342) *Ebony*, diciembre de 1982.

(n343) *BB*, 1 de marzo de 1980.

(n344) *Studies in Classic American Literature* (1923).

(n345) *RS*, 20 de diciembre de 1984.

(n346) *RS*, 23 de marzo de 1989.

(n347) *RS*, 5 de mayo de 1988.

(n348) Anuncio de MusicVision, marzo de 1985.

(n349) Cash, *Cash*, pp. 12-13.

(n350) *Q*, junio de 1988.

(n351) *RS*, 1 de junio de 1989.

(n352) *RS*, 13 de julio de 1989.

(n353) *RS*, 24 de agosto de 1989.

(n354) Anuncio de ADC, 1977.

(n355) *Spin*, mayo de 1985.

Capítulo 12: Ese grito

(n356) *Soul Underground*, junio de 1988.

(n357) *BM*, diciembre de 1983-enero de 1984.

(n358) Bradley, *Anthology of Rap*, p. 121.

(n359) *Soul Underground*, enero de 1988.

(n360) Weingarten, *It Takes a Nation of Millions*, p. 119.

(n361) *Ibid.*, p. 123.

(n362) *RS*, 15 de noviembre de 1990.

(n363) *Spin*, mayo de 1985.

(n364) *RS*, 14 de junio de 1990.

(n365) *RS*, 20 de septiembre de 1990.

(n366) *RS*, 14 de junio de 1990.

(n367) Myrie, *Don't Rhyme*, p. 128.

(n368) *RS*, 9 de agosto de 1990.

(n369) Garratt, *Adventures in Wonderland*, p. 160.

(n370) Spence, *The Stone Roses*, p. 125.

(n371) Spence, p. 124.

(n372) *Ibid.*

(n373) *The Closing of the American Mind* (1993), p. 75.

(n374) *RS*, 1 de octubre de 1992.

(n375) Baddeley, *Goth Chic*, p. 263.

(n376) *Ibid.*, 261.

(n377) Apter, *Never Enough*, p. 161.

(n378) Morrell, *Nirvana*, p. 83.

(n379) *Ibid.*, p. 119.

(n380) *Ibid.*, p. 56.

(n381) *RS*, 30 de junio de 1994.

(n382) *RS*, 23 de enero de 1992.

(n383) *Vibe*, septiembre de 1993.

(n384) *Vibe*, febrero de 1995.

(n385) *Ibid.*

(n386) *Vibe*, septiembre de 1993.

(n387) *RS*, 7 de agosto de 1997.

(n388) Bradley, *Goth Chic*, pp. 127-8.

(n389) *RS*, 6 de agosto de 1992.

(n390) *Vibe*, abril de 1998.

Capítulo 13: Viaje auditivo en el tiempo

(n391) *BB*, 8 de marzo de 1980.

(n392) *RS*, 2 de junio de 1994.

(n393) *BB*, 8 de marzo de 1980.

(n394) *RS*, 23 de marzo de 1989.

(n395) *BB*, 16 de febrero de 1980.

(n396) Doggett, *You Never Give Your Money* (2009), p. 344.

(n397) *RS*, 11 de enero de 1990.

(n398) Anuncio de Franklin Mint, febrero de 1995.

(n399) *RS*, 26 de enero de 1989.

(n400) *RS*, 1 de junio de 1989.

(n401) *RS*, 16 de mayo de 1993.

(n402) *RS*, 27 de mayo de 1993.

(n403) *RS*, 2 de noviembre de 1995.

(n404) *Vibe*, marzo de 1995.

(n405) *RS*, 2 de noviembre de 1995.

(n406) *Spin*, diciembre de 1985.

(n407) *RS*, 1 de junio de 1989.

Capítulo 14: ¿El asesinato de la música?

(n408) realtalkny.uproxx.com

(n409) Programa de televisión *The Late, Late Show*, octubre de 2013.

(n410) Bower, *Sweet Revenge*, p. 241.

(n411) *RS*, 23 de agosto de 1990.

(n412) *RS*, 4 de febrero de 1993.

(n413) *RS*, 19 de diciembre de 1985.

(n414) Steyn, *Broadway Babies Say Good-night*, p. 226.

(n415) *Q*, mayo de 1987.

(n416) *RS*, 10 de noviembre de 1983.

(n417) *RS*, 16 de junio de 1994.

(n418) *Vibe*, agosto de 1999.

(n419) *Ibid.*

(n420) Alderman, *Sonic Boom*, p. 114.

(n421) *Vibe*, agosto de 1994.

(n422) mirror.co.uk, 5 de julio de 2010.

(n423) Alderman, *Sonic Boom*, p. 4.

(n424) Isaacson, *Steve Jobs*, p. 403.

(n425) Programa de televisión *The Joy of the Single*, BBC4, 2012.

(n426) pitchfork.com, 24 de agosto de 2009.

(n427) Fisher, *Politics of Post 9/11 Sound*, p. 41.

(n428) bbc.co.uk, 20 de mayo de 2003.

(n429) Johnson, *Dark Side of the Tune*, p. 169.

Capítulo 15: Líneas borrosas

(n430) *The Guardian*, 4 de abril de 2014.

(n431) *American Heritage*, octubre-noviembre de 1981.

(n432) *DM*, 8 de septiembre de 1956.

(n433) *NME*, 22 de noviembre de 1975.

(n434) *NME*, 9 de octubre de 1979.

(n435) *The Guardian*, 25 de febrero de 2011.

(n436) *Spin*, octubre de 1999.

(n437) Grillo, *El Narco*, p. 170.

(n438) *Vibe*, noviembre-diciembre de 1993.

(n439) *Vibe*, junio de 1999.

(n440) *Vibe*, agosto de 1997.

(n441) *Vibe*, junio de 1999.

(n442) *Vibe*, agosto de 1995.

(n443) *The Guardian*, 14 de noviembre de 2013.

(n444) *Vibe*, septiembre de 1999.

(n445) *RS*, 27 de mayo de 1999.

(n446) *RS*, 14 de diciembre de 1995.

(n447) *The Guardian*, 3 de agosto de 2012.

(n448) *The Guardian*, 29 de diciembre de 2012.

(n449) internationalmusicsummit.com, mayo de 2012.

bibliografía

Abbott, Lynn, y Doug Seroff, *Out of Sight, The Rise of African-American Popular Music 1889–1895*, Jackson, University Press of Mississippi, 2002.

Alderman, John, *Sonic Boom, Napster, P2P and the Future of Music*, Londres, 4th Estate, 2001.

Allen, Ray, y Lois Wilcken, eds., *Island Sounds in the Global City, Caribbean Popular Music & Identity in Nueva York*, Urbana, University of Illinois Press, 2001.

Alvarez, Luis, *The Power of the Zoot, Youth Culture and Resistance during World War II*, Berkeley, University of California Press, 2008.

Anderson, Mark, and Mark Jenkins, *Dance of Days, Two Decades of Punk in the Nation's Capital*, Nueva York, Akashic Books, 2003.

Andrews, Maxene, y Bill Gilbert, *Over Here, Over There, The Andrews Sisters and the USO Stars in World War II*, Nueva York, Zebra, 1993.

Apter, Jeff, *Never Enough, The Story of the Cure*, Londres, Omnibus Press, 2005.

Arthur, Max, *When This Bloody War Is Over, Soldiers' Songs of the First World War*, Londres, Piatkus, 2002.

Baade, Christina L., *Victory through Harmony, The BBC and Popular Music in World War II*, Nueva York, Oxford University Press, 2012.

Baddeley, Gavin, *Goth Chic, A Connoisseur's Guide to Dark Culture*, Londres, Plexus, 2002.

Bane, Michael, *White Boy Singin' the Blues, The Black Roots of White Rock*, Londres, Penguin, 1982.

Barrios, Richard, *A Song in the Dark, The Birth of the Musical Film*, Nueva York, Oxford University Press, 1995.

Beaumont, Mark, *The King of America, Jay-Z*, Londres, Omnibus Press, 2012.

Behr, Edward, *Thank Heaven for Little Girls, The True Story of Maurice Chevalier's Life and Times*, Londres, Hutchinson, 1993.

Belafonte, Harry, with Michael Schnayerson, *My Song*, Edimburgo, Canongate, 2012.

Benatar, Pat, with Patsi Bale Cox, *Between a Heart and a Rock Place, A Memoir*, Nueva York, !t books, 2011.

Bergmaier, Horst J. P., y Rainer E. Lotz, *Hitler's Airwaves, The Inside Story of Nazi Radio Broadcasting of Propaganda Swing*, Londres, Yale University Press, 1997.

Bergreen, Laurence, *As Thousands Cheer, The Life of Irving Berlin*, Nueva York, Penguin, 1991.

Berlin, Edward A., *Ragtime, A Musical and Cultural History*, Berkeley, University of California Press, 1980.

Berlin, Edward A., *King of Ragtime, Scott Joplin and His Era*, Nueva York, Oxford University Press, 1994.

Berrett, Joshua, *Louis Armstrong & Paul Whiteman, Two Kings of Jazz*, New Haven, Yale University Press, 2004.

Berry, Chuck, *The Autobiography*, Londres, Faber & Faber, 1988.

Best, Curwen, *Barbadian Popular Music and the Politics of Caribbean Culture*, Rochester, Schenkman Books, 1999.

Best, Curwen, *Culture @ the Cutting Edge, Tracing Caribbean Popular Music*, Kingston, University of the West Indies Press, 2004.

Bindas, Kenneth J., *Swing, That Modern Sound*, Jackson, University Press of Mississippi, 2001.

Bloch, Peter, *La-Le-Lo-Lai, Puerto Rican Music and its Performers*, Nueva York, Plus Ultra, 1973.

Bower, Tom, *Sweet Revenge, The Intimate Life of Simon Cowell*, Londres, Faber & Faber, 2012.

Bradley, Adam, y Andrew DuBois, eds., *The Anthology of Rap*, New Haven, Yale University Press, 2010.

Bradley, Lloyd, *Sounds Like Londres, 100 Years of Black Music in the Capital*, Londres, Serpent's Tail, 2013.

Bret, David, *The Real Gracie Fields, The Authorised Biography*, Londres, JR Books, 2010.

Brewster, Bill, y Frank Broughton, *The Record Players, DJ Revolutionaries*, Londres, DJhistory.com, 2010.

Broadcasting in Everyday Life, Londres, British Broadcasting Corporation, 1939.

Broonzy, William, y Yannick Bruynoghe, *Big Bill's Blues*, Londres, Cassell, 1955.

Broughton, Viv, *Black Gospel, An Illustrated History of the Gospel Sound*, Poole, Blandford Press, 1985.

Budds, Michael J., ed., *Jazz and the Germans, Essays on the Influence of 'Hot' American Idioms on 20th Century German Music*, Hillsdale, Pendragon Press, 2002.

Burton, Humphrey, *Leonard Bernstein*, Nueva York, Anchor Books, 1995.

Butler, Mark J., *Unlocking the Groove, Rhythm, Meter and Musical Design in Electronic Dance Music*, Bloomington, Indiana University Press, 2006.

Calt, Stephen, *I'd Rather Be the Devil, Skip James and the Blues*, Nueva York, Da Capo, 1994.

Cantwell, Robert, *Bluegrass Breakdown, The Making of the Old Southern Sound*, Urbana, University of Illinois Press, 1984.

Carney, Court, *Cuttin' Up, How Early Jazz Got America's Ear*, Lawrence, University Press of Kansas, 2009.

Cash, Johnny, y Patrick Carr, *Cash, The Autobiography*, Nueva York, Harper San Francisco, 1997.

Castro, Ruy, *Bossa Nova, The Story of the Brazilian Music that Seduced the World*, Chicago, A Cappella Books, 2000.

Chanan, Michael, *Repeated Takes, A Short History of Recording and its Effects on Music*, Londres, Verso, 1995.

Chang, Jeff, *Can't Stop Won't Stop, A History of the Hip-Hop Generation*, Londres, Ebury Press, 2007.

Charles, Ray, y David Ritz, *Brother Ray*, Nueva York, Da Capo Press, 2004.

Clapton, Eric, y Christopher Simon Sykes, *Eric Clapton, The Autobiography*, Londres, Century, 2007.

Clayson, Alan, y Spencer Leigh, eds., *Aspects of Elvis*, Londres, Sidgwick & Jackson, 1994.

Cliffe, Peter, *Fascinating Rhythm*, Baldock, Egon Publishers, 1990.

Clover, Joshua, *1989, Bob Dylan Didn't Have This to Sing About*, Berkeley, University of California Press, 2009.

Cohen, Harvey G., *Duke Ellington's America*, Chicago, University of Chicago Press, 2010.

Cohen, Rich, *The Record Men, The Chess Brothers and the Birth of Rock & Roll*, Londres, Profile Books, 2005.

Cohen, Stanley, *Folk Devils and Moral Panics, The Creation of the Mods and Rockers*, Oxford, Martin Robertson, 1980.

Collier, James Lincoln, *The Reception of Jazz in America, A New View*, Brooklyn, Institute for Studies in American Music, 1988.

Cooper, Daniel, *Lefty Frizzell, The Honky-Tonk Life of Country Music's Greatest Singer*, Nueva York, Little, Brown, 1995.

Cope, Julian, *Copendium*, Londres, Faber & Faber, 2012.

Coward, Noël, *The Lyrics of Noël Coward*, Londres, Methuen, 2002.

Crosby, David, y Carl Gottlieb, *Since Then*, Nueva York, Berkley Books, 2006.

Crosland, Margaret, *A Cry from the Heart, The Biography of Edith Piaf*, Londres, Arcadia Books, 2002.

Crouch, Kevin y Tanja, *Sun King, The Life and Times of Sam Phillips*, Londres, Piatkus, 2008.

Currie, Tony, *The Radio Times Story*, Tiverton, Kelly Publications, 2001.

Dawson, Jim, *The Twist, The Story of the Song and Dance That Changed the World*, Winchester, MA, Faber & Faber,1995.

Delmore, Alton, *Truth is Stranger Than Publicity, Alton Delmore's Autobiography*, Nashville, Country Music Foundation, 1977.

Dewe, Mike, *The Skiffle Craze*, Aberystwyth, Planet, 1998.

Echols, Alice, *Hot Stuff, Disco and the Remaking of American Culture*, Nueva York, W.W. Norton & Co., 2010.

Eisenberg, Evan, *The Recording Angel, Explorations in Phonography*, Nueva York, McGraw-Hill, 1987.

Ellis, Royston, *The Big Beat Scene*, York, Music Mentor, 2010.

Emery, Ralph, with Tom Carter, *Memories, The Autobiography of Ralph Emery*, Nueva York, Pocket Books, 1992.

Epstein, Daniel Mark, *Nat King Cole*, Nueva York, Farrar, Straus and Giroux, 1999.

Escott, Colin, y Martin Hawkins, *Good Rockin' Tonight, Sun Records and the Birth of Rock 'n' Roll*, Nueva York, St Martin's Press, 1991.

Evanier, David, *Roman Candle, The Life of Bobby Darin*, Emmaus, Rodale, 2004.

Ewen, David, *Panorama of American Popular Music*, Englewood Cliffs, Prentice-Hall Inc., 1957.

Faith, Adam, *Poor Me, A Candid Self-Portrait*, Londres, 4-Square/Souvenir Books, 1961.

Farrell, Gerry, *Indian Music and the West*, Nueva York, Oxford University Press, 1997.

Feldman, Christine Jacqueline, *We Are the Mods, A Transnational History of a Youth Subculture*, Nueva York, Peter Lang, 2009.

Fidelman, Geoffrey Mark, *First Lady of Song, Ella Fitzgerald for the Record*, Nueva York, Citadel Press, 1996.

Firestone, Ross, *Swing, Swing, Swing, The Life and Times of Benny Goodman*, Londres, Hodder & Stoughton, 1993.

Fisher, John, *George Formby*, Londres, Woburn/Futura, 1975.

Fisher, Joseph P., y Brian Flota, eds., *The Politics of Post 9/11 Music, Sound, Trauma and the Music Industry in the Time of Terror*, Farnham, Ashgate, 2011.

Fong-Torres, Ben, *The Hits Just Keep On Coming, The History of Top 40 Radio*, San Francisco, Backbeat, 1998.

Fowler, David, *Youth Culture in Modern Britain*, c. *1920*–c. *1970*, Londres, Palgrave Macmillan, 2008.

Fox-Strangways, A. H., with Maud Karpeles, *Cecil Sharp*, Londres, Oxford University Press, 1933.

Frame, Pete, *The Restless Generation*, Londres, Rogan House, 2007.

Freedland, Michael, *Al Jolson*, Londres, Abacus, 1975.

Fritz, Jimi, *Rave Culture, An Insider's Overview*, Chemainus, Small Fry Press, 1999.

Gammond, Peter, ed., *Duke Ellington, His Life and Music*, Londres, Phoenix House, 1958.

Garratt, Sheryl, *Adventures in Wonderland, A Decade of Club Culture*, Londres, Headline, 1999.

Geijerstam, Claes af, *Popular Music in Mexico*, Albuquerque, University of New Mexico Press, 1976.

Gelatt, Roland, *The Fabulous Phonograph 1877–1977*, Londres, Cassell, 1977.

Gelly, Dave, *Stan Getz, Nobody Else But Me*, San Francisco, Backbeat, 2002.

Giddins, Gary, *Bing Crosby, A Pocketful of Dreams, The Early Years 1903–1940*, Nueva York, Little, Brown, 2001.

Gioia, Ted, *The Imperfect Art, Reflections on Jazz and Modern Culture*, Nueva York, Oxford University Press, 1988.

Glasper, Ian, *The Day the Country Died, A History of Anarcho Punk 1980–1984*, Londres, Cherry Red Books, 2006.

Godbolt, Jim, *All This and 10%*, Londres, Robert Hale, 1976.

Godbolt, Jim, *A History of Jazz in Britain 1919–50*, Londres, Northway Publications, 2010.

Goldman, Albert, *Disco*, Nueva York, Hawthorn Books, 1978.

Gottlieb, Robert, and Robert Kimball, eds., *Reading Lyrics*, Nueva York, Pantheon Books, 2000.

Greene, Victor, *A Passion For Polka, Old-Time Ethnic Music in America*, Berkeley, University of California Press, 1992.

Grillo, Ioan, *El Narco, Inside Mexico's Criminal Insurgency*, Londres, Bloomsbury, 2011.

Groom, Bob, *The Blues Revival*, Londres, Studio Vista, 1971.

Grudens, Richard, *Star Dust, The Bible of the Big Bands*, Stonybrook, Celebrity Profiles Publishing, 2008.

Guralnick, Peter, *Last Train to Memphis, The Rise of Elvis Presley*, Londres, Little, Brown, 1995.

Halberstadt, Alex, *Lonely Avenue, The Unlikely Life and Times of Doc Pomus*, Londres, Jonathan Cape, 2007.

Hall, Fred, *Dialogues in Swing, Intimate Conversations with the Stars of the Big Band Era*, Ventura, Pathfinder Publishing, 1989.

Hamilton, Marybeth, *In Search of the Blues, Black Voices, White Visions*, Londres, Jonathan Cape, 2007.

Hamm, Charles, *Putting Popular Music in its Place*, Cambridge, Cambridge University Press, 1995.

Hancock, John, *Benny Goodman, The Famous 1938 Carnegie Hall Concert*, Shrewsbury, Prancing Fish Publishing, 2009.

Harker, Dave, *Fakesong, The Manufacture of British 'Folksong' 1700 to the Present Day*, Milton Keynes, Open University Press, 1985.

Harris, Charles K., *How to Write a Popular Song*, Chicago, self-published, 1906 [1897].

Heath, Ted, *Listen to My Music, An Autobiography*, Londres, Frederick Muller, 1957.

Hechinger, Grace y Fred M., *Teen-Age Tyranny*, Londres, Gerald Duckworth, 1964.

Hernandez, Deborah Pacini, Héctor Fernández-L'Hoeste, y Eric Zolov, eds., *Rockin' Las Americas, The Global Politics of Rock in Latin/o America*, Pittsburgh, University of Pittsburgh Press, 2004.

Heylin, Clinton, ed., *The Penguin Book of Rock & Roll Writing*, Londres, Viking, 1992.

Hill, Donald R., *Calypso Calaloo, Early Carnival Music in Trinidad*, Gainesville, University Press of Florida, 1993.

Hopkins, Jerry, *Elvis*, Londres, Abacus Books, 1974.

Isaacson, Walter, *Steve Jobs*, Londres, Little, Brown, 2011.

Jasen, David A., y Trebor Jay Tichenor, *Rags and Ragtime, A Musical History*, Nueva York, Seabury Press, 1978.

Johnson, Bruce, y Martin Cloonan, *Dark Side of the Tune, Popular Music and Violence*, Farnham, Ashgate, 2009.

Jordan, Matthew F., *Le Jazz, Jazz and French Cultural Identity*, Urbana, University of Illinois Press, 2010.

Kaplan, James, *Frank, The Making of a Legend*, Londres, Sphere, 2010.

Katz, David, *Solid Foundation, An Oral History of Reggae*, Londres, Bloomsbury, 2003.

Katz, David, *Jimmy Cliff, An Unauthorised Biography*, Londres, Macmillan Signal, 2011.

Katz, Mark, *Capturing Sound, How Technology Has Changed Music*, Berkeley, University of California Press, 2004.

Katz, Mark, *Groove Music, The Art and Culture of the Hip-Hop DJ*, Nueva York, Oxford University Press, 2012.

Kelly, Sarah, *Teen Idols*, Nueva York, Pocket Books, 2002.

Kenney, William Howland, *Chicago Jazz, A Cultural History 1904–1930*, Nueva York, Oxford University Press, 1993.

Kirby, David, *Little Richard, The Birth of Rock 'n' Roll*, Nueva York, Continuum, 2009.

Kirn, Peter, ed., *Keyboard Presents, The Evolution of Electronic Dance Music*, Milwaukee, Backbeat Books, 2011.

Krivine, J., *Juke-Box Saturday Night*, Londres, New English Library, 1977.

Lahickey, Beth, ed., *All Ages, Reflections on Straight Edge*, Huntington Beach, Revelation Books, 1997.

Laird, Tracey E. W., *Louisiana Hayride, Radio and Roots Music along the Red River*, Nueva York, Oxford University Press, 2005.

Lanza, Joseph, *Elevator Music*, Londres, Quartet, 1995.

Larkin, Philip, *All What Jazz, A Record Diary 1961–68*, Londres, Faber & Faber, 1970.

Laurie, Peter, *The Teenage Revolution*, Londres, Anthony Blond, 1965.

Lauterbach, Preston, *The Chitlin' Circuit and the Road to Rock 'n' Roll*, Nueva York, W.W. Norton & Co., 2011.

Leader, Zachary, ed.., *The Letters of Kingsley Amis*, Londres, HarperCollins, 2001.

Leigh, Spencer, *Everyday, Getting Closer to Buddy Holly*, Londres, SAF, 2009.

Leslie, Peter, *Fab, The Anatomy of a Phenomenon*, Londres, MacGibbon & Kee, 1965.

Leslie, Peter, *A Hard Act to Follow, A Music Hall Review*, Nueva York, Paddington Press, 1978.

Letts, Don, y David Nobakht, *Culture Clash, Dread Meets Punk Rockers*, Londres, SAF, 2007.

Lewis, Jerry Lee, y Charles White, *Killer!*, Londres, Century, 1993.

Lloyd, A. L., *Folk Song in England*, Londres, Lawrence & Wishart, 1967.

Lombardo, Guy, y Jack Altshul, *Auld Acquaintance, An Autobiography*, Garden City, Doubleday, 1975.

Mabey, Richard, *The Pop Process*, Londres, Hutchinson Educational, 1969.

Macan, Edward, *Rocking the Classics, English Progressive Rock and the Counterculture*, Nueva York, Oxford University Press, 1997.

Maggin, Donald L., *Dizzy, The Life and Times of John Birks Gillespie*, Nueva York, HarperEntertainment, 2005.

Malins, Steve, *Depeche Mode, A Biography*, Londres, Andre Deutsch, 1997.

Malone, Bill C., *Singing Cowboys and Musical Mountaineers*, Athens, University of Georgia Press, 1993.

Mann, William J., *Hello Gorgeous, Becoming Barbra Streisand*, Londres, The Robson Press, 2012.

Manuel, Peter, *Popular Musics of the Non-Western World*, Nueva York, Oxford University Press, 1988.

Manuel, Peter, *Caribbean Currents, Caribbean Music from Rumba to Reggae*, Philadelphia, Temple University Press, 1995.

Margolick, David, *Strange Fruit, Billie Holiday, Café Society and an Early Cry for Civil Rights*, Edinburgh, Canongate, 2001.

Martland, Peter, *Recording History, The British Record Industry 1888–1931*, Lanham, Scarecrow Press, 2013.

McCarthy, Albert, *The Dance Band Era*, Londres, Spring Books, 1974.

McGee, David, *B.B. King, There Is Always One More Time*, San Francisco, Backbeat, 2005.

McGowan, Chris, and Ricardo Pessanha, *The Brazilian Sound, Samba, Bossa Nova and the Popular Music of Brazil*, Nueva York, Billboard Books, 1991.

McKagan, Duff, *It's So Easy and Other Lies*, Londres, Orion, 2011.

Mendl, R. W. S., *The Appeal of Jazz*, Londres, Philip Allen & Co., 1927.

Miller, James, *Almost Grown, The Rise of Rock*, Londres, Arrow Books, 2000.

Moore, Carlos, *Fela, This Bitch of a Life*, Londres, Omnibus Press, 2010.

Morrell, Brad, *Nirvana & the Sound of Seattle*, Londres, Omnibus Press, 1996.

Murray, Albert, *Stomping the Blues*, Londres, Quartet, 1978.

Murray, Charles Shaar, *Boogie Man, The Adventures of John Lee Hooker in the American Twentieth Century*, Edinburgh, Canongate, 2011.

Murray, Mitch, *How to Write a Hit Song*, Londres, B. Feldman & Co., 1964.

Murrells, Joseph, *The Book of Golden Discs*, Londres, Barrie & Jenkins, 1978.

Myrie, Russell, *Don't Rhyme for the Sake of Riddlin', The Authorized Study of Public Enemy*, Nueva York, Grove Press, 2008.

Nelson, Stanley R., *All About Jazz*, Londres, Heath Cranton, 1934.

Ogren, Kathy J., *The Jazz Revolution, Twenties America and the Meaning of Jazz*, Nueva York, Oxford University Press, 1989.

Oliver, Paul, *Blues Off the Record*, Tunbridge Wells, The Baton Press, 1984.

Oliver, Paul, *Barrelhouse Blues*, Nueva York, Basic Civitas Books, 2009.

Osbourne, Ozzy, *I Am Ozzy*, Londres, Sphere, 2009.

Ospina, Hernando Calvo, *Salsa! Havana Heat, Bronx Beat*, Londres, Latin American Bureau, 1995.

Parsonage, Catherine, *The Evolution of Jazz in Britain, 1880–1935*, Aldershot, Aldgate, 2005.

Payne, Jack, *This Is Jack Payne*, Londres, Sampson Low, Marston & Co., 1932.

Perrone, Charles A., y Christopher Dunn, eds., *Brazilian Popular Music and Globalization*, Nueva York, Routledge, 2002.

Peterson, Oscar, *A Jazz Odyssey*, Nueva York, Continuum, 2002.

Petkov, Steve, and Leonard Mustazza, eds., *The Frank Sinatra Reader*, Nueva York, Oxford University Press, 1995.

The Picture Show Annual 1929–1934, Londres, *Picture Show* magazine, 1928–1933.

Pollack, Howard, *George Gershwin, His Life and Work*, Berkeley, University of California Press, 2006.

Poschardt, Ulf, *DJ Culture*, Londres, Quartet Books, 1998.

Pugh, Martin, *We Danced All Night, A Social History of Britain between the Wars*, Londres, The Bodley Head, 2008.

Rau, Rutherford, *Stars Off the Record*, Londres, Eldon Press, 1955.

Redhead, Steve, ed.., *The Clubcultures Reader, Readings in Popular Culture Studies*, Oxford, Blackwell, 1998.

Ribowsky, Mark, *The Supremes*, Cambridge, MA, Da Capo Press, 2009.

Rijff, Ger, ed., *Long Lonely Highway, A 1950s Elvis Scrapbook*, Ann Arbor, Pierian Press, 1987.

Roach, Martin, *Take That Now and Then, The Illustrated Story*, Londres, HarperCollins, 2009.

Robb, David, ed.., *Protest Song in East and West Germany since the 1960s*, Rochester, Camden House, 2007.

Rodgers, Nile, *Le Freak*, Londres, Sphere, 2011.

Rombes, Nicholas, *A Cultural Dictionary of Punk 1974–1982*, Nueva York, Continuum, 2009.

Roth, David Lee, *Crazy from the Heat*, Londres, Ebury Press, 1997.

Russell, Tony, *Blacks, Whites and Blues*, Nueva York, Stein & Day, 1970.

Russell, Tony, *Country Music Records, A Discography, 1921–1942*, Nueva York, Oxford University Press, 2004.

Rust, Brian, *The Complete Entertainment Discography from the mid-1890s to 1942*, New Rochelle, Arlington House, 1973.

Rust, Brian, *The American Dance Band Discography 1917–1942*, 2 vols., New Rochelle, Arlington House, 1975.

Rust, Brian, *Jazz Records 1897–1942*, 2 vols., New Rochelle, Arlington House, 1978.

Rust, Brian, and Sandy Forbes, *British Dance Bands on Record, 1911 to 1945*, Harrow, General Gramaphone [sic] Publications, 1987.

Ryback, Timothy W., *Rock around the Bloc, A History of Rock Music in Eastern Europe and the Soviet Union*, Nueva York, Oxford University Press, 1990.

Sanjek, Russell, *American Popular Music and its Business, The First Four Hundred Years*, 3 vols., Nueva York, Oxford University Press, 1988.

Savage, Jon, *England's Dreaming, Sex Pistols and Punk Rock*, Londres, Faber & Faber, 1991.

Savigliano, Marta E., *Tango and the Political Economy of Passion*, Boulder, Westview Press, 1995.

Scannell, Paddy, y David Cardiff, *A Social History of British Broadcasting. Vol. 1 1922–1939, Serving the Nation*, Oxford, Basil Blackwell, 1991.

Schafer, William J., and Johannes Riedel, *The Art of Ragtime, Form and Meaning of an Original Black American Art*, Nueva York, Da Capo, 1977.

Schuller, Gunther, *Early Jazz, Its Roots and Development*, Nueva York, Oxford University Press, 1968.

Schuller, Gunther, *The Swing Era, The Development of Jazz 1930–1945*, Nueva York, Oxford University Press, 1989.

Schwartz, Roberta Freund, *How Britain Got the Blues, The Transmission and Reception of American Blues Style in the United Kingdom*, Aldershot, Ashgate, 2007.

Self, Geoffrey, *Light Music in Britain since 1870, A Survey*, Aldershot, Ashgate, 2001.

Self, Philip, *Guitar Pull, Conversations with Country Music's Legendary Songwriters*, Nashville, Cypress Moon, 2002.

Shapiro, Nat, and Nat Hentoff, eds., *Hear Me Talkin' to Ya, The Story of Jazz by the Men Who Made It*, Harmondsworth, Penguin, 1962.

Sharp, Cecil, *English Folk-Song, Some Conclusions*, Londres, Novello & Co., Simpkin & Co., 1907.

Shaw, Arnold, *The Rock Revolution*, Nueva York, Macmillan, 1969.

Shaw, Artie, *The Trouble with Cinderella, An Outline of Identity*, New York, Da Capo, 1979.

Siegel, Carol, *Goth's Dark Empire*, Bloomington, Indiana University Press, 2005.

Simon, George T., *Glenn Miller and His Orchestra*, Londres, W. H. Allen, 1974.

Smith, Kathleen E. R., *God Bless America, Tin Pan Alley Goes to War*, Lexington, University of Kentucky Press, 2003.

Spaeth, Sigmund, *A History of Popular Music in America*, Londres, Phoenix House, 1948.

Spence, Simon, *The Stone Roses, War and Peace*, Londres, Viking, 2012.

Steele, Tommy, *Bermondsey Boy*, Londres, Penguin, 2007.

Stewart-Baxter, Derrick, *Ma Rainey*, Londres, Studio Vista, 1970.

Steyn, Mark, *Broadway Babies Say Goodnight, Musicals Then and Now*, Londres, Faber & Faber, 1997.

Stock, Mike, *The Hit Factory, The Stock, Aitken & Waterman Story*, Londres, New Holland, 2004.

Sublette, Ned, *Cuba and its Music, From the First Drums to the Mambo*, Chicago, Chicago Review Press, 2004.

Sudhalter, Richard M., *Lost Chords, White Musicians and Their Contribution to Jazz, 1915–1945*, Nueva York, Oxford University Press, 1999.

Sudhalter, Richard M., *Stardust Melody, The Life and Music of Hoagy Carmichael*, Nueva York, Oxford University Press, 2002.

Suisman, David, *Selling Sounds, The Commercial Revolution in American Music,* Cambridge, MA, Harvard University Press, 2009.

Sullivan, Randall, *Untouchable, The Strange Life and Tragic Death of Michael Jackson,* Londres, Grove Press, 2012.

Sweet, Matthew, *The West End Front, The Wartime Secrets of Londres's Grand Hotels,* Londres, Faber & Faber, 2011.

Tannenbaum, Rob, y Craig Marks, *I Want My MTV, The Uncensored Story of the Music Video Revolution,* Nueva York, Plume, 2012.

Taylor, D. J., *Bright Young People, The Rise and Fall of a Generation, 1918–1940,* Londres, Chatto & Windus, 2007.

Taylor, Timothy D., Mark Katz, y Tony Grajeda, eds., *Music, Sound and Technology in America,* Durham, Duke University Press, 2012.

Teachout, Terry, *Pops, The Wonderful World of Louis Armstrong,* Londres, JR Books, 2009.

This England's Book of British Dance Bands from the Twenties to the Fifties, Cheltenham, This England Books, 1999.

Thomas, Bob, y Fred Astaire, *Astaire, the Man, the Dancer,* Londres, Weidenfeld & Nicolson, 1985.

Thompson, John J., *Raised by Wolves, The Story of Christian Rock & Roll,* Toronto, ECW Press, 2000.

Thornton, Sarah, *Club Cultures, Music, Media and Subcultural Capital,* Cambridge, Polity, 1995.

Tosches, Nick, *Dino,* Londres, Vintage, 1999.

Troitsky, Artemy, *Tusovka, Who's Who in the New Soviet Rock Culture,* Londres, Omnibus Press, 1990.

Tucker, John, *Suzie Smiled... The New Wave of British Heavy Metal,* Church Stretton, Independent Music Press, 2006.

Udo, Tommy, *Brave Nu World,* Londres, Sanctuary, 2002.

Vail, Ken, *Lady Day's Diary, The Life of Billie Holiday 1937–1959,* Chessington, Castle Communications, 1996.

Vail, Ken, *Count Basie, Swingin' the Blues 1936–1950,* Lanham, Scarecrow Press, 2003.

Vernon, Paul, *A History of the Portuguese Fado,* Aldershot, Ashgate, 1998.

Wald, Elijah, *Escaping the Delta, Robert Johnson and the Invention of the Blues,* Nueva York, Amistad, 2004.

Wald, Elijah, *How the Beatles Destroyed Rock 'n' Roll, An Alternative History of Popular Music,* Nueva York, Oxford University Press, 2009.

Waller, Maurice, y Anthony Calabrese, *Fats Waller,* Londres, Cassell, 1977.

Walser, Robert, *Running with the Devil, Power, Gender and Madness in Heavy Metal Music,* Hanover, Wesleyan University Press, 1993.

Weber, Eugen, *The Hollow Years, France in the 1930s*, Londres, Sinclair-Stevenson, 1995.

Weingarten, Christopher R., *It Takes a Nation of Millions to Hold Us Back*, Nueva York, Continuum, 2010.

Whitall, Susan, *Fever, Little Willie John*, Londres, Titan Books, 2011.

Whitburn, Joel, *Pop Memories 1890–1954*, Menomenee Falls, Record Research Inc., 1986.

White, Charles, *The Life and Times of Little Richard, the Quasar of Rock*, Londres, Pan Books, 1985.

White, George R., *Bo Diddley, Living Legend*, Chessington, Sanctuary, 1995.

White, H. Loring, *Ragging It, Getting Ragtime into History, and Some History into Ragtime.*, Nueva York, iUniverse, 2005.

Wilder, Alec, *American Popular Song, The Great Innovators 1900–1950*, Nueva York, Oxford University Press, 1990.

Willens, Doris, *Lonesome Traveller, The Life of Lee Hays*, Nueva York, W. W. Norton & Co., 1988.

Williams, Andy, *Moon River and Me, A Memoir*, Londres, Weidenfeld & Nicolson, 2009.

Winstantley, Russ, y David Nowell, *Soul Survivors, The Wigan Casino Story*, Londres, Robson Books, 2003.

Wolfe, Charles K., *Tennessee Strings, The Story of Country Music in Tennessee*, Knoxville, University of Tennessee Press, 1981.

Woods, Fred, *Folk Revival, The Rediscovery of a National Music*, Poole, Blandford Press, 1978.

Wren, Christopher S., *Johnny Cash, Winners Got Scars Too*, Londres, Abacus, 1974.

Yang, Mina, *California Polyphony, Ethnic Voices, Musical Crossroads*, Urbana, University of Illinois Press, 2008.

Young, William H. y Nancy K., *Music of the Great Depression*, Westport, Greenwood Press, 2005.

Zeldin, Theodore, *France 1848–1945, Taste and Corruption*, Oxford, Oxford University Press, 1980.

MA NON TROPPO - Guías y mitos del Rock & Roll

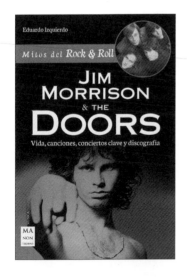  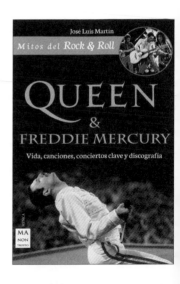

 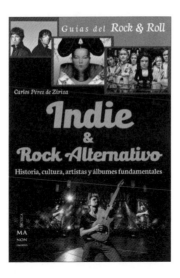 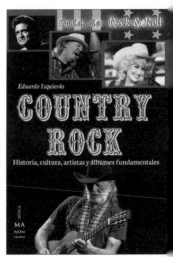

Más títulos de la colección:

Soul y rhythm & blues - Manuel López Poy
Heavy Metal - Andrés López
Rockabilly - Manuel López Poy
Hard Rock - Andrés López
Dance Electronic Music - Manu González
Rockeras - Anabel Vélez
Reggae - Andrés López
Bob Dylan - Manuel López Poy
Pink Floyd - Manuel López Poy

MA NON TROPPO - Las novelas del Rock

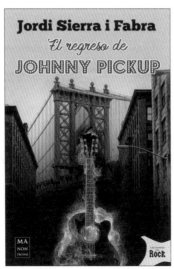

Un auténtico clásico:
una sátira feroz y despiadada del mundo del disco y sus engranajes

Redbook ediciones y su sello Ma Non Troppo, comprometidos en la divulgación de la música, se ha propuesto la recuperación de libros en el ámbito de la ficción que tengan como trasfondo el mundo del rock en su nueva colección *Las novelas del rock*. Obras nuevas y otras que se descatalogaron en su momento, pero cuyo valor sea innegable como es el caso de esta novela de culto, *El regreso de Johnny Pickup*, del reconocido escritor Jordi Sierra i Fabra. Se trata de una novela que aúna música, nostalgia y humor a partes iguales.

Johnny es un tipo legal, un rockero entre los grandes a quien se le ocurrió la peregrina idea de retirarse a una isla desierta en la Polinesia. A su encuentro acude un crítico musical llamado George Saw que se ha propuesto sacar a Johnny del olvido y volver a Nueva York. Pero Johnny lleva demasiados años retirado, y ni Nueva York es la misma ciudad que conoció, ni el rock ha dejado de evolucionar. Hasta el mismo Dylan se ha convertido al cristianismo. ¿Cómo puede sobrevivir un dinosaurio en un lugar así?

Otros títulos de Ma non troppo:

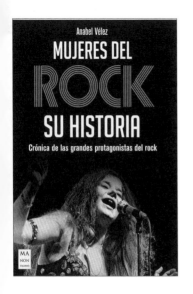

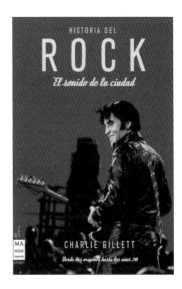

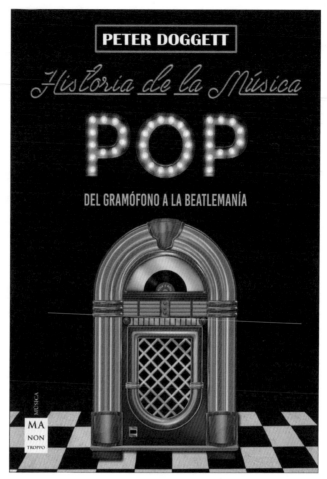

Primer volumen *Del gramófono a la beatlemanía*
Peter Doggett

**Un elegante, ameno y completo panorama de la música popular:
desde el ragtime hasta el rock**

Hay una lista autorizada de los más importantes eventos de la historia musical, que todos coincidimos en reconocer y una galería de álbumes clásicos y de singles capaces de cambiarnos la vida, de géneros vitales, de añoradas eras —eternamente nuevas, eternamente maduras— listas para ser descubiertas.

¿Qué escucha la gente? ¿De dónde viene lo que escuchan? ¿Por qué les gusta? ¿Qué añade a sus vidas? Aproximarse a la música con un espíritu parecido a la genuina democracia puede acercarnos a las cotas más altas de placer. Así que este libro trata, sin complejos, sobre música que ha demostrado ser popular —globalmente, racialmente, generacionalmente— en lugar de sobre la música que los críticos adscriben el máximo valor estético.

Ambicioso y revolucionario, el libro nos cuenta la historia de la música popular, desde la primera grabación a finales del siglo XIX hasta el nacimiento de los Beatles en este primer volumen y la omnipresencia de la música en nuestras vidas. En esta montaña rusa que es la historia social y cultural y a través de sus personajes protagonistas, Peter Doggett muestra cómo los cambios revolucionarios de la tecnología han convertido la música popular en el sustento del mundo moderno.